AF550541

ZenFrauen

Dieses Buch widme ich der Erinnerung an meine Mutter,
Jean Rubin Rosenberg Bernstein,
die mir ihre Kraft gegeben hat,
und meinen Enkelkindern
Jacob, Isabel, Olivia und Gala,
die sie weitertragen werden.

Grace Schireson

ZenFrauen

Jenseits von Teedamen, Eisernen Jungfrauen und Macho-Meisterinnen

Übersetzung aus dem amerikanischen Englisch
von Bernd Bender

edition steinrich

Bibliografische Information der Deutschen Bibliothek:
Die Deutsche Bibliothek verzeichnet diese Publikation in der Deutschen Nationalbibliografie; detaillierte bibliografische Daten sind im Internet über http://dnb.d-nb.de abrufbar.

www.edition-steinrich.de

Titel der englischen Originalausgabe: *Zen Women: Beyond Tea Ladies, Iron Maidens, and Macho Masters*
Erschienen bei: Wisdom Publications, Somerville, USA

Umschlaggestaltung: Ingeburg Zoschke, Berlin
Titelbild: © Marita Wiemer, www.marita-wiemer.de
Gestaltung und Satz: Traudel Reiß
Druck: Westermann Druck Zwickau
Printed in Germany

ISBN 978-3-942085-41-0

Inhalt

Vorwort zur deutschen Ausgabe		7
Vorwort		11
Einleitung		14
Danksagung		24
Teil I	**ZenFrauen**	27
Kapitel 1	Frauen in der klassischen Zen-Literatur	29
Kapitel 2	Frauen begegnen Mönchen	42
Teil II	**Das Zen der Frauen**	77
Kapitel 3	Einführung in das Zen der Frauen	79
Kapitel 4	Gründerinnen und Unterstützerinnen	89
Kapitel 5	Frühe Dharma-Erbinnen des Zen	120
Kapitel 6	Nonnen im Kloster	154
Kapitel 7	Wegbereitende Nonnen, die mit männlichen Meistern praktizieren	197
Kapitel 8	Nonnen und Familienpraxis	247
Kapitel 9	Nonnen und Sexualität	287
Kapitel 10	Arbeitende Nonnen	322

Teil III	**Frauen und Zen in der Praxis des Westens**	351
Kapitel 11	Asiatisches Zen in der Praxis des Westens	353
Kapitel 12	Frauen und Sexualität in westlicher Praxis	359
Kapitel 13	Mit Emotionen arbeiten	367
Kapitel 14	Buddha-Leben im Alltag des Westens	373
Kapitel 15	Weibliche Spiritualität	380
Anhang 1	Index der vorgestellten Frauen	389
Anhang 2	Dokument einer weiblichen Übertragungslinie	393
Anhang 3	Dokument einer weiblichen Übertragungslinie	394
Anmerkungen		395
Ausgewählte Literatur		412
Über die Autorin		416

Vorwort zur deutschen Ausgabe

Grace Schireson hat ein wichtiges, bahnbrechendes und historisch bedeutsames Buch geschrieben. Sie hat damit die Frauen des Zen aus den Anmerkungen und Fußnoten herausgeholt, in denen sie bislang ein Schattendasein führten, und sie ans Licht geholt. Der Untertitel des Buches »Jenseits von Teedamen, Eisernen Jungfrauen und Macho-Meisterinnen« verweist auf die Art und Weise, wie Frauen des Zen bislang von den meisten Menschen wahrgenommen wurden – als namenlose Protagonistinnen in der Koan-Literatur oder als Heldinnen, die für »männliche« Qualitäten honoriert wurden. Auf diese Weise sind unsere Vorfahrinnen im Zen marginalisiert und auf Karikaturen und Stereotypen reduziert worden.

Um Ihnen zu veranschaulichen, wie wenig wir noch bis vor kurzem über die Bedeutung der Frauen im Zen wussten, möchte ich Sie bitten, sich die Zeit zu nehmen und Ihre eigene Reaktion auf die folgenden, von der Autorin ausführlich in ihrem Buch dargestellten Informationen wahrzunehmen:

1. Haben Sie gewusst, dass Bodhidharma eine Dharma-Nachfolgerin (Zongchi) hatte?
2. Wussten Sie, dass es im China des 9. Jahrhunderts Zen-Meisterinnen gab, die als Äbtissinnen Klöstern vorstanden und weithin für ihre Lehre berühmt waren (Moshan Liaoran, Miaoxin)?

3. War Ihnen bekannt, dass Dogen Zenji, der Begründer des Soto-Zen, einen Text verfasst hat (»Raihaitokuzui«), in dem er deutlich macht, dass Männer und Frauen die gleichen Fähigkeiten haben, um das Dharma zu studieren und zu lehren?
4. Haben Sie gewusst, dass es eine buddhistische Abstammungslinie gibt, die fast 80 Vorfahrinnen umfasst, angefangen bei der Mutter des Buddha (Mahapajapati), deren Namen in vielen westlichen Zen-Zentren regelmäßig rezitiert werden?

Nachdem sich Ihre anfängliche Überraschung etwas gelegt hat, verspüren Sie vielleicht die Neugier, mehr über diese Frauen zu erfahren. Es ist fast so, als würden Sie plötzlich in Ihrer Familie interessante Vorfahren entdecken, von denen Sie bislang noch nichts wussten. Glücklicherweise haben Sie nun mit diesem Buch die Möglichkeiten, das bislang Unbekannte zu erforschen und eine Fülle an neuen Informationen zu erhalten.

Das Buch vereint sorgfältige Forschung mit Leidenschaft und richtet einen scharfen Blick auf die umfassende Geschichte der Frauen im Zen. Grace Schireson stellt die vielseitige Teilhabe und Präsenz der Frauen an und in der Geschichte des Zen dar, indem sie ihnen nicht nur eine symbolische Anerkennung zukommen lässt, sondern in groben Zügen die historischen Fakten darlegt.

Grace Schiresons Buch ist so wichtig, weil es nicht nur das Leben von Zen-Lehrerinnen, Nonnen und anderen ZenFrauen der vergangenen Jahrhunderte beschreibt, sondern auch aufzeigt, wofür deren Leben steht und was uns diese Frauen heute als Vorbilder für unsere eigene Übungspraxis lehren können. Die Kreativität, Entschlossenheit, Geschicklichkeit, Klugheit und Hingabe, die diese Zen-Matriarchinnen an den Tag legten, um in Gesellschaften zu praktizieren, die für eine weibliche Spiritualität gar nicht offen waren, sind für weibliche und männliche Praktizierende bis heute gleichermaßen inspirierend.

Damit ist ihr Buch auch für die Zukunft der Zen-Praxis richtungsweisend. Vor allem im dritten Teil des Buches, aber auch in anderen Kapiteln zeigt die Autorin auf, wie unsere heutige Zen-Praxis durch die Praxis und die Lehren unserer Vorfahrinnen bereichert, transformiert und neu belebt werden kann. Auf diese Weise werden wir auf folgende Fragen aus drei wichtigen Bereichen des gegenwärtigen Zen neue Antworten finden können:

a) Wie können wir mit unseren Familien und den Menschen, die wir lieben, praktizieren?
b) Wie können wir unsere Praxis in unser tägliches Leben und unsere Arbeit integrieren?
c) Und wie müssen die Orte, an denen wir praktizieren, sich verändern, um unseren gegenwärtigen Bedürfnissen gerecht zu werden (gerade im Hinblick auf die wachsende Bedeutung von praktizierenden Laien)?

Ich bin Grace Schireson zutiefst dankbar für das Geschenk, welches sie uns mit diesem Buch gemacht hat, das auch für buddhistische und Zen-Studien einen großen Wert darstellt. Sie füllt damit historische Leerstellen und sie tut dies mit Klarheit, Vorstellungskraft, Mut und Mumm.

Im Zen sprechen wir ja oft davon, keine Spuren zu hinterlassen. Doch der Beitrag der Frauen für die Geschichte der Menschheit im Allgemeinen und des Zen-Buddhismus im Besonderen wäre ohne die engagierte Forschung von Menschen wie Grace Schireson, die diesen Spuren beharrlich gefolgt sind und sie mit Leben erfüllt haben, nicht sichtbar geworden. Es ist meine Hoffnung, dass dieses Buch viele Spuren hinterlassen wird und den tatsächlichen Beitrag weithin sichtbar macht, den Frauen für die Etablierung und Übertragung des Zen in den vergangenen Jahrhunderten geleistet haben.

Dr. Linda Myoki Lehrhaupt
Zen-Lehrerin
Zen-Herz e. V.

Vorwort

Vor einigen Jahren, nach einem Jahrzehnt des wissenschaftlichen Arbeitens, in dem ich die Geschichte und die überlieferten Aussprüche chinesischer Zen-Meisterinnen aus der Zeit der Fünf Dynastien und der Sung-Dynastie, also des Goldenen Zeitalters des Zen in China, zusammengestellt und übersetzt hatte, hielt ich am San Francisco Zen Center einen Workshop zu diesem Thema ab. Dort begegnete ich Grace Myoan Schireson, einer promovierten Psychologin aus Berkeley, die über jahrelange therapeutische Erfahrung verfügte. Sie hatte ihr Leben zwei großen Aufgaben gewidmet: der zen-buddhistischen Praxis des Erwachens und dem Versuch, alles über die weiblichen Vorfahren des Zen herauszufinden, was sie durch eigene Forschungen sowie die Erkenntnisse von HistorikerInnen, die sich mit der Geschichte von Frauen im Buddhismus befasst haben, in Erfahrung bringen konnte. Im Laufe unserer langen Freundschaft hat sie die Leidenschaft, mit der sie beide Aufgaben verfolgt, nie verlassen; sie widmet sich ihnen auch weiterhin mit bemerkenswerter Energie, Konzentration und Einsicht.

Kurz nach dem Workshop am San Francisco Zen Center besuchte mich Grace, um mehr darüber zu erfahren, was ich in meiner Arbeit herausgefunden hatte. Später teilte sie ihre inspirierenden Interpretationen dieses Materials mit meinen Studierenden an der University of Tennessee. Als Wissenschaftlerin hatte ich zwar schon lange die Geschichte des Zen erforscht, doch die Gespräche mit Grace vermittelten mir zum ersten Mal Einblicke in die Herausforderungen und Tiefe dieser Praxis. Schließlich wurde ihr das Dharma übertragen und sie begann, in Zentralkalifornien ihrer Funktion als Zen-Lehrerin nachzukommen. Ihre zweite wichtige Aufgabe, ihr Engagement für die Vorfahrinnen des Buddhismus und des Zen, trug Früchte in einer Reihe von Zen-Retreats für Frauen sowie dem bemerkenswerten Buch, das Sie in Händen halten.

Sie könnten sich kein nützlicheres oder anregenderes Werk zu diesem Thema wünschen. Was dieses Buch vor allem so lohnenswert macht, sind einerseits die psychologischen Einsichten in die Beweggründe und Lebensumstände von Frauen – insbesondere die Hindernisse, die sich Frauen in den Weg stellen, die sie aber teilweise auch selbst kreieren – und andererseits, wie Grace diese mit ihren Einsichten und Erfahrungen als Zen-Praktizierende und -Lehrende verknüpft. Sie beschäftigt sich mit Vorfahrinnen, denen es möglich gewesen ist, als Ehefrauen, Mütter, aber auch in Frauenklöstern und als Schülerinnen männlicher Meister mit Hingabe und authentisch zu praktizieren. Grace' Lesart der Geschichten und Lehren der Vorfahrinnen geht über ein rein historisches Interesse hinaus: Ich glaube, sie ist für Frauen, die heutzutage Buddhismus oder andere spirituelle Wege praktizieren, von großem Wert. Grace ist der Ansicht, dass sich heutige Zen-Schülerinnen und buddhistisch Praktizierende als Frauen mit Frauen in der lebendigen Tradition in Vergangenheit und Gegenwart verbinden und von ihnen lernen sollten. In diesem Buch lässt sie Vorfahrinnen und ihre Lehren lebendig werden und führt uns unsere Verbindung mit ihnen eindrucksvoll vor Augen. Sie macht sie jetzt, heute zu unseren Lehrerinnen. Ihnen werden Lehrerinnen aus vielen Jahrhunderten und Regionen Asiens begegnen, die zu Ihnen sprechen. Ebenso wertvoll ist es, dass Sie durch dieses Buch die Autorin näher kennenlernen werden, die ebenfalls eine herausragende Lehrerin ist.

Von Miriam Levering

Miriam Levering ist Professorin für Religionswissenschaften und asiatische Studien an der University of Tennessee. Zurzeit beschäftigt sie sich mit den Briefen von Dahui Zonggau, der eine zentrale Rolle in der Entwicklung und Praxis des Koan-Kanons des Zen gespielt hat. Sie hat zahlreiche Artikel zum frühen Rinzai-Zen in China sowie zu Frauen im chinesischen Buddhismus verfasst, einschließlich des Buches *Zen Inspirations: Essential Meditations and Texts*. Sie ist ebenfalls Autorin von *Rethinking Scripture: Essays from a Comparative Perspective.*

Einleitung

Nachdem ein männlicher Zen-Lehrer von einer der ersten nordamerikanischen Konferenzen für Zen-Lehrende zurückgekehrt war, fragte ihn eine seiner Schülerinnen: »Wie viele Frauen nahmen an dieser Konferenz teil?« Der Lehrer antwortete: »Wir alle waren Frauen.« Es folgte ein langes, verwirrtes Schweigen.

In diesem Dialog drückt sich der Konflikt von Schülerinnen aus, wenn sie traditionelle Machtverhältnisse des Zen mit der Frage nach der Repräsentation von Frauen konfrontieren; außerdem stehen sich darin die Einsicht der Schülerin und die Weisheit und Macht des Lehrers gegenüber. Frauen wechselten nach diesem Austausch Blicke und fragten sich schweigend, ob Frauen je autorisiert werden, am Zen im vollen Umfange teilzunehmen oder nicht, aber auch, unmittelbarer, ob Frauen diese Frage überhaupt stellen können und danach in einer Zen-Gemeinschaft, in der ein männlicher Lehrer sagen kann: »Wir alle sind Frauen«, noch akzeptiert werden. Begreifen wir als Frauen es nicht, oder begreift es dieser männliche Lehrer nicht? Vor 15 Jahren schauten sich die anwesenden Frauen aus diesem Grund befangen in die Augen, aber keine stellte seine Antwort infrage. Heute würde ich diese Irritation durchbrechen und ihn höflich fragen: »Wie viele von euch Lehrerinnen benutzten bei dieser Konferenz eigentlich die Damentoilette?«

Ich brauchte 20 Jahre meiner über 40-jährigen Zen-Praxis, um mich von diesem »Einheits«-Argument (»Wir alle sind Frauen«) nicht mehr einschüchtern zu lassen, einer Antwort, mit der Zen-Lehrer sich der Einsicht verschließen, dass es im Zen Gender-Diskriminierungen gibt. Zweifelsohne gibt es das Eine. Es zeigt sich als Felsen, Flüsse und Berge – und als Männer und Frauen. Aber, wie es in der Zen-Literatur, im *Sandokai* von Sekito Kisen, heißt: »Zu verstehen, dass alles eins ist, genügt noch nicht.« Das Eine zeigt sich in unzähligen einzigartigen Erscheinungen – auch als Männer und Frauen. Wieso war es dann so schwierig, über Frauen und ihren Platz im Zen zu sprechen?

Mein eigenes Nachfragen entsprang einer Bitte nach mehr Information und nicht einer Klage über mangelnde Ungerechtigkeit. Doch ganz gleich, mit wie viel Bedacht ich die Frage nach Frauen in der Geschichte des Zen stellte, schien dies stets die persönliche Autorität meines Lehrers und die Lehren des Buddhismus herauszufordern. Falls es in der Geschichte buddhistischer Institutionen zu Fehlentwicklungen wie Gender-Diskriminierungen gekommen war oder falls der Buddhismus, der unseren Lehrern von ihren Lehrern übermittelt worden war, Schwachstellen aufwies, worin gründete dann ihre Autorität als Lehrende? Als ich verstand, wie brisant dieses Befragen war, wurde mir klar, dass ich den Kurs meiner Nachforschungen ändern musste, wenn ich in der Zen-Gemeinschaft verbleiben wollte. Außerdem musste ich sicherstellen, dass ich mich, wenn ich dieses Thema weiterverfolgen wollte, als weibliche Zen-Praktizierende nicht in meinen eigenen Anhaftungen an einem Selbst verfing. Es war unerlässlich, über meine persönliche Verwundung hinauszugehen, über meinen Schmerz und meine Wut gegenüber einer langen Geschichte der Nichtbeachtung und, schlimmer noch, der absichtlichen Unterdrückung von Frauen in der Geschichte des Zen.

Meine Zielsetzung veränderte sich. Ich hörte auf, danach zu fragen, was im Buddhismus falsch gelaufen war und wieso Zen-Lehrerinnen aus den historischen Überlieferungen herausgefallen oder ausgeschlossen worden waren. Stattdessen begann ich, meine Funktion innerhalb der gegenwärtigen Generation von Zen-Lehrenden so zu begreifen, dass ich eine Verbindung zur historischen Praxis dieser Frauen herzustellen hatte, um sie zu würdigen und sichtbar werden zu lassen. Ich hatte den Wunsch, die Lehren unserer Zen-Großmütter zu sammeln und unseren Zen-Enkelinnen zu überbringen – jenen Frauen, die ihren Weg in die Zen-Praxis erst noch finden müssen. Ich wollte auch meine eigene Praxis als eine westliche Frau des 20. Jahrhunderts finden. Und ich wollte die zeitgenössische Zen-Praxis darin unterstützen, einen Weg zu einer ausgewogeneren Perspektive zu finden.

Indem ich für mich über eine Idealisierung des Zen hinausgegangen bin, habe ich eine tiefere Liebe und Verantwortung für die Zen-Praxis entwickelt. Ich bin über die Frage, wie und wieso die weiblichen Zen-Vorfahren aus dessen Geschichte entfernt wurden, hinausgegangen. Ich bemühte mich, jene ausradierten Frauen zu identifizieren und sie wieder in die Zen-Praxis, die ich liebe, einzugliedern. Indem ihre Geschichte erzählt wird, fände, so glaubte ich, nicht nur ihr lebenslanges Bemühen Anerkennung, sondern zugleich würden damit auch falsche Entwicklungen, durch die ihre Stimmen zum Schweigen gebracht wurden, korrigiert. Dies würde auch mir helfen, meine eigene Stimme zu finden. Ich war nicht überrascht zu hören, dass andere Frauen ebenfalls etwas über diese Zen-Vorfahrinnen wissen wollten.

Es wurde zu meiner Aufgabe, die Spuren und Bruchstücke

der Geschichten dieser ZenFrauen zu finden und zusammenzufügen. Wie drücken diese Frauen Zen aus und was können sie uns lehren? Würde meine eigene Praxis sich stärker in diesem weiblichen Körper verankern, indem ich etwas über die vielschichtigen Leben und die Umstände, unter denen diese Frauen gelebt hatten, lernte? Diese Suche wurde für mich noch wichtiger, nachdem ich 1998 zur Zen-Priesterin ordiniert worden war – und nochmals drängender, als ich noch im selben Jahr zum Lehren autorisiert wurde. Was hatte ich zu tun? Wer konnte mir ein Vorbild sein? Je tiefer ich in die Praxis eindrang, umso mehr wünschte ich mir, meine eigene Zen-Praxis in einer ganz persönlichen Weise ausdrücken zu können. Ich wollte nicht einfach die männlichen Meister imitieren. Wie sollte ich mich als Zen-Priesterin, die einen Mann, Kinder und sogar Enkelkinder hatte, verhalten? Diese Fragen führten mich auf die Suche nach meinen eigenen – unseren eigenen – Zen-Vorfahrinnen.

Ungefähr fünfzig Jahre lang haben wir im Westen versucht, den Vorgaben unserer japanischen, koreanischen, vietnamesischen und chinesischen Lehrer mit Hingabe und Geduld zu folgen. Wir haben uns bemüht, eine westliche Zen-Praxis zu entwickeln, die uns in die Tiefe ihrer Lehren einführen kann. Wir sind ihren Meditationsanleitungen und dem traditionellen klösterlichen Tagesablauf gefolgt, haben traditionelle monastische Bekleidung angelegt, gehorsam geantwortet, wenn wir mit unserem neuen Dharma-Namen in einer asiatischen Sprache angesprochen wurden, und haben aus vollem Herzen ihre nicht übersetzten Sutren rezitiert. Wir haben uns darüber ausgetauscht, was diese unterschiedlichen Lehrer lehrten, haben ihre Bücher studiert und ihre mündlichen Unterweisungen niedergeschrieben. Einige von uns haben sogar die Ursprungstempel unserer Lehrer in Asien aufgesucht, um das Dharma dort zu studieren und dann bei uns lebendig werden zu lassen. In einigen Fällen haben wir unsere Hoffnungen und unseren Gehorsam auf ihre ernannten Nachfolger übertragen, und einige von uns sind sogar selbst zu Nachfolgerinnen geworden.

Die Lehre des Buddha hat sich in unterschiedlichen Kulturen ausgebreitet, aber es braucht Zeit, bis sie Wurzeln in einem neuen Boden schlagen kann. Es dauerte fünfhundert Jahre, um die buddhistische Praxis von Indien nach China zu übertragen, und weitere fünfhundert Jahre, bis sie dort Fuß fassen konnte. In Japan brauchte es ebenfalls fünfhundert Jahre, bis der Buddhismus in einer eigenständigen japanischen Weise ausgedrückt wurde. Wir befinden uns immer noch in den ersten hundert Jahren der Entwicklung des Buddhismus im Westen und wir sind Zeugen, wie der Buddhismus sich anpasst, während wir zugleich ihn anpassen. Eine der wichtigsten Veränderungen des Buddhismus im Westen besteht sicherlich in der Gleichstellung von Frauen. Und doch waren alle Lehrer, die den Buddhismus im Westen begründet haben, Männer. Wenn wir jetzt daran gehen, die weibliche Seite der Praxis zu erforschen und kennenzulernen, erweitert das unsere Sicht auf die Entfaltung der Praxis.

Heutzutage, da so viele Männer und tatsächlich auch viele Frauen im Westen Zen lehren, stellen einige von uns allmählich fest, dass das Zen, dem wir zu folgen versuchen, nicht so ganz zu dem passt, wer wir sind. Zen muss sich entwickeln, wenn es den Bedürfnissen westlicher Praktizierender dienen will. Wenn wir uns davor fürchten, uns gegenüber unseren Zen-Vorfahren illoyal zu verhalten, indem wir dieses Anliegen ansprechen, müssen wir uns daran erinnern, was unsere Lehrer uns gesagt haben: So sehr wir die Praxis auch lieben und leben, es gibt immer noch etwas zu entdecken, und es geht darum, diese asiatische Praxis zu unserer eigenen zu machen. Mit dem Ganzen unserer gelebten Wirklichkeit vertraut zu werden, das ist es, wozu unsere Lehrer uns aufgefordert haben.

Ein Grund, wieso die Zen-Literatur, mit der viele von uns sich beschäftigt haben, dazu nicht wirklich passt, ist der, dass sie *vollständig auf der Tradition der klösterlichen Ausbildung von Männern beruht.* Aus der Sicht unserer asiatischen Lehrer war ein Zen-Lehrer selbstverständlich männlich; alle Lehrer, die in der Liturgie und Literatur gewürdigt wurden, waren Männer. In der klassischen Literatur des Zen kommen fast ausschließlich männliche Meister vor. Eine japanische Freundin erzählte mir, wie ihr, als sie sich in der Schule nach Zen-Meisterinnen erkundigte, gesagt worden sei, es gebe keine. In Anbetracht der Tatsache, dass Frauen die Hälfte der amerikanischen Zen-Praktizierenden ausmachen, die wenigsten von ihnen jedoch in einem Kloster leben, müssen wir uns fragen, ob eine solche Tradition zu einer authentischen amerikanischen Zen-Praxis führen kann, egal, wie lange und genau wir ihr folgen.

In den USA verstehen die meisten Zen-Lehrenden, dass wir ein Gleichgewicht zwischen der Tradition und ihrer Veränderung finden müssen, einige sind jedoch besorgt, dass etwas Wichtiges in dieser Vermischung verloren gehen könnte. »Wir sollten das Kind nicht mit dem Bade ausschütten«, hört man immer wieder als Reaktion auf das Bedürfnis, die Zen-Praxis modernen westlichen Praktizierenden anzupassen. Wie wäre es, wenn wir einfach gar nichts ausgießen? Auf die Gefahr hin, die Metapher überzustrapazieren, schlage ich vor, dass wir uns eine größere Wanne zulegen, mehr Wasser hineinfüllen und männliche und weibliche Babys hineinsetzen.

In den vergangenen zehn Jahren habe ich meine Beziehung zu unseren Zen-Vorfahrinnen sehr vertieft. Ich wollte wissen, wer sie gewesen waren, welche Herausforderungen sich ihnen gestellt hatten und wie sie ausgebildet worden waren. Als ich zu lehren anfing, interessierte mich, wie sie Zen gelehrt und mit ihren SchülerInnen gelebt hatten. Ich wollte verstehen, wie ich mich über die Distanz von Raum und Zeit hinweg mit ihnen und ihren Praktiken verbinden konnte. Ich wollte mich in sie hineinversetzen können, wenn sie mit der Entscheidung konfrontiert gewesen waren, wie sie sich um ihre Familien, Ehemänner, LiebhaberInnen und SchülerInnen kümmern sollten.

Außerdem hatte ich viele detaillierte Fragen, die auch meine eigene Praxis betrafen: Wie war die Praxis dieser Frauen davon beeinflusst gewesen, dass sie von Männern unterrichtet worden waren? Wie hatten sie sich bei dem Versuch, sich dem männlichen Praxisumfeld anzupassen gefühlt, und wie hatte ihr Zen-Training ihnen geholfen, mit diesen Empfindungen umzugehen? Hatte es Unterschiede in ihrem Praxisleben und ihren Beziehungen im Vergleich zu denen ihrer Lehrer gegeben? Hatten sie das Dharma für ihre SchülerInnen in ihrer eigenen Weise ausgedrückt? Unterschieden sich ihre Lehren grundlegend von denen der männlichen Vorfahren?

Da ich so vieles über diese Frauen und ihre Erfahrungen wissen wollte, Persönliches, aber auch das, was ihren soziokulturellen Kontext betraf, tauchen in diesem Buch viele Stimmen auf. Ich beschreibe Frauen aus der Perspektive ihrer spezifischen Tradition, ihrer historischen Kultur, ihrer spirituellen Wandlungen mittels buddhistischer Praktiken und ihrer persönlichen Geschichte. Bei der Interpretation ihrer Erfahrungen stütze ich mich auf meine eigene Perspektive und mein Verständnis als ordinierte Zen-Priesterin und Dharma-Lehrerin, als klinische und Organisationspsychologin sowie als Feministin und auf meine persönlichen Erfahrungen als Tochter, Schwester, Ehefrau, Mutter und Großmutter.

Was ich über das Leben unserer Vorfahrinnen gelernt habe, hat meine Praxis und meine Vertrautheit mit meinen Wurzeln vertieft. Diese Frauen haben ihre Zen-Praxis ihrem Leben angepasst – und ihr Leben ihrer Praxis. Sie gründeten Institutionen, um ihren Bedürfnissen gerecht zu werden und die Praxis in ihre Gemeinschaften zu tragen. Sie fanden Wege, sich selbst und ihre Institutionen finanziell zu unterstützen. Um es auf den Punkt zu bringen: Sie waren vielfach mit den gleichen Probleme konfrontiert, denen wir im Westen bei der Entwicklung des Zen-Buddhismus in unserer Lebenswelt gegenüberstehen.

Der erste Teil des Buches beschreibt weibliche Praktizierende, die in der klassischen Literatur des »Patriarchen-Zen« auftauchen.[1] Diese Portraits zeichnen sicherlich kein gültiges Bild davon, wie Frauen Zen praktizierten. Durch die Augen der Patriarchen begegnen wir dem Umfeld klösterlicher Praxis, umherziehenden Mönchen und den Frauen, auf die sie treffen. So, wie sie in der patriarchalen Perspektive dargestellt werden, praktizieren die Frauen vornehmlich, um Mönche zu unterstützen und zu deren Erleuchtung beizutragen.

Der zweite Teil des Buches zeigt eine andere Perspektive auf. Er beschreibt, wie Zen-Meisterinnen die Zen-Praxis für sich verstanden, sie verkörperten und speziell als Frauen lehrten. Dabei verlassen diese Kapitel den üblichen Weg, männliche Meister im Rahmen ihrer Übertragungslinie zu verorten. Diese Frauen sind nach ihren Funktionen geordnet (Gründerinnen, arbeitende Nonnen, Dharma-Nachfolgerinnen berühmter männlicher

Meister etc.), wobei jede Rolle mit Beispielen aus bestimmten geografischen Räumen illustriert wird: Indien, China, Korea und Japan. Das Kapitel über Zen-Dharma-Nachfolgerinnen beinhaltet nur Beispiele aus China, Korea und Japan. Im Kapitel über Begründerinnen, das sich damit befasst, wie Frauen an unterschiedlichen Orten Tempel gegründet haben, können wir sehen, wie sich die Praxis von Frauen in ganz Asien in einer ähnlichen Weise entwickelte.

Der dritte Teil des Buches untersucht, wie die Praxis von Frauen flexible und pragmatische Lösungen für Probleme bereitzustellen vermag, mit denen sich westliche Zen-Zentren gegenwärtig konfrontiert sehen. Unsere Bemühungen, den Buddhismus im Westen zu etablieren, hat zur Entwicklung monastischer Gemeinschaften für die Zen-Schulung geführt. Diese Zentren sind für Westler eine wertvolle Möglichkeit, buddhistische Praxis kennenzulernen, aber sie haben oft Schwierigkeiten, Schulungen anzubieten, von der Praktizierende mit einer Familie oder einem Beruf profitieren können. Da Frauen, historisch gesehen, stärker innerhalb familiärer Bindungen praktiziert haben und auch Geld verdienen mussten, während sie praktizierten, helfen uns ihre flexibleren Herangehensweisen vielleicht dabei, buddhistische Praxis erfolgreicher in einem westlichen Alltag zu verankern.

Ich wünsche mir, dass dieses Buch den weitherzigen und flexiblen Lehren unserer Vorfahrinnen, die lange Zeit verstreut und vergessen waren, eine Stimme verleiht. Ich hoffe, ihr Beispiel und ihre Lehren werden Frauen dazu anhalten, ihr Leben so vollständig wie möglich auszudrücken, buddhistisch Praktizierende inspirieren, sich in ihrer Praxis authentischer zu engagieren, und westlichen Dharma-Lehrenden Überlieferungen von Frauen bereitstellen, in denen die Wandlungsmöglichkeiten und die Vielfalt der Zen-Praxis sich offenbaren. Wie der Buddha, bin ich davon überzeugt, dass die vier Orden des Buddhismus – ordinierte Mönche, ordinierte Nonnen, Männer, die als Laien praktizieren, und Frauen, die als Laiinnen praktizieren – auch für Westler die gesamte Bandbreite an Praxismöglichkeiten am besten zum Ausdruck bringen. Im Moment ist, trotz heroischer Anstrengungen von Seiten weiblicher Praktizierender, die formale Existenz des *bhikshuni*-Ordens (Nonnenordens) in Tibet und Südostasien verloren gegangen, und die Vor- und Nachteile seiner Neubegründung werden unter WissenschaftlerInnen und Praktizierenden lebhaft diskutiert.* Ich kann mir kein überzeugenderes Argument für die Wiederbegründung des Nonnenordens vorstellen als die Aktualität seiner früheren Ausdrucksformen – die Lebensgeschichten der Nonnen, ihre Hingabe an die Aufrechterhaltung des Ordens und die Lebendigkeit ihrer Lehren für uns heute. Der Wert des Nonnenordens erweist sich eindeutig dadurch, dass wir seine historischen Leistungen kennenlernen.

Wir alle haben die männliche Stimme des Zen gehört. Lassen Sie uns jetzt die weibliche Stimme des Zen hören. Unsere vergessenen Vorfahrinnen widmeten ihr Leben unserer Praxis. Mögen wir ihre Stimmen vernehmen und für uns heute nutzen.

* Siehe auch Tsedroen, Jampa und Thea Mohr (Hrsg.). *Mit Würde und Beharrlichkeit: Die Erneuerung buddhistischer Nonnenorden*. Berlin: edition steinrich, 2011.

Danksagung

Zuallererst möchte ich meine Dankbarkeit gegenüber meinem Mann, Kuzan Peter Schireson, für seine unermüdliche Unterstützung und Hingabe zum Ausdruck bringen. Immer wieder stellte er fest, dass er unser Heim mit mir und hundert weiteren Zen-Vorfahrinnen teile. Nicht nur war er ein hilfreicher Lektor, sondern ebenso ein freigiebiger und liebenswürdiger Gastgeber für uns alle. Meinen Lehrern will ich namentlich danken: Shogaku Shunryu Suzuki Roshi, Sojun Mel Weitsman Roshi und Fukushima Keido Roshi, die das Dharma vor meinen Augen offengelegt und mich gelehrt haben, zur Ruhe zu kommen. Daneben gibt es unzählige weitere LehrerInnen – eine Liste, die ich zwar beginnen, aber sicherlich nicht beenden kann: Zenkei Blanche Hartman Roshi, Seisho Maylie Scott Daiosho, Zoketsu Norman Fischer Roshi, Hoitsu Suzuki Roshi, Dupont Roshi und Dzogchen Ponlop Rinpoche. Ihre Weisheit und Geduld haben wesentlich dazu beigetragen, mich meinen Weg und meine Stimme finden zu lassen. Die Professorinnen Suan Miriam Levering, Patricia Fister und Barbara Ruch haben nicht nur Übersetzungen beigetragen, sondern mich durch ihren Pioniergeist inspiriert, in meinem eigenen Forschen nicht nachzulassen. Professorin Polly Young-Eisendrath hat mich durch ihre Freundschaft und kreative Produktivität inspiriert.

Mein Lektor bei Wisdom, Josh Batok, war in jeder Beziehung wunderbar, und Myogo Mary Allen MacNeil assistierte unerschrocken bei früheren Fassungen. John LeRoy redigierte den Text vorzüglich. Chikudo Lewis Richmond vermittelte mir interessante Einsichten bezüglich Suzuki Roshi. Surei Darlene Cohen Sensei und Enji Angie Boissevain Sensei trugen in unseren gemeinsamen jährlichen Zen-Retreats für Frauen dazu bei, die Praxis von Frauen lebendig werden zu lassen. Diese Retreats wurden nacheinander von Baika Andrea Pratt, Hoka Elizabeth Flora, Shoan Piper Murakami und allen Männern und Frauen, die im Empty Nest Zendo praktizieren, organisiert. Ebenso möchte ich mich bei allen Frauen und ihren Sanghas bedanken, die den hier vorgestellten Lehren in ihren Zentren Raum gaben, über sie sprachen und sie feierten: Wendy Egyoku Nakao Roshi vom Los Angeles Zen Center; Myotai Bonnie Treace Roshi, Myokaku Jane Schneider Seinsei von Beginners' Mind in Northridge, Kalifornien; den Frauen von Nalandabodhi in Seattle, dem Russian River Zendo in Guerneville, dem San Francisco Zen Center, dem Berkeley Zen Center und dem Clouds and Water Zen Center in St. Paul. Ich möchte meine Dankbarkeit für eine inspirierende Praxisperiode in Japan gegenüber weiteren Sangha-Schwestern zum Ausdruck bringen, mit denen sich ein liebevolles, unterstützendes Netzwerk herausgebildet hat: Myoko Sara Hunsaker, Myozen Martie Jensen, Zenki Mary Mocine, Myoko Iva Slone, Myogen Kathryn Stark und Zenshin Cathleen Williams. Jean Selkirk und Yuko Okumura Sensei halfen mit Übersetzungen und Informationen zu Joshin-san, unserem gemeinsamen Übertragungslinien-Schatz. Laurie und Alan Senauke standen mir bei, als alle Stricke rissen. Danke für eure Unterstützung!

Schließlich möchte ich meine Hochachtung für die Gaben und Mühen unserer unzähligen Vorgängerinnen zum Ausdruck bringen, die ihr Leben dem Dharma gewidmet haben, sodass ihre Unterweisungen bis zu uns in die Gegenwart fließen konnten. Wir können kaum ihre Namen und Gesichter ausmachen, aber wir können immer noch dem weiten Pfad folgen, den sie für uns frei gemacht haben.

Teil I

ZenFrauen

Frauen, die durch Zen verwandelt wurden

Kapitel 1
Frauen in der klassischen Zen-Literatur

Was ist der Unterschied zwischen Männern und Frauen im Zen?

Wenn das Thema Frauen im Zen auftaucht, begibt man sich ins Zentrum einer Auseinandersetzung darüber, ob das Geschlecht eine Rolle spielt oder nicht. Zen-BuddhistInnen und ihre buddhistischen AhnInnen haben die revolutionäre Anschauung vertreten, dass es in der spirituellen Erfahrung für Menschen keinen grundlegenden Unterschied gibt, ganz gleich, welcher Klasse, Ethnie oder welchem Geschlecht sie angehören. Die Tradition des Zen beruht auf zentralen Lehren, denen zufolge alle phänomenalen Erscheinungen leer sind, also eines essentiellen Kerns entbehren. Wie könnte das Geschlecht also die Grundlage für eine essentielle Unterscheidung sein? Und doch ist Zen im Laufe seiner Geschichte eine rein männliche Tradition gewesen. Wie passt die Theorie zur historischen Wirklichkeit? Die Frage nach der Beziehung von Zen und Geschlecht wird mit Leben gefüllt, wenn wir den Platz von Frauen in der Geschichte des Zen betrachten.

Fragen über Zen und Geschlecht können provozieren: »Feministische Propaganda! Was soll das Geschlecht, eine letztlich äußerliche Erscheinung, mit dem Ausdruck unserer grundlegenden Natur zu tun haben?« Wer kann auch nur das kleinste Staubkorn eines Unterschieds zwischen der Buddha-Natur eines Berges, einer Person oder eines Ozeans ausmachen – wie sollte dann ein essentieller Unterschied darin bestehen, wie Männer und Frauen ihre wahre Natur in der Zen-Praxis ausdrücken? Und doch findet sich in der Geschichte der Zen-Praxis so gut wie keine Spur von weiblichen Vorfahren. Gab es sie nicht? Falls Frauen praktizierten und lehrten, wo sind dann ihre Aufzeichnungen?

Das offenkundige Missverhältnis zwischen dem ausdrücklichen Ideal einer geschlechtsunabhängigen Praxis und dem Fehlen von Informationen über Frauen sollte uns anregen, tiefer zu schauen. Wir scheuen uns jedoch, über Ungleichheit zu reden, denn unsere Überlieferung lehrt uns, dass es so etwas wie Benachteiligung im Zen nicht gibt. Wenn wir ehrfürchtige Zen-BuddhistInnen mit einem tiefen Verständnis sind, gehen wir vielleicht auch davon aus, dass die Lehren uns auffordern, alle Erscheinungen von Ungleichheit als Illusion zu erkennen.

Tatsächlich ist eine der vier dokumentierten NachfolgerInnen Bodhidharmas (des Begründers des Zen in China) eine Frau: Zongchi, die bei Eihei Dogen, dem Gründungspatriarchen des Zen in Japan, Erwähnung findet. Frauen praktizierten Zen von Anfang an. In den meisten Kulturen waren Frauen gewissen Restriktionen unterworfen, was ihre Aktivitäten außerhalb der Familie betraf: Einschränkungen der Bewegungsfreiheit in der Öffentlichkeit, begrenzte Bildungsmöglichkeiten, eine eingeschränkte finanzielle Autonomie sowie Grenzen, die ihren freien Entscheidungsmöglichkeiten gesetzt waren (vielfach wurde es Frauen abverlangt, von Vätern, Ehemännern oder Söhnen eine Einwilligung zu bekommen). Und so stoßen wir auf weniger Frauen als Männer, die Zen praktizierten. Dies berücksichtigend, erwarten wir vielleicht ohnehin nur einen eher kleinen Anteil an Frauen unter den VorfahrInnen im Zen.

Miriam Levering zitiert eine chinesische Erhebung aus dem Jahr 1021, in der 61 240 Nonnen angeführt werden.[2] Frauen machten im China des 13. Jahrhunderts ungefähr dreizehn Prozent der ordinierten buddhistischen Gemeinschaft aus. Unter den in den Übertragungstexten offiziell genannten Zen-MeisterInnen finden sich jedoch nur ein Prozent Frauen. In späteren Übertragungstexten lässt sich erkennen, dass selbst dieses anfänglich erwähnte eine Prozent noch weiter reduziert wurde, was die Spuren jener ursprünglichen sechzehn Dharma-Erbinnen erfolgreich ausradierte. Alle darauf folgenden Übertragungsdokumente erwecken den Anschein, als sei Zen schon immer eine rein männliche Berufung gewesen.

Wie konnte es geschehen, dass Frauen in der Geschichte neben Männern praktizierten, sie jedoch kein dokumentierter Teil der Zen-Geschichtsschreibung sind? Wie konnte eine Praxis, die Gleichheit und Befreiung versprach, zum »Patriarchen-Zen« werden? Diese Widersprüche in den historischen Überlieferungen und das daraus resultierende unvollständige und falsche Bild einer rein männlichen Geschichte des Zen wirft viele Fragen auf. Welche Kräfte erzeugten diesen Widerstand gegen die Anerkennung der Praxis von Frauen und löschten Zen-Meisterinnen aus der historischen Überlieferung? Ist diese kulturelle und geschlechtsspezifische Voreingenommenheit noch immer Teil unserer Tradition? Prägt sie die Praxis bis heute?

Frauen und die frühe buddhistische Praxis

Zu Lebzeiten des Buddha drückte Mahapajapati, Buddhas Tante und Ziehmutter, ihren Wunsch aus, gemeinsam mit den zahlreichen Frauen, die ihr folgten, der buddhistischen Gemeinschaft beizutreten. Als der Buddha ihre Bitte ablehnte, wiederholte sie ihr Ansinnen gegenüber Ananda, Buddhas Cousin und vertrautem Schüler. Ananda versuchte seinerseits dreimal, Buddhas Einverständnis zu erlangen und wurde bei dessen dritter Ablehnung gemahnt: »Genug!« Den Regeln zufolge konnte dieselbe Bitte nur zweimal wiederholt werden. Ananda gab jedoch nicht auf. Das nächste Mal fragte er den Buddha, ob Frauen tatsächlich erleuchtet werden könnten.

Es wird berichtet, dass der Buddha daraufhin verkündete, Frauen seien zum gleichen Erwachen wie Männer befähigt. Er stimmte nun auch dem Eintritt von Frauen in den Orden zu, allerdings unter Bedingungen und Einschränkungen, die als die »Acht Besonderen Regeln« bekannt sind. Indem der Buddha Frauen in einer untergeordneten Position, wie sie in den Acht Besonderen Regeln definiert wurde, einbezog, leitete er zwei wichtige Traditionen ein: Frauen konnten in die Hauslosigkeit gehen und praktizieren, aber nur gemeinsam mit anderen Frauen; und Frauen konnten keine gleichberechtigten und unabhängigen Praxisorte gründen. Diese Regeln haben den Buddhismus seit seinen Anfängen geleitet (vielleicht auch fehlgeleitet) und prägen die Entwicklung der Praxis für Frauen und Männer seit mehr als 2 500 Jahren.

Geschlechtertrennung und die Entwicklung zweier separater Orden sind wichtige Themen für alle, die von asiatischen Lehrern in buddhistischer Praxis geschult worden sind. Von besonderer Bedeutung sind sie jedoch für westliche GründerInnen von Zentren, deren asiatische Lehrer von der traditionellen buddhistischen Sichtweise einer Unterordnung der Nonnen unter die Mönche geprägt sind.

Die Acht Besonderen Regeln

1. Eine Nonne, selbst mit dem Ansehen einer Hundertjährigen, soll einen Mönch ehrerbietig grüßen, sich in seiner Anwesenheit erheben, sich vor ihm verneigen und alle angemessenen Pflichten erfüllen, selbst wenn er erst einen Tag zuvor ordiniert wurde.
2. Eine Nonne darf die Regenzeit nicht in einer Gegend verbringen, in der sich kein Mönch aufhält.
3. Zu jedem Halbmond hat eine Nonne vom Orden der Mönche zwei Dinge entgegenzunehmen: den Zeitpunkt der *uposatha*-Zeremonie (das gemeinschaftliche Bekennen von Fehlern oder Übertretungen der monastischen Regeln) sowie die Zeiten, zu denen Mönche sie aufsuchen, um Unterweisungen zu erteilen.
4. Nach Übungsperioden während der Regenzeit müssen Nonnen *pavarana* (eine Befragung über mögliches Fehlverhalten) vor beiden Sanghas abhalten – der Sangha der Mönche und jener der Nonnen – im Hinblick auf das, was gesehen wurde, was gehört wurde und was fehlerverdächtig ist.
5. Eine Nonne, die eines schweren Vergehens schuldig ist, wird vor beiden Sanghas, der Sangha der Mönche und jener der Nonnen, gemaßregelt.

6. Nachdem eine Novizin sich zwei Jahre lang in den sechs Gelübden (den ersten fünf Gelübden sowie dem Gelübde, nur eine Mahlzeit pro Tag vor dem Mittag einzunehmen) geübt hat, sollte sie um Ordination durch beide Sanghas nachsuchen.
7. Eine Nonne darf einen Mönch unter keinen Umständen schmähen und verunglimpfen.
8. Ermahnungen von Mönchen durch Nonnen sind nicht erlaubt. Ermahnungen von Nonnen durch Mönche sind erlaubt.[3]

Diese Acht Besonderen Regeln definieren den Orden der Frauen als zweitrangig und untergeordnet. Regel 2 und 5 begründen die Abhängigkeit der Nonnen von den Mönchen sowie ihre Ungeschütztheit vor den Sanktionen der Mönche. Regel 7 und 8 legen fest, dass eine Nonne einen Mönch nie korrigieren darf. Es ist überliefert, dass Mahapajapati gegen eine einzige Regel protestierte: Regel 1, der zufolge selbst die ranghöchste Nonne einen niedrigeren Stand einnimmt als der rangniedrigste Mönch. Zu Lebzeiten des Buddha scheinen die Nonnen nach diesen Regeln gelebt zu haben. Ihre Praxis wurde jedoch durchaus anerkannt, obwohl sie von den Mönchen abhängig waren. Wie wir sehen werden, wurde ihre institutionelle Abhängigkeit mit der Zeit darauf reduziert, dass sie eine zweitrangige Position einnahmen. Dies begrenzte ihre Möglichkeiten, den Orden zu unterhalten, wodurch seine Entwicklung behindert wurde.

In der Diskussion über Frauen im frühen Buddhismus spiegeln sich alte kulturelle Vorurteile, die mit den buddhistischen Prinzipien der Gleichheit und Befreiung aller Wesen kollidieren. Alan Sponberg vertritt die Ansicht, dass der Buddhismus sich von einer offenen und scharfsinnigen Betrachtung des sexuellen Verlangens und Begehrens (zum Beispiel der Beobachtung, dass sexuelles Verlangen achtsam wahrgenommen werden kann, aber nicht unbedingt ausgedrückt werden muss) zu einer deutlich psychopathischen Frauenverachtung entwickelt habe.[4] Die asketische Frauenverachtung des frühen Buddhismus unterstellt der Frau die permanente Absicht, den Mann zu »umgarnen«. Und so verlagerte sich die Perspektive von der Unausweichlichkeit des Begehrens und der eigenen Verantwortung für dieses Begehren auf dessen Objekt: die Frau.

Heute müssen wir selbst entscheiden, wie wir mit gewissen schwierigen Passagen in den buddhistischen Lehrtexten umgehen wollen. Es gibt vier Möglichkeiten, die Bedeutung der offenkundig frauenfeindlichen Aussagen des Buddha in den Schriften zu verstehen:

1. Der Buddha, ein vollständig erwachtes Wesen, machte diese Bemerkungen in einem Lehrzusammenhang, den wir nicht genau nachvollziehen können, da wir nicht dabei waren. Seine anscheinend frauenfeindlichen Aussagen müssen uns deshalb nicht weiter beunruhigen.
2. Spätere Buddhisten haben diese Bemerkungen in den buddhistischen Kanon eingefügt. Der Buddha, ein vollständig erwachtes Wesen, hätte so etwas nie gesagt. Dennoch sollten diese Lehren nicht infrage gestellt werden.
3. Spätere Buddhisten haben diese Bemerkungen in den buddhistischen Kanon eingefügt. Wir dürfen das Leidverursachende dieser Ansichten thematisieren, solange wir darauf hinweisen, dass diese und andere frauenfeindliche Äußerungen nicht von Buddha selbst stammen, einem vollständig er-

wachten Wesen, sondern von weniger erwachten Buddhisten zu einem späteren Zeitpunkt eingefügt wurden.

4. Der Buddha war ein spirituelles Genie, das das vollkommenste Erwachen erlangte, das einem Menschen möglich ist. Er war aber auch ein Mensch, jemand, der nach wie vor mit seinen eigenen karmischen Bedingungen und Reaktionen lebte, was diese Bemerkungen zeigen. Er war also anfällig für eine Sichtweise bzw. den Glauben, dass die sexuelle Energie von Frauen seine Mönche zum Schaden des neu gegründeten Ordens auf Abwege führen konnte. Diese Neigung des Buddha, Frauen und Sexualität als eine negative Kraft zu objektivieren, müssen wir bei unserem Versuch, den Buddhismus im Westen zu etablieren, kritisch betrachten.

Natürlich können Westler sich dafür entscheiden, die Bedeutung der frühen buddhistischen Einstellungen und Haltungen gegenüber Frauen gar nicht zu untersuchen. Das wird jedoch für die Übertragung des Buddhismus in den Westen nicht ohne Konsequenzen bleiben. Ich folge in diesem Buch dem vierten Ansatz, wobei ich mir bewusst bin, dass 2 500 Jahre alte Zitate sicherlich nicht immer eindeutig zugeschrieben werden können. Wir wären jedenfalls gut beraten, diese frauenfeindlichen Passagen vor dem Hintergrund der eigenen Ansprüche und Ratschläge des Buddha zu betrachten, die er den Kalamern gab, Dorfbewohnern, die ihn fragten, wie ein spiritueller Lehrer beurteilt werden sollte:

> Geht, Kālāmer, nicht nach Hörensagen, nicht nach Überlieferungen, nicht nach Tagesmeinungen, nicht nach der Autorität heiliger Schriften, nicht nach bloßen Vernunftgründen und logischen Schlüssen, nicht nach erdachten Theorien und gängigen

Meinungen, nicht nach dem Eindruck persönlicher Vorzüge, nicht nach der Autorität eines Meisters! Wenn ihr aber, Kālāmer, selber erkennt: »Diese Dinge sind unheilsam, sind verwerflich, werden von Verständigen getadelt, und, wenn ausgeführt und unternommen, zu Unheil und Leiden führen«, dann o Kālāmer, möget ihr sie aufgeben.

(Anguttara Nikaya 3,66)

Sponberg ist der Ansicht, dass frühen Buddhisten die Abwertung der Frau normal und natürlich erschien, da sie mit der hinduistischen Sichtweise übereinstimmte: Wird ein Mensch als Frau geboren, so beruht dies auf karmischen Kräften, die zu einer Wiedergeburt in einer niedrigeren Existenz führen. Selbst heute kann man dieser Anschauung noch begegnen. Ich wurde einmal in einem modernen, westlichen tibetischen Praxiszentrum gefragt, wieso wir die Lehren unserer Vorfahrinnen studieren sollten, da doch allgemein bekannt sei, dass der Buddhismus die Geburt als Frau als etwas Minderwertiges betrachte. Wie sollen wir als Frauen auf so etwas reagieren? Sollen wir diese Ansicht teilen und uns vor Augen führen, wie unglaublich es ist, dass wir trotz unserer minderwertigen Geburt das Dharma lehren können? Oder müssen wir davon ausgehen, dass Diskriminierungen und Vorurteile in unsere erleuchteten Lehren und Praktiken eingeflossen sind?

Diese negativen Beurteilungen, die sich mit der Idee verbinden, Mönche vor den Verführungskünsten von Frauen schützen zu müssen, sind in das frühe buddhistische Denken eingeflossen und bilden die Grundlage der Acht Besonderen Regeln. Frühe Buddhisten glaubten, dass die Ordination von Frauen ein wesentliches Hindernis für die Anerkennung, Glaubwürdigkeit und den Bestand ihres neuen Ordens innerhalb einer hinduistischen Kultur darstellte. Frauen einen gleichberechtigten Status zu gewähren würde die herrschende Kultur zu sehr verunsichern. Um den Widerspruch aufzuheben – dass Frauen zwar das gleiche Potenzial des Erwachens in sich tragen, ihnen aber nur ungleiche Möglichkeiten der Teilhabe eingeräumt werden –, wurde Frauen ein begrenzter Zugang zur Ordination und ein Status zweiter Klasse gewährt.

Die Acht Besonderen Regeln schränkten die Entwicklung der Praxis von Frauen auf lange Sicht in einem erheblichen Maße ein. Sie begrenzten die Möglichkeiten und den Spielraum für Lehrerinnen. Unter diesen Regeln waren Nonnen den Mönchen nicht nur ausnahmslos nachgeordnet, sondern sie hingen von ihnen auch in ihrer Ausbildung ab und konnten so kaum zu vollständig unabhängigen Dharma-Lehrerinnen werden. Außerdem hatten die Regeln tiefgreifende und dauerhafte Folgen für den Status von Nonnen. Deren Praxis wurde als zweitrangig betrachtet und entsprach in dieser Vorstellung nicht der Praxis eines Mönchs. Das machte es Nonnen schwer, AnhängerInnen zu finden und Spenden zu erhalten, die für den Fortbestand ihrer Praxis wichtig waren. Im Laufe ihrer Geschichte waren Nonnenklöster meist arm, während die Institutionen der Mönche, mit ihrem Status erster Klasse und anerkannten Lehrern, höhere Spenden erhielten und mächtige Unterstützer anzogen.

Bis heute ist das stillschweigende Urteil, Frauen seien letztlich zweitrangige Praktizierende, vielleicht für ein gewisses Desinteresse von Westlern mitverantwortlich, sich mit früheren Zen-Meisterinnen, ihren Klöstern und Praktiken zu befassen.

Wenn es jedoch verboten war, dass Frauen gemeinsam mit Männern praktizierten, wie haben es dann einige Frauen, wenn man der klassischen Zen-Literatur Glauben schenkt, dennoch geschafft, Anleiterinnen der Praxis und Meisterinnen zu werden? Offensichtlich müssen zumindest einige der Acht Besonderen Regeln abgeändert oder missachtet worden sein. Wenn dem so war, ist das möglicherweise auf die Perspektive des frühen Zen zurückzuführen, die uns innewohnende Weisheit durch Meditation aufzudecken und damit eine Unabhängigkeit des Zen von Schriften und Sutren zu behaupten. Doch wie alle anderen buddhistischen Schulen auch, orientierten sich die frühen Zen-Gemeinschaften an einem buddhistischen Kanon, der getrennte Orden für Männer und Frauen vorsah. Und dennoch gab es außergewöhnliche Meister, welche die Absicht des Zen, frei von Dogmen zu sein, dadurch demonstrierten, dass sie Frauen gemeinsam mit Mönchen unterwiesen. Wie wir sehen werden, hatten einige dieser bemerkenswerten Lehrer Anhängerinnen und sogar Dharma-Erbinnen.

Dennoch respektierten die meisten Zen-Lehrer die Trennung in männliche und weibliche Orden, die in unterschiedlichen Tempeln praktizierten. Dabei bekräftigte die konfuzianische Tradition der männlichen Ahnenverehrung den Androzentrismus und die Ungleichheit von Männern und Frauen, die aus dem Hinduismus entlehnt worden waren. Konfuzianische Wertvorstellungen ließen darüber hinaus zusätzliche Praktiken entstehen, durch die Zen-Meister den Familienahnen vergleichbar verehrt wurden. Bis auf den heutigen Tag ist geschlechtsspezifisches und getrenntes Praktizieren in den meisten Tempeln Asiens die Norm.

Der Zen-Meister als männlicher Mann

In der klassischen Zen-Literatur lernen wir, dass alle Zen-Meister Helden sind. Levering verweist auf den Gebrauch einer »männlichen Sprache«, um das Wesen eines Zen-Meisters zu beschreiben. Einerseits sind alle Wesen ausnahmslos befähigt, erleuchtet zu werden. Andererseits wird jedes Wesen, das den Weg verwirklicht, als *chang-fu*, als ein »männlicher Mann« beschrieben.[5] Der Heroismus der Zen-Meister ist beides: die Quelle ihrer Entschlossenheit zu praktizieren sowie die Frucht ihrer spirituellen Errungenschaften. Zen-Meister sind fast alle aus dem gleichen Holz geschnitzt – sie sind heldenhafte männliche Männer. Was sagt das über Zen-Meisterinnen aus?

Die Frauen, die in der klassischen Zen-Literatur auftauchen, begegnen uns, wie die Männer, in der gleichen eindimensionalen Rolle des männlichen Helden. Allerdings mangeln ihnen die menschlichen, persönlichen Eigenschaften, die wir bei ihren männlichen Pendants finden und durch die wir uns mit diesen identifizieren können. Auch wenn wir uns glücklich schätzen dürfen, von ihrer Existenz zu erfahren, finden wir doch so gut wie keine Einzelheiten, durch die wir eine persönliche Verbindung mit ihnen herstellen könnten. Sie wirken wie männliche Verkörperungen von Zen-Transformationen. Wir erfahren aber nicht, wie sie transformiert wurden oder wer sie waren, bevor sie zu praktizieren begannen. Wir lernen nichts darüber, wie sie unter schwierigen Bedingungen ihren Weg fanden. Wir können uns nur fragen, wie sie wirklich waren und ob sie heutzutage gute Vorbilder für praktizierende Frauen abgegeben hätten. Kurz gesagt: Wir haben keine näheren Informationen darüber, wie diese Frauen als Frauen praktizierten.

Heutige Frauen, die in der klassischen Zen-Literatur über diese Frauen lesen, finden diese »Macho-Porträts« vielleicht wenig verlockend. Wie viele Frauen wünschen sich heutzutage wirklich, in weibliche Klone eines männlichen Zen-Meisters verwandelt zu werden? Falls Frauen zu einem Chang-Fu werden wollen, lässt sich fragen, ob dies ein natürlicher Wunsch ist oder einfach nur ein weiteres Beispiel für verinnerlichte Selbstunterdrückung? Für viele Frauen ist das Bild der heroischen, männlichen Frau jedenfalls unrealistisch, unerreichbar oder auch letztendlich nicht wünschenswert.

Vielleicht waren die frühen Zen-Meisterinnen eine Besonderheit. Konnte eine Frau, als Frau erzogen, zu einer hartgesottenen weiblichen Version eines männlichen Zen-Meisters werden? Kann es sein, dass die frühen ZenFrauen bereits ungewöhnlich mutig waren, bevor sie anfingen zu praktizieren?

Levering zeigt auf, dass in Bezug auf die Beiträge von Frauen zum Zen immer nur in einer (männlichen) Sprache der Bezwingung berichtet wird. Alle weiblichen Unterscheidungsmerkmale scheinen im Licht des Zen zu verschwinden. Wir sind ohne Bild oder Archetypus einer weiblichen oder femininen Zen-Meisterin. Levering zufolge zeigen die klassischen Beschreibungen, dass Zen zwar auch Frauen umfasste, doch das Patriarchen-Zen wurde nie androgyn, öffnete sich nicht den unterschiedlichen Erfahrungen von Frauen und Männern, um die Tradition zu bereichern.

Im folgenden Kapitel werden Frauen aus der Perspektive der klassischen Zen-Literatur vorgestellt. Wir erfahren nichts darüber, wie sie als Frauen lebten, lernen aber, wie sie durch Zen transformiert wurden, wie sie dazu dienten, Zen-Mönche zu transformieren, und wie eine ihrer Funktionen darin bestand, dem Bild des großen Zen-Meisters ein Glanzlicht zu verleihen.

Kapitel 2
Frauen begegnen Mönchen

Nonnen, die Männer sein könnten

Zwei Frauen, Moshan Liaoran (ca. 860) aus Ruizhou und Liu Tiemo (ca. 870), sind Beispiele für die Rolle einer Frau, die identisch mit der eines männlichen Zen-Meisters ist. Beide sind vollständig in männliche Zen-Heroen verwandelt; beide sind Chang-Fu.

Wie das Macho-Klischee des durch und durch maskulinen, muskelbepackten »ganzen Kerls«, könnten wir das Bild dieses hartgesottenen weiblichen Typus vielleicht als »ganze Kerlin« bezeichnen. Uns wird mitgeteilt, dass es sich bei ihnen um Frauen handelt, aber es gibt nicht den kleinsten Hinweis auf so etwas wie eine weibliche Identität, weibliches Verhalten oder weibliche Erfahrungen, was immer diese auch sein mögen. Ihre Persönlichkeiten entsprechen jenen der stärksten Zen-Meister.

Moshan Liaoran: *Die erste eigenständige Zen-Meisterin*

Die Zen-Meisterin Moshan Liaoran war eine der ersten Frauen, mit denen man sich im amerikanischen Zen beschäftigt hat. Sie ist eine der wenigen Dharma-Erbinnen in den Überlieferungen der männlichen Übertragungslinie.[6] Obwohl wir nichts über

Mo-shans frühes Leben wissen, über ihr Leben als Frau, oder auch, wie sie zur Praxis fand, ist ihr Status als Zen-Lehrerin unbestritten. Moshans Erwachen zu ihrer Buddha-Natur transzendierte ihr Geschlecht und ihre Lebensumstände. Das drückt sich in ihren Unterweisungen, ihrer Art zu lehren und in ihrer Position als Lehrerin im China der Sung-Dynastie aus. Zum ersten Mal begegnet uns Moshan in einem Dialog mit Guanxi Zhixian:

> Zen-Meisterin Moshan Liaoran aus Ruizhou [Äbtissin ihres eigenen Tempels] war eine Dharma-Erbin von Gao'an Dayu (ca. 800). Eines Tages traf der Mönch Guanxi Xian auf dem Berg Mo ein, wo Moshan lehrte, und sagte: »Wenn sich hier jemand befindet, der es Wert ist, bleibe ich. Wenn nicht, werfe ich die Meditationsplattform um!«
> Daraufhin betrat er die Halle.
> Moshan schickte ihren Assistenten, um den Besucher zu befragen: »Ehrwürdiger, seid Ihr hier, um die Sehenswürdigkeiten zu besichtigen, oder sucht Ihr das Buddha-Dharma?«
> »Ich suche das Dharma.«
> Daraufhin nahm Moshan auf ihrem Dharma-Sitz [im Audienzraum] Platz, und Guanxi trat für ein Gespräch ein.
> Moshan sagte: »Ehrwürdiger, woher kommt Ihr heute?«
> Guanxi antwortete: »Von der Einmündung der Straße [einem unbefleckten Platz].«
> Moshan entgegnete: »Wieso bedeckt Ihr dann nicht Euren Mund?«
> Guanxi antwortete eine Weile nichts. Schließlich fragte er: »Wie steht es damit beim Berg Mo [Moshan]?«
> Moshan sagte: »Der Gipfel ist nicht enthüllt.«
> Guanxi fragte: »Wer ist der Meister des Berges Mo?«

> Moshan erwiderte: »Ohne männliche oder weibliche Form.« Guanxi stieß daraufhin einen Schrei aus und sagte: »Wieso kann er sich nicht selbst transformieren [zu einem Mann werden]?« Moshan entgegnete: »Er ist weder ein Gott noch ein Dämon [Geist eines wilden Fuchses]. Wie sollte er also zu etwas anderem werden?«
> Daraufhin ergab sich Guanxi und wurde Moshans Schüler. Er arbeitete drei Jahre lang als Leiter des Gartens.[7]

Zum ersten Mal in der Geschichte des Zen begegnen wir einer unabhängigen Lehrerin, die einen Mann in ihrem eigenen Tempel unterwies. Nichts erklärt uns, wie das möglich geworden war. Doch Guanxis Infragestellen ihrer Autorität verdeutlicht, dass ihre Position ungewöhnlich war. Moshan, Leiterin eines Tempels, umgeben von SchülerInnen und den gängigen formalen klösterlichen Praktiken folgend – zum Beispiel den Dharma-Sitz in der Dharma-Halle zu besteigen, um Guanxi zu empfangen –, war offensichtlich in der Lage, in ihrem Tempel sowohl männliche als auch weibliche Praktizierende zu unterweisen. Das ist ein direkter Verstoß gegen die Acht Besonderen Regeln. Durch ihre geschickt gewählten Zen-Worte bestätigte sie ihre Autorität und deckte damit zugleich Guanxis Arroganz auf. Intelligent verband sie die Straße, auf der er gekommen war, mit der Person, die vor ihr stand und wies auf seinen große Mund (im Sinne von: Mundwerk) hin: »Wieso bedeckt Ihr dann nicht Euren Mund?« Anders gesagt: »Wieso bist du so grob?« Indem sie einen Mönch, einen Mann, nicht nur kritisierte, sondern auch unterwies, brach sie ebenfalls die Acht Besonderen Regeln. Wie sonst aber hätte sie auch männliche Schüler korrigieren können, wenn nicht, indem sie ihnen ihre falschen Sichtweisen aufzeigte?

Als Antwort auf Moshans verbale Ohrfeige legte Guanxi erst einmal eine Pause ein und veränderte seine Strategie, indem er Moshan nach ihrer Rolle als Berg Mo befragte – das heißt als Äbtissin und damit als Personifikation des Berges, auf dem ihr Tempel lag. »Wenn ich grob bin, indem ich meinen Mund öffne«, sagte er, »wie drückst du dich dann aus?« Sie entgegnete: »Der Gipfel ist nicht enthüllt.« Anders gesagt: »Ich zeige nicht auf mich, meine Position oder meine Befähigungen. Um den Gipfel zu verstehen, die Essenz meiner Lehren, musst du in deine eigene Verwirrung eindringen, in das, was diesen Gipfel vor deinem Blick verdeckt. Ich habe nicht das Bedürfnis, mich vor dir hervorzutun, dir den Gipfel zu zeigen, aber du darfst meine Lehren aufdecken, indem du deine eigene Verblendung durchschaust.«

Es war sicherlich nicht das erste Mal, dass Moshan aufgrund ihres Geschlechts herausgefordert wurde. Geschickt deckte sie Guanxis sexistische Haltung auf sowie sein Festhalten an der Idee, er könne der Richter über ihre Fähigkeiten sein. In seinem Auftreten lag eine gewisse Arroganz, und Moshans Ansatz war, ihm das vor Augen zu führen. Sie vermutete eine verdeckte sexistische Haltung, der sie zuvorkam, indem sie darauf hinwies, dass das, was sie lehrte, »ohne männliche oder weibliche Form« sei. Sie bot Guanxis Anfechtung ihrer Lehren die Stirn, indem sie bereits davon ausging, dass er ihre Autorität infrage stellen würde, weil sie eine Frau war – und bezog demgemäß Stellung und antwortete ihm. Tatsächlich fragte Guanxi dann auch: »Wieso bist du, eine Frau, in dieser Position? Was hat eine Frau als Lehrerin anzubieten?« Ihre Replik gab sie auf der Ebene der absoluten Wirklichkeit. Geschlecht lehrt nicht das Dharma; das, was lehrt, das, was es zu lehren gibt, geht über das Geschlecht hinaus. Und doch existiert Geschlecht – wieso sollte man das ändern wollen?

Weisheit drückt sich in allem aus; wieso akzeptieren wir dann nicht jede Stimme? Was muss transformiert werden, wenn gerade das, was »ohne männliche oder weibliche Form« ist, das Dharma lehrt? Alle Existenz lehrt das Dharma.

Buddhistische Texte, die darin älteren hinduistischen Anschauungen folgen, behaupten, dass eine weibliche Form sich in eine männliche Form transformieren müsse, um Buddhaschaft zu erlangen. Doch dem widerspricht Moshan hier. Auf der Ebene des Absoluten existiert Geschlecht nicht; auf der Ebene der relativen Wirklichkeit gibt es einfach nur viele unterschiedliche Formen. Wieso sollten diese Formen demnach transformiert werden? Dieser Dialog über die essentielle, formlose, geschlechtslose Qualität des Absoluten weist Moshan als eine Zen-Meisterin aus und bestätigt die Fähigkeit von Frauen, trotz »buddhistischen Aberglaubens« das Dharma zu lehren.

Moshan inspiriert schon lange zen-praktizierende Frauen in China, Japan und Korea. Heute hören wir in Zen-Unterweisungen, dass Frauen Männern im Zen gleichgestellt sind. Mit Moshan begegnen wir vermutlich der ersten Frau, die wirklich gleichgestellt war.

Eisenschleiferin Liu: *messerscharf und gefährlich*

Eisenschleiferin Liu (Liu Tiemo, ca. 870) war eine Schülerin Guishans (gest. 853). Nicht zufällig ist ihr Name mit Eisen assoziiert. Sie verkörpert das Klischee einer hartherzigen, eisernen Frau. Ihr Name wird abwechselnd mit »Eisenschleiferin« und »Eiserner Mahlstein« übersetzt. Alle Übersetzungen verweisen auf ihre Fähigkeit, selbst den stärksten Stoff zu Staub zu zermahlen.

In einer Studie über das Bild der Frau in der amerikanischen Unternehmenskultur beschreibt Rosabeth Moss Kanter, wie Frauen in männlich dominierten Organisationen überleben, indem sie sich gegenüber Männern in einem stereotypen Rollenverhalten einordnen: als Mutter, braves Mädchen oder Verführerin.[8] Sobald Frauen keine bekannte, familienbezogene Rolle als Frau, Mutter oder Schwester einnehmen, werden sie als eine Art Monster betrachtet. Kanter benutzt den Begriff »Eiserne Jungfrau«, den Namen eines mittelalterlichen Folterinstruments, um Frauen zu beschreiben, die sich auf ihre Arbeitsleistung in der Firma konzentrieren und sich in ihren Beziehungen nicht den männlichen Machtverhältnissen anpassen – Frauen, die als unnachgiebig, zu autoritär und emotional abgespalten von der familiären Rolle betrachtet werden. Eine solche Frau besteht in der Imagination der Männer, laut Kanter, aus Eisen und nicht aus Fleisch und Blut.

Die klassische Zen-Literatur hebt Lius Härte hervor – ihren gut trainierten, feingeschliffenen Zen-Geist. Sie agiert wie ein Schleifrad. Wenn ein Zen-Mönch ihr begegnet, fliegen Funken.

> Die Vorsteherin einer Versammlung namens Eisenschleiferin Liu besuchte Zen-Meister Zihu.
> Zihu sagte: »Ich habe von der Eisenschleiferin Liu gehört. Es heißt, mit Euch werde man nicht leicht fertig. Ist das so?«
> Eisenschleiferin Liu: »Es steht mir nicht zu, das zu beurteilen.«
> Zihu fragte: »Wendet Ihr Euch nach links oder rechts?«
> Liu entgegnete: »Kippt nicht vornüber, Meister.«
> Zihu versetzte ihr auf der Stelle einen Hieb.[9]

Die Eisenschleiferin lehrte in ihrem eigenen Tempel und war bekannt für ihr grimmiges Dharma. In diesem Dialog mit Zihu zeigte sie, dass sie sich weder von Lob noch Tadel einfangen ließ. Sie erinnerte Zihu daran, dass sein eigenes Fragen nach »links oder rechts« ihn selbst aus der Bahn werfen und in die Welt des dualistischen Denkens und Vergleichens fortreißen könne. Ist es schwierig oder einfach, mit ihr umzugehen, wollte Zihu wissen. Als sie ihn ermahnte, nahm er zu seinem eigenen Markenzeichen Zuflucht: ein Hieb mit dem Stock. Als hartgesottene Zen-Meisterin scheute sie selbst körperliche Schläge nicht. Diese minderten weder ihre Kraft noch ihr Gleichgewicht, das sie, ohne umzukippen, bewahrte. Meister Fojian gab im *Buch der Gelassenheit* folgenden Kommentar: »Sie ließ Zihu den Stock schwingen, und obwohl sie schwach wirkte, hatte sie stählerne Kraft.«

Eisenschleiferin Liu lebte in einer Einsiedelei in der Nähe ihres Lehrers und häufigen Sparringpartners Guishan. Wir begegnen ihr auch im folgenden Dialog mit Guishan, ein Austausch, der nicht allein auf Worten beruht; wir spüren darin eine tiefe Vertrautheit. Ihr Wortwechsel sagt nicht, was gemeint ist, und meint nicht, was gesagt wird. Er zeigt zwei Autoritäten des Zen, die in einem prägnanten verbalen und nicht-verbalen Austausch miteinander kommunizieren. Nichts ist überflüssig; sie verstehen sich durch und durch und sind vollkommen aufeinander eingespielt.

Eisenschleiferin Liu ging zu Guishan.
Guishan sagte: »Alte Kuh, du bist also gekommen!«
Sie erwiderte: »Morgen ist auf dem Berg Tai ein Gemeindefest; gehst du hin?«
Guishan legte sich nieder.
Liu ging auf der Stelle.[10]

Lehrende bleiben in der Nähe ihrer Einsiedelei, in der Nähe ihrer Praxis, in der Nähe ihres stillen Samadhis. Sie haben kein Bedürfnis, an Gemeindefesten teilzunehmen. Liu wusste, dass keiner von ihnen das »Große Ereignis« auf dem Berg Tai besuchen würde, denn dieser liegt immerhin 900 Kilometer entfernt, und sie hätten nur einen Tag zum Reisen. Sie fragte ihn nur, ob er hingehen würde, damit sie gegenseitig den Frieden und die Zufriedenheit in ihrer Praxis ausdrücken konnten. Sie brauchten weder die rituellen noch die konventionellen Bestätigungen des offiziellen Zen-Betriebs. Einfach nur alles loslassen – das genügte.

Guishan hatte einen Weg gefunden, diese talentierte Frau zu lehren und zum Lehren zu ermächtigen, so wie er auch Männer lehrte. Wir wissen, dass ihre Beziehung eine dauerhafte war, dass sie höchstwahrscheinlich sehr nahe beieinander lebten, beide jedoch ihren eigenen Praxisort hatten. Sie hatte die Reputation, »gefährlich« zu sein, und verkörperte die stereotype Rolle des heroischen, mächtigen Zen-Meisters. Die Tatsache, dass ihr der Gebrauch des Stocks bekannt war und sie diesen auch akzeptierte, zeigt, dass sie wie ein Mann behandelt wurde.

War die Verkörperung der Rolle eines Chang-Fu für eine Frau die einzige Möglichkeit, zur Position einer Zen-Meisterin aufzusteigen? Hatte sie noch andere Charakterzüge jenseits dieses Klischees? War sie bereits eine Eisenschleiferin vor ihrer Zen-Praxis, oder hat ihre Schulung sie dazu gemacht? Produzierte Zen Eisenschleiferinnen, oder wurden Eisenschleiferinnen vom Zen angezogen? Zu fragen ist auch, ob dieses Klischee der unbeirrbaren, robusten »ganzen Kerlin« in Wirklichkeit je so existierte.

Vorzeige-Nonnen: Die Etablierung des Zen als eine vollständig befreite spirituelle Institution

Als der buddhistische Frauenorden unter der Führung der ersten chinesischen Mönche auch in China Fuß fasste, war er mit den konfuzianischen Idealen über menschliche Beziehungen konfrontiert. Diese beinhalteten die Unterordnung und Absonderung von Frauen. Später wurde diese Unterordnung buddhistischer Frauen nach Japan übertragen. Hin und wieder war es Frauen jedoch gestattet, in Männerklöstern zu praktizieren. In diesen wenigen Frauen drückt sich die symbolische, nicht jedoch die tatsächliche Integration einer Minderheit aus.

Eihei Dogen, der im 13. Jahrhundert das Soto-Zen in Japan begründete, zeigte in seinem Aufsatz »Raihaitokuzui« (»Das Mark erlangen«) unmissverständlich, dass Zen frei von Gender-Klischees sein muss, wenn es tatsächlich das vollkommene Erwachen zum Ausdruck bringen will.[11] Wenn Mönche auf dem Meditationskissen die Erleuchtung erlangen, so Dogen, ohne ihre eigenen sexistischen Anschauungen zu hinterfragen, begrenzen und behindern sie ihre Einsicht und grenzenlose Verwirklichung durch Vorurteile und Aberglauben. Dogen insistierte darauf, dass Mönche, die ihre Erfahrung der Erleuchtung nicht in den Alltag integrierten und an konventionellen und kleinlichen Ansichten festhielten – zum Beispiel dem Verbot für Frauen, die heiligen Tempel zu betreten[12] –, einfach nur »dumme Menschen sind, die das Dharma beleidigen«.

Dogen nannte herausragende ZenFrauen, die von den führenden Zen-Kreisen Chinas akzeptiert wurden, um nachzuweisen, dass die negativen und einschränkenden Klischees von

Frauen nicht der Wirklichkeit entsprachen, sondern provinzielle kulturelle Stereotypen darstellten, denen er in Japan begegnet war, als er seinen ersten Tempel gründete. Wir nehmen diese Chinesinnen der Sung-Dynastie in der Vision eines herausragenden Lehrers aus einer genderfreien Zen-Perspektive wahr. Doch auch diesmal erfahren wir leider nichts über die weiblichen Identitäten dieser Frauen bzw. darüber, wie sie in ein männlich dominiertes System gelangten und dort Anerkennung fanden. Wir können Dogen aber dankbar sein, dass er das Problem der Ungleichheit der Frau im Zen verstand und auflösen wollte.

In seiner Abhandlung erwähnt Dogen zwei weitere chinesische Frauen: Zongchi und Miaoxin.

Zongchi: *Die Erste in der Zen-Tradition*

Die chinesische Nonne Zongchi (ca. 550) bezeugt die Fähigkeit des Zen, von Anfang an Frauen neben Männern zu schulen. Zongchi kam als Schwester eines bedeutenden chinesischen Königs Anfang bis Mitte des 6. Jahrhunderts zur Welt und wurde manchmal als Tochter des Kaisers Wu der Liang-Dynastie des 6. Jahrhunderts angesehen.[13] Durch Dogen lernen wir sie als eine Schülerin Bodhidharmas kennen, der Zen von Indien nach China gebracht hat und als der erste chinesische Patriarch des Zen gilt. Bodhidharmas Begegnung mit Kaiser Wu und die spätere Errichtung des Shaolin-Klosters werden allgemein als Anfang des Zen in China angesehen.

Bodhidharma waren Buddhas Regeln für eine separate Praxis von Frauen zweifelsohne bekannt. Wir wissen nicht, wie Zongchi seine Schülerin wurde, aber er scheint sie neben seinen männlichen Schülern im Shaolin-Kloster unterwiesen zu haben.[14] In einem Kapitel des Shobogenzo mit dem Titel »Katto« (»Die Verflechtung«), erwähnt Dogen sie als eine der vier gleichgestellten Dharma-ErbInnen Bodhidharmas. Wir können nur vermuten, dass Bodhidharmas Vertrauen in die Tiefe seines eigenen Erwachens ihn bewegt haben muss, die traditionellen buddhistischen Acht Besonderen Regeln unberücksichtigt zu lassen.

Zongchi ist ein Beispiel für eine frühe Wegbereiterin des Zen, die aufgrund ihrer aristokratischen Herkunft die Möglichkeit hatte, mit einem großen Meister gleichberechtigt neben dessen männlichen Schülern zu praktizieren. In ihrem Aufsatz über Dogens »Raihaitokuzui«[15] zeigt Miriam Levering, dass chinesische Quellen über Bodhidharma Zongchi anfänglich als gleichberechtigte Dharma-Erbin aufführten, ihre Position im Laufe der Geschichte jedoch abgewertet wurde, sodass ihr Name schließlich erst an dritter oder vierter Stelle seiner vier SchülerInnen stand. Dennoch blieb sie damit eine Vorzeige-Nonne, die das Potenzial einer nicht-diskriminierenden Weisheit des Zen belegt.

Die Linienhalter-Dokumente des Zen, also die offizielle Geschichtsschreibung über die Geist-zu-Geist-Übertragung der Patriarchen, führen einen Schüler, Huike, als Bodhidharmas einzigen Nachfolger auf, und doch unterstreicht Dogen, dass das Erwachen aller seiner vier SchülerInnen vollkommen war. Auch wenn nur einer von ihnen als Linienhalter erinnert und anerkannt wird, hatte Zongchi Dogen zufolge das gleiche tiefe Verständnis.

Zongchis einzige überlieferte Unterweisung besteht aus einem Austausch mit Bodhidharma. Dieses Gespräch fand statt, als er seine SchülerInnen zusammenrief und sie bat, ihr jeweiliges Verständnis auszudrücken. Die Nonne Zongchi sagte: »Mein

Verständnis ist wie die Freude, wenn man das Land des Buddha Aksobhya sieht: Man fühlt sie beim ersten Blick, aber nicht beim zweiten Blick.«[16] Bodhidharmas Lehren betonen die direkte Erfahrung der eigenen Natur. Er würdigte ihre Bemerkung mit den Worten: »Du erhältst mein Fleisch.« Zongchis Worte bringen eine direkte Erfahrung zum Ausdruck, die in einer Beschreibung nicht wiederholt und durch Erklärungen und Instruktionen nicht vermittelt werden kann.

Abgesehen von diesem Austausch im Shaolin-Tempel wissen wir nichts über ihr Leben und ihre Lehren.

Miaoxin: *Erleuchtete siebzehn Mönche*

In »Raihaitokuzui« preist Dogen eine weitere Nonne, Miaoxin (ca. 880), als eine starke Frau, die Männer erleuchtete. Sie schulte sich unter Guishans Dharma-Erben Yangshan (gest. 883). Guishans Lehrbeziehung zu Liu Tiemo (Eisenschleiferin Liu) mag Yangshan unter Umständen geholfen haben, Miaoxins Fähigkeiten zu erkennen und sie zu lehren. Da Liu Tiemo und Yangshan mit demselben Lehrer studierten, liegt die Vermutung nahe, dass Yangshan sie kannte oder ihm die Achtung seines Lehrers für sie bekannt war.

Obwohl Dogen nicht persönlich verfolgt haben kann, wie Miaoxin Einlass in Yangshans Tempel fand, da sich dies mehrere Hundert Jahre vor seiner Geburt ereignet hatte, berichtet er voller Überzeugung, dass keiner der anwesenden Mönche Einspruch erhoben hat. Dogen schildert auch die Unterweisung, die sie später siebzehn Mönchen gegeben hat, die ihren Lehrer Yangshan aufsuchten:

Als Miaoxin in der Verwaltung des Klosters arbeitete, kamen siebzehn Mönche auf Pilgerreise aus dem Bezirk Shoku, um ihren Meister Yangshan zu treffen. Sie hatten die Absicht, den Berg sofort zu besteigen, aber es war bereits spät, und so blieben sie in dem Gebäude der Klosterverwaltung. Abends sprachen die Mönche über die berühmte Geschichte des Sechsten Patriarchen, über den Wind und die Fahne [Anm.: In dieser Geschichte behauptet ein Mönch, die Fahne bewege sich, ein anderer Mönch sagt, der Wind bewege sich, und der Sechste Patriarch entgegnet: »Die Fahne bewegt sich nicht, der Wind bewegt sich nicht, ihr bewegt euren Geist!«]. Was jeder der siebzehn Männer sagte, ging jedoch völlig an der Sache vorbei. Miaoxin, die das Gespräch hinter einer Mauer mitverfolgte, murmelte: »Wie schade, dass diese siebzehn Eselsköpfe bereits so viele Strohsandalen auf ihrer Pilgerreise abgetragen haben, aber das Buddha-Dharma haben sie noch nicht einmal im Traum gesehen.« Etwas später berichtete Miaoxins männlicher Bediensteter den Mönchen von ihrer Reaktion auf ihr Gespräch, aber keiner von ihnen trug es der Vorsteherin nach. Im Gegenteil: Sie verspürten Reue ob ihres mangelnden Verständnisses. Sie legten ihre Roben an, verbrannten Räucherwerk, warfen sich nieder und baten um ihre Belehrung. Miaoxin sagte: »Kommt näher!« Doch gerade als die siebzehn Mönche auf sie zukamen, sagte sie: »Der Wind bewegt sich nicht; die Fahne bewegt sich nicht; der Geist bewegt sich nicht.« Nach dieser Belehrung blickten alle siebzehn Mönche tief in ihr eigenes Herz, verneigten sich in Dankbarkeit vor ihr und wurden ihre Schüler. Kurze Zeit später kehrten sie in den Bezirk Shoku zurück, ohne Yangshan überhaupt aufgesucht zu haben. Miaoxins Einsicht wird noch nicht einmal von den Heiligen und Bodhisattvas übertroffen. Sie handelt wie jemand,

> der den authentischen Strom der Buddhas und Patriarchen übermittelt.[17]

Miaoxin verkörpert das Selbstbewusstsein und die durchdringende Weisheit eines traditionellen Zen-Meisters. Als sie sah, wie die Mönche in ihren dualistischen Betrachtungen schwelgten, arrangierte sie, dass sie das, »was sich bewegt« direkt erfuhren, indem sie sie aufforderte, körperlich näherzukommen. Bevor sie auf ihre Anweisungen reagieren konnten, überrumpelte sie sie: Der Wind bewegt sich nicht; die Fahne bewegt sich nicht; der Geist bewegt sich nicht – was bewegt sich? Die nicht-dualistische Erfahrung des »Was-bewegt-sich?« überraschte die Mönche mitten in der Bewegung und ließ sie offen werden für die Erfahrung der ununterbrochenen, allumfassenden Bewegung des Lebens.

Dogen zeichnet das Bild einer Frau, die die Rolle eines Zen-Meisters verkörperte und Anerkennung für die Art und Weise erlangte, wie sie Mönche erleuchtete. Doch waren die wissbegierigen Mönche auch nicht in dualistischen Urteilen verfangen, ob sie eine Frau bitten sollten, sie zu unterweisen oder nicht. Dogen forderte seine eigenen Mönche auf, ihr kleinliches Denken abzulegen und den Lehren von Frauen mit offenem Geist zu begegnen. Seinen Aufsatz »Raihaitokuzui« beendet er mit der Beschreibung einer mythischen buddhistischen Lehrerin, einer Frau, die sich in einen männlichen Buddha verwandelt hat, und sagt: »Sie sollte verehrt, geachtet und respektiert werden wie alle Buddhas und Tathagatas. Dies ist die ursprüngliche Praxis des Buddha-Weges. Jene, die dies nicht verstehen, verdienen unser Bedauern.«

Dogens Versuche, die Diskriminierung von Frauen unter

seinen Anhängern zu überwinden, zeigt uns, dass einige Zen-Lehrer im Laufe der Geschichte versucht haben, männliche und weibliche erleuchtete Wesen gleichermaßen zu achten. Ohne Dogens Bemühungen, seinen Mönchen beizubringen, über ihre Vorurteile hinauszublicken, wären Miaoxins Geschichte und ihre inspirierende, bis heute wichtige Unterweisung vielleicht verloren gegangen. Japanische Soto-Nonnen verwiesen auf Dogens bahnbrechende Lehren in »Raihaitokuzui«, als sie die japanische Soto-Bürokratie im 20. Jahrhundert aufforderten, sie als gleichberechtigte Partnerinnen in den Institutionen des Soto-Zen anzuerkennen.

Frauen, die Mönche beschämten

Manchmal wurden Mönche durch die Zen-Lehren von Frauen beflügelt, das Dharma tiefer zu untersuchen, was wir in den Geschichten von Moshan und Miaoxin sehen konnten. Eine weitere Gruppe von Zen-Geschichten handelt von Frauen, deren Befähigung darin lag, Mönchen ihre eigene Dummheit vor Augen zu führen – sie hielten den Mönchen einen Spiegel vor, in dem sie ihre Unfähigkeit erkennen konnten, im Moment der Alltagsaktivität präsent zu sein. In diesen Erzählungen lernten Mönche, die schlimmste aller möglichen Peinlichkeiten zu überleben: die Niederlage durch die Dharma-Worte einer unbekannten und meist nicht in der Praxis ausgebildeten Frau. Selbst die Namen jener Frauen – bis auf den einer Nonne namens Shiji – sind verloren gegangen. Einige dieser Lehrerinnen, die meist noch nicht einmal ordiniert waren, verkörpern ein mütterliches Stereotyp und sind auch als »Teedamen« bekannt. Andere entsprechen eher dem Klischee der »Eisernen Jungfrau«. Beide Typen repräsentieren anonyme Erfüllungsgehilfinnen des Wandels, die einen Mönch in die rechte Richtung stoßen – ein kleiner Schlag hilft ihm, mehr Ausdauer und Bescheidenheit zu zeigen.

Shiji: *Ein kurzer Besuch, der Juzhi aus der Bahn warf*

In den aufgezeichneten Unterweisungen des Mönchs Jinhua Juzhi (»Gutei mit dem einen Finger«) findet sich die Geschichte der mysteriösen Nonne Shiji (ca. 900). Shiji, deren Name »Wirklichkeit« bedeutet, spielte eine zentrale Rolle für die Entwicklung Juzhis – obwohl sie ihn nur einmal kurz besuchte. Stark, schweigsam und durchdringend war sie die klassische Eiserne Jungfrau: unnahbar, ohne Bedürfnis nach Beziehung, vollständig auf sich selbst vertrauend.

> Als Juzhi im Osten Chinas in einer Klause lebte, suchte ihn eine Nonne namens Shiji in seiner Hütte auf. Sie trat einfach ein, nahm ihren Hut nicht ab, umkreiste dreimal seinen Meditationssitz und hielt dabei ihren Pilgerstab. »Wenn du etwas zu sagen hast, werde ich meinen Hut abnehmen«, ließ sie verlauten. So fragte sie ihn dreimal, aber Juzhi konnte nicht antworten. Als sie sich schließlich zum Gehen wandte, sagte Juzhi: »Es ist schon spät – bleibt doch über Nacht.« »Wenn Ihr etwas zu sagen habt, werde ich bleiben«, entgegnete die Nonne. Juzhi verstand wieder nicht zu antworten, und die Nonne verließ seine Hütte. Klagend rief Juzhi aus: »Zwar habe ich den Körper eines Mannes, aber der Geist eines Mannes mangelt mir.« Danach war er entschlossen, diese Angelegenheit zu klären.[18]

Diese Nonne überprüfte ihr Verständnis, indem sie Mönche (und vielleicht auch Nonnen), die sie in abgelegenen Einsiedeleien aufsuchte, auf die Probe stellte. Juzhi, dem die Spucke wegblieb, konnte auch nicht ein einziges Zen-Wort herausbringen. Er war ein Mann und seine Herausforderin eine Frau, aber den wirklich männlichen Zen-Geist, den sie hatte, konnte er nicht aufbringen. Von einer Frau fertiggemacht zu werden – wie verstörend! Aber Juzhi blieb, was seine Schwächen betraf, ehrlich sich selbst gegenüber, und er war unvoreingenommen. Er war bereit, von seiner Besucherin zu lernen, die er als höhergestellt im Dharma erkannte.

Als es Nacht wurde, verließ Shiji die Einsiedelei und zog weiter – wir wissen nicht, wohin. In dieser einsamen Gegend war sie nicht um ihre Sicherheit besorgt. Ohne Zögern folgte sie dem Pfad des Zen. Ihre Berufung bestand darin, für die Verbreitung des Dharma zu leben und zu reisen. Doch über ihre Schulung und ihren Werdegang als Lehrerin wissen wir nichts, während wir Juzhis Entwicklung zum Zen-Meister weiter verfolgen können.

Die Teedame: *Deshan nimmt eine Erfrischung entgegen*

Deshans namenlos gebliebene Teedame, die Kuchen verkauft, ist ein originelles Beispiel für die Quittung, die ein überaus intellektueller Mönch erhalten kann, der auf die widerborstigen Einsichten einer unbekannten alten Dame trifft; sie verkörpert eher den mütterlichen Typ der ZenFrau. Diese Teedame durchbrach Deshans arrogante Verteidigungsmechanismen und schickte ihn dann zu Zen-Meister Longtan, um sich dort weiteren Ego-Zerrüttungen auszusetzen. Das in diesem Zusammenhang wichtige chinesische Wort für ihre Kuchen bedeutet »erfrischen«, »erleichtern«, aber auch »auf den Geist zeigen«. Vielleicht hatte diese Teedame ja mit Longtan praktiziert und war von seinem erwachten Geist erfrischt worden. Wie dem auch sei, in dieser Geschichte erfahren wir nichts über ihre Schulung.

Deshan (819-914) war ein gelehrter Mönch, der in China das *Diamant-Sutra* lehrte und später ein berühmter Zen-Lehrer wurde. Dem *Diamant-Sutra* zufolge wird Buddhaschaft durch ein intensives Studium der Verhaltensweisen und Praktiken der Buddhas über unzählige Zeitalter hinweg verwirklicht. Dabei basieren die rechten Verhaltensweisen auf Selbstlosigkeit und der Unterstützung anderer. Als Deshan hörte, die Zen-Meister Südchinas lehrten, dass genau dieser Geist selbst Buddha sei, machte er sich auf den Weg, um diese »Bande von Zen-Teufeln zu zerschlagen«. Deshan war der Ansicht, diese Teufel vernachlässigten das Studium und beschäftigten sich nur damit, wie der Geist sich im gegenwärtigen Moment als Buddha zeigt. Aufgeblasen, mit einer Last akademischer Kommentare beladen, legte Deshan an der Straße eine Pause ein, um ein paar Teekuchen zu sich zu nehmen, die eine alte Frau anbot.

> Er legte seine Kommentare ab, da er ein paar Teekuchen kaufen wollte, um seinen Geist zu erfrischen. Die Frau fragte: »Was tragt Ihr da auf dem Rücken?« »Kommentare zum Diamant-Sutra«, entgegnete Deshan. »Lasst mich Euch etwas fragen«, fuhr die Frau fort, »wenn Ihr antworten könnt, bekommt Ihr die Kuchen umsonst, andernfalls müsst Ihr sie woanders kaufen«. Deshan stimmte zu, und die Frau sagte: »Im Diamant-Sutra heißt es: ›Der vergangene Geist kann nicht festgehalten werden; der gegenwärtige Geist kann nicht festgehalten werden; der zukünftige Geist kann nicht festgehalten werden.‹ Welchen

> Geist wünscht der gelehrte Mönch zu erfrischen?« Deshan war sprachlos. Die Frau empfahl ihm, Longtan aufzusuchen.[19]

Diese Teedame begriff, dass Deshan mit gelehrten Schriften und Selbstgefälligkeit beladen war. Sie zeigte ihm, dass er Zen nicht in seinen akademischen Studien finden konnte. Sie half ihm, die Barriere der Überheblichkeit zu durchbrechen, mit der er die südliche Zen-Schule abstrafen wollte. Diese alte Dame teilte tagtäglich Teekuchen – oder Verweise auf den Geist? – aus. Deshan war vielleicht nicht der einzige Schlauberger, der zum Opfer der Zen-Spitzen einer alten Großmutter wurde.

Sen-jo: *Die von ihrer Seele getrennt ist*

Sen-jo, auch Seijo genannt, ist die Protagonistin des 35. Falls in der Koan-Sammlung *Mumonkan*. Sie veranschaulicht, könnte man sagen, beide Rollen, die der Mutter und die der Teedame. Sen-jo war keine Zen-Praktizierende – sie war noch nicht einmal eine reale Person. Tatsächlich ist sie eine Figur aus einer chinesischen Geistergeschichte. Doch ihre Geschichte verdeutlicht im Rahmen eines Koans den immensen Druck, dem Frauen, die sich selbst verwirklichen wollten, von Seiten der Familie ausgesetzt waren.

Dieses Thema wiederholte sich im Leben vieler weiblicher Praktizierender, die im nächsten Kapitel, »Zen der Frauen«, vorgestellt werden. Sen-jo rang mit dem Konflikt zwischen ihrem Vater, der einen Ehemann für sie ausgewählt hatte, und den Wünschen ihres eigenen Herzens. Ähnlich wie sie, waren viele weibliche Praktizierende zerrissen zwischen ihrem Herzenswunsch, in ein Zen-Kloster einzutreten, und der Erwartung ihrer Eltern, sich für das Eheleben zu entscheiden. Sen-jo konnte entweder ihrem Herzen folgen und ihre Familie enttäuschen oder ihrer Familie gehorchen und nicht auf ihr Herz hören. Egal, wie sie sich entschied, das Leiden war erdrückend.

> Sen-jo, die Tochter von Chokan, war in der Erwartung aufgewachsen, eines Tages ihren Cousin Oochu zu heiraten, ihren Spielkameraden und Vertrauten von frühester Kindheit an. Als ihr Vater jedoch erklärte, dass sie einem anderen versprochen sei, brach beiden das Herz. Oochu, der nicht mit ansehen konnte, wie Sen-jo mit einem anderen Mann verheiratet wurde, beschaffte sich ein Boot, um das Dorf zu verlassen. Als er gerade losfahren wollte, sah er am Ufer eine schattenhafte Figur, die hinter ihm herlief. Er war glücklich, als er begriff, dass es Sen-jo war, die zu ihm ins Boot kletterte. Die beiden verließen die Gegend, heirateten und hatten zwei Kinder.
>
> Nach langer Zeit sehnte sich Sen-jo nach der Heimat und wollte ihre Eltern um Vergebung bitten. Oochu brachte sie in ihr Heimatdorf, wo er sie erst einmal im Boot zurückließ, um sich bei ihrem Vater für ihrer beider Ungehorsam zu entschuldigen.
>
> Chokan fragte Oochu voller Erstaunen: »Von welchem Mädchen sprichst du?«
>
> »Von Eurer Tochter Sen-jo, Vater«, entgegnete Oochu.
>
> »Meine Tochter Sen?«, sagte Chokan, »Seit du damals unser Dorf verlassen hast, liegt sie krank im Bett und spricht nicht.«[20]

Das Rätsel löst sich, als Sen-jo das Boot verlässt und auf die Sen-jo trifft, die krank im Bett liegt. Die beiden Teile ihres Selbst begegnen sich, verschmelzen und werden wieder eine Person.

Diese Geschichte zeigt, mit welcher Kraft Frauen Emotionen, Hingabe und Pflichterfüllung verkörpern. Wenn eine Frau ihren Weg ungehindert gehen kann, verschmilzt sie mit ihrer Bestimmung. Zen-Kommentare zu dieser Geschichte sprechen davon, wie wir uns etwas vormachen, wenn wir uns in einzelne Teile aufspalten oder unser Leben aufteilen. Die Geschichte handelt von einer Frau – nicht von einem Mann –, weil Frauen traditionell viel stärker für Emotionen und Verpflichtungen gegenüber anderen stehen. Oochu schien sich recht leicht aus den bedrängenden Familienstrukturen entfernen zu können, für Senjo jedoch, die die Abspaltung tief empfand, war es eine Qual, das Elternhaus zu verlassen. Nur durch hingebungsvolle Praxis, das scheint die Moral dieser Geschichte zu sein, können wir unser ungeteiltes, wirkliches Selbst inmitten unserer Sehnsüchte und Beziehungen erkennen.

Die alte Dame, die eine Hütte niederbrennt

In dieser Geschichte, deren Ursprung wir nicht kennen, wirbt eine ältere Dame eine verführerische Frau an, um einen alten Mönch auf die Probe zu stellen. Zen-Lehrende führen sie immer wieder an, um darauf hinzuweisen, dass wahres Mitgefühl wichtiger ist, als den eigenen Sehnsüchten und Begierden zu entsagen.

> In China gab es eine alte Frau, die einen Zen-Mönch 20 Jahre lang unterstützt hatte. Sie errichtete ihm eine kleine Hütte und verpflegte ihn, damit er sich der Meditation widmen konnte. Schließlich fragte sie sich, welche Fortschritte er in dieser ganzen Zeit gemacht hatte. Um das herauszufinden, versicherte sie sich der Hilfe einer verführerischen Frau.
>
> »Geh hin und umarme ihn«, instruierte sie diese, »und dann frage ihn plötzlich: ›Was jetzt?‹«

Die Frau suchte den Mönch auf, umarmte ihn ohne langes Federlesen und fragte, was er jetzt tun werde.

»Ein alter Baum wächst auf einem kalten Fels im Winter«, entgegnete der Mönch etwas gekünstelt, »nirgends irgendwelche Wärme.«

Daraufhin kehrte die Frau zu der alten Dame zurück und berichtete ihr, was sie erlebt hatte.

»Und diesen Kerl habe ich 20 Jahre lang ernährt!«, rief die alte Frau aus. »Er zeigte keinerlei Verständnis für deine Bedürfnisse, machte sich nicht die Mühe, dir deine Situation zu erklären. Er hätte ja nicht mit Leidenschaft reagieren müssen, aber zumindest ein Quäntchen Mitgefühl hätte er dir entgegenbringen können.«

Unverzüglich ging sie zur Hütte des Mönchs und brannte sie nieder.[21]

Zen-MeisterInnen fragen ihre SchülerInnen gerne: »Wieso hat die alte Dame die Hütte niedergebrannt?« Eine namenlose alte Frau, eine mütterliche Figur, die einen Mönch ernährt und unterstützt, stellt diesen erfahrenen, aber ahnungslosen Mann auf die Probe. Sie kommt zu dem Schluss, dass seine Praxis unfruchtbar ist. Sie ist eine strenge Lehrerin. Hätte er die junge Frau verführt, hätte sie seine Hütte wohl ebenfalls niedergebrannt und ihn verprügelt. Aber die verhärtete Art und Weise, mit der er die junge Frau abwies, zeigte seine Herzlosigkeit. Wenn der Mönch seine Begierden in seiner Praxis tatsächlich transzendiert hätte, wäre er fähig und empathisch genug gewesen, mit der jungen Frau über ihr unangemessenes Verhalten zu sprechen.

Diese Geschichte zeigt eine Frau in der Rolle einer Praxisinspekteurin. Schneidet ein Mönch sich nicht von seiner Menschlichkeit ab, indem er sich in Entsagung übt? So wie Shiji Jushi auf die Probe stellt, überprüft diese alte Frau die Weisheit eines Mönchs, die er in seinem Leben gewonnen hat. Weder Shiji noch die alte Dame wollen glauben, dass der Rückzug in eine Hütte einen Beweis für die Erleuchtung eines Mönchs darstellt. Sie wollen wissen, wie ein Mönch auf das Unvorhersehbare reagiert. Wie verhält sich ein Mönch, wenn jemand in seiner Gegenwart verwirrt und bedürftig ist? Wie harmonisiert er seine eigenen Sehnsüchte und Begierden mit seiner Rolle als Gefäß des Mitgefühls im Dienste aller Wesen? Die alte Dame versteht den Unterschied zwischen der Unterdrückung von Gefühlen und ihrem Loslassen. Sie kennt den Kontrast zwischen Entsagung und authentischem Nichtanhaften. Und wenn man einem Mönch eine Hütte überlässt – das weiß sie auch –, kann das ein Ort sein, an dem er sich eher versteckt, anstatt zu praktizieren.

Aus einer anderen Perspektive können wir die alte Frau auch als Manifestation der Großen Mutter begreifen. Sie kümmert sich um unsere Bedürfnisse, und wenn die Zeit gekommen ist, nimmt sie alles wieder weg. In ihr drückt sich darüber hinaus etwas aus, was in diesem Buch später noch zur Sprache kommen wird: der Unterschied zwischen männlicher und weiblicher Spiritualität. Ein Thema weiblicher Spiritualität ist die tatsächliche Verkörperung von Weisheit und Mitgefühl, und nicht nur deren konzeptuelle Behauptung. Die alte Frau interessiert, wie der Mönch Weisheit verkörpert, wie er sich um andere Menschen kümmert und dadurch sein vollständiges menschliches Potenzial ausdrückt. Die Große Mutter – oder die Verkörperung weiblicher Spiritualität – stellt Fragen nach Verbundenheit, Beziehungen und Sexualität in den Mittelpunkt. Während der Buddha und seine Anhänger das Abschwächen und Überwinden der

Leidenschaften betonten, ein Leben des Nichtanhaftens am Begehren, scheint Frauen ein pragmatisches Engagement inmitten der Unordnung des Lebens wichtiger.

Yuzen wird durchgerüttelt

Geschichten, in denen sich die Kraft ordinierter und nicht ordinierter ZenFrauen ausdrückt, Mönche zur Rede zu stellen, enden nicht mit der klassischen Periode des Zen in China. Yuzen Gentatsu (1842-1918), ein Zen-Mönch der Obaku-Schule und späterer Abt des Myoshin-Tempels in Kyoto, hatte in jungen Jahren einen unangenehmen Zusammenstoß mit einer Nonne, mit der er auf Reisen war. Yuzen erinnerte sich später an diese Begegnung:

> Damals war ich jung, gab Unsinn von mir und plusterte mich auf. Zu meiner Überraschung bewies die Nonne gleich viel Erfahrung in der Praxis. Ihr besonnener Einspruch ließ mich schnell verstummen. Ich wusste nicht, wie ich ihr antworten sollte, um mein Zen-Verständnis zu beweisen. Alles, was ich ihren sarkastischen Worten entgegnen konnte, war ein Laut: Guu. Ich schämte mich damals zutiefst, hätte es irgendwo ein Loch gegeben, ich wäre hineingekrochen. Das Erlebnis hing mir noch lange Zeit nach und bestärkte mich darin, mich noch intensiver zu bemühen.[22]

»Guu«? Das hört sich wie Babysprache an. Yuzen, der von dem »besonnenen Einspruch« der Nonne wie vor den Kopf gestoßen war, fand sich einer erwachten, selbstbewussten Nonne gegenüber, die er als Eiserne Jungfrau zu erfahren schien. Plötzlich gab es keinen Platz mehr für Yuzens Charme und seine Aufschneidereien! Das bestärkte ihn darin, sich mit größerer Entschlusskraft seiner Praxis zu widmen. Diese Begegnung hatte jedoch noch andere Konsequenzen: Unglücklicherweise entwickelte Yuzen eine lebenslange Abneigung gegen Nonnen, und wir können vermuten, dass das, was Yuzen widerfuhr, auch anderen widerfahren ist. Die Acht Besonderen Regeln untersagen es Nonnen, Mönche zurechtzuweisen. Kritik von Frauen ist natürlich besonders schwer zu ertragen, wenn Mönchen gelehrt wird, dass Frauen von Natur aus unqualifiziert sind.

Nonnen und nicht ordinierte Frauen befragen große Zen-Meister

Einige Begegnungen zwischen Frauen und berühmten Zen-Mönchen unterstreichen die Lehren dieser Meister. Diese in den Annalen der Zen-Meister auftauchenden Frauen bleiben anonym. In diesen Geschichten haben Frauen augenscheinlich einen Weg gefunden, mit einem großen Meister zu arbeiten, sie dienen jedoch einzig und allein als Folie, um die Flexibilität seines Geistes, seine Fähigkeiten als Lehrer oder seine Menschlichkeit aufzuzeigen. Die Dialoge zeigen große männliche Lehrer, die geübt darin sind, Mönchen, Nonnen oder nicht ordinierten Frauen gleichermaßen zu begegnen.

Zhaozhous Nonnen und andere Frauen

Zhaozhou Congshen (jap.: Joshu; 878-987), einer der größten Zen-Meister aller Zeiten, ging so geschickt mit Worten um, dass seine Bewunderer sagten: »Funken sprangen von seinen Lippen und er hatte eine überaus geschickte Zunge.« In verbalen Begegnungen konnte man ihn nie in die Falle locken; Praxisunterweisungen drückte er immer klar und deutlich aus. Wenn Frauen ihm Fragen zur Praxis, aber auch zu ihren Problemen als Frauen stellten, trafen seine Antworten immer ins Schwarze und wiesen den Weg. Alle Fragen brachte er auf den Punkt. In seinen Begegnungen mit Frauen drückten sich Zhaozhous menschliche Wärme und seine Verspieltheit aus.

In der ersten Geschichte begegnet uns eine anonyme Nonne, die Zhaozhou mit ganzer Kraft zusetzt. Als sie ihn in die Ecke treiben will, lacht er einfach gutherzig.

> Eine Nonne fragte: »Legen wir doch mal die bis jetzt gegebenen Erklärungen zur Seite. Wie unterweist Ihr mich dann?«
> Der Meister rief: »Verbrenne eine eiserne Flasche zu Asche!«
> Die Nonne ging weg, goss das Wasser aus einer eisernen Flasche und brachte sie dem Meister mit den Worten: »Bitte antwortet.«
> Der Meister lachte darüber.[23]

In ihrer eleganten Geste können wir vielleicht hören, wie diese Frau sagt: »Nun, Lehrer, falls es wirklich die Dinge erklärt, wenn man eine eiserne Flasche verbrennt, dann zeig mal, wie das geht! Praktiziere, was du predigst!« Aus der Geschichte können wir auf die Vertrautheit der Nonne mit Zhaozhous klösterlicher Umgebung schließen und darauf, mit welcher Freiheit sie sich darin bewegt. Sie weiß, wo sie die eiserne Flasche findet, nimmt sich die Freiheit, das Wasser auszuleeren, und kommt zurück, um ihren Lehrer zu konfrontieren. Sie scheint sich in Zhaozhous Tempel zu Hause zu fühlen.

Bei einer anderen Gelegenheit wird Zhaozhou von einer seiner Nonnen mit dem Tabuthema Sexualität konfrontiert:

> Eine Nonne fragte: »Was ist der innigste geheime Geist?«
> Der Meister nahm ihre Hand.
> Die Nonne sagte: »Habt Ihr es noch in Euch?«
> Darauf erwiderte der Meister: »Du bist es, die es hat.«[24]

Als die Frau ihn auffordert, ihr den innigsten geheimen Geist zu zeigen, das wahre Selbst, zeigt Zhaozhou selbst einer Nonne gegenüber keine Angst vor intimer Nähe. Zhaozhous sanftmütige Seite drückt sich in dieser Geste aus; er lehrt darin in einer berührenden und nicht zurückweisenden Weise. Ein Leben berührt das andere. Das intime Fließen der Verbundenheit findet hier und jetzt statt. Darin drückt sich unsere wahre, uneingeschränkte Buddha-Natur aus, vertraut und geheim, über jegliche Begriffe hinausgehend. Die buddhistischen monastischen Regeln verbieten, dass ein Mönch eine Nonne berührt, und so drückt sich in Zhaozhous Geste eine tiefere Verbindung, eine tiefere Wahrheit aus. Vielleicht können wir, ausgelöst durch Zhaozhous Geste der Vertrautheit, in der Frage der Nonne – »Habt Ihr es noch in Euch?« – das Thema Sexualität bzw. den Wunsch nach zwischenmenschlichem Kontakt hören. Er und sie sind nicht nur Buddha und Buddhi[25], sondern eben auch Mann und Frau. Ob sie nun nach Zhaozhous Motivation fragt oder danach, wie er mit seiner Sexualität umgeht – die Nonne will etwas wissen: »Habt Ihr es noch in Euch? Zhaozhou, ist Sexualität, ist das Bedürfnis nach menschlicher Zuwendung für Euch noch ein Thema, selbst nach langen Jahren der Praxis?« Das ist eine Frage, die uns alle betrifft: Wie wirkt sich intensives

Praktizieren auf die Sexualität, auf unsere menschliche Berührbarkeit und unsere Sehnsüchte aus? Haben wir sie noch in uns? Und ist das in Ordnung? Wie drücken sich diese Bedürfnisse in einem erleuchteten Zen-Meister aus?

Die Nonne fordert den Meister auch persönlich heraus: »Heda! Zhaozhou, verhaltet Ihr Euch trotz Eurer erleuchteten Praxis gegenüber Euren Nonnen nicht doch einfach nur wie ein alter Lüstling?« Zhaozhous Reaktion auf ihren »geheimen Geist« ist klar und deutlich: »Es ist in dir, Nonne!« Er setzt sie durch diese Bemerkung nicht herab, sondern fordert sie auf, ihre eigene Erfahrung, dass »es« auch in ihr selbst ist, zu betrachten. Ohne Groll schlägt er ihr vor, ihre eigenen Projektionen zu untersuchen. In ihrer Begegnung gibt er ihr die Frage nach dem Begehren zurück und führt sie zugleich tiefer: Er stellt klar, dass sie ihren eigenen geheimen Geist zu erforschen hat.

Eine der schärfsten Bemerkungen Zhaozhous findet sich in der folgenden Begegnung mit einer Zen-Großmutter, die die buddhistischen Vorurteile gegenüber dem weiblichen Körper und die Vorstellung der Fünf Hindernisse[26] zur Sprache bringt:

> Eine alte Frau fragte: »Ich habe einen Körper, dem die Fünf Hindernisse anhängen. Wie kann ich ihnen entkommen?«
> Der Meister antwortete: »Bete, dass alle Menschen im Himmel wiedergeboren werden, und bete, dass du selbst in einem Meer der Bedrängnisse ertrinkst.«[27]

Autsch! Eine bittere Pille für Frauen, die zu Zhaozhous Zeit lebten, nach 1 300 Jahren buddhistischer Diskriminierungen. Die Medizin ist stark: Vergiss dich selbst, bete für andere. Ganz gleich, wie hart deine Situation auch sein mag, Selbstmitleid wird dir nicht weiterhelfen. Wieso an der Opferrolle festhalten? Aus den gegenwärtigen Ursachen und Bedingungen gibt es kein Entkommen, solange wir an der Idee eines Selbst festhalten und dem Leiden entrinnen wollen. Anstatt darin zu verharren, dass du nicht weiterkommst, bete dafür, zurückzubleiben. Durchbrich das Verhaltensmuster, weiterkommen zu *wollen*, ein Muster, durch das du dich einfach nur noch tiefer in dein Leiden verstrickst. Versuche nicht länger, deine Situation zu verbessern, sondern finde deine Freiheit genau hier, in diesem überquellenden Meer der Bedrängnisse. Hör damit auf, dich gegen Erschwernisse zur Wehr zu setzen, und lass dich ins Annehmen hineinsinken. Zhaozhous Diagnose ist hart: »Alte Frau, solange Ihr diesen Unsinn glaubt, seid Ihr verloren!«

Zhaozhou schiebt der potenziellen Weinerlichkeit der alten Frau einen Riegel vor. Ist das alles, wonach sie in der Gegenwart eines der größten Zen-Meister aller Zeiten fragen kann? Ist es ein Muster von ihr, sich ständig darüber zu beschweren, wie schwierig ihr Leben ist? Zhaozhou unterweist Frauen, er propagiert keine Vorurteile gegenüber Frauen. Wieso beklagt sie sich, wo er sich doch bereits über die Acht Besonderen Regeln hinweggesetzt hat und ihr und anderen Frauen gestattet, mit ihm zu praktizieren? Wenn sie ihm eins auf die Nase versetzen will, weil Frauen in buddhistischer Praxis unfair behandelt werden, so lässt er sich das nicht bieten.

Und genau das ist vielleicht ein Problem: Sicherlich können wir Zhaozhous Versuch, diese Frau zu erleuchten, würdigen, aber etwas fehlt in seiner Antwort. Er stellt diese Vorurteile, diesen Aberglauben, innerhalb des Buddhismus nicht infrage. In diesem Dialog spricht Zhaozhou weder diese leidverursachenden Vorurteile an, noch verpflichtet er sich, etwas dagegen zu tun. Heute, mehr als tausend Jahre nach seinen Unterweisungen, können wir nur vermuten, was er noch gegen diesen Aberglauben hätte äußern können. Die Frau stellte ihre Frage, um durch Zhaozhou mehr Klarheit über den Buddhismus und die Kultur, in der sie lebte, zu erhalten. Hatte er seine Sangha dazu ermutigt, solche Fragen zu stellen? Was hatte er noch zu diesen Dingen zu sagen.

Aus heutiger Sicht können wir vermuten, dass Zhaozhou die Vorurteile und die Ignoranz gegenüber Frauen nicht teilte, aber wir können nur darüber spekulieren, was er noch getan haben könnte, um in einer umfassenderen Weise über diese Ungerechtigkeiten zu informieren und sie zu verändern. Ein wichtiger Faktor buddhistischer Praxis ist, ob Praktizierende, insbesondere MeisterInnen, offen und ehrlich auf die blinden Flecken innerhalb ihrer Institutionen hinweisen.

Vielleicht ist es dieselbe Frau, die auch in der nun folgenden Geschichte wieder auftaucht. Erst kriegt er sie dran – und jetzt sie ihn:

> Der Meister machte einen Spaziergang und begegnete einer Frau, die einen Korb trug.
> Er fragte: »Wohin gehst du?«
> Die alte Frau entgegnete: »Ich bringe Zhaozhou frische Bambuswurzeln.«
> Daraufhin sagte der Meister: »Wenn du Zhaozhou begegnest, was wirst du dann tun?«
> Die alte Frau kam näher und schlug den Meister.[28]

Zhaozhou begegnet jedem Menschen ganz direkt, ob im Tempel oder auf einem Spaziergang. Seine Art zu lehren hat viele

Menschen in der Umgebung des Tempels geprägt. Außerhalb des Tempels und ohne Scheu vor dieser alten Frau zeigt er sich ganz offen und erlaubt ihr, ihn zu schlagen. Sie müssen sich gut gekannt haben. Ihr Klapps, wie der einer Mutter gegenüber einem vorlauten Sohn, sagt vielleicht: »Sei nicht so selbstsicher, Zhaozhou, ich weiß auch, wie man einen Zen-Gruß versetzt!«

Hakuin nimmt alles an

Hakuin Ekaku (1686-1768) belebte mit seinem intensiven, lebendigen und vollkommen den Alltag integrierenden Stil das Zen in Japan in einer Zeit, als es im Niedergang war. Er lebte in einem einfachen Dorftempel und pflegte sehr direkte Beziehungen zu Mönchen, Nonnen und der örtlichen Bevölkerung.

Am Anfang seiner Karriere wurde er, ein zölibatärer Mönch, zum Ziel der Anschuldigungen einer schwangeren, unverheirateten jungen Frau. Zu Hakuins Lebzeiten waren Priester für ihren ausschweifenden Lebenswandel bekannt, der auch sexuelle Beziehungen einschloss, was Mönchen und Nonnen ausdrücklich untersagt war. Hakuin wurde öffentlich vor seiner Gemeinde bloßgestellt und beschuldigt, Vater des Kindes zu sein, aber auf alle Anklagen der Familie entgegnete er einfach nur: »Ist das so?«

> Ein Mädchen aus dem Dorf beschuldigte Hakuin fälschlicherweise, der Vater ihres unehelichen Kindes zu sein. Hakuin sagte nichts zu seiner Verteidigung, außer: »Ist das so?« Als der erzürnte Vater des Mädchens von Hakuin das Aufziehen des Kindes verlangte, nahm er das wieder mit den Worten hin: »Ist das so?« Hakuin kümmerte sich, ohne zu klagen, fürsorglich um

das Kind, nahm es sogar auf Bettelgänge mit, und ließ schweigend den Zorn der Dorfbewohner über sich ergehen. Doch irgendwann plagten das Mädchen Gewissensbisse und sie gestand die Wahrheit – ein junger Nachbar war der Vater, nicht Hakuin. Als der tief beschämte Vater des Mädchens um Vergebung für die fälschlichen Anschuldigungen bat, entgegnete Hakuin ganz ruhig: »Ist das so?«, und gab das Kind zurück.[29]

Hakuin hatte Zhaozhous Rat, das wilde Meer der Bedrängnisse zu akzeptieren, verinnerlicht, ja, er schützte und sorgte sich sogar noch um seine Peiniger. Hakuin hatte nicht das Bedürfnis, seine Tugendhaftigkeit zu beweisen oder seine Praxis vor Verleumdungen in Schutz zu nehmen. Er bewies Mut, Mitgefühl und war frei von Anhaftungen an den Meinungen anderer. Unbekümmert, was die buddhistischen Mönchsregeln betraf, sorgte er wie eine aufopfernde Mutter für das Baby. Er bewies Flexibilität und Selbstlosigkeit, während er weiterhin seiner Zen-Praxis nachging, trotz des Kindes, trotz der falschen Anschuldigungen der jungen Frau, trotz der zornigen Worte des Vaters und der harten Urteile der Dorfbewohner.

Hakuin, der alle Menschen als gleichrangig betrachtete, wird dafür gepriesen, die Menschen in seinem Dorf Hara unterwiesen zu haben. Er war zutiefst davon überzeugt, dass Zen-Praxis alle Menschen erreichen kann. Er versuchte, dem »magischen« Glauben der Menschen an ein Reines Land nach dem Tod zu begegnen, indem er Vorstellungen der Reinen-Land-Schule in das Praktizieren in diesem Moment aufnahm. Die folgende Geschichte handelt von einer Begegnung mit dem mütterlichen Typ einer ZenFrau:

> Eines Morgens erfuhr eine alte Dame *kensho* [Erwachen], während sie nach dem Frühstück aufräumte. Sofort eilte sie zu Hakuin und verkündete: »Amida hat meinen Körper eingehüllt! Das Universum strahlt! Wie unvergleichlich!«
> »Unsinn!«, entgegnete Hakuin. »Scheint es auch in dein Arschloch?«
> Die alte Dame versetzte Hakuin einen Schubs und rief: »Was weißt du schon von Erleuchtung!«
> Beide brachen in schallendes Gelächter aus.[30]

Drastische Sprache und ein Schubs drücken die Vertrautheit des Zen-Meisters mit der alten Dame und der Dorfbevölkerung aus. Um ihr Erwachen zu testen, bedient Hakuin sich einer unkonventionellen Ausdrucksweise, denn er will herausfinden, ob sie sich vielleicht nur in einer Fantasiewelt befindet. Sie ist jedoch vollkommen entspannt und antwortet ihm mit einem Schubs und einem Rüffel, woraufhin beide in Gelächter ausbrechen. Ihre Natürlichkeit und Vertrautheit kann beispielhaft für moderne Praktizierende sein.

Obwohl es die offiziellen buddhistischen Regeln Nonnen nicht erlaubten, in Klöstern mit einem männlichen Lehrer zu praktizieren, zeigen diese Geschichten über zwei außergewöhnliche Zen-Meister die Praxismöglichkeiten, die sie Frauen durch ihr nicht diskriminierendes und offenes Lehren bereitstellten.

In diesem Kapitel haben wir den Dokumenten über das Patriarchen-Zen, der akzeptierten Grundlage zen-buddhistischer Praxis, etwas über die Erfahrungen einiger Frauen entnommen. In der Welt der Patriarchen gibt es keine Zen-Meisterinnen – nur hin und wieder taucht eine außergewöhnliche Frau auf. In dieser exklusiv männlichen Welt der Praxis illustrieren Frauen die Fähigkeiten männlicher Lehrer, sie überraschen oder beschämen Mönche in einer Weise, dass diese sich ihr eigenes mangelndes Verständnis eingestehen. Aber sie finden auch Wege, einen Platz in Zen-Institutionen einzunehmen.

Im zweiten Teil des Buches lernen wir Frauen kennen, die ihr eigenes Potenzial zu spiritueller Führung zum Ausdruck gebracht haben. Es geht nicht mehr darum, wie Zen Frauen geprägt hat, sondern darum, wie Frauen Zen geprägt haben und prägen.

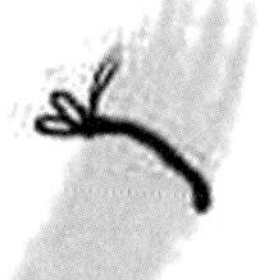

Teil II

Das Zen der Frauen

Kapitel 3
Einführung in das Zen der Frauen

Es liegt etwas Häretisches darin, Zen nach Gender-Merkmalen einzuteilen. Schließlich bedeutet das Wort »Zen« einfach nur »Meditation«. Und doch sprechen wir von japanischem Zen, westlichem Zen, Rinzai-Zen, Soto-Zen, Obaku-Zen usw., wobei jeweils bestimmte Aspekte der Praxis hervorgehoben werden. Wenn wir all diese zusammennehmen, erhalten wir das Patriarchen-Zen. Gibt es ein entsprechendes »Zen der Matriarchinnen«? Wenn wir diese beiden Ströme des Zen zusammenführen würden, was hätte das westlichen Zen-Praktizierenden anzubieten?

Um dies näher zu betrachten, schlage ich vor, dass wir über die klassische Zen-Literatur hinausblicken, um drei Schlüsselfragen zu beantworten:

1. Hat es unabhängige Institutionen für die Zen-Praxis von Frauen gegeben?
2. Haben uns Zen-Lehrerinnen Unterweisungen hinterlassen, die nicht in die Literatur des Patriarchen-Zen eingegangen sind?
3. Hat es autorisierte zen-buddhistische Lehrerinnen gegeben, deren Leben und Lehren nicht in die Geschichte des Patriarchen-Zen aufgenommen worden ist?

Alle drei Fragen können bejaht werden. Das Zen der Frauen behauptet nicht, dass es grundsätzliche Unterschiede zwischen männlichen und weiblichen Eigenschaften gäbe. Lange schon wird über die Existenz oder Nichtexistenz solcher schwer fassbaren Merkmale des Männlichen und Weiblichen debattiert. Das Zen der Frauen bzw. dieses Buch verfolgt nicht das Ziel, die Überlegenheit des Femininen über das Maskuline nachzuweisen. In diesem Kapitel geht es vielmehr darum, das Werk von Zen-Meisterinnen in Form ihrer Schriften, künstlerischen Beiträge, eigenständigen Institutionen und ergänzenden Praktiken zu beschreiben.

Der erste Teil des Buches, »Frauen des Zen«, hat Frauen beschrieben, die eine unterstützende Rolle in der Geschichte des Patriarchen-Zen eingenommen haben. In »Zen der Frauen« geht es nun darum, die Zen-Praxis durch weibliche Stimmen, die in der ersten Person sprechen, zu erweitern. Wir begegnen Frauen, die über die begrenzten Rollen innerhalb der Familie und des Patriarchen-Zen hinausgegangen sind und Zen in einer eigenen Weise verkörpert haben, während sie zugleich ihre weibliche Identität beibehalten haben. Da das Zen der Frauen im gleichen kulturellen Milieu wie das Patriarchen-Zen entstanden ist, können wir erkennen, was daran neu und unverwechselbar gewesen ist. Im Zen der Frauen drücken sich die spezifischen Fähigkeiten und Themen von Frauen aus. Wir sehen, wie Frauen als Frauen praktizieren konnten und nicht mehr nur als Vorzeigeobjekte einer exklusiv männlichen Institution. Frauen entwickelten Möglichkeiten der Praxis innerhalb der Familie, eigene Führungsstile in Nonnenklöstern und eigene Ausdrucksformen in ihren Einsiedeleien. Sie imitierten nicht einfach nur die Macho-Helden des Zen. Sie erweiterten den Aufgabenbereich einer erleuchteten

Zen-Meisterin (die nicht notwendigerweise in einem Kloster lebte), um Funktionen wie: Loyalität gegenüber der Familie, Verbindlichkeit in sexuellen Beziehungen in der Ehe, Engagement in der Gemeinschaft der Laien und in sozialen buddhistischen Projekten.

Wenn wir unseren Blick auf Frauen von den Rollen, die sie in *Beziehungen* einnahmen (als Mutter, Schwester, Ehefrau oder Eiserne Jungfrau ohne familiäre Bindungen) verlagern und ihre *Funktionen* betrachten (als Gründerinnen, Wegbereiterinnen, Leiterinnen und Künstlerinnen), sehen wir, dass Frauen all jenen, die aus einem klösterlichen Umfeld ausgeschlossen waren, unverwechselbare Dienste geleistet haben.

Eine Zen-Übertragungslinie der Frauen

Bis vor kurzem mussten ZenFrauen im Westen davon ausgehen, dass ihnen nur wenige Lehrerinnen vorausgegangen waren. Zum Teil beruht dieses Missverständnis darauf, dass, wie wir gesehen haben, Frauen in der klassischen Zen-Literatur nur selten zu finden sind. Eine weitere Quelle dieser Fehleinschätzung sind die Dokumente der Zen-Schulen, in denen suggeriert wird, dass die Lehren von einem männlichen Meister auf einen männlichen Nachfolger übertragen wurden, und die keine einzige Frau anführen.

Der männliche Zen-Orden behauptet, die Übertragungslinie seiner Lehrer bis zum Buddha zurückverfolgen zu können, auch wenn die meisten WissenschaftlerInnen den Wahrheitsanspruch einer ununterbrochenen Linie sehr infrage stellen.[31] Der weibliche Orden beansprucht keine derartige Kontinuität. Seit den Zeiten der ersten indischen Nonnen, die von Mahapajapati (der Tante und Ziehmutter des Buddha) geleitet wurden, hat der Orden um sein Überleben gekämpft, schrumpfte manche Male auf wenige Nonnen zusammen und verschwand fast. Wie ein Fluss, der unterirdisch verläuft, schien der Orden hin und wieder zu verschwinden, um später an einem anderen Ort wiederaufzutauchen. Wenn wir unter die Oberfläche blicken, können wir erkennen, dass Frauen ihre Übertragungslinie nicht kontinuierlich aufrechterhalten konnten. Ihr Zen-Orden musste vielmehr immer wieder von vorurteilslosen männlichen Zen-Meistern neu belebt werden. Die komplexen Beziehungen von Frauen zu einer Reihe von Lehrern werden im 7. Kapitel zur Sprache kommen.

Es gibt keine anerkannte durchgängige Übertragungslinie von Lehrerinnen, die bis zur ersten Frau im Buddhismus, Mahapajapati, zurückgeht. Wir können Spuren ihrer Existenz auffinden, aber keine ununterbrochene Aneinanderreihung von Lehrerin zu Nachfolgerin. Die Brüche in der Linie der Frauen haben vielfältige Ursachen, unter anderem die riskanten Bedingungen, unter denen Frauen reisten, die Realität von Vergewaltigungen und Verschleppungen von Frauen in die sexuelle Sklaverei, Einschränkungen der gesellschaftlichen Teilhabe von Frauen in den konfuzianischen Kulturen Chinas und Japans und der hinduistischen Kultur Indiens, der Mangel an Nonnenklöstern und, natürlich, die Acht Besonderen Regeln. Während besonders frauenfeindlicher Epochen werden auch die Verbote für Frauen, außerhalb der Familie aktiv zu sein, dazu beigetragen haben, Meisterinnen aus den Annalen des Zen zu entfernen.

Ursprung und Übertragung des zen-buddhistischen Frauenordens

Der weibliche Zen-Orden geht auf die ersten Frauen zurück, die mit Buddha Shakyamuni praktizierten. Besondere Regeln und Rituale, die in den Frauenorden Asiens gegenwärtig Geltung haben, können auf diesen ursprünglichen buddhistischen Frauenorden zurückgeführt werden. Mahapajapatis Ruf und ihr Einfluss waren so stark, dass sie in einer Gedichtsammlung (*Therigatha*), die Hunderte von Jahren nach ihrem Tod erschien und in der ihre frühen Jahre dargestellt werden, als Buddhi Gotami (im Gegensatz zum männlichen Buddha Gotama) bezeichnet wird. Im *Theri Apadana* bringt Gotami ihren Glauben an das spirituelle Potenzial von Frauen zum Ausdruck. So wie das Patriarchen-Zen auf Shakyamuni Buddha zurückgeführt wird, geht das Matriarchinnen-Zen auf Mahapajapati Buddhi zurück. Und so wie sich die männlichen Zen-Klöster aus Buddhas Orden entwickelten, stammen die Zen-Nonnenklöster vom Orden der Buddhi ab. Weibliche Praktizierende in China, Korea und Japan beziehen sich alle auf Mahapajapati und ihre Leistungen und Errungenschaften.

Die männliche Linie folgt der Übertragung des Buddhismus von Indien nach China, Korea und schließlich nach Japan durch reisende Zen- oder andere buddhistische Meister. Die Übertragungsline des Frauenordens unterscheidet sich davon. Der indische Nonnenorden übermittelte den Buddhismus nicht an chinesische Frauen. Nachdem Mönche den Buddhismus nach China gebracht hatten, studierten chinesische Frauen das Buddha-Dharma mit Männern und gründetet daraufhin Nonnenklöster. Später kopierten frühe chinesische Nonnen den Ordinationsprozess, der für indische Nonnen entwickelt worden war. Genauso wenig trugen chinesische Nonnen den Buddhismus zu koreanischen Nonnen. Koreanische Männer gingen nach China und brachten den Buddhismus so nach Korea. Koreanische Frauen wurden von diesen ersten koreanischen Mönchen ordiniert und gründeten später ihre eigenen Klöster.

Die Übertragung von Korea nach Japan gestaltete sich etwas anders. Es mag überraschend klingen, aber die ersten ordinierten japanischen Praktizierenden waren Frauen, nicht Männer. Die Stärke des spirituellen Einflusses von Frauen in Japan ist zum Teil vielleicht auf die Verehrung der weiblichen Göttin Amaterasu zurückzuführen, der Sonnengöttin, die im Pantheon des Shinto einen zentralen Platz einnimmt. Amaterasu wird das Verdienst zugeschrieben, den Anbau von Weizen und Reis erfunden zu haben, aber auch die Technik der Seidenweberei. Außerdem entsandte sie ihren Enkel auf die Erde, um den Japanern in einer Zeit kriegerischer Auseinandersetzungen Frieden zu bringen. Die japanischen Kaiser gelten als Nachkommen Amaterasus. Frauen waren in der Frühgeschichte die Vermittlerinnen dieser japanischen Volksreligion.

Dieser kurze Blick auf die Übertragung des Buddhismus von Indien nach Japan – und viel später von Japan in den Westen – zeigt, wie viel Frauen weltweit männlichen Lehrern zu verdanken haben. In dieser Geschichte der Übertragung fehlt jedoch, wie viel männliche Zen-Lehrer Frauen zu verdanken haben, die den ersten Mönchen zeigten, dass Frauen nicht nur ernsthaft praktizierten, sondern das Buddha-Dharma auch auf ungewöhnliche Weise verbreiteten. Die Zen-Linie beginnt in China, jedenfalls der Legende zufolge, mit dem indischen Mönch Bodhidharma, der chinesische Männer – und, wie wir gesehen haben, zumindest eine Frau – mit Zen vertraut machte. Er und seine Nachfolger ordinierten Frauen im China der Tang-Dynastie. Koreanische und japanische Mönche reisten nach China und kehrten mit den Zen-Lehren zurück. Japanische Mönche trugen Zen in den Westen und lehrten Männer und Frauen. Zurzeit gibt es im Westen zahlreiche Zen-Lehrerinnen, aber keinen eigenständigen weiblichen Orden. Die meisten ZenFrauen des Westens wissen noch nicht einmal, dass ein solcher Orden existiert hat.

Funktionale Rollen von Frauen im Buddhismus und im Zen

Es ist zu erwarten, dass Frauen, die unter ähnlichen Bedingungen in den verschiedensten Kulturen Asiens praktizieren, vergleichbare Praxisformen und verwandte Rollen entwickelt haben. Sechs allgemeine Bedingungen haben die Entwicklung funktionaler Rollen für Frauen in Asien geprägt:

1. Frauen waren aus Männerklöstern ausgeschlossen. Meist gab es keine Nonnenklöster, sodass Frauen alternative Schulungs- und Praxisbedingungen entwickeln mussten.
2. Frauen waren mit familiären Verpflichtungen und rechtlichen Beschränkungen hinsichtlich des Verlassens der eigenen vier Wände konfrontiert. Sie mussten deshalb Wege finden, zu Hause zu praktizieren.
3. Frauen, denen es gelang, in die Hauslosigkeit zu gehen und Klöster zu gründen, taten sich sehr schwer, finanzielle Unterstützung zu erhalten, da im frühen Buddhismus Nonnenklöster als zweitrangig betrachtet wurden. Dies hatte zur Folge,

dass Frauen Finanzquellen und Praxis stärker miteinander zu verbinden suchten.

4. Frauen waren mit Sicherheitsproblemen konfrontiert. Die Gefahr von Vergewaltigungen schränkte ihre Bewegungsfreiheit ein. Dadurch war ihre Mitwirkung am buddhistischen Geschehen und demzufolge auch ihre Anerkennung und Zulassung zu Ämtern begrenzt. Durch die eingeschränkte Bewegungsfreiheit von Frauen wurde die Kontinuität ihrer Organisationen und Dharma-Linie ebenfalls behindert.
5. Frauen wurden offiziell oft als weniger tauglich angesehen (sowohl gesellschaftlich als auch in buddhistischen Schriften). Deshalb wurden sie immer wieder davon abgehalten, Nonnen zu werden. Taten sie es doch, waren sie als Lehrende in ihren Gemeinschaften meist weniger angesehen.
6. Die mangelnde schulische Ausbildung von Frauen schränkte ihre Fähigkeit, Sutren zu studieren, ein. Dadurch hatten oft nur gebildete Frauen – das heißt Frauen aus höheren sozioökonomischen Schichten – Zugang zu buddhistischer Praxis.

Infolgedessen entwickelten Frauen kreative Ansätze, um an der Praxis teilzuhaben, selbst wenn ihr Umfeld als nicht statthaft galt. Sie fanden Praxiswege, die nicht das Zölibat, die Hauslosigkeit oder den Rückzug aus der Welt voraussetzten. Im Rahmen all dieser Beschränkungen lassen sich sechs charakteristische Rollen erkennen, die ZenFrauen einnahmen:

1. *Gründerinnen*: Frauen, die Netzwerke von Klöstern und Institutionen gründeten und prägten, in denen Frauen unabhängig von Männern praktizieren konnten, so wie es der Buddha ursprünglich festgelegt hatte.

2. *Unterstützerinnen*: Frauen in hohen politischen und ökonomischen Positionen, die dazu beitrugen, buddhistische Praxis zu entwickeln, zu unterstützen und zu beeinflussen.
3. *Nonnen in Frauenklöstern*: Frauen, die sich bestehenden Klöstern anschlossen und erweiterte Praxisansätze zum Wohle von Frauen und der Gemeinschaft im Allgemeinen entwickelten.
4. *Nonnen, die mit Männern praktizierten*: Frauen, die mit männlichen Lehrern in Männerklöstern praktizierten, die Tradition stärkten, ihre eigenen Lehren weitergaben und unser Verständnis davon, wie man sich auf einen Lehrer bezieht, erweiterten, ohne jedoch eine weibliche Linie zu hinterlassen.
5. *Familiennonnen*: Ordinierte Frauen, die Praxisgemeinschaften außerhalb der Institutionen entwickelten. Sie lebten zu Hause, kümmerten sich um Eltern, Kinder oder andere Familienmitglieder. Darunter finden sich auch ordinierte Frauen, die die Sexualität in ihre Belehrungen aufnahmen – Nonnen, denen es gelang, in einer eigenen Sichtweise Sexualität und Praxis zu integrieren.
6. *Arbeitende Nonnen*: Frauen, die sich selbst finanziell absicherten, indem sie ihre Zen-Schulung in ein Gewerbe einbezogen.

Über ganz Asien verteilt, finden wir in diesen Funktionen außergewöhnliche buddhistisch- und zen-buddhistisch praktizierende Frauen, erst in Indien, später in China und Korea und schließlich in Japan. Die meisten Zen-Übertragungslinien folgen ihrer Abstammung von männlichen Vorfahren in Indien, China und schließlich Japan. Wenn jedoch Frauen in die Übertragungsgeschichte des Zen einbezogen werden, sehen wir, dass die ersten BuddhistInnen Japans von Korea aus ordiniert wurden.

Historisch betrachtet breitete sich der Buddhismus in Korea früher aus als in Japan. Frühen japanischen Aufzeichnungen zufolge waren die ersten ordinierten BuddhistInnen japanische Nonnen, die ihre Ordination im Jahr 584 durch koreanische Missionare erhielten, bevor sie für weitere formale Schulungen nach Korea reisten.[32] Auch wenn der Buddhismus bereits vor der Ordination dieser jungen Nonnen bekannt gewesen sein mag, markiert ihre formale Ordination und Schulung durch Koreaner den Beginn der Existenz eines buddhistischen Klerus und belegt die Übertragung des japanischen Buddhismus aus Korea.

Die Tatsache, dass die ersten zen-buddhistischen Vorfahren in Japan Frauen waren, ist wenig bekannt. Unsere Zen-Praxis im Westen ähnelt jedoch in Vielem der unserer weiblichen Vorfahren. Wie sie, leben die meisten westlichen Zen-Praktizierenden außerhalb von Klöstern und sind mit finanziellen und organisatorischen Herausforderungen konfrontiert. Wenn wir die Leistungen jener Frauen mit einbeziehen, wird das unser Verständnis des Zen vertiefen und unsere Praxis in unseren Beziehungen sowie in unserer Arbeit bereichern. Unsere Vorfahrinnen sind eine Inspirationsquelle und machen Mut; sie sind Vorbilder für eine flexible Teilhabe, die für die Zen-Praxis im Westen von größter Relevanz ist.

In den folgenden Kapiteln werden die oben erwähnten sechs Gruppen weiblicher Zen-Praktizierender eingehender vorgestellt. Jede funktionale Rolle wird durch Beispiele illustriert, die dem Verlauf der historischen Übertragung des Zen von Indien nach China, Korea und schließlich Japan folgen.

Kapitel 4
Gründerinnen und Unterstützerinnen

Gründerinnen im Vorfeld des Zen

In diesem Kapitel stelle ich Frauen vor, die offene und unterstützende Praxisgemeinschaften aufgebaut haben. Dabei betrachte ich die Leistungen der frühen Gründerinnen des Buddhismus in drei Bereichen: ihr Einnehmen von Führungspositionen, ihre Erweiterung buddhistischer Praxis sowie ihr Eingehen auf die Bedürfnisse weiblicher Praktizierender.

Mahapajapati: *Leiterin der Gemeinschaft*

Frauen, die als Nonnen in die frühesten buddhistischen Orden eintraten, strebten nach dem, was im Zen gemeinhin Erleuchtung genannt wird. Dieses Ziel lag außerhalb des Bereichs, der Frauen üblicherweise zugestanden wurde. Tatsächlich war das eine fast unvorstellbare Ambition, wenn man die eingeschränkten Rechte von Frauen bedenkt, die damalige Praxis der polygamen Ehe und die vorherrschenden Werte einer Kultur, in der Frauen entweder als Objekte sinnlicher Zügellosigkeit oder als familiäre Pflichterfüllerinnen betrachtet wurden. Frühe buddhistische Nonnen beschrieben ihr Erwachen und ihr Gefühl der Befreiung zugleich als Einsicht in das, was sie waren und was sie nicht waren. Sie verwirklichten ihre wahre Natur als erleuchtete Wesen und erkannten zugleich, dass sie weder unfreie Dienerinnen noch verführerische Objekte waren, die einzig und allein ihren Familien und Ehemännern zu gehorchen hatten.

Alle ZenFrauen verdanken es den Bemühungen einer einzigen Frau, dass sie praktizieren können: Mahapajapati Gotami, der Ziehmutter des Buddha. Sie suchte nach dem Erwachen und ging über die ihr in der Familie gesetzten Restriktionen hinaus, wodurch sie Frauen den Eintritt in den buddhistischen Orden eröffnete. Damit begründete sie eine authentische buddhistische Berufung für Frauen und ermöglichte ihnen, ihr zu folgen und sich ordinieren zu lassen.

Auch nachdem der Buddhismus sich nach China und darüber hinaus ausgebreitet hatte, wirkte Mahapajapati inspirierend auf Frauen. Die ersten Gründerinnen außerhalb Indiens, die Nonnen Jingjian in China, Sassi in Korea und Zenshin-ni in Japan, versuchten, das, was sie von reisenden Mönchen lernten, authentisch auszudrücken, um in Mahapajapatis Fußstapfen zu treten. Sie lösten sich aus Traditionen (und manchmal aus familiären Zusammenhängen), um Nonnenklöster zu gründen und den Ordinationsprozess für Frauen voranzutreiben.

Mahapajapati wurde in eine adelige Familie des Koliyan-Klans am Rande der Ausläufer des Himalaja hineingeboren. Sie ist die erste in einer langen Reihe früher buddhistischer Frauen, deren privilegierte Stellung ihnen Zugang zu buddhistischen Lehren gewährte. Wir können davon ausgehen, dass sie etwa 15 bis 20 Jahre vor Buddha Shakyamuni zur Welt kam. Der Überlieferung zufolge wurde zum Zeitpunkt ihrer Geburt vorhergesagt, dass sie einmal einer großen Gemeinschaft vorstehen und die Mutter einer bedeutenden weltlichen oder religiösen Führungspersönlichkeit sein werde. *Pajapati* bedeutet »Leiterin einer großen Versammlung«; *maha*, was mit »groß« übersetzt werden kann, wurde ihrem Namen als Ausdruck ihrer Verdienste um die Gründung des Nonnenordens vorangestellt. Sie und ihre Schwester Maya waren mit demselben Mann verheiratet: mit Buddhas Vater Suddhodana. Zu Lebzeiten ihrer Schwester war Mahapajapati seine zweite Frau. Als ihre Schwester nach der Geburt des Kindes, das Shakyamuni Buddha werden sollte, starb, wurde Mahapajapati Suddhodanas Königin und Hauptfrau. Obwohl sie die biologische Tante des Buddha war, wurde sie seine Stiefmutter.

Auch wenn Mahapajapati mit dem Herrscher des Shakya-Klans verheiratet war, waren ihr harte Lebensumstände nicht unbekannt. Sie teilte einen Mann mit einer Schwester, die im Kindbett starb. Außerdem musste sie ihr Heim und ihren Mann mit anderen Frauen teilen.

Siddhartha – Sohn, Gatte, Vater, Prinz und Erbe der Klan-Herrschaft – sah es als notwendig an, Haus und Familie zu verlassen, um sich der spirituellen Befreiung zu widmen. Als erwachter Buddha beschrieb er Familienleben und politische Ämter als ein Gefängnis, aus dem man ausbrechen müsse. Um uns selbst zu befreien, lehrte der Buddha, müssen wir unsere Anhaftungen an Status und Familienbande abschneiden, in die Hauslosigkeit gehen und seinem Orden beitreten.

Der Buddha betrachtete diesen Weg zunächst als ausschließlich Männern vorbehalten. Frauen blieben Objekte, die in dieser Suche nach Erleuchtung zurückgelassen und zurückgewiesen werden mussten. Angesichts dieser Überzeugungen ist leicht vorstellbar, dass seine weiblichen Verwandten ihre Lektionen über das Leiden aus erster Hand erhielten. Aus heutiger psychologischer Sicht würden wir vielleicht sagen, dass seine Frauen und andere Familienmitglieder an einem tiefen Verlusttrauma litten, als er das Haus verließ und dies auch noch als einen notwendigen Schritt zur Befreiung proklamierte.

Als der erwachte Buddha nach Hause zurückkehrte, sah er sich damit konfrontiert, dass seine Ziehmutter Mahapajapati, seine Frau Yasodhara und andere weibliche Mitglieder seines Haushaltes ihm auf dem Pfad der Hauslosigkeit, den er lehrte, folgen wollten. Hatten sie nicht durch ihn selbst den Schmerz des Anhaftens an Gefühlen erfahren? Hatte er ihnen nicht gezeigt, dass ein Glück, das in liebevollen Beziehungen gründet, vergänglich und letztendlich unbefriedigend ist? Hatten sie den Preis, den sie für ihr emotionales Anhaften (an ihn) zahlten, nicht direkt erfahren, von ihm aber auch die Lösung vernommen?

Hauslosigkeit wurde, unabhängig vom Familienstand und dem Alter der Kinder, allein Männern als einzig authentischer Weg der Praxis nahegelegt. Das Ideal der Hauslosigkeit verlieh Männern Ansehen und Rechte, zugleich machte es aus Frauen Objekte, die verlassen werden konnten, ja, die mann verlassen musste. In dieser komplexen und eher düsteren Beziehungsdynamik sind Männer Subjekte und Frauen zu verlassende und zu transzendierende Objekte (siehe Kapitel 8).

Frühe Buddhisten glaubten, dass die Ordination von Frauen zu Problemen führen werde. Wer würde die Kinder aufziehen, wenn es Frauen gestattet wäre, ebenfalls in die Hauslosigkeit zu gehen? Hatten Frauen überhaupt das Recht, einen Mann zu verlassen? Wie würden empörte Ehemänner auf eine religiöse Bewegung reagieren, die Frauen als freie Subjekte betrachtete? Den frühen Buddhisten war der Gedanke, Frauen als Hauslose zu ordinieren, zu radikal und verstörend. Und so berücksichtigte der Buddha, wie wir gesehen haben, seine weiblichen Verwandten anfangs auch nicht auf seinem großen Pfad der Befreiung.

Schreckte der Buddha in diesem Fall davor zurück, sich gegen die gesellschaftlichen Konventionen seiner Zeit zu stellen, so tat er das in anderen Fällen nicht. Zum Beispiel, als er entschied, Männer aus der Kaste der »Unberührbaren« in den Orden aufzunehmen. Damit stellte er sich gegen uralte brahmanische Konventionen. Interessant daran ist, dass der Buddha anscheinend besorgter um die negativen Konsequenzen für seinen Orden war, was die Aufnahme von Frauen betraf, als er es bei den »Unberührbaren« war, denen er den Beitritt ermöglichte.

Das Verdienst, den Frauenorden des Buddhismus begründet zu haben, muss ganz allein Mahapajapati zugesprochen werden. Ihr wiederholtes Plädoyer gegenüber dem Buddha ist umso bemerkenswerter, wenn man bedenkt, dass Frauen in ihrer Zeit zu sozialer Unterwürfigkeit erzogen wurden. Sie trug ihre Bitte, einen weiblichen Orden zu gründen, dem Buddha dreimal vor. Als er das dritte Mal ablehnte, zog sie sich weinend zurück. Sie hatte ihren Fundus an Bittstellungen aufgebraucht – dreimal war die Regel –, aber dennoch gab sie nicht auf. Sie schnitt ihr Haar ab, legte die safranfarbenen Gewänder an, die auch von den männlichen Schülern des Buddha getragen wurden, und führte eine Gruppe von Anhängerinnen barfuß zu Buddhas 250 Kilometer entferntem Kloster in Vesali. Als sie erschöpft und mit blutigen Füßen ankamen, hatten die Frauen auf diese Weise die Ernsthaftigkeit ihres spirituellen Anliegens ausgedrückt. Was brachte Mahapajapati und die Frauen, die mit ihr gingen, dazu, solche körperlichen Entbehrungen zu ertragen und die Rechte von Frauen zu verteidigen? War es ihre persönliche Stärke, eine Vision, die sie unter dem Einfluss buddhistischer Lehren entwickelt hatten, oder die Verheißung der Befreiung? All dies mögen Gründe gewesen sein, die sich in Mahapajapati mit einer tiefen mütterlichen Hingabe an das Wohlergehen anderer Frauen verbanden und sie handeln ließ. Mahapajapati, die ein Leben in materiellem Wohlstand und privater spiritueller Praxis hätte führen können, setzte ihre Stellung innerhalb der Familie aufs Spiel, um den Buddha im Namen der Frauen, die weniger Möglichkeiten hatten als sie, herauszufordern. Alle frühen buddhistischen Gründerinnen zeichnet diese charakteristische Mischung aus, die sich aus Empathie für schlechter gestellte Frauen, der Bereitschaft, den eigenen privilegierten Status zu opfern, und persönlicher Stärke zusammensetzt.

Der Buddha hatte Mahapajapati nahegelegt, ihr Herz nicht an die Frage der Ordination von Frauen zu hängen. Sie wurde also von ihrem eigenen Ziehsohn und Neffen, der größten spirituellen Autorität seiner Zeit, für ihren Wunsch auch noch gerügt. Sie riskierte es, mundtot gemacht und abgelehnt zu werden, aber dennoch lehnte sie sich gegen die konventionellen Verhaltensregeln als Mutter und Witwe auf und folgte ihrem Weg. Dieser Haltung, alles aufs Spiel zu setzen, begegnen wir bei den Zen-Matriarchinnen immer wieder.

Traditionellerweise hatten Frauen konventionelle Normen zu respektieren, um akzeptiert zu werden. Sobald sie ein anderes Ziel verfolgten, selbst wenn es ein äußerst verdienstvolles war, riskierten sie Ablehnung durch Familie und Gesellschaft. In der Geschichte von Sen-jo konnten wir sehen, wie eine Frau, die ihrem eigenen Herzen folgt, riskiert, von ihrer Seele getrennt zu werden. Ganz im Gegensatz dazu stellt der Auszug eines männlichen Helden einen akzeptierten Teil männlicher Identität dar, der Männern eine größere Freiheit zugesteht, ihre Familie zu verlassen und zurückzukehren. Familienmitglieder und Liebende mögen zwar trauern, aber dennoch warten sie auf die Rückkehr des männlichen Helden. Frauen, die diesen Weg beschritten, wurden in ihren Familien meist geächtet oder es erwartete sie ein noch schlimmeres Schicksal.

Das zweite Merkmal buddhistischer Gründerinnen besteht in dem neuen Lebensentwurf, den sie ausgegrenzten Frauen anboten. Einige der Frauen, die mit Mahapajapati den Nonnenstand anstrebten, waren aus der Gesellschaft Ausgeschlossene – Witwen und ehemalige Prostituierte zum Beispiel. Welchen herzzerreißenden Anblick müssen diese erschöpften und zugleich entschlossenen Frauen geboten haben, als sie sich dem Buddha und seinem Gefolge näherten. Und doch versagte der Buddha diesen unterdrückten Frauen, die es nach Befreiung verlangte, auch weiterhin die Aufnahme in den Orden.

Mahapajapati weckte das Selbstvertrauen in den Frauen, die ihr folgten, und zugleich musste sie den Buddha und Ananda zum Handeln bewegen. Ohne Anandas Unterstützung wären die Frauen vielleicht auf lange Zeit ausgeschlossen geblieben. Paula Arai dokumentiert in ihrem Buch *Women Living Zen*, wie japanische Nonnen in Erinnerung an die Bedeutung von Anandas mitfühlender Unterstützung bis heute eine Zeremonie abhalten, um ihn zu ehren. Es gibt Anzeichen dafür, dass Ananda aufgrund seiner Beziehungen zu und seiner Unterstützung von Frauen kritisiert wurde.[33] Er musste zudem einen Preis für seine Fürsprache bezahlen, und die Berichte über das Erste Konzil legen nahe, dass er seiner Zeit voraus war.

Die Unterstützung eines Mitglieds der Hierarchie ist das dritte Merkmal bei der Entwicklung des Zen der Frauen. Viele Frauen, die entschlossen waren, den Zen-Weg zu gehen, brauchten einen einflussreichen Mann im inneren Kreis, der ihre Sache vertrat. Selbst nach der Gründung von Nonnenklöstern mussten praktizierende Frauen eine männliche Führungsschicht immer wieder davon überzeugen, sie mit einem männlichen Lehrer arbeiten zu lassen. Im Falle von Frauen, die Orden gründen wollten, wo es noch keine gab, mussten ihre Worte, egal wie überzeugend sie waren, auf jeden Fall auf die wohlwollenden Ohren von Männern treffen. Mahapajapatis Worte und ihr Beispiel werden im *Theri Apadana* angeführt, das mehr als hundert Jahre nach ihrem Tod verfasst wurde und eine Lehrrede des Buddha enthält, in der er ihre Verdienste würdigt. Er unterstreicht Mahapajapatis tiefe Weisheit. Tatsächlich war sie weise genug zu wissen, wann sie den Anschauungen des Buddha entgegenzutreten hatte und wann sie seine besonderen Regeln annehmen musste. Schließlich erkannte der Buddha den Wert des Nonnenordens und pries Mahapajapati als »eine Nonne von hohem Ansehen«. Nicht nur beschrieb er sie als »äußerst weise, mit einer tiefen, umfassenden Weisheit«, sondern er bescheinigte ihr auch »große Kräfte«. Frauen werden zwar häufiger für ihre Weisheit und ihr Mitgefühl gerühmt, aber es ist selten, dass ihre »Kräfte« hervorgehoben werden.

Mahapajapatis Bereitschaft, trotz harter, schwieriger Umstände weiterzumachen – sich mit ihren Frauen auf einen entbehrungsvollen Marsch zu begeben, um ihr Anliegen zu bekräftigen –, ist dabei ein bemerkenswertes Detail. Auch heutzutage noch wird Frauen oft beigebracht, sich selbst zu schonen, vorsichtig zu sein und schwierige oder gar gefährliche körperliche Herausforderungen zu vermeiden. Diese beschützende Haltung gab es auch in den Tagen Mahapajapatis. Sie drückte sich auch in den zur Zeit des Buddha vorherrschenden Schönheitsidealen aus:

weibliche Grazie und Zerbrechlichkeit. Diese Prägungen sind Hindernisse für Frauen, die an einer männlichen Welt teilhaben wollen. Selbst heutzutage werden Frauen vielfach gewarnt, nicht alleine unterwegs zu sein und, aus Angst vor Vergewaltigung, Männer nie direkt anzuschauen. Frauen wird aber auch nahegelegt, nicht zu muskulös oder kräftig zu sein und keine Schwielen an den Händen zu haben – denn dies würde sie in den Augen von Männern unattraktiv machen.

Eine weitere vielfach gelobte Eigenschaft Mahapajapatis war ihre Gabe, den Wert all jener zu sehen, die in ihrer Kultur marginalisiert waren. Zu Lebzeiten des Buddha waren Frauen der Besitz von Männern und hatten kaum Rechte. Mahapajapati setzte sich nicht nur für das Recht von Frauen ein, dem buddhistischen Orden beizutreten, sondern sah auch die Würde von Frauen, die von der Gesellschaft als wertlos ausgegrenzt wurden: Witwen, alternde Prostituierte sowie geschiedene oder verstoßene Frauen.

Dies könnte zeitgenössischen Frauen ein Vorbild sein, die sich in männlich dominierten Organisationen oft übereifrig um die Anerkennung von Männern bemühen und zugleich mit anderen Frauen konkurrieren oder sich gegenseitig demoralisieren. In Organisationen betrachten Frauen die Teilhabe anderer Frauen manchmal als etwas, von dem sie nichts zu gewinnen haben. In dem Wissen, wie schwer es ist, eine angesehene Position zu erwerben, versuchen sie, andere Frauen auszuschalten. Mahapajapati kann ein Beispiel für Frauen sein, um zu lernen, wie sie sich gegenseitig in einem patriarchalen Umfeld unterstützen können.

In einem Gedicht, in dem sie ihre Jahre der Praxis zusammenfasst, zeigt Mahapajapati ihren Respekt gegenüber dem Buddha, ohne ihre Schwester zu vergessen, die ihn zur Welt gebracht und dadurch mit ihrem eigenen Fleisch und Blut zur Befreiung der

Menschen beigetragen hat. Sie würdigt ihr Familienleben und damit zugleich die Erfahrung *und* Transzendierung ihrer Gefühle – eine wichtige Lehre für alle Praktizierenden. Weder unterdrückt sie ihre Empfindungen, noch erlaubt sie ihren Gefühlen, ihrem Wunsch nach Ordination und Anerkennung für sich selbst und andere Frauen, im Wege zu stehen:

Ehre sei Euch, dem Buddha,
dem besten aller Wesen,
der mich und viele andere
vom Schmerz befreite.
... Ich war Mutter, Sohn,
Vater, Bruder,
Großmutter;
nichts von der Wahrheit wissend,
zog ich weiter.
... Aber ich habe den Hochverehrten gesehen;
dies ist mein letzter Körper.
Nie wieder werde ich
von Geburt zu Geburt schreiten.
... Maya schenkte Gautama das Leben
zu unser aller Wohl.
Sie hat den Schmerz
der Kranken und Sterbenden
zurückgedrängt.[34]

Wir können sehen, dass Mahapajapati ihre Gefühle nicht verdrängt oder verleugnet – sie spricht liebevoll von ihren verschiedenen Rollen und zeigt sich darin als empfindsamer Mensch. Sie betrachtet die Entstehung von Emotionen aus einer offenen, weiten Sicht. Sie ist nicht in ihren Gefühlen gefangen, nicht mit ihnen identifiziert, sondern sie sind Teil ihrer Reise zur Erleuchtung.

Frauen, die oft starke Gefühle empfinden, können von Mahapajapatis Beispiel lernen, dass sie diese weder verdrängen noch verleugnen müssen. Viele Frauen erkennen niemals, was sie sich am meisten wünschen, oder können diesem Verlangen nicht folgen. Tief in familiäre Rollen verstrickt, verlieren sie die Orientierung. Männer werden kulturell eher darin unterstützt, ihre Lebensaufgabe zu finden. Sie verfolgen ihre Wünsche und Ziele oft ohne Schwierigkeiten, egal, ob sie dabei mit der Familie verbunden bleiben, ihr Engagement in ihr begrenzen oder sie vollkommen hinter sich lassen. Hingegen müssen sich Frauen oft für das eine oder das andere entscheiden – berufliche/spirituelle Ziele oder Familie. Mahapajapati rang damit, den familiären Verpflichtungen einen Sinn abzugewinnen – sie sprach von vielen Leben, in denen sie in familiäre Rollen verstrickt war, bevor sie schließlich ihr tiefstes spirituelles Verlangen entdeckte.

Mahapajapati beleuchtete ihren eigenen spirituellen Weg. Wenn sie dabei auf den vorzeitigen Tod ihrer Schwester zu sprechen kommt, erinnert uns das an unsere menschliche Natur. Wir alle stehen dem Verlust geliebter Menschen letztendlich schutzlos gegenüber, ob wir nun dem buddhistischen Pfad der Befreiung folgen oder nicht. Mahapajapati erinnert uns daran, dass es ohne diese namenlosen Heldinnen – jene Mütter, die mutig Kinder in die Welt bringen und dabei ihr Leben riskieren – keine Mönche, Nonnen oder Buddhas gäbe.

Die ersten chinesischen Nonnen

Jingjian: »Vorbild der Reinheit«

Jingjian (ca. 292-361) und andere frühe chinesische Ordensgründerinnen werden in Kathryn Tsais Übersetzung des historischen Textes *Das Leben der Nonnen*[35] vorgestellt. Jingjian bestand darauf, die Legitimität ihrer Ordination zu begründen, und wurde so zu einem Beispiel für andere Frauen, die den Weg für die Etablierung eines eigenständigen Nonnenordens in China bereiteten. Sie beschäftigte sich eingehend mit den Überlieferungen der Nonnen, die ihr in Indien vorausgegangen waren, um ihren Maßstäben zu entsprechen, und ging dann ihren eigenen Weg.

Dem *Leben der Nonnen* zufolge war Jingjian die gebildete Tochter eines Regierungsbeamten im Nordwesten Chinas. Schon als junge Frau wurde sie Witwe, verarmte, war aber dennoch finanziell für ihre Familie verantwortlich. Um ein Einkommen zu erzielen, lehrte sie Kindern aristokratischer Familien Lautenspiel und Kalligrafie. In ihrem Wunsch nach einer formalen buddhistischen Ausbildung verließ sie schließlich die Familie und widmete sich der buddhistischen Praxis.

Wie andere hochgestellte weibliche Gründerinnen lernte Jingjian den Buddhismus sehr wahrscheinlich innerhalb der Familie kennen. Die Lehren berührten sie, aber sie fand niemanden in ihrer Nähe, bei dem sie studieren konnte. Später begegnete sie dem Mönch Fashi in dessen Kloster. Er unterwies sie im Dharma, und ihr wurde eine tiefe Erleuchtung zuteil.

Jingjian fand schließlich ihren Weg zur klösterlichen Praxis.

Zu diesem Zeitpunkt war ihr Mann bereits tot. Was aus ihrer Familie wurde, die von ihr abhängig war, wissen wir nicht. Wir wissen jedoch, dass sie ein Vorbild für Frauen wurde, die sich einer klösterlichen Schulung unterziehen wollten.

Anfangs praktizierte Jingjian mit Mönchen, bis sie erfuhr, dass es in den buddhistischen Schriften andere Regeln für *bhikshunis* (Nonnen) als für *bhikshus* (Mönche) gab. Die Voraussetzungen für eine Nonnenordination existierten in China noch nicht. Jingjian entschied allerdings, sich dennoch den Kopf zu rasieren und die zehn grundlegenden Gelübde abzulegen, an denen sich Mönche orientierten. Zu dem Zeitpunkt war sie um die 30 Jahre alt.

Jingjian war sehr entschlossen, ihre Praxis zu vertiefen. Sie hätte auch weiterhin die Rolle der »jüngeren Schwester« in einem Männerkloster einnehmen können, ihr wurde jedoch die Möglichkeit einer anderen Art von Freiheit bewusst. Sie hatte in Erfahrung gebracht, dass Frauen vor ihr eigenständige Rollen als Bhikshunis entwickelt hatten. Auch wenn sie wie ein Mönch ordiniert worden war (da es keinen anderen Weg gab), versuchte sie, die Bhikshuni-Praxis zu legalisieren, indem sie existierende Überlieferungen studierte und Kontakt zu anderen weiblichen Praktizierenden aufnahm.

In einem historischen Schritt gründeten Jingjian und 24 weitere Frauen, die bislang mit Männern praktiziert hatten, das unabhängige Bambushain-Kloster für Nonnen – vielleicht das erste buddhistische Nonnenkloster Chinas. Sie war noch nicht zur Lehrerin ernannt worden, aber die anderen Nonnen respektierten sie sehr, und sie erschien ihnen vertrauenswürdiger als manche anerkannten männlichen Lehrer. Frauen folgten ihr bereits, bevor sie offiziell als Lehrerin anerkannt wurde. Jingjian wies den Weg für eine weibliche Führungsschicht, die sich engagiert darum bemühte, den weiblichen Orden zu entwickeln. Jingjian und ihren Nonnen war daran gelegen, der Funktion der Nonne innerhalb des Buddhismus eine solide Grundlage zu verleihen. Nachdem sie in neuen Übersetzungen auf noch mehr Details gestoßen war, entschied sie sich, dieser Tradition zu folgen. So erfuhr sie, dass Nonnen 500 Gelübde ablegten und von Mönchen und Nonnen gemeinsam ordiniert wurden. Woher sollten diese Nonnen aber kommen, da es in China noch keinen Nonnenorden gab? Einige höher stehende Mönche erhoben daraufhin auch Einspruch gegen Jingjians Absicht, einen formalen Ordinationsprozess für Frauen zu begründen. (Interessanterweise wird gegenwärtig dasselbe Problem vor allem in einigen Ländern Asiens, in denen der Bhikshuni-Orden ausgestorben ist, diskutiert. Mönche vertreten die Ansicht, dass der Orden ohne Nonnen, die die Bhikshuni-Ordination vornehmen können, nicht wiederbelebt werden kann. Zwar hat der Bhikshuni-Orden in China überdauert, sodass Nonnen aus China nach Burma oder Thailand reisen könnten, aber dieser Schritt wird nicht unterstützt, sondern manchmal sogar untersagt.)

Jingjian hatte dennoch Erfolg. Sie erreichte eine formale Anerkennung für Frauen, indem sie Einwände seitens der männlichen Führungsschicht immer wieder umschiffen konnte. So wie Mahapajapati lehnte auch sie sich schweigend gegen die Engstirnigkeit des Establishments auf und entwickelte einen formalen Ordinationsprozess. Und ebenso wie Mahapajapati gewann sie schließlich den Respekt und die Unterstützung der Mönche.

Es gibt noch eine weitere Parallele zwischen beiden Frauen: So wie Mahapajapati von Ananda unterstützt wurde, fand Jingjian die Unterstützung des nicht aus China stammenden Mönchs

Tanmo Jieduo. Er ordinierte Jingjian und drei weitere Frauen trotz der überlieferten Einwände anderer Mönche. Durch diese Ordination wurden Jingjian und die Frauen, die ihr folgten, zu den ersten offiziellen buddhistischen Nonnen Chinas. Wo es einen Willen gibt, da gibt es auch einen Weg. Chinesische Geschichtsschreiber waren sich der Bedeutung dieses Moments bewusst. Wie in vielen anderen Berichten über spirituelle Ereignisse, werden auch in Aufzeichnungen der ersten Nonnenordination in China übernatürliche Erscheinungen beschrieben, die sie begleitet haben sollen. Zum Zeitpunkt des Ereignisses soll »ein wunderbarer Duft wie ein Parfüm die Luft erfüllt haben«. Den Überlieferungen zufolge trat dieser Duft wieder auf, als Jingjian im Sterben lag. Direkt vor ihrem Tod roch sie diesen Duft noch einmal und sah eine neblige rote Wolke, auf der eine Frau mit einer fünffarbigen Blume in der Hand vom Himmel herabschwebte. In *Das Leben der Nonnen* werden ihre letzten Momente folgendermaßen beschrieben:

> [Jingjian sagte zu ihren Nonnen:] »Kümmert euch in Zukunft gut um eure Angelegenheiten. Ich verlasse euch jetzt.« Daraufhin legte sie ihre Hände zusammen, nahm Abschied und schwebte dem Himmel entgegen. Der Pfad, den sie bereiste, war wie ein Regenbogen, der direkt zum Himmel führte. Zu jener Zeit war sie 70 Jahre alt.

Zhixian: »*Weise Tugend, ohne Furcht*«

Zhixian (ca. 300-370) war eine chinesische Nonne, an die man sich vor allem wegen ihres Mutes erinnert, mit dem sie einem feindseligen Beamten entgegentrat. Sie ist das Beispiel einer

Gründerin, die körperliches Leiden ertrug, um praktizieren zu können. Da, wo sie lebte, gab es einen Beamten, der es darauf angelegt hatte, den Buddhismus zu vernichten und den Daoismus zur einzigen spirituellen Praxis zu machen. (Zu jener Zeit konkurrierten Daoisten und Buddhisten um die Vorherrschaft.)

Dieser Verwaltungsbeamte befahl allen Nonnen, sich zu einer persönlichen Befragung einzufinden, andernfalls drohte ihnen die Aberkennung des Nonnenstatus. Er tat dies in der Hoffnung, die Zahl praktizierender Nonnen zu verringern, sodass seine daoistischen Praktizierenden sich durchsetzen konnten. Zhixian war die einzige Nonne, die der Aufforderung Folge leistete. Alle anderen verließen die Gegend, wenn sie dazu in der Lage waren. Erstaunlicherweise billigte der Beamte Zhixians Verständnis der monastischen Regeln und ihre Praxis. Leider war er aber auch von ihrer Schönheit und Eloquenz angetan. Er bedrängte sie, Sex mit ihm zu haben. Zhixian lehnte ab. Daraufhin stach der Beamte mehr als zwanzigmal auf sie ein. Sie brach bewusstlos zusammen und wurde von anderen wiederbelebt, nachdem er sich zurückgezogen hatte.

Zhixian hatte den Geist einer Gründerin – sie riskierte ihr eigenes Leben für das Recht der Nonnen zu praktizieren. Zhixian erholte sich von dem Angriff und nahm ihre Praxis wieder auf. Im westlichen Kloster der Provinz Ssu hatte sie viele AnhängerInnen.[36]

Huizhan: *»Tiefe Weisheit, Segen verbreitend«*

Huizhan (ca. 320), eine weitere Gründungsnonne des frühen chinesischen Ordens, wurde von Räubern angegriffen, als sie über einen Bergpass reiste. Ihre Praxis bestand vor allem in der

Hingabe an Guanyin, die Bodhisattva des Mitgefühls. Es wird überliefert, dass ihre Angreifer die Hände nicht mehr bewegen konnten, nachdem sie Guanyin angerufen hatte. Zwar waren die Räuber jetzt nicht mehr in der Lage, sie anzugreifen, aber dennoch verlangten sie nach Huizhans Roben. In einem Akt des Loslassens und des Mitgefühls entledigte sie sich ihrer äußeren Robe und des inneren Rocks. Darunter war sie zwar noch leicht bekleidet, aber dennoch schutzlos den Witterungsbedingungen ausgesetzt. Dies erinnert an die bekannte Geschichte von Zen-Meister Ryokan, der seinen dürftigen Besitz einem Dieb anbot.

Mit Bedrängnissen konfrontiert, setzte sie unbeirrt ihre Praxis fort. Laut Überlieferungen lachte sie über ihre missliche Lage, als sie die Reise durch die Berge fortsetzte, um ihre Schulung weiterzuverfolgen. Über die Jahre fand ihre Praxis große Anerkennung, und 344 lud sie der Minister für öffentliche Angelegenheiten ein, ein Nonnenkloster namens »Segen verbreitender Ort« zu gründen.[37]

Die ersten ordinierten buddhistischen Gründerinnen in Japan und Korea

Die männliche Übertragungslinie bekennt sich zu ihrem Ursprung in Indien, der Übermittlung nach China und behauptet, dass sie schließlich von China nach Japan gelangte. Die Übermittlung von Korea aus wird in den japanischen Aufzeichnungen oft nicht erwähnt, historische Berichte, in denen auch Frauen angeführt werden, belegen jedoch, dass der Buddhismus von China aus zuerst nach Korea und dann erst nach Japan kam. Vor den ersten überlieferten Ordinationen wurde der chinesische Buddhismus in Japan durch diplomatische Kontakte mit Korea im Laufe des 4. Jahrhunderts eingeführt. Offiziellen Berichten zufolge sandte der koreanische König Song in der Mitte des 6. Jahrhunderts (ca. 570) buddhistische Schriften und eine Buddha-Statue nach Japan. Die frühesten japanischen Deutungen des Buddhismus vermischten den Buddha mit den ursprünglichen japanischen Gottheiten, den *kami*, und sahen buddhistische Praxis als eine Möglichkeit, Krankheiten und Naturkatastrophen zum Schutze der Elite und der sich entwickelnden Nation abzuwehren. Das japanische Zen verlegte seine Wurzeln später nach China zurück, durch die Übertragung der männlichen Gründer Eisai, Dogen und Enni Benen im frühen 12. und 13. Jahrhundert. Doch waren die ersten buddhistisch Ordinierten in Japan im 6. Jahrhundert Frauen, die von Koreanern geschult worden waren.[38] Traditionelle Beschreibungen der Zen-Übertragungslinie würdigen diese Frauen nicht als frühe Gründerinnen, und doch bereiteten ihre Aktivitäten den Boden für spätere Entwicklungen. Ihre Geschichten werden wir an anderer Stelle in diesem Kapitel näher erforschen.

Um zu verstehen, wie der Buddhismus nach Japan gelangte, müssen wir also nach Korea blicken. Der Buddhismus erreichte die frühen koreanischen Nationen (Koguryo, Paekje und Silla) im 3. oder 4. Jahrhundert durch den Mönch Ado (er ist auch als der »Schwarze Barbar Mukho-ja« bekannt).[39] Ado wurde in Korea als Sohn eines chinesischen Vaters geboren. Er absolvierte seine Ausbildung in einem chinesischen Kloster, kehrte nach seiner Ordination jedoch auf die koreanische Halbinsel zurück. Ado brachte den Buddhismus mit, der später von Koreanern nach Japan getragen wurde, die Zenshin und ihre Begleiterinnen schulten. Wir wissen bisher nur sehr wenig über die frühen japanischen und chinesischen Gründerinnen, und noch weniger

Informationen liegen über ihre koreanische Schwestergemeinschaft vor. Umso wichtiger war eine Konferenz internationaler WissenschaftlerInnen 2004 in Seoul, um diesen Teil der Geschichte aufzuarbeiten.

Sa-ssi, die erste ordinierte Nonne Koreas:
»Dörfliche Weisheit«

Sa-ssi (ca. 430) wurde von Ado ordiniert, dem sie durch ihren Bruder Morye begegnet war. Morye, der als einfacher, aber mitfühlender Dorfbewohner beschrieben wird, versteckte Ado vor ihn verfolgenden Koreanern, die ihm als Vertreter einer revolutionären neuen Religion nach dem Leben trachteten, um zu verhindern, dass sie sich verbreiten konnte. Sa-ssi gründete den Orden koreanischer Nonnen und ein Ausbildungskloster. Ihre Geschichte gleicht der vieler früher buddhistischer Frauen: Sie begegnete der Lehre in ihrer Familie, wurde von einem männlichen Lehrer offiziell ordiniert und gründete schließlich ein Kloster. Der eigenständige Nonnenorden, den sie begründete, lebt bis heute in Korea fort.

Zenshin, Zenso und Ezen:
Die ersten japanischen Buddhistinnen

In den meisten Ländern Asiens begründeten Männer die buddhistische Tradition, und erst danach folgten Frauen ihrem Beispiel und etablierten einen eigenen Orden. In Japan waren es anfangs jedoch drei Frauen, die sich 584 den Kopf schoren. Ihre Ordination war die erste in Japan. Anwesend waren ein koreanischer Laie (ein ehemaliger Priester) sowie eine alte koreanische

Nonne. Kaiserin Suiko aus der Soga-Dynastie bot ihren Palast als buddhistischen Tempel an.[40] Diese Ordination und die Lehren der drei Nonnen spornten ihre UnterstützerInnen und SchülerInnen an, buddhistische Tempel errichten zu lassen.

Die allererste ordinierte Buddhistin Japans, deren Dharma-Name Zenshin lautete, war ein japanisches Mädchen namens Shima, eine Tochter von Shiba Tatto. Im Alter von elf Jahren wurde sie gemeinsam mit zwei weiteren Mädchen ordiniert, die ihre Freundinnen oder Dienerinnen gewesen sein können.

Politische Klans und Unterstützer des Kaisers und des Shintoismus standen miteinander im Kampf, und das Blatt zuungunsten dieser ersten BuddhistInnen wendete sich bereits nach wenigen Jahren. 587 forderte der mächtige Fürst Mononobe no Moriya, der dem Buddhismus ablehnend gegenüberstand, die Bevölkerung auf, buddhistische Tempel zu zerstören. Er erklärte, eine gerade ausgebrochene Epidemie sei auf die buddhistische Praxis zurückzuführen, welche die traditionelle japanische Loyalität gegenüber dem Shintoismus untergrabe. Daraufhin mussten die ersten drei Nonnen öffentlich ihre Roben ablegen, wurden ihres ordinierten Status enthoben und schließlich auch noch der Prügelstrafe unterworfen.

Als Mononobe no Moriya später vom probuddhistischen Soga-Klan besiegt wurde, endete die Demütigung und politische Ächtung der Nonnen. 587 baten die drei Nonnen darum, nach Korea reisen zu dürfen, um im Königreich Paekje, wie es damals hieß, ihre buddhistischen Studien weiterzuführen und die vollständige Nonnenordination zu erhalten. Für eine vollständige Bhikshuni-Ordination mussten zehn ordinierte Mönche und zehn ordinierte Nonnen anwesend sein. Falls diese jungen Nonnen tatsächlich die Bhikshuni-Ordination erhielten, belegt dies, dass es in Korea zu jenem Zeitpunkt einen voll funktionierenden Nonnenorden gegeben haben muss. Frühen buddhistischen Standards zufolge dauerte die Schulung in Verbindung mit einer Bhikshuni-Ordination für Nonnen mindestens zwei Jahre.[41] 590 kehrten die Nonnen nach ihrer Ordination schließlich nach Japan zurück. Durch Zenshins Vorbild nahm die Zahl der Buddhistinnen und ordinierten Nonnen stark zu.

Die Tatsache, dass die ersten japanischen Buddhisten Frauen waren, die mit koreanischen Nonnen in Verbindung standen, wird in den vorherrschenden Überlieferungen der Übertragung des Buddhismus in Asien nicht erwähnt. Die Anfeindungen, denen diese jungen Frauen in ihrem Bemühen, den Buddhismus in Japan einzuführen, ausgesetzt waren, sind ebenfalls lange vergessen. Wie Mahapajapati vor ihnen, ertrugen sie Entbehrungen und Erniedrigungen, um ihre Praxis aufrechtzuerhalten. Sie bewiesen Mut, Durchsetzungsvermögen und großes Engagement in der Gründung von Tempeln für Frauen.

Homyo, *eine koreanische Nonne in Japan:* *»Eine rezitierende Missionarin«*

Mönche und Nonnen drückten den Buddhismus nicht nur durch ihre Praxis aus, sondern von ihnen wurde auch erwartet, dass sie ihre spirituellen Kräfte zur Heilung einsetzten. Frauen wurden im frühen Buddhismus in dieser Rolle akzeptiert, was nicht zuletzt an den überlieferten weiblichen schamanistischen Volkstraditionen in Korea und Japan lag. Selbst nachdem Zenshin 590 in Japan ein Nonnenkloster gegründet hatte, wurden aus Korea weiterhin Nonnen nach Japan entsandt. Die koreanische Nonne Homyo (ca. 656)[42] soll einen wichtigen Aristokraten des Fujiwara-Klans durch eine Rezitation des Vimalakirti-Sutra geheilt haben, ein Text, der unter anderem vom Besuch des Buddha bei einem erkrankten Laienpraktizierenden handelt. Der gesamte buddhistische Orden trug in den frühen Jahren seiner Entwicklung zur Erziehung der japanischen Aristokratie bei: Laien, ordinierte Mönche und Nonnen sowie koreanische MissionarInnen. Doch nachdem japanische buddhistische Tempel eine immer stärkere soziale und politische Bedeutung erlangt hatten, übernahmen männliche Priester zunehmend die Verwaltung und Macht in den Klöstern. Da die buddhistischen Schriften auf Chinesisch vorlagen – eine Sprache, die die meisten japanischen Frauen nicht erlernen konnten –, wurden die Nonnen nach und nach von besser ausgebildeten Männern, die des Chinesischen mächtig waren, verdrängt. Die mangelhafte Erziehung von Frauen, die patriarchalen Vorurteile des Konfuzianismus des 7. Jahrhunderts und darüber hinaus die grundlegend negativen Ansichten der buddhistischen Institutionen hinsichtlich der Frauen im Allgemeinen und der Nonnen im Besonderen waren verantwortlich für den Niedergang der ersten buddhistischen Nonnenklöster im Vergleich zu den Klöstern der Männer. Trotzdem fanden Frauen auch weiterhin Möglichkeiten zu praktizieren.

Der Erfolg der ersten buddhistischen Frauen, die Klöster gründen konnten, ist zum Teil darauf zurückzuführen, dass Frauen zu jener Zeit als spirituelle Vermittlerinnen in der Tradition des Shintoismus fungierten und die Wünsche der Gottheiten der Bevölkerung übermittelten. Außerdem waren Frauen in den Familien recht einflussreich und verfügten über gewisse Rechte in der Ehe. 40 Jahre nach Zenshins Ordination gab es in Japan 46 buddhistische Tempel mit 816 Mönchen und 569 Nonnen. Der japanische Buddhismus verdankt dem Engagement dieser jungen

Frauen, die ihre Schulung und Praxis vertieften, obwohl sie geschlagen und bedroht wurden, sehr viel. Sie schufen neue religiöse Möglichkeiten und eine neue soziokulturelle Rolle für Frauen in Japan: die der ordinierten buddhistischen Nonne. Obwohl der Einfluss von Frauen im Verlauf der japanischen Geschichte manchmal stärker und manchmal schwächer war, zeigten diese frühen Gründerinnen Frauen eine Möglichkeit auf, spirituelle Wegbereiterinnen zu sein.

Königliche Unterstützerinnen des Buddhismus

Angefangen mit Königin Mahapajapati setzten königliche und andere privilegierte Frauen ihre Macht und Position ein, um die Entwicklung des Buddhismus zu fördern. Wenn wir ihren Beitrag verstehen, kann das unser Verständnis für die heutigen Bedingungen erweitern, die förderlich sind, um buddhistische Praxis im Westen zu verankern. Wohlhabende Frauen von hoher Stellung schufen Praxismöglichkeiten, und einige von ihnen widmeten sich auch selbst der buddhistischen Praxis. Durch ihre gesellschaftlich exponierte Position verhalfen sie dem Buddhismus zu Anerkennung. Kaiserin Wu Zetian (625-705) regierte China zur Zeit des Erblühens des Chan-Buddhismus. Königin Sondok (610-647), die erste Frau, die Korea regierte, förderte die Errichtung buddhistischer Anlagen. Und Kaiserin Komyo (701-760) unterstützte die Anfänge des Buddhismus in Japan, bevor sich die Zen-Schulen dort etablierten.

Kaiserin Wu Zetian: »*Tochter des Himmels*«

Kaiserin Wu lebte in der Tang-Dynastie (618-906), einer Zeit relativer Freiheit für Frauen. Ihr Name, Wu Zetian bedeutet »Wu, dem Himmel gleich«. Zu jener Zeit waren Frauen nicht gezwungen, ihre Füße zu binden oder sich auf andere Weise unterzuordnen. Ihre Thronbesteigung nach dem Tod ihres Gatten Kao Tsung wurde von konfuzianischen Kritikern als skrupellos beschrieben, zugleich aber wurde ihre Regierungszeit als segensreich für die chinesische Bevölkerung betrachtet. Mit Blick auf unser Thema ist insbesondere bemerkenswert, dass sie den Buddhismus 691 zur Staatsreligion machte, buddhistische Gelehrte nach China einlud, Tempelanlagen errichten ließ und Höhlenmalereien mit buddhistischen Themen in Auftrag gab. Außerdem machte sie es möglich, dass viele unabhängig von ihrem Stand Karriere machen konnten, indem sie Beamtenprüfungen für Staatsämter einführte, und sie stärkte die Unterstützung der Regierung bei öffentlichen Bauvorhaben.

Wu ist die einzige Monarchin in der Geschichte Chinas. Bevor sie offiziell als Staatsoberhaupt an die Macht gelangen konnte, musste sie ein Bild bzw. ein Rollenmodell für eine weibliche Regentin schaffen. Eine solche hatte es in China bis dahin noch nicht gegeben. Sie besaß die Intelligenz und den politischen Scharfsinn zu begreifen, dass sie *alle* Frauen aufwerten musste, um ihre Rolle einnehmen zu können. Dazu gab sie wissenschaftliche Biografien berühmter Frauen in Auftrag, wertete den Status von Müttern auf und bediente sich konfuzianischer Aussagen über das Mitgefühl einer Mutter, um ihre eigenen Fähigkeiten, sich ihrer Untertanen anzunehmen, herauszustreichen. Darüber hinaus interpretierte sie traditionelle chinesische Symbole auf eine Weise neu, die Frauen das gesetzliche Recht zugestand, die Regierungsgewalt zu übernehmen. Die folgende Einführung zur Übersetzung eines buddhistischen Lehrtextes stammt aus der Feder von Kaiserin Wu – die selbst den Buddhismus studiert und praktiziert hat – oder wurde in ihrem Auftrag verfasst:

> Was die eigene wahre Natur betrifft, so entsteht sie nicht und vergeht sie nicht. Ihre Merkmale betreffend, hat sie keine Vergangenheit oder Zukunft. Vorbildlich die Stufen der Achtsamkeit praktizierend, sind die 37 Erkennungszeichen [der Erleuchtung] ihre Praxis. Güte, Mitgefühl, Freude und Gleichmut – die Vier Unermesslichen Tugenden – bewegen ihr Herz; das Ausmaß geschickter Mittel ist unüberschaubar; das vereinende Regelwerk hat viele Facetten. Vereinigung mit der großen Leerheit ist die höchste Grenze. Um wie viel weniger kann das facettenreiche Regelwerk [der Regierung] je aufgebraucht werden? In den unendlich kleinsten Punkt einzutreten hat keinen Namen, der ausgedrückt werden kann.[43]

In diesem Text verknüpft Kaiserin Wu die Bedürfnisse des Kaiserreichs mit ihrer eigenen spirituellen Praxis. Wir wissen zwar nicht, ob sie diesen Anweisungen zur Einbindung des Zen-Geistes in die Regierungsgeschäfte ausdrücklich gefolgt ist, uns ist jedoch bekannt, was sie als Herrscherin in schwierigen Zeiten vollbracht hat. Sie handelte Friedensabkommen mit den Turkvölkern und den Tibetern aus, trug den Sieg in einer Auseinandersetzung mit Korea davon und kam Aufständen zuvor, indem sie die Steuern senkte. Sie soll sich weniger auf politische Begünstigungen verlassen haben als ihre Vorgänger. Ihre Berater wählte sie gut aus und schuf ein harmonisches Kabinett. Sie war eine fähige Herrscherin, die ihre Macht einsetzte, um die Stellung der Frauen und des Buddhismus zu verbessern. Sie schuf eine Rolle für ein weibliches Staatsoberhaupt und nutzte ihre Position, um die Entfaltung buddhistischer Weisheit zu unterstützen.

Königin Sondok: »*Prinzessin des Mondes und der Sterne*«

Königin Sondok ist eine legendäre, hoch verehrte Figur in der Geschichte Koreas und des Buddhismus. Sie, die Tochter eines Königs, der keinen Sohn hatte, war die erste koreanische Frau, die als Königin regierte – und eine von nur drei Frauen in der koreanischen Geschichte, die dieses Amt innehatten. Während konfuzianische Bevölkerungskreise in Korea einer Frau als Königin ablehnend gegenüberstanden,[44] wurde Sondok in schamanistischen und buddhistischen Gruppierungen verehrt. Koreas stark ausgeprägte weibliche schamanistische Tradition mag sogar eine der Grundlagen gewesen sein, auf die Sondok ihre Regierungsgewalt stützte.

Die vierzehn Jahre ihrer Regierungszeit waren von Gewalt und Kriegen geprägt. Sie stärkte die Verbindungen zu China, entsandte Gelehrte und Mönche dorthin und ließ in Korea buddhistische Tempel errichten. Angeleitet von chinesischen Missionaren, studierte sie den Buddhismus und daneben auch Astronomie. Ihr wird der Bau des ersten Observatoriums in Asien zugeschrieben – daher auch ihr Name »Prinzessin des Mondes und der Sterne«. Außerdem verbesserte sie die Lebensbedingungen der Bevölkerung. Sie war bekannt für ihre Vorahnungen und sagte den Tag und die Stunde ihres Todes genau voraus. Sie vererbte den Thron an ihre Kusine Chindok, die von 647 bis 654 regierte.

Yung-Chung Kim, eine zeitgenössische Historikerin, gibt eine Geschichte wieder, die Königin Sondoks intuitive Gaben, ihre Weisheit sowie ihr Mitgefühl für die Bevölkerung verdeutlicht:

> Königin Sondok bestieg den Südberg für ein Picknick [zu Pferde, in Begleitung Ch'un-ch'us]. Plötzlich bemerkte sie Flammen und Rauch, der in den Himmel aufstieg. Sie befragte ihre Bedienstete und erfuhr, dass ein gewisser Yusin dabei war, seine Schwester zu verbrennen, weil sie in einer illegalen Liebesaffäre schwanger geworden war.
>
> Die Königin blickte sich um und bemerkte, dass Ch'un-ch'u bleich wie Schnee geworden war. »Du warst also der Übeltäter!«, rief sie aus, »schnell, geh und rette das Mädchen!« Ch'un-ch'u sprang auf sein Pferd und galoppierte zu Yu-sins Haus. »Befehl der Königin! Befehl der Königin! Töte sie nicht!«, rief er – und so wurde Mun-hui gerettet.
>
> Einige Tage später wurden Ch'un-ch'u und Mun-hui getraut.[45]

Sondok lebte und regierte in einer Zeit, in der Frauen den strengen Moralvorstellungen des Konfuzianismus unterworfen waren. In einer vorehelichen Affäre musste nur die Frau mit der Todesstrafe rechnen. Diese Anekdote verdeutlicht Sondoks Scharfblick. Sie verkörperte Weisheit und Mitgefühl nicht nur auf einer gesellschaftlichen Ebene, indem sie buddhistische Tempel unterstützte, sondern auch auf einer persönlichen Ebene, wie dieses Beispiel, in dem sie ein einziges Leben schützt, zeigt.

Kaiserin Komyo: »Himmlisches Licht des Mitgefühls«

Komyo war die Gattin des japanischen Kaisers Shomu. Eine der bedeutendsten Leistungen des Paares war die Errichtung der großen Buddha-Statue (Daibutsu) in Nara, die bis heute dort steht. In ihrer Regierungszeit unterstützte der Staat ein Netzwerk buddhistischer Tempel, wodurch der Klerus nicht mehr von Bettelgängen oder Schenkungen abhängig war. Komyo initiierte zahlreiche Projekte von Nonnen, zum Beispiel Waisenhäuser und Einrichtungen für Menschen, die an Lepra litten, im Krieg verletzt worden waren oder generell ökonomischer Unterstützung bedurften. Kaiserin Komyo ließ sich selbst 749 in Nara den Kopf scheren.[46]

Wir wissen, dass bereits Komyos Mutter, Tachibana no Michiyo, buddhistische Gelübde abgelegt hatte, um die Gesundheit der damaligen Kaiserin, Gensho, zu schützen. Tachibana entsagte ihrem Wohlstand, um nach dem Tod ihres Gatten und der Erkrankung der früheren Kaiserin Nonne zu werden. Tachibana lebte bis zum 33. Lebensjahr Komyos und soll einen starken Einfluss auf deren Entwicklung gehabt haben. Komyo erlebte, wie ihr Vater einen staatlich unterstützten Buddhismus förderte. Sie selbst eiferte dem Vorbild der chinesischen Kaiserin Wu nach. Die Unterstützung des Buddhismus durch ihre Leitfigur übertraf sie jedoch, denn sie war die erste Herrscherin, die einen nationalen Verband von Nonnenklöstern ins Leben rief.

Kaiserin Komyo wurde und wird bis heute als eine pragmatische Verkörperung von Guanyin (jap.: Kannon), der Bodhisattva des Mitgefühls betrachtet. Sie pflegte persönlich Leprakranke und gründete Hospitäler mit freier Versorgung für die

Armen. Der Legende zufolge hörte sie einst eine Stimme, die zu ihr sprach: »Kaiserin, seid nicht selbstgefällig«, und ihr nahelegte, ein Badehaus für die Armen und Kranken zu errichten.[47] Sie soll zu jener Zeit auch das folgende Versprechen abgegeben haben: »Ich persönlich werde die Körper von 1 000 Menschen reinigen.« Diese Art der Hinwendung, die sich, wie manche Zeitgenossen fanden, für eine Kaiserin nicht ziemte, war nicht ungewöhnlich für eine Zen-Vorfahrin. Anderen beizustehen wog in den Augen Komyos höher als Schicklichkeit.

Auch wenn Komyo in diesem Kapitel in ihrer Rolle als königliche Unterstützerin vorgestellt wird, ist sie gleichermaßen auch eine Gründerin. Im frühen 8. Jahrhundert begründete sie das Hokke-Kloster, indem sie die Residenz ihres Vaters am Rande von Nara in dieses umwandelte. Hokkeji war das Hauptkloster des landesweiten Netzwerks von Nonnenklöstern und wurde als das weibliche Pendant zum Todai-Kloster betrachtet. In Hokkeji steht eine Statue Kannons mit elf Gesichtern, die nach dem Abbild Komyos modelliert sein sollen. Das Hokkeji setzt bis in die Gegenwart die Arbeit Komyos fort und kümmert sich um Menschen, die bedürftig sind. Heute arbeiten die Hokkeji-Nonnen an Brailletexten für Blinde und stellen Schutzamulette für schwangere Frauen her.

*Die Nonnen **Hyeogyeong** und **Hyegyeong**: Koreas königliche Ehefrauen*

Die Nonne Hyeogyeong (1440-1521) war vor ihrer Ordination als Königin Song von Korea bekannt. Eine weitere Nonne aus derselben Epoche, Hyegyeong, war eine Konkubine des Königs Tanjung (reg.: 1452-1455), des Ehemanns von Königin Song.

Beide waren durch ihre Beziehung zum König miteinander bekannt. Tanjung wurde von seinem Vormund und Onkel entmachtet und ermordet, der sich daraufhin selbst als König Sejo (1455-1468) einsetzte. Königin Song, die spätere Nonne Hyeogyeong, floh unverzüglich aus dem Palast. Sie suchte Zuflucht im ersten Nonnenkloster, Ch'ongyongsa, das in Seoul gegründet worden war.

Hyeogyeong arbeitete als Färberin, um den Tempel zu unterstützen, wurde dort jedoch von dem verbrecherischen Sejo aufgespürt, der seine Tat sühnen wollte und ihr finanzielle Unterstützung anbot. Von diesem Angebot entsetzt, zog Hyeogyeong weiter in einen kleinen Tempel namens Mit'asa (gegr. ca. 1047).

König Tanjungs Konkubine Kweon (deren Ordinationsname Hyegyeong lautet) war mit Königin Song gemeinsam geflohen. Sie zog sich in das Nonnenkloster Pomunsa, in der Nähe von Mit'asa, zurück. Koreas berühmter Lehrer Tamjin hatte es 1115 ausdrücklich für die Ausbildung von Nonnen gegründet.[48]

Beide Frauen wurden Nonnen, nachdem schwierige Umstände ihr häusliches Leben zerstört hatten. Keine von beiden wünschte den Kontakt zum Mörder ihres Mannes, auch wenn dieser ihnen Schutz anbot. Wichtiger ist jedoch, dass beide ihr Konkurrenzverhältnis hinter sich lassen konnten und zueinander fanden, um sich gegenseitig Schutz zu gewähren und zu praktizieren. Beide gründeten Nonnenklöster, die bis zum heutigen Tage aktiv sind. Ihre Freundschaft, die unter schwierigen Bedingungen zustande kam, belegt, wie segensreich es sein kann, wenn Frauen bestimmten Prinzipien folgen. Koreanische Nonnenklöster gewährten Frauen auch weiterhin Schutz und waren Zufluchtsorte in Zeiten politischer Umbrüche.

Die hier vorgestellten buddhistischen »Monarchinnen, die

das Dharma-Rad drehen« verkörpern eine charakteristische Rolle für Frauen im Allgemeinen und für Buddhistinnen im Besonderen. Frauen mit außergewöhnlichen weltlichen Machtbefugnissen engagierten sich für ihre eigene spirituelle Entwicklung und das Wohlergehen anderer. Sie bewiesen ihre Fähigkeiten auf der Bühne der nationalen und internationalen Politik, lebten zugleich aber auch als fürsorgliche menschliche Wesen, die sich selbst durch buddhistische Praxis weiterentwickelten. Frauen wird oft vermittelt, es sei egoistisch oder oberflächlich, wenn sie erfolgreich bzw. einflussreich sein wollten; sie würden dadurch ihre Verbindung mit ihrer eigentlichen Identität verlieren. Diese Frauen decken die Unwahrheit dieses Klischees auf.

Durch ihr Beispiel haben wir finanziell unabhängige Frauen kennengelernt, die ihre Integrität und Freiheit des Ausdrucks nicht für eine vermeintliche Sicherheit oder Beziehung eintauschten. Uns sind Frauen begegnet, die trotz ihres Reichtums ihre Spiritualität und Menschlichkeit nicht verloren haben, Frauen, die ihre Macht einsetzten, um ihre spirituelle Entwicklung zu vertiefen, Verantwortung für andere übernahmen und unterstützende Beziehungen in ihrer Gemeinschaft aufbauten.

Kapitel 5
Frühe Dharma-Erbinnen des Zen

Die Begründung einer weiblichen Zen-Übertragungslinie in China, Korea und Japan

Die ersten Zen-Meisterinnen traten in China, Korea und Japan in Erscheinung, als der Buddhismus sich in unterschiedliche Richtungen und Schulen aufzuteilen begann. In diesem Kapitel werden Zen-Dharma-Erbinnen in China, Korea und Japan vorgestellt. Jede Schule des Buddhismus betont einen speziellen Aspekt der Praxis; in der Zen-Schule ist das die Sitzmeditation oder *zazen*. Andere Richtungen konzentrierten sich auf bestimmte Lehrtexte wie das *Lotos-Sutra* (Reine-Land-Schule) oder das *Avatamsaka-Sutra* (Kegon-Schule), auf Pilgerreisen (Tendai-Schule) oder auf esoterische Rituale und Symbole (Kegon-Schule). Da die Zen-Schule sich vor allem der Meditationspraxis widmet, sind Bildung und die Kenntnis von Schriften nicht so wichtig. Die Befähigung zur Meditation hängt weder von Männlichkeit oder Weiblichkeit ab noch vom Bildungsgrad, von Macht, Einfluss, körperlicher Kraft oder Reichtum.

Im Zen sitzt jeder Meditierende, jede Meditierende sich selbst gegenüber und entfaltet das Gewahrsein seines/ihres eigenen Körper-Geistes, um sowohl die eigene Buddha-Natur zu enthüllen als auch die sie verdeckenden persönlichen Muster.

Männer und Frauen können gleichermaßen ihre erwachte Natur durch Meditation realisieren. Sobald das meditative Gewahrsein stabil geworden ist, wird es zu einem wirksamen Mittel, um sich von einschränkenden Selbstinterpretationen zu befreien. Meditation beleuchtet und befreit uns von restriktiven Selbstbildern bezüglich familiärer- und geschlechtsbezogener Rollen bzw. von verinnerlichten kulturellen Klischees. Im Buddhismus wird es manchmal so formuliert: Alle Befleckungen befreien sich selbst im grenzenlosen Raum des Gewahrseins. Wir öffnen uns diesem Raum des Gewahrseins, betrachten unsere einschränkenden Ideen über uns selbst und lassen sie damit zugleich los – Ideen und Gefühle, die unser eigenes Selbstbild ausmachen und damit unsere Freiheit begrenzen.

Die Leistungen der ersten Zen-Meisterinnen geben Antworten auf Fragen, mit denen Frauen, die nach Befreiung suchen, konfrontiert sind: Wie können Frauen in männlich dominierten Institutionen ihren Weg gehen? Was haben diese Meisterinnen im Zen gefunden, das zu ihrer Befreiung beitrug? Welche Lehren haben sie hinterlassen? Ihre Lehren sind auch heutzutage unter Umständen noch hilfreich für Frauen. Zeitgenössische Selbsthilfegruppen von Frauen sowie feministische Therapieansätze befassen sich mit der Befreiung von einschränkenden familiären Rollen, begrenzenden kulturellen Klischees und verinnerlichten Negativbildern. Diese interpersonellen, kulturellen und innerpsychischen Fallen behindern den persönlichen/spirituellen Ausdruck von Frauen und beeinflussen ihre Fähigkeiten, persönlich, beruflich und finanziell Erfolg zu haben. Für alle Frauen, denen an ihrer Freiheit gelegen ist, kann es hilfreich sein, näher zu betrachten, wie Frauen durch die Zen-Praxis gelernt haben, sich aus diesen Fallen zu lösen und ihre Freiheit auszudrücken.

Unser Wissen über das Leben und die Lehren dieser frühen Zen-Meisterinnen, die in der klassischen Zen-Literatur nicht vorkommen, verdanken wir neueren Übersetzungen. Wie die frühen buddhistischen Gründerinnen, etablierten auch die Gründerinnen des Zen Tempel für Frauen und wurden als Dharma-Meisterinnen von Mönchen, Nonnen sowie laienpraktizierenden Männern und Frauen anerkannt. Diese ersten Zen-Lehrerinnen haben uns die ersten weiblichen Zen-Worte hinterlassen, eingebettet in den Kontext von Frauen und ihre eigenen Lebensgeschichten.

Zengo, wie diese Lehrworte auf Japanisch heißen, sind die präzisen Unterweisungen von Zen-MeisterInnen. Sie sind der direkte, persönliche Ausdruck des Geistes von Zen-LehrerInnen, eines in Jahren der Praxis verwirklichten Geistes, der sich unmissverständlich äußert.

Die Zen-Worte, denen wir in diesem Teil begegnen, sind eingebettet in das, was wir über das frühe Leben und die Praxiserfahrungen der Frauen, ihre tatsächliche Geschichte, ihre Bemühungen, ihr Leiden und seine Überwindung wissen. Durch die Bekanntschaft mit diesen Zen-Meisterinnen können wir ein besseres Verständnis für die familiären Spannungen, Schwierigkeiten mit Institutionen und persönlichen Opfer, denen weibliche Praktizierende ausgesetzt waren, entwickeln.

Zhiyuan Xinggang: *Linjis Dharma-Nachfolgerin in China*

Xinggang (1597-1657), die den Familiennamen Hu trug, war das einzige Kind einer Gelehrtenfamilie. Obwohl ihre Eltern religiös waren, lehnten sie die Bitte ihrer Tochter ab, ein religiöses

Leben zu führen und unverheiratet zu bleiben. Schon früh zeigte sich ihr Talent für Poesie, und bereits in jungen Jahren verbrachte sie viele Stunden vor dem Hausaltar und rezitierte die Namen der Buddhas. Mit 18 wurde sie verlobt und sollte verheiratet werden, trotz ihres Wunsches, ein religiöses Leben zu führen. Ihre Schwiegereltern erwarteten, dass sie die Familienlinie fortsetzte und Kinder gebar. Diese Aufgabe, die auch modernen Frauen nicht fremd ist, wurde in China als grundsätzliche Kindespflicht betrachtet.

Xinggangs vorgesehener Ehemann starb, bevor sie verheiratet wurden. Wie es die chinesischen Gepflogenheiten im 17. Jahrhundert vorsahen, wurde sie zu seinen Eltern geschickt, um ihre Pflichten als Schwiegertochter zu erfüllen. Selbst im Haus ihrer Schwiegereltern konnte sie ihre religiösen Neigungen nicht vergessen und lag viele Stunden weinend vor dem Buddha, um ihren Wunsch zu bekunden, doch noch einen Weg zur buddhistischen Praxis zu finden und vor ihrem Tod Erleuchtung zu erlangen.

Ihre religiöse Leidenschaft zeigte sich in Phasen des Fastens und der Depression. Daraufhin verboten ihr die besorgten Eltern und Schwiegereltern das Fasten aus religiösen Gründen. Xinggang, die zu diesem Zeitpunkt 26 Jahre alt war, versuchte durch eine verzweifelte Maßnahme, die Kontrolle über ihr Leben zurückzugewinnen. Sie stellte das Essen und Trinken ein. Schließlich gestattete ihr die Familie, nachdem sie sich fast zu Tode gebracht hatte, eine formale Schulung in einem örtlichen Tempel unter dem alten Meister Tianci Cixing aufzunehmen.

Xinggangs Leben weist große Ähnlichkeiten mit anderen buddhistischen Vorfahrinnen auf. Ihre Biografie zeigt eine Frau, die entschlossen ist, einen religiösen Weg einzuschlagen. Ihren Fähigkeiten, die sich frühzeitig zeigten, und ihrer Entschlossenheit stellten sich ihre Eltern entgegen. Wollten sie ihre Tochter nur vor deren eigenem extremen Verhalten schützen, oder war deren Verhalten so extrem, weil sie sich in ihrer Rolle und den damit verbundenen Verpflichtungen gefangen fühlte? Vierhundert Jahre später ist das natürlich schwer zu sagen. Den Überlieferungen zufolge konnte sie sich durch die Zen-Praxis stabilisieren und wurde zu einer bemerkenswerten Zen-Lehrerin.

Ohne große Unterstützung und mit sehr wenig äußerem Beistand konnte Xinggang schließlich doch einen alternativen Lebensweg gehen: ein Leben, das frei war von ehelichen Verpflichtungen und der Erwartung, Kinder zu gebären. Ihr einzigartiger Lebensweg lässt vermuten, dass sie einem tiefen religiösen Ruf folgte und ihr eigenes, authentisches Leben nur fand, indem sie auf diesen Ruf hörte. Weckte der Anblick eines jungen Mädchens, das sich Tag für Tag in religiösen Verehrungsritualen erging, Befürchtungen in den Eltern? Sie wünschten sich vielleicht ein ausgewogeneres, konventionelleres Leben für ihre sensible und frühreife Tochter. Wenn wir Xinggang mit den Augen ihrer Eltern sehen, können wir Verständnis dafür haben, dass sie vielleicht nicht wussten, wie sie mit einer Tochter umgehen sollten, die jeden Tag lange vor einem buddhistischen Altar betete und weinte. Heutige Eltern würden sie unter Umständen in eine Therapie schicken, in der dann eine Essstörung festgestellt würde. Xinggangs Eltern fragten sich sicherlich, ob ihre Unausgeglichenheit negativen Kräften geschuldet war, von denen sie besessen war. Ein strukturiertes Familienleben könnte aus ihrer Sicht dann gerade die richtige Antwort gewesen sein. Wir können uns vorstellen, wie sie darauf hofften, dass es sich bei ihrer buddhistischen Schulung nur um eine kurze Phase handeln würde.

Passiv-aggressive Formen des Widerstands, wie beispielsweise der Rückzug aus der Familie, und selbstzerstörerische Handlungen wie Nahrungsverweigerung scheinen eine allgemeine Form des Protestes von Frauen zu sein, die versuchen, ihren eigenen Weg gegen die Interessen der Familie durchzusetzen. Gender-Unterschiede, die sich in Machtverhältnissen, Temperament, Gebräuchen, Gesetzen und Problemen der Sicherheit für Frauen ausdrücken, halten Frauen davon ab, sich durchzusetzen, wegzulaufen oder in einer ähnlichen Weise gegen ein sie einengendes System aufzubegehren. Es fällt schwer, sich einen jungen Mann vorzustellen, der sich unter denselben Umständen ähnlich verhalten würde. Er würde wohl einfach von zu Hause weglaufen, um seinen spirituellen Weg zu verfolgen (und dabei in die Fußstapfen Buddhas treten), statt sich in einen Hungerstreik zu begeben. Wenn wir das Leben der Zen-Vorfahrinnen betrachten, finden wir immer wieder passiv-aggressive Formen des Widerstands und selbstverletzendes Verhalten, um familiäre oder institutionelle Hürden zu überwinden und ein spirituelles Ziel zu erreichen.

Heute haben Frauen zumindest im Westen glücklicherweise andere Möglichkeiten. Sie verfügen über das Recht, über ihr eigenes Leben zu entscheiden, einschließlich der Wahl, ob sie heiraten wollen oder nicht (mittlerweile sogar in vielen Ländern eine Frau, Anm. d. Übers.), und größtenteils können sie in Sicherheit reisen, um ihre Ziele zu verfolgen. Aber dennoch: Auch weiterhin kann es für Frauen schmerzhaft sein, Entscheidungen zu treffen, die im Widerspruch zu familiären Erwartungen stehen.

Es ist interessant, Xinggangs Geschichte mit den Erfahrungen von Frauen heute zu vergleichen, die damit ringen, einer Berufung zu folgen, die mit den Erwartungen der Familie in

Konflikt steht. Wenn wir die Hindernisse verstehen, die sich Frauen, die ein autonomes Leben führen wollen, in den Weg stellen, kann uns das helfen, eine flexiblere Sicht auf »schwierige« Verhaltensweisen in der Entwicklung von Frauen zu entwickeln. Wir können die Ängste und Ablehnung einer Familie gegenüber der Zen-Schulung auch sehr viel eher verstehen, wenn wir Xinggangs beunruhigende Verhaltensweisen (zum Beispiel ihre Verweigerung der Nahrungsaufnahme) aus einer heutigen Sicht auf junge, von Perfektionsdrang getriebene, anorektische Frauen betrachten. Eine in diesem Sinne aufgeschlossene Perspektive kann moderne Zen-LehrerInnen darin unterstützen, Frauen in Familienkonflikten beizustehen. LehrerInnen müssen verstehen, dass Frauen oftmals anders erzogen worden sind als Männer und sich in Zen-Gemeinschaften manchmal auf eine Weise einpassen, die ihre Familienkonflikte reproduziert.

Xinggangs formale Schulung bei dem alten Meister Cixing bedeutete, dass sie zu Hause lebte und sich auch weiterhin um ihre Schwiegereltern und Eltern kümmerte. Nach sieben Jahren mit Cixing war Xinggang bereit, den nächsten Schritt in ihrer Praxis zu tun: Ordination und klösterliche Schulung. 1630, mit 30 Jahren, war sie selbstsicher genug, Cixings Lehrer in dessen Kloster auf dem Berg Jinsu aufzusuchen, wo mehr als 300 Mönche mit Meister Miyun Yuanwu (1565-1641) praktizierten. Es ist ein eher einschüchterndes Bild: eine auf sich selbst gestellte Frau, die sich ganz allein in eine große männliche Institution begibt.

Xinggang führte einen typischen ersten Dialog mit Meister Miyun Yuanwu. Sie brachte ihre lebenslange spirituelle Frage zum Ausdruck: »Wo ist der Ort, an dem ich mich niederlassen und mein Leben führen kann?« Diese Frage war ihr *koan*, das sie in der Meditation betrachtete.[49] Yuanwu erklärte in der typischen Manier eines Zen-Meisters, er erspare ihr die 30 Hiebe, die sie eigentlich verdient habe. Vielleicht um sie zu ermutigen, erzählte er daraufhin die Geschichte einer talentierten, respektlosen Zen-Lehrerin der Tang-Dynastie: die der »Dreizehnten Tochter Zheng«.[50] Zheng hatte eine scharfe Zunge, stellte ihren Lehrer immer wieder zur Rede, wurde in ihre Schranken verwiesen, aber dennoch behauptet sie sich, bis sie einen Durchbruch erzielte.

Die Tatsache, dass Meister Yuanwu Zheng erwähnte, lässt vermuten, dass ihm die Praxis von Frauen nicht fremd war. Er wusste von Zheng und nahm an, Xinggang könne sich durch ihre Geschichte unterstützt fühlen. Vielleicht benutzte er Zhengs Fall auch, um Xinggang zu sagen, sie solle sich durch seine erste, obligatorische Zurückweisung nicht einschüchtern lassen. Ihre Geschichte, in der eine Frau zuerst gescholten, dann aber zu einer Dharma-Erbin wird, hilft uns zu verstehen, wie Miyun Yuanwu mit Xinggang umging. Anfangs verwirft der Meister, wie in Zhengs Geschichte, Xinggangs selbstsichere Antworten. Möglicherweise sagte er jedoch auch: »Ich lehne dich ab. Das ist notwendig, doch andere starke weibliche Schülerinnen wurden auch abgelehnt und gingen dennoch ihren Weg.« Er korrigierte und ermutigte sie im selben Moment. Mit Meister Yuanwu fand Xinggang einen fähigen Zen-Meister, der bereit war, sie zu lehren, und doch zeigt uns ihre Beziehung auch die zusätzlichen Hürden, die Frauen zu überwinden hatten.

Xinggangs Mutter lebte noch, und da die vorgeschriebene dreijährige Trauerphase für ihren Vater noch nicht vorbei war, sandte Meister Yuanwu Xinggang nach Hause, um ihre Kindespflichten zu erfüllen. Er selbst hatte sich seinen eigenen Pflichten gegenüber Eltern, Frau und Kindern 35 Jahre zuvor entzogen, als er das Haus verließ, um sich im Zen zu schulen. Jetzt aber legte er, was Xinggang betraf, andere Maßstäbe an. Sie kehrte nach Hause zurück, um sich um ihre Mutter zu kümmern, begab sich nach deren Tod jedoch wieder zu Meister Yuanwu, der sie dann ordinierte.

Wie sollen wir diese unterschiedlichen Maßstäbe verstehen? Gibt es selbst in den Augen eines erleuchteten Zen-Meisters verschiedene Direktiven für Frauen und Männer? Gibt es im Zen, einer Praxis, die Befreiung verspricht, Vorurteile und damit Unterdrückung? Oder drückt sich in Yuanwus Aufforderung, Xinggang solle sich bis zuletzt um ihre Eltern kümmern, eine Weisheit aus, die in Betracht zog, dass sie als Frau andere emotionale Bedürfnisse hatte? Das sind im Grunde genommen zwei Fragen, die wir betrachten sollten: Praktizieren Zen-Meister stets die eigene Erleuchtung versprechende Lehre? Wie sollte eine Praktizierende sich verhalten, wenn eine Zen-Institution anders handelt, als sie »predigt«?

Dabei müssen wir bedenken, dass alle Institutionen aus Menschen bestehen – Menschen, die von den gewohnten Denkmustern ihrer Kultur geprägt sind. Wenn wir Buddhismus praktizieren, ist es wichtig, unsere Liebe zur Praxis der Erleuchtung nicht mit dem Verhalten zu verwechseln, das eine Institution prägt. Heute gibt es Gesetze, die Minderheitenrechte (auch von Frauen) schützen, und in amerikanischen Zen-Zentren gibt es mittlerweile Beschwerdeausschüsse, die sich mit Widersprüchlichkeiten und Ungerechtigkeiten befassen, auf Gender- und andere Diskriminierungen hinweisen und dabei helfen, diese zu verändern. Auch heutzutage sehen wir, wie in unserer Kultur immer wieder bestimmte Tatbestände verschleiert werden, wie Männer und Frauen in Institutionen oftmals nicht in der Lage sind, ihre blinden Flecken zu erkennen, geschweige denn, sie aufzulösen. Manchmal drückt sich in Lehrenden und Institutionen ein erwachter Geist aus, aber manchmal eben auch nicht. Im dritten Teil dieses Buches werden wir uns damit befassen, wie sich das Zen des Westens dieser blinden Flecken annehmen kann.

Jede/jeder Praktizierende muss sich damit auseinandersetzen, wie sie/er sich verhalten will, wenn die Institutionen ihre blinden Flecken nicht betrachten bzw. wenn Regeln oder Ausschüsse uns nicht einbeziehen. Damit unsere Praxis sich vertiefen kann, müssen wir verstehen, dass Enttäuschungen und Probleme einen Teil unserer Entwicklung ausmachen. Der Buddha selbst lehrte, dass Ungenügen eine grundlegende Erfahrung unserer menschlichen Existenz ist, und wir müssen einsehen, dass Dharma-Institutionen und auch Zen-Lehrende davon nicht ausgenommen sind. Der Buddha wies auf ein Leiden hin, dem wir zwar nicht entgehen, das wir jedoch verstehen können. Nicht jede ungerechte Situation kann behoben werden, aber in unserer Praxis können wir lernen, mit unserer Enttäuschung und unseren unerfüllten Wünschen umzugehen. Früher oder später werden wir im Leben auf Schwierigkeiten stoßen; das ist ein Teil des Lebens. Auf welche Mittel greifen wir dann zurück? Wohin wenden wir uns, um Hilfe zu erhalten?

Frühe Dharma-Erbinnen wie Xinggang haben Antworten auf diese Fragen anzubieten. Sie fand eine Möglichkeit, mit Ablehnung zu praktizieren, Vertrauen in ihren eigenen Weg zu entwickeln und ihre Befreiung zu verfolgen. Zen zu leben bedeutet, uns in unserer Meditation zu verankern und selbst dann einen Weg zu finden, wenn er blockiert zu sein scheint. So wie Xinggang vor uns, können wir eine Antwort finden, indem wir uns wieder und wieder auf unsere spirituelle Praxis einlassen, die uns zu tieferer Weisheit und zu Lösungen führt. Xinggang vertiefte ihre Praxis und hielt an ihrem Vorsatz auch dann fest, als ihr Mentor ihre Bitte nach Aufnahme erst einmal abwies. Sie gab ihre Berufung nicht auf. Sie nahm einfach einen Umweg und praktizierte zu Hause, bis die Bedingungen sich änderten. Wenn wir schwierige Umstände in unsere Praxis aufnehmen, werden wir lernen, ihr noch stärker zu vertrauen – denn wir erkennen dann, dass es keinen anderen Ort gibt, an dem wir uns niederlassen können. Wenn in unseren Beziehungen und in unserer Arbeit Hindernisse auftauchen, können wir uns an die Drei Schätze wenden: Buddha, Dharma und Sangha. Wenn wir unsere Enttäuschungen jedoch im Bereich der Drei Schätze machen, müssen wir unsere Erwartung loslassen, dass der Buddhismus vollkommen auf unsere Bedürfnisse abgestimmt sei. Dann begegnen wir unserem Leiden und vertrauen darauf, dass Bewusstheit uns einen Weg weist.

ZenFrauen wie Xinggang konnten es sich nicht erlauben, wahrgenommene oder tatsächliche Ungleichheit persönlich zu nehmen. Die Chance zu praktizieren war kostbar, aber nicht vollkommen. Xinggang lehrt uns, wie wichtig die Fähigkeit, unser Engagement trotz bestehender Hürden zu vertiefen, für alle ist, die in spiritueller Praxis erwachen wollen.

Xinggang wurde ordiniert, nachdem sie ihre Verpflichtungen gegenüber der Familie erfüllt und zu Yuanwu zurückgekehrt war. Lange Zeit schien sie keine Lösung für ihr Koan zu finden. Auch zu Yuanwu fand sie keinen Zugang. Sie verfolgte jedoch ihren Weg trotz aller Schwierigkeiten und unbeeinträchtigt von der mangelnden Übereinstimmung mit ihrem Lehrer weiter. Schließlich erfuhr sie bei einem der älteren Schüler Yuanwus,

Meister Tongshen (1593-1638), das Erwachen. Sie hatte ihre Schulung mit Tongshen mit 36 Jahren begonnen. Nach einem Jahr erfuhr sie bei dem bekannten Koan: »Was war dein ursprüngliches Gesicht vor der Geburt deiner Mutter und deines Vaters?« einen Durchbruch. Dieses Koan war äußerst relevant für eine Frau, die ihren Weg in die Unabhängigkeit innerhalb des Geflechts der Kindespflichten zu gehen hatte. Eltern, keine Eltern – weder mangelt dem Gewebe des Lebens irgendetwas noch den vielfältigen Beziehungen, die es zwischen Himmel und Erde gibt.

Ihr Durchbruch geschah, nachdem sie eine Woche ununterbrochener Meditation überlebt hatte, in der sie »ihre Anstrengungen verdoppelt hatte, Blut spuckte und nicht mehr essen und trinken konnte.«[51]

Nachdem sie ihre Einsicht weiter vertieft hatte, verfasste sie folgende Zeilen, in der auch ihre poetischen Fähigkeiten zu Tage treten:

Bevor meine Eltern geboren wurden,
ballte sich die Leerheit zusammen, vollkommene Klarheit,
von Anfang an kein Mangel:
Wolken streuen Tau über den blauen Himmel.[52]

Später unterwies Xinggang eine Schülerin mithilfe desselben Koans. Im folgenden Gedicht können wir regelrecht hören, wie sie ihre Schülerin unterweist:

Verstehe den gewöhnlichen Geist und erkenne die Eine,
die immer schon vollständig ist.
Frage dich eindringlich, wer du vor der Geburt

deiner Mutter und deines Vaters warst.
Wenn du die Methode erkennst, die allem unterliegt,
wird der Berg erblühen und strömende Bäche werden mit dir
jubilieren.[53]

Xinggangs Erwachen wurde von ihrem Lehrer, Meister Tongshen, bestätigt und vertieft. Später wurden ihr ein Dharma-Stab und Roben übergeben, Symbole ihrer Autorität als Dharma-Lehrerin in der Linji-Übertragungslinie. Xinggang war 49 Jahre alt, als sie den Stab erhielt, der auch »Wunscherfüller« genannt wird. Aus Anlass ihrer Zeremonie der Dharma-Übertragung verfasste sie ein weiteres Gedicht:

Finger legen sich um den »Wunscherfüller«; die Linie setzt
sich fort;
beides, Vergangenheit und Gegenwart, verschwinden in
blendender Leerheit.
Wenn man die Natur des wirklichen »Wunscherfüllers«
versteht,
ruht das unwandelbar Absolute in der Fläche der
eigenen Hand.[54]

Wie viele traditionelle Zen-MeisterInnen vor ihr, zog Xinggang sich nach ihrer Dharma-Übertragung in Klausur zurück. Dabei ist nicht klar, ob ihr Lehrer sie aufforderte, »ihr Licht zu verbergen«, was viele Zen-MeisterInnen taten, nachdem ihr Erwachen bestätigt wurde. Wir wissen jedoch, dass sie sich in eine kleine Einsiedelei in der Nähe der Gräber ihrer Eltern zurückzog, wo ihre formale Praxis begonnen hatte, und neun Jahre lang in Klausur blieb. Dort widmete sie sich wieder asketischen Praktiken.

Asketische Praktiken waren von dem bedeutenden Linji-Meister Gaofeng Yuanmiao (1238-1295) propagiert worden, den Xinggang oft zitierte. Diese Praktiken, die als *siguan* oder »sich einschließen, als wäre man bereits tot« bekannt waren, bestanden vor allem aus einem radikalen Rückzug in eine Einsiedelei. Dort widmeten sich die Praktizierenden in der Abgeschiedenheit der Meditation und anderen Ritualen. Dieser Rückzug Xinggangs erinnert an die langen Klausuren der Eremiten in Tibet. Nach ihrer Zeit des Rückzugs drückte Xinggang ihr Gefühl der Befreiung folgendermaßen aus:

> Ich lebte in tiefer Verborgenheit, ohne Annehmlichkeiten, aber entschlossen, durchzuhalten. Mein Körper [saß aufrecht] in ernster Würde. [Ich machte keinen Unterschied mehr zwischen] Innen und Außen. Ich drückte gegen die Leerheit und schnitt alle Verstrickungen ab. Als [alle Unterscheidungen zwischen] Innen und Außen verschwunden waren, lösten sich alle Verstrickungen auf. Wenn es keine Gestalt oder Form mehr gibt, sieht man sich selbst von Angesicht zu Angesicht; dann kann man ein [unermessliches] *kalpa* in einem Punkt sammeln und ein Staubkorn über die zehn Himmelsrichtungen verteilen. [Dann erfährt man] keine Einschränkungen mehr, keine Behinderungen und ist frei, sich dorthin zu begeben, wo es einem beliebt.[55]

Xinggangs Lehrer verlieh ihr den Status einer offiziellen Nachfolgerin Linjis. Sowohl darin wie in ihren Zen-Worten im strengen Stil Linjis drückt sich ihre Authentizität als Linienhalterin aus. In der Sanftheit ihres Stils unterscheidet sie sich jedoch von den männlichen Vorgängern dieser Linie.

Linjis Zen, das in dem Bild »Gefangene werden nicht gemacht« zusammengefasst werden kann, ist voller Schreie und Schläge und zeichnet sich durch ein nachdrückliches Bemühen um Erleuchtung aus. In ihrem Durchhaltevermögen und ihrer Kraftanstrengung entspricht Xinggang dem Stil Linjis, doch ihre Lehren, auch wenn sie eine strenge Praxis betonen, sind nicht hart. Sie spricht von der Freude an der Praxis, davon, sich mitfühlend anderer anzunehmen, und gab ihren SchülerInnen Wärme und Sanftmut mit auf den Weg.

Xinggang lehrte sowohl LaienanhängerInnen als auch ordinierten SchülerInnen, dass Befreiung ein Ringen auf Leben und Tod erfordere. Spirituelle Entwicklung, das hob sie immer wieder hervor, beruhe auf der harten Arbeit von Meditation und Koan-Praxis. Aber sie spricht nicht nur von den Härten, sondern hebt auch die andere Seite hervor:

> Es gibt kein größeres Leiden, als in das Getriebe weltlicher Angelegenheiten verstrickt zu sein, und keine größere Freude, als den Weg mit einem konzentrierten Geist zu gehen. Der Weg ist nichts anderes als die größte Freude, die uns die Welt schenken kann. Den Weg zu verlassen und anderswo nach Erfüllung zu suchen ist, als würde man die Nahrung wegwerfen und den Hunger ergreifen![56]

Ihre Wertschätzung der Freude ist eine wertvolle Ergänzung der Linji-Tradition mit ihrer Ausrichtung auf Schreie und Schläge. Bei Xinggang erleben wir die Dringlichkeit und Geradlinigkeit des Linji-Zen, aber auch den herzerwärmenden Beigeschmack der Freude.

Xinggangs Schülerinnen drücken offen tiefe Gefühle für einander und ihre Lehrerin aus – eine Seltenheit in der Literatur des

Zen. Diese Emotionalität ist besonders spürbar in den Überlieferungen Xinggangs und dreier ihrer sieben Dharma-Erbinnen: Yigong Chaoke (1620-1667), Yikui Chaochen (1625-1679) und Yichuan Zhaoke (gest. 1656). Yigong, Xinggangs ranghöchste Nonne, schrieb die folgenden Verse, als ihre Lehrerin starb:

In Trauer über die Nonne, die meine Meisterin war

I.

Der Mond versinkt im Westen, während der Herbst zu
Ende geht.
Der Fliegenwedel liegt unberührt am Kopf ihres Sitzes.
Vor dem Fenster weinen die Äste eines einzelnen Baumes;
Ein Wind erhebt sich und Regen tropft betrübt in die
Meditationshalle.

II.

Zwanzig Jahre lang war sie unsere Lehrerin;
wahrlich einzigartig und allein, ihr Stab blitzte auf und ab.
Wann schwand der Rauch in ihrer Kammer dahin
und ließ ihre Kinder und Enkelkinder zurück, wie sie zuvor
gewesen?[57]

Im Bild der Kinder und Enkelkinder klingt eine fürsorgliche Vertrautheit an, die sich in den üblichen Beziehungen zwischen Zen-Meistern und Schülern so meist nicht findet. Wir erhalten einen Eindruck von Xinggangs Lebendigkeit, deren Stab auf und ab blitzt und die selbst von einem Baum betrauert wird. Xinggangs Nachfolgerin, Yigong, drückt den Schmerz und ihre Verlustgefühle über den Tod der Lehrerin offen aus. Uns wird eine Beziehung gezeigt, in der Xinggang die Rolle der mütterlichen Lehrerin ihrer »Kinder und Enkelkinder« einnahm. Auch wenn die Vergänglichkeit des Lebens, im Bild des schwindenden Rauchs, ein klassischer Zen-Verweis ist, klingt darin nicht die Vorstellung des »Weder-Kommen-Noch-Gehen« an, die so oft eher unpersönlich in traditionellen Zen-Gedichten auftaucht. In diesem Gedicht begegnen uns tatsächliche Verlustgefühle.

Nach dem Tod ihrer Dharma-Schwester Yichuan, die nur zwei Jahre nach ihrer gemeinsamen Lehrerin starb, drückte Yigong ihre Gefühle erneut aus:

> Ach! Es gab keine wie dich, meine Dharma-Schwester, den Mönch von Banruo. Dein Herz war wie das eines nackten Kindes, deine Handlungen wie die der Vorfahren … du warst klug, wenn du hilflos wirktest, weise, wenn du töricht wirktest, wortgewandt, wenn du sprachlos wirktest, stark wie Eisen, wenn du schwach wirktest. Andere behandeltest du wie dich selbst und schöpftest dabei alle Möglichkeiten der Menschen und des Himmels aus. Du und ich teilten denselben Lebensweg, aber jetzt hast du mich verlassen und den Bereich des Todlosen betreten.[58]

Auch hier drückt sich in einer liebevollen, detaillierten Beschreibung Yigongs Schmerz über den Verlust und ihre Verlassenheit aus. Interessanterweise bezeichnet Yigong ihre Dharma-Schwester als »Mönch« und hebt damit Yichuans zentrale Beziehung zu einer Praxis hervor, in der sie ihr Geschlecht transzendierte. Yigong weist zwar auf den Bereich des Todlosen hin, sie ist aber zugleich offen dafür, ihre Verletzlichkeit durch den Verlust ihrer Dharma-Schwester auszudrücken.

Es entspricht nicht unbedingt der üblichen Rolle eines Zen-Meisters, Mönche über die Härten der Praxis hinwegzutrösten. In Xinggangs Biografie findet sich jedoch ein anrührendes Beispiel von Zen-Nonnen, die sich liebevoll um andere kümmern. Als Xinggang Jinsu besuchte, den Tempel, in dem sie geschult worden war, bemerkte sie, dass die Mönche »sehr unter der großen Kälte litten«.[59] Sie und ihre Nonnen verbrachten daraufhin in ihrem Kloster mehrere Monate damit, warme Beinkleider für die Mönche zu nähen. Im Zen des Linji-Stils würden wir vielleicht eher erwarten, etwas über die Nützlichkeit des Praktizierens mit Hitze, Kälte, Mücken und anderen unangenehmen Bedingungen zu hören. Aus einer traditionellen Sicht des Zen vertiefen diese Hindernisse nur die Konzentration.

Selbst Shunryu Suzuki, der moderne Begründer der Soto-Zen-Praxis in den USA, hatte »harte« Ratschläge für seine amerikanischen SchülerInnen, die sich um 1970 im ersten Zen-Kloster des Westens über die Winterkälte beklagten: »Benutzt Zazen, damit euch warm wird!« Obwohl die Mönche, die Xinggangs Beinkleider trugen, auch lernen mussten, wie einem »warm wird«, taten sie das vielleicht, indem sie sich in das warme Mitgefühl der Nonnen einwickelten und so Frostbeulen vermieden. Xinggangs rigoroser Schulungsstil, verbunden mit Pragmatik und warmherzigem Mitgefühl machen ihre Lehren so beeindruckend.

ZenFrauen mussten innovative Ansätze finden, um ihre Praxis zu verfolgen. Sie leisteten viele Formen des Widerstandes, um Familienmitgliedern die Erlaubnis abzuringen, das Haus zu verlassen, um zu praktizieren. Sie suchten männliche Lehrer auf und verhandelten mit ihnen, bis sie schließlich jemanden fanden, der sie akzeptierte. Sie fanden Strategien, die Regeln zu umgehen, wenn ihre Ordination unmöglich erschien. Sie bedienten sich familiärer Verbindungen. Sie überlisteten Männer, die sie körperlich bedrängten. Sie entwickelten neue Praxisansätze, in denen sich ein Leben in der Familie mit kurzen Aufenthalten in Klöstern verband. Xinggang ist ein wunderbares Beispiel dafür, wie eine Frau in ihrer Praxis beharrlich bleiben kann. Es ist auch ein Beispiel dafür, wie das Zen der Frauen die Erscheinungsformen der Praxis erweitern kann, sodass Sensibilität, Verletzlichkeit und Fürsorge neben den heroischen Anstrengungen der Befreiung einen Platz finden.

Myori Beophui Sunim:
Die große koreanische Nonnenmeisterin

Myori Beophui (1887-1975) ist die einzige Nonne, die vom derzeitigen Chogye-Orden Koreas in den Stand einer Meisterin versetzt worden ist, was sie auf die gleiche Stufe stellt wie die großen männlichen Meister des Landes. Nach dem Tod ihres Vaters wurde sie im Alter von drei Jahren in das Mitaam-Nonnenkloster gegeben; ihre Großmutter trug sie auf dem Rücken dorthin. Die darin zum Ausdruck kommende tiefe körperliche Vertrautheit mit ihrer Großmutter, die aber dann im Verlassenwerden mündet, muss in dem kleinen Mädchen tiefe Verletzungen hinterlassen haben. Es fällt schwer, sich die verheerenden Umstände vorzustellen, die eine Familie zwangen, sich von einem Kind zu trennen, und die Schmerzen, die alle dabei wohl empfunden haben mussten.

Als Beophui 14 Jahre alt war, wurde sie zur Novizin ordiniert, und mit 21 legte sie die vollständigen Bhikshuni-Gelübde ab. Im Alter von 25 Jahren reiste sie zu Meister Man'gong, von dem sie sich schulen lassen wollte. Er empfing sie mit den Worten: »Ich wusste, dass eine Meditierende wie du kommen würde.«[60] Sie wurde in seine Praxisgemeinschaft aufgenommen und schließlich zu seiner ersten Dharma-Nachfolgerin ernannt, nachdem Meister Man'gong ihr tiefes Erwachen bestätigt hatte. Als erste Vorsteherin der Meditationshalle der Nonnen eröffnete sie anderen Frauen einen Weg in die Praxis. In den Quellen des Chogye-Ordens beschreibt die Nonne Song'yong Sunim, bei der später die Dharma-Lehrerin Martine Batchelor praktizieren sollte, dass Beophui nie mehr als zwei Stunden geschlafen und noch bei Mondlicht mit der Hacke auf dem Feld gearbeitet habe. Sie hinterließ viele erfolgreiche ordinierte Schülerinnen, hielt jedoch nie selbst einen Dharma-Vortrag, sondern drückte den Buddha-Weg durch körperliche Arbeit aus. Wenn sie nach dem Dharma gefragt wurde, gab Beophui, ihrer Schülerin Song'yong Sunim zufolge, immer vor, nichts zu verstehen.

Für koreanische Nonnen war Beophui eine große Leitfigur und Inspiration. Ihre Zurückhaltung, vom Sitz der Lehrerin den Dharma auszudrücken, mag auch der Kultur der Joseon-Dynastie entsprungen sein, die ihr Leben prägte. 500 Jahre lang hatte diese eine Politik des *namjon yeobi* vertreten – »respektiere Männer, erniedrige Frauen«.

Viele koreanische Nonnen ließen sich von den 85 Jahren, die Beophui Sunim dem monastischen Leben widmete, inspirieren. Zweifelsohne waren ihr die ZenFrauen, die ihr vorausgegangen waren, bekannt. Sie selbst hinterließ neun starke Dharma-Erbinnen.

Mugai Nyodai: *Japanische Rinzai-Gründerin im Netzwerk der kaiserlichen Nonnenklöster*

Die Japanologin Barbara Ruch erfuhr eher zufällig von der Existenz Mugai Nyodais (1223-1298), einer Zen-Meisterin der Linji-/Rinzai-Schule. In einem Buch mit Portraits von Zen-Äbten fielen ihr bei einem der Abgebildeten deutlich feminine Züge auf. Wieso fand sich eine Frau unter diesen männlichen Zen-Äbten? Nachdem sie auf dieses Bild gestoßen war, konzentrierte Ruch ihre Forschungen auf Nyodai und ihr Erbe. Sie gründete ein Institut zur Erforschung des japanischen Mittelalters, um Antworten auf die Fragen zu finden, die Nyodais Existenz aufwarf. Dieses Institut befasst sich fast ausschließlich mit dem Auffinden, Übersetzen, Erforschen und Verbreiten der Lehren Mugai Nyodais und der Tempel, die ihrer Linie angehörten. In diesem Sinne ist Barbara Ruch selbst eine unserer heutigen Zen-Gründerinnen.

Barbara Ruchs Erfahrungen spiegeln den Prozess einer Entdeckung, durch den viele von uns gegangen sind, die eher zufällig auf die ersten Spuren eines Zen der Frauen stoßen. Anfangs sind wir erstaunt, dass westliche Frauen nicht die ersten sind, die Zen praktizieren und lehren. Dann überkommt uns unter Umständen Ärger über das, was wir als absichtliche Unterdrückung wichtiger Quellen über unsere Vorfahrinnen erkennen. Sobald wir diese Frauen kennenlernen, macht es uns vielleicht traurig zu sehen, dass ihr Leben und ihre Werke bislang unberücksichtigt geblieben sind. Wie Dr. Ruch, die daraufhin ein Institut gründete, decken wir die Geschichte dann selbst auf und tun, was wir nur können, um dieses Material ans Licht zu bringen.

Wenn wir diesen Teil der Geschichte aufdecken, verhilft uns das zu neuen Inspirationen in unserer Zen-Praxis und es verändert unsere Beziehungen zu unseren eigenen Zen-Institutionen. Letztendlich wird Zen sich selbst verändern, wenn dieses Material Berücksichtigung findet und wir dadurch eine erneuerte Praxis zum Ausdruck bringen. Der dritte Teil dieses Buches befasst sich genau mit dieser Frage: Wie können wir diesen Entdeckungsprozess in die gegenwärtigen Institutionen integrieren?

Mugai Nyodai wurde erst in ihren Fünfzigern ordiniert, sie war zuvor mit einem Feudalfürsten verheiratet gewesen und verfügte über eine ausgezeichnete Kenntnis der chinesischen und japanischen Klassiker. Ihr Gatte kam in einer Schlacht ums Leben und sein Klan fiel in Ungnade. Wir wissen nicht mit Sicherheit, ob sie ihre Zen-Studien bereits während ihrer Ehe oder erst danach aufnahm. Uns ist jedoch bekannt, dass sie mit dem bedeutenden japanischen Rinzai-Zen-Meister Enni Benen (1200-1281) des Tofuku-Klosters praktizierte, der auch als Shoichi Kokushi bekannt ist, sowie mit dem chinesischen Lehrer Wuxue Zuyuan (1226-1286), der im Japanischen Mugaku Sogen oder Bukko Kokushi genannt wird. Sie gehörte damit einer respektablen japanischen Rinzai-Linie an und war eine von nur zwei Dharma-ErbInnen Mugakus. Sie war die erste Frau in der japanischen Geschichte, die als Rinzai-Zen-Meisterin anerkannt wurde, und sie gründete den Keiai-Tempel. Keiaiji entwickelte sich so erfolgreich, dass er schließlich 15 Untertempel umfasste.[61]

Mugai Nyodais Ausbildung bei Mugaku Sogen ist historisch umfangreich dokumentiert. Die Wissenschaftlerin Anne Dutton hat sich in einem unveröffentlichten Aufsatz damit beschäftigt, wieso sie, obwohl sie eine Dharma-Erbin und Begründerin des Untertempels Engaku[62] gewesen war, aus der Übertragungslinie entfernt wurde.[63] Sie weist nach, dass Muso Soseki, Mugai Nyodais Dharma-Neffe, dafür verantwortlich war, ihre Spuren aus der Geschichte des Engakuji gelöscht zu haben. Wir können vermuten, dass es sich dabei um den Versuch handelte, die Idee einer einheitlichen, linearen Zen-Nachfolge zu stärken. Anscheinend wollte Muso Soseki die Übertragungslinie Mugakus nur durch einen einzigen seiner Dharma-Nachfahren stärken, konsolidieren und im Bewusstsein erhalten. Dazu erwählte er seinen eigenen Lehrer Koho Kennichi (1241-1316) anstelle Mugais. Tatsächlich stand Mugai Nyodai durch ihre Dharma-Übertragung mit Koho Kennichi auf der gleichen Stufe. Muso entfernte Äbtissin Nyodais aus den Annalen, um seinen Lehrer zum alleinigen Nachfolger zu machen.

Die Strategie des Zen, seine Übertragungslinie durch einen einzigen, männlichen Nachfahren zu repräsentieren, hat Frauen in der langen Geschichte des Zen unsichtbar werden lassen. Diese Tendenz zeigt sich selbst noch in zeitgenössischen westlichen Übertragungsdokumenten. So wurde Toni Packer, die erste Dharma-Erbin Philip Kapleaus, aus einigen Fassungen seiner Übertragungslinie entfernt. Ihre neue Ausdeutung der Zen-Praxis wurde einigen zufolge von Kapleau durchaus akzeptiert, von etlichen seiner SchülerInnen aber nicht, was Toni bewog, das Zentrum zu verlassen. Sie gründete schließlich ihre eigene Meditationsschule außerhalb der Zen-Tradition. Dennoch bleibt die Tatsache bestehen, dass sie die erste Dharma-Erbin in Kapleaus amerikanischer Zen-Linie war. Soll ihr Name demnach für die Geschichte verloren gehen?

Ich habe auch einige Verzeichnisse der Übertragungslinie von Taizan Maezumi Roshi gesehen, in denen der Name einer seiner LinienhalterInnen, Charlotte Joko Beck, fehlte. Joko Beck war enttäuscht von Maezumi Roshis unangemessenen Verhaltensweisen in der Zeit, als er mit seinem Alkoholismus zu kämpfen hatte, wofür er sich später öffentlich bei seiner Sangha entschuldigte. Joko Beck brach jedenfalls den Kontakt zu ihrem Lehrer ab und gründete ihre eigene Zen-Schule, die Ordinary Mind School of Zen, welche unabhängig von Maezumi Roshi existiert. Dennoch war sie seine Dharma-Erbin, und dies sollte sich in einer wahrheitsgetreuen Geschichte des Zen widerspiegeln. Bevor sie sich zur Ruhe setzte, übergab Joko die Soto-Zen-Übertragungslinie an ihre Dharma-ErbInnen, was ihnen ermöglichte, in die Gemeinschaft der American Soto Zen Buddhist Association aufgenommen zu werden.

Die Missachtung in den Übertragungslinien selbst, aber auch, dass Frauen sich außerstande sahen, innerhalb der traditionellen Hierarchie zu verbleiben, wirkte sich sicherlich ähnlich auf unsere Vorfahrinnen aus. Es gibt in der Tat Gründe für beides: Innovation und die Abwendung von korrupten Machtstrukturen. Die Präsenz von Frauen in historischen Übertragungslinien kann jedoch zur Unterstützung von Frauen beitragen, die in ihnen verbleiben wollen, und dazu führen, dass ihre mutigen Innovationen und Veränderungen auf mehr Unterstützung innerhalb ihrer Tradition stoßen.

Mugai Nyodais Schulung in Tofukuji mit Enni Benen rückt ein weiteres Thema ins Blickfeld, das ein wiederkehrendes Problem für frühe ZenFrauen war: ihr Ausschluss aus Männerklöstern aus Gründen einer potenziellen oder imaginierten Anstößigkeit sowie das dramatische Ringen jener Frauen um ihre Teilhabe. Aufzeichnungen der kaiserlichen Nonnenklöster belegen, dass Mugai Nyodai sich Brandverletzungen im Gesicht zufügte, nachdem ihr mit dem Ausschluss aus der Schulung in Tofukuji gedroht wurde, weil die Anwesenheit einer Frau die Schulung der Mönche angeblich störe. Diese spezielle Form der Selbstverstümmelung, Brandverletzungen des Gesichts, ist ein wiederkehrendes Thema in der Geschichte des Zen der Frauen, auf das wir im Kapitel 7 am Beispiel von Ryonen Genso ausführlicher zu sprechen kommen. Ryonen fügte sich die gleichen Verletzungen zu und mag von dieser grausamen Strategie, sich Zutritt zu einem Tempel zu verschaffen, in den historischen Dokumenten über Mugai Nyodai gelesen haben.

Den Überlieferungen zufolge unterstützte Zen-Meister Enni Benen Mugai Nyodais Wunsch, sich in seinem ausschließlich Männern vorbehaltenen Kloster der Schulung zu unterziehen, doch seine Mönche probten den Aufstand. Da Mugai aus einer reichen Familie stammte, bot sie an, den Bau eines Nonnenklosters auf dem Gelände des Tofukuji zu finanzieren, um die Situation zu klären, was die Mönche jedoch nicht beschwichtigte, die ihre Einschüchterungsversuche fortsetzten. Daraufhin entstellte Mugai ihr Gesicht mit einem glühenden Eisen. Barbara Ruch hält es für möglich, dass Mugais Verletzung bei einer sie darstellenden Statue zu sehen ist, bei der die linke Wange herabhängt.

Bildung und die Freiheit zu reisen waren Klassenprivilegien von Zen-Gründerinnen. Auch wenn diese sich als nützlich erwiesen, waren solche Privilegien nicht unbedingt notwendig, um Zugang zur Zen-Schulung zu erhalten. Asiatische Frauen, deren Leben zumeist auf den Haushalt beschränkt war, erhielten oftmals Zugang zu Bildung und buddhistischen Lehren durch Freunde der Familie – Literaten und bedeutende buddhistische Lehrer. Frauen konnten sich sehr viel weniger frei bewegen als Männer. Deshalb begegneten sie viel seltener Zen-SchülerInnen oder -LehrerInnen in ihren Alltagsaktivitäten. So ist es nicht erstaunlich, dass die Wegbereiterinnen des Zen hauptsächlich privilegierten Familien entstammten, die Kontakte zu gebildeten Laien mit Zugang zu herausragenden buddhistischen Lehrern unterhielten.

Zen-Gründerinnen setzten ihre Privilegien ein, um zu glaubwürdigen Lehrern zu reisen. Ihre Bildung ermöglichte es ihnen, Sutren zu lesen, Zen-Vorträgen zu folgen und abzuwägen, mit wem sie studieren wollten. Bildung und Zen-Praxis erlaubten Frauen, die engstirnigen Vorurteile und sozialen Beschränkungen ihrer Zeit hinter sich zu lassen. Sie kamen in Berührung mit historischen Beispielen einer gleichberechtigten Praxis von Frauen und entsprechenden Lebensweisen und waren sehr auf Glaubwürdigkeit bedacht, um in der Zen-Tradition respektiert zu werden. Der Kontakt mit der Praxis unterstützte frühe Gründerinnen darin, Gemeinschaften gleichgesinnter Frauen aufzubauen.

Im Zen vermochte eine Frau, die sich der Meditation widmete und von einem entschlossenen Lehrer unterstützt wurde, eine tiefe Praxis zu entwickeln und bedeutende Leistungen zu erbringen. Die Überzeugung der ersten Gründerinnen, dass Frauen gleich welchen Bildungsstandes und welcher sozialer Stellung vom Zen profitierten, muss sie inspiriert haben, Klöster speziell für Frauen zu gründen. Anders gesagt: Privilegierte Frauen sahen und erfuhren zwar die Unterdrückung ihres Geschlechts, waren jedoch motiviert, Praxismöglichkeiten für Frauen unabhängig von ihrem sozialen Status anzubieten und ihre Gesamtsituation zu verbessern.

Neben ihren Verdiensten um die Errichtung von Klöstern erinnert man sich an Mugai Nyodai auch wegen ihrer tiefen Erleuchtung, die sie in einem Gedicht an ihren Lehrer Wuxue beschrieben hat:

> Ich verstand nichts
> und verlor meinen Weg.
> Aber jetzt sehe ich, dass auch ich eins bin
> mit dem Mond auf dem Wasser
> und den vorbeiziehenden Wolken.[64]

Gründerinnen im Soto-Zen

Wir kennen die Namen einiger Gründerinnen des heutigen Ordens der japanischen Soto-Zen-Nonnen, aber leider sind uns ihre Unterweisungen noch weithin unbekannt. Durch ihr Buch *Women Living Zen* hat Paula Arai geholfen, die Übertragungslinie der Frauen im Soto-Zen bis zu den historischen Gründerinnen in Japan zurückzuverfolgen. Nun können wir daran arbeiten, Übersetzungen ihrer Lehren zu erhalten.

Der Nonnenorden des Soto-Zen wurde von Frauen ins Leben gerufen, die mit den frühen Soto-Meistern Eihei Dogen und Keizan Jokin studiert, sie aber auch beeinflusst haben. Der Begründer des Soto-Zen, Eihei Dogen (1200-1253), plädiert in seiner Abhandlung »Raihaitokuzui« für die Gleichstellung von Frauen als Dharma-Lehrerinnen.

Zur selben Zeit, als Dogen für die Rechte von Frauen eintrat, schloss aber die Zen-Schule Frauen aus ihren Ausbildungsklöstern aus. Noch befremdlicher und trauriger ist jedoch, dass Eiheiji, der von Dogen in Fukui gegründete Tempel, bis heute über keine Schulungseinrichtung für Frauen verfügt. Bis vor kurzem zwang die Soto-Schule Nonnen im Vergleich zu den Mönchen viele Einschränkungen auf. Trotz Dogens Aussagen zur Gleichberechtigung der Frauen, die aus dem 13. Jahrhundert stammen, hielt sich die Benachteiligung von Frauen in dem von ihm gegründeten Orden bis ins 20. Jahrhundert hinein. So gewährte die Soto-Schule um 1900 Mönchen durchschnittliche Bezüge von 180 000 Yen pro Jahr, Nonnen hingegen erhielten im gleichen Zeitraum nur 600 Yen.[65]

Trotz Dogens deutlicher Unterstützung und seiner Bereitschaft, Frauen in seinem Orden zu schulen, wurde erst mehrere Generationen später, unter Dogens Nachfolger Keizan, das Dharma einer Frau übertragen (ca. 1325). Dharma-Übertragung ist eine spirituelle und institutionelle Anerkennung der Meisterschaft. Es war Keizan, der Dogens Worte über die Gleichstellung durch eine authentische und unabhängige Praxis von Frauen mit Leben füllte, und es war Keizan, der die Soto-Schule erneuerte, indem er Frauen und Laien stärker integrierte.

Man sagt, Keizan sei die Mutter und Dogen der Vater des Soto-Zen. Diese Zuweisung der Mutterschaft an Keizan hat mehrere Bedeutungsebenen. Dogen »zeugte« vielleicht die Praxis, aber Keizan zog die Praxis groß, indem er Zeremonien integrierte, die sie Laien zugänglicher machte. In diesem Sinne war es letztendlich Keizan, der das Soto-Zen in Japan zur Welt brachte. Diese Charakterisierung drückt sich auch darin aus, dass Keizan immer wieder seine Mutter und Großmutter als prägend für seine spirituellen Überzeugungen erwähnte, nie jedoch seinen Vater. Das Bild Keizans als Mutter verweist auch auf seine unterstützende Anteilnahme am Leben der Ausgegrenzten – der Frauen und Laienpraktizierenden.

Myochi: Keizan Zenjis Großmutter

Myochi (ca. 1225) war eine der ersten UnterstützerInnen Eihei Dogens. Man nimmt an, dass sie eine Laienschülerin von Dogens erstem Zen-Lehrer, Myozen, war. Sie unterstützte beide finanziell und besuchte deren Vorträge.[66] Ihre Verbindung mit Dogen, noch vor Keizans Geburt, ebnete den Praxispfad, dem Keizan später folgte. Das Vertrauen, das sie in Zen setzte, beeinflusste sowohl Keizan als auch dessen Mutter, Myochis Tochter, dem Zen-Weg zu folgen. Laut Keizan führte ihn der Glaube seiner Großmutter dazu, im Alter von sieben Jahren als Novize nach Eiheiji zu gehen. Wir wissen nicht, ob er auf das Betreiben Myochis hin in diesem frühen Alter ordiniert wurde oder ob er dadurch ihren Tod ehren wollte.

Während seines ganzen Lebens fühlte Keizan, dass der Glaube seiner Großmutter und seiner Mutter ihn in seiner Praxis karmisch unterstützte. Er war überzeugt davon, dass ihr Vertrauen eine spürbare Kraft darstellte, die ihn in seiner Praxis und seinem Lehren trug. Er lobte auch seine finanzielle Unterstützerin Sonin. In der Tat ging Keizan davon aus, dass das Karma eines Lehrers nicht nur von seiner eigenen Praxis, sondern auch von seinen UnterstützerInnen abhing. Er erklärte, ein Lehrer, der etwas Wichtiges mitzuteilen habe, brauche Aufmerksamkeit und finanzielle Unterstützung. Außerdem fand er, materielle UnterstützerInnen des Buddhismus sollten genauso geehrt werden wie ein Buddha.

Von Myochi und Keizan lernen wir, dass unser eigenes Engagement, mit dem wir die Praxis unterstützen – selbst wenn wir vornehmlich unseren familiären Pflichten nachgehen –, die Entwicklung des Zen im Westen fördern kann. Dabei können wir die Übertragung des Zen in den Westen sowohl durch finanzielle Hilfen als auch durch eigene ernsthafte Praxis unterstützen. So wie Großmutter Myochi können auch wir LehrerInnen unterstützen, die unser Vertrauen finden, ohne gleich in ein Zen-Kloster einzutreten.

Wir können dabei nicht wissen, welcher Bereich der Zen-Praxis sich durch unser aufrichtiges Bemühen entwickeln wird oder ob unsere Anstrengungen bei denen, die nach uns kommen, überhaupt eine Spur hinterlassen.

Ekan Daishi: *Pflaumenblüte*

Keizans Mutter, Ekan (gest. ca. 1324), war eine glühende Verehrerin Kannons, der mitfühlenden Bodhisattva, die gelobt hat, alle lebenden Wesen zu retten, und zu diesem Zwecke ganz unterschiedliche Formen annehmen kann, um zu lehren und zu leiten. Ekans Hingabe an Kannon war von ihrer Mutter Myochi beeinflusst. Ekan besaß eine Figur der elfköpfigen Kannon, vor der sie regelmäßig betete. Es ist überliefert, dass sie Kannon inbrünstig um ein Baby anflehte. Sie wurde dann schließlich mit 37 Jahren schwanger, nachdem sie eines Nachts geträumt hatte, sie würde die Morgensonne hinunterschlucken. Tagtäglich betete und rezitierte sie aus dem Kannon-Sutra, bis sie schließlich 1264 auf dem Weg zu einem Entbindungsraum, der zu einer Kannon gewidmeten Dharma-Halle gehörte, Keizan zur Welt brachte. Später wurde Ekan Äbtissin des Soto-Nonnenklosters Joiu. Durch die Art, wie sie ihren Sohn anleitete und beeinflusste, war sie für die Entwicklung der Soto-Schule von großer Wichtigkeit. Keizan schildert in seinen Schriften sowohl ihren tiefen Glauben als auch ihre strengen Ermahnungen ob seiner jugendlichen Arroganz, nachdem er früh Einfluss erlangt hatte. Er war davon überzeugt, dass ihr Glaube eine Kraftquelle darstellte, die es ihm ermöglicht hatte, sich ordinieren zu lassen, den Yoko-Tempel zu gründen und Soto-Zen in ganz Japan bekannt zu machen. Ekan widmete sich der Verbreitung des Buddhismus unter Frauen und gründete ebenfalls einen Tempel: Hooiji. Als Ausdruck des Respekts für die Praxis von Frauen gab Keizan das Amt der Äbtissin an Ekans Nichte Myosho weiter.[67]

Ekan ist ein Beispiel für die Flexibilität, mit der viele Vorfahrinnen ihren Weg zur Zen-Praxis fanden, und für den weitreichenden Einfluss der ersten Nonnen. Das gleiche Potenzial existiert auch heute unter weiblichen Praktizierenden, die sich in ihrem Leben anfangs um eine Familie kümmern, dann eine aufrichtige Praxis entwickeln und schließlich ihrer inneren Stimme in eine monastische Schulung folgen. Obwohl Ekan Ehefrau und Mutter war, entschloss sie sich zur Ordination. Sie ließ sich durch ihre familiäre Rolle nicht von ihrem Weg abbringen. Innerhalb dieser Rolle folgte sie ihren eigenen Zielen und wurde so zu einem Vorbild für ihren Sohn Keizan und andere Frauen.

Der von Keizans Mutter abstammende japanische Nonnenorden des Soto-Zen hat eine tiefe Verbindung zu Pflaumenblüten, die ihn symbolisieren. Der Pflaumenbaum blüht im Frühjahr als erster, und seine zarten Blüten müssen immer wieder dem Schnee und der Kälte widerstehen. Pflaumenblüten, so wird gesagt, lehren uns, auch unter harten Bedingungen sanftmütig zu sein. Obwohl die Praxis von Frauen und von Zen-Lehrerinnen in der Geschichte übersehen, abgewertet und finanziell nicht unterstützt wurde, hat das Zen der Frauen überdauert und drückt seine Kraft in einer mitfühlenden Praxis aus, wie viele der noch folgenden Beispiele zeigen werden. Während diverse männliche Zen-Richtungen offene kriegerische Auseinandersetzungen führten und andere Tempel in sektiererischer Feindseligkeit angriffen, scheinen sich weibliche Zen-Praktizierende ausdrücklich unparteiisch verhalten zu haben. Sie blieben der grundlegenden buddhistischen Vorstellung treu, an nichts festzuhalten, und beherzigten das Bodhisattva-Gelöbnis, alle Wesen zu ehren – sie zu retten, indem sie sich um Waisen, Menschen mit Lepra und misshandelte Frauen kümmerten.

Heutige Zen-Schülerinnen können, im Gegensatz zu gewissen Einschränkungen, die Myochi erfuhr, ihren tiefen Glauben ausdrücken und auch in ihren Rollen als Ehefrauen und Mütter beispielhafte ethische Normen entwickeln. Eine tägliche Praxis im Kontext der Familie kann in einem formalen Schulungszentrum tiefe Wurzeln schlagen, wenn diese Möglichkeit besteht und genutzt wird. Neben ihrer formalen Praxis setzte Ekan auch ihre familiäre Rolle als positive Kraftquelle ein. Keizan, tief berührt von der Praxis seiner Mutter, soll gelobt haben, die Praxis von Frauen in den drei Welten und zehn Himmelsrichtungen zu unterstützen. Natürlich sind Frauen nicht darauf begrenzt, allein durch die Leistungen ihrer Kinder Sinn zu finden, aber der Verbindung von Zen-Praxis und Familienpraxis wohnt ein tiefes Potenzial inne.

Ekyu Daishi: *Die erste Dharma-Erbin des Soto-Zen*

Keizan pries Ekans Engagement für die Schulung von Frauen und ehrte ihr Beispiel, indem er eine seiner Schülerinnen zur ersten Dharma-Erbin des Soto-Zen machte: Kinto Ekyu (ca. 1325).[68] Um Ekyu in ihrer Schulung zu unterstützen, übertrug

Keizan Dogens Kommentar zu den buddhistischen Gelübden von *kanji* in *hiragana* – anscheinend umfasste Ekyus Erziehung, wie die vieler Frauen ihrer Zeit, nicht das Erlernen der Kanji, der chinesischen Schriftzeichen. Hiragana, das auch als Schrift der Frauen bezeichnet wird, ist eine phonetische Silbenschrift, mit der die chinesischen Zeichen umschrieben werden können.

Ekyu zeigt uns, dass das Bildungsniveau keinen Hinderungsgrund für eine tiefe Praxis darstellt. Eine Frau, die keinen Zugang zu Bildung hatte, konnte im Zen dennoch große Leistungen erbringen. Ekyu fand einen Lehrer, der sie unterstützte und ihr wichtige Texte zugänglich machte, obwohl sie keine chinesischen Schriftzeichen lesen konnte. Später leitete sie andere Frauen an und wurde zur ersten Dharma-Erbin dieser Schule.

Nicht zuletzt den Leistungen der ersten Zen-Nonnen haben wir es zu verdanken, dass Frauen heute Zen praktizieren können. Bei manchen von ihnen trat ihr eigenes Leben hinter den Möglichkeiten, die sie anderen Frauen bereitstellten, zurück. Heutige ZenFrauen wird es unter Umständen ermutigen zu wissen, dass andere Frauen aufgrund ihres Beispiels in Zukunft ernsthafter praktizieren werden.

Mit Übergriffen und Härten konfrontiert

Wie wir gesehen haben, war Zhixian mit den Machenschaften eines Verwaltungsbeamten konfrontiert, der sie zu vergewaltigen versuchte und mit dem Messer niederstach. Xinggang praktizierte trotz beängstigender körperlicher Symptome. Zenshin musste eine öffentliche Bestrafung über sich ergehen lassen, hielt aber dennoch an ihrer weiteren Schulung fest. Der Mut, den die ersten Zen-Gründerinnen angesichts lebensbedrohlicher Umstände bewiesen, basierte auf ihrem Glauben, dass Zen-Praxis etwas Unverzichtbares sei, das allen Frauen, die praktizieren und ihre Freiheit verwirklichen wollen, zugänglich gemacht werden sollte.

Ähnliche Härten gibt es auch heute noch, wenn Frauen in westlichen Zen-Zentren mit sexuellen Belästigungen konfrontiert werden. Selbstverständlich sind moderne Zentren, im Vergleich zu diesen Beispielen aus der Vergangenheit, für Frauen relativ sicher. Für einige Frauen war es das erste Mal, dass sie sich als Praktizierende in einem Zen-Zentrum in einer Gruppe befanden, in der sie sich sicher genug fühlten, mit Männern, die sie nicht kannten, Augenkontakt aufzunehmen, ohne sexuelle Belästigungen zu befürchten.

Wir müssen aber mehr tun, um Männer und Frauen über die Dynamik von Macht, Sexualität und Verwundbarkeit zu informieren, darüber, wie Frauen zu sexuellen Objekten gemacht werden und wie Frauen unter Umständen sexuelle Verführung bewusst oder unbewusst als Mittel einsetzen, um männliche Lehrer auf sich aufmerksam zu machen. Wir müssen anerkennen, dass wir in einer Welt leben, in der Frauen nachgestellt und Gewalt angetan wird, um dies dann mit Mut und Klarsicht zu verändern. Unsere eigene Einsicht kann uns darin unterstützen, die unbewusste Dynamik von Anziehung und Angst zwischen Männern und Frauen bewusst zu machen, darüber zu sprechen und dadurch Gewalt zu vermindern. Ich frage mich, ob unsere ersten Zen-Vorfahrinnen wussten, dass wir kommen würden. Hatten sie ein Gefühl dafür, dass sie so vielen von uns den Weg ebneten?

Kapitel 6
Nonnen im Kloster

Frauen lehren Frauen

Frauen, die mit Frauen praktizieren

In der im Westen bekannten spirituellen Überlieferung des Zen existieren Nonnenklöster nicht, und wir wissen im Allgemeinen nur sehr wenig über sie. In Asien gibt es sie jedoch bereits seit den Zeiten des Buddha.

Die westliche Entwicklung einer gemeinsamen Praxis von Männern und Frauen ist ganz neu für den Buddhismus und existiert so auch nur bei uns. Was immer daraus werden wird, im Westen praktizieren Männer und Frauen gemeinsam, und männliche und weibliche Zen-Lehrende unterweisen in ihren Zentren sowohl Männer als auch Frauen. Es gibt keine spezielle Ausbildung für ZenFrauen im Westen, so wie es auch keine Orte gibt, an denen Frauen unabhängig von Männern praktizieren.[69] Aus diesen Gründen ist es wichtig zu verstehen, was die asiatischen Nonnenklöster ZenFrauen anzubieten hatten und ob traditionelle Funktionen der Nonnenklöster gegebenenfalls in die koedukative Praxis des Westens aufgenommen werden sollten. Wenn wir mehr darüber wissen, was die Nonnenklöster Asiens den ZenFrauen und den buddhistischen Gemeinschaften anzubieten hatten, werden wir unser westliches koedukatives Zen-Modell besser bewerten können.

Es gibt keine Hinweise darauf, dass der Buddha oder die ersten Gründerinnen eine besondere Schulung für Frauen vorgesehen hatten, obwohl Frauen über einen anderen Bildungsstand und andere Fertigkeiten verfügten sowie andere soziale Rollen einnahmen. In den Nonnenklöstern jedoch wurden Schulungssysteme und Ausbildungsmethoden den Fähigkeiten und Bedürfnissen von Frauen angepasst. In den unterschiedlichen asiatischen Traditionen entstand ein gemeinsamer Ansatz, um Frauen zu schulen. Er orientierte sich an den speziellen Fähigkeiten, die Frauen in ihren Familien erlernten, und berücksichtigte das Fehlen einer formalen Ausbildung. Die Schulung in Nonnenklöstern beinhaltete die Ausbildung der Nonnen in Fertigkeiten, die sie bei sozialer Arbeit brauchten, und die Frauen wurden darin unterstützt, die Verbindung mit der Familie aufrechtzuerhalten. Außerdem dienten die Klöster als Zufluchtsorte für missbrauchte Frauen, für Witwen sowie für Frauen, die sich politisch unbeliebt gemacht hatten.

Was war das Charakteristische der Zen-Nonnenklöster?

Die Zen-Nonnenklöster wurden zu demselben Zweck gegründet wie die Klöster der Mönche: Sie boten eine Schulung in buddhistischen Praktiken, doch in ihnen wurden die überlieferten Schulungsmethoden des Zen den Bedürfnissen von Frauen angepasst. Formale Zen-Praktiken *müssen* angepasst werden, damit sie ihre Relevanz im Rahmen der speziellen Fähigkeiten und kulturellen Bedingungen der Praktizierenden behalten. Diese Perspektive unterscheidet sich von den meisten gegenwärtigen monastischen

Schulungsmethoden im Westen, die sich so wenig wie möglich von dem abzuheben suchen, was unsere männlichen asiatischen Gründer in ihren Heimattempeln praktizierten.

Für westliche Praktizierende kann es hilfreich sein, den Prozess der Anpassung zu studieren – also das Ziel der Praxis beizubehalten, ihre Formen jedoch abzuändern.

Ein Beispiel: Während die meisten Meditierenden die Wand oder den Boden vor ihnen betrachten, praktizierten die Nonnen des Tokei-Tempels Meditation manchmal vor einem Spiegel. Das ist ein Ansatz, der Frauen helfen kann, ihre Anhaftung an ihr physisches Erscheinungsbild (ob positiv oder negativ) zu dekonstruieren. Gegenwärtig beginnt man bei uns im Westen, gewisse kulturspezifische, hartnäckige Täuschungen zu thematisieren und Veränderungen vorzunehmen. Diese sind, im Gegensatz zu einem starren Imitieren unserer asiatischen Lehrer, ein wichtiges Element in der Entwicklung einer westlichen Zen-Praxis. Eine Betrachtung der Veränderungen, die Frauen vorgenommen haben, mag uns darin unterstützen, die Übertragung des Zen in den Westen zu vervollständigen.

Gewisse Praktiken in den Nonnenklöstern zielten insbesondere auf die Bedürfnisse und Anhaftungen der Frauen ab. Asiatische Frauen waren oft an das Haus gebunden, und es wurde von ihnen erwartet, sich ganz der Familie und den Kindern zu widmen. Sie hatten keine Rechte, und es war ihnen im Hinblick auf Arbeit und andere Lebensbereiche untersagt, selbstständig Entscheidungen zu treffen. Demgegenüber ermutigten Nonnenklöster Frauen, ihre Entscheidungskraft, Unabhängigkeit und ihr spirituelles Potenzial zu entwickeln, während Zen-Klöster, die Männer trainierten, oftmals die gegensätzliche Strategie verfolgten. Da Männer häufiger dazu erzogen werden, stark und selbstständig zu sein und Führungskraft zu beweisen, war es eine Funktion der monastischen Ausbildung, ihre Egos abzuschwächen, indem ihre Autonomie begrenzt wurde, sie den Anweisungen eines Lehrers folgen mussten und sich in die Sangha einzupassen hatten. Das gegensätzliche Ziel, nämlich Autonomie zu bestärken, war hingegen ein Aspekt in der Schulung von Nonnen.

Zen zielt darauf ab, das leidvolle Festhalten an einem Selbst aufzudecken und loszulassen. Dieses Festhalten nimmt aber unter Umständen bei Frauen andere Formen an als bei Männern. Bei Frauen zeigt es sich oft als Abhängigkeit, als Bedürfnis, anderen zu gefallen und Bestätigung zu erhalten, als mangelnde Antriebskraft und ein allgemeines Gefühl, weniger wert zu sein. Bei Männern drückt sich das Festhalten am Selbst oft als Stolz aus, als Arroganz und ein Gefühl der Macht oder Kontrolle, ja sogar als ein Gefühl der Unbezwingbarkeit. Nonnenklöster entwickelten Praktiken für Frauen, die speziell darauf abzielten, soziale Konditionierungen zu überwinden, die sie gehorsam, widerstandslos und dienstbar sein ließen gegenüber ihren Familien, Ehemännern und anderen Institutionen, die ihnen ein »damenhaftes« Verhalten anerzogen.

Ein weiteres Hindernis bei der monastischen Ausbildung von Frauen war die mangelnde Bildung. Frauen, die in ein Nonnenkloster eintraten, konnten oftmals die komplexeren Schriftsysteme nicht lesen und benutzten einfachere Systeme wie Hiragana in Japan oder *nushu*[70] in China. Meist beherrschten Frauen die chinesischen Schriftzeichen nicht, die Männern in höheren Schichten gelehrt wurden. Als Konsequenz davon war es für Frauen in China, Japan und Korea schwierig, buddhistische Schriften zu studieren, die in chinesischen Schriftzeichen abgefasst waren.

Daraus folgte, dass sich in den Nonnenklöstern viele Praktiken entwickelten, die sich an den vorhandenen Fertigkeiten von Frauen orientierten. Die Nonnen übten sich in traditionellen Künsten wie Nähen und Teezeremonie und lehrten diese Praktiken anderen Frauen in der Gemeinschaft. Manchmal entwickelten sich diese Unterweisungen in traditionellen Künsten zu Einkommensquellen für die Tempel, was man heute noch im Kloster der Soto-Nonnen in Nagoya sehen kann.

In der Vergangenheit, wie auch heute noch, waren Nonnen dafür zuständig, Neugeborenen buddhistische Namen zu geben; außerdem beteiligten sich Nonnenklöster fast immer an Sozialprogrammen für bedürftige Mitglieder der Gesellschaft. Die Praxis, Familien und Bedürftigen zu helfen, kann bis auf Mahapajapati zurückverfolgt werden, deren Gründung des Nonnenordens viele Witwen und »Freudenmädchen« rettete, die von der Gesellschaft ausgegrenzt wurden. Diese Praxis wurde von den japanischen Nonnenklöstern Tokeiji und Mantokuji fortgesetzt, die es sich zur Aufgabe gemacht hatten, Frauen, die ihre Ehe auflösen wollten, und das in einer Zeit, in der es für sie keine Möglichkeit gab, sich scheiden zu lassen, dabei zu helfen, ein menschenwürdiges Leben zu führen. Dieses soziale Engagement in den Nonnenklöstern existiert bis zum heutigen Tage. Gegenwärtig widmen sich Nonnen in Japan der Erziehung von Waisen, helfen Nonnen in Myanmar und Thailand Frauen, die in die sexuelle Sklaverei verkauft wurden, und bilden sie aus und gründen Nonnen in Taiwan Hospitäler für die Armen.

Ausbildungsklöster für zölibatär lebende Nonnen mögen in Asien der ideale Ort für Frauen gewesen sein, sich spirituell zu entfalten, und sind es vielleicht immer noch. So ist es in Japan heutzutage üblich, dass Männer, von ihrer Ehefrauen unterstützt, kleineren Tempeln vorstehen. Die Priester führen Zeremonien durch und geben buddhistische Unterweisungen, während ihre Frauen das Tempelgelände unterhalten und sich um die Seelsorge innerhalb der Gemeinde kümmern. Eine Nonne, egal ob alleinstehend oder verheiratet, kann in Asien nicht mit dergleichen Unterstützung rechnen. In den meisten asiatischen Ländern gibt es keine Gleichberechtigung, was häusliche Pflichten angeht. Eine verheiratete Nonne könnte von ihrem Mann nicht erwarten, die Rolle der »Tempelfrau« zu übernehmen. Eine alleinstehende Nonne würde wiederum nicht über die gleichen Mittel wie ein verheirateter Priester verfügen, um sich ihres Tempels annehmen zu können. Deshalb mussten Frauen sich zusammenschließen (und müssen das vielleicht immer noch), um sich gemeinsam um den Unterhalt des Tempels zu kümmern und Zeit für ihre spirituelle Praxis und Entwicklung zu finden.

Die Klöster der Mönche dienten der Gesellschaft in Zeiten von Hungersnöten (indem sie Nahrungsmittel bereitstellten) und Kriegen (indem sie Opfern und Verfolgten Schutz gewährten). Nonnenklöster hingegen boten »alltäglichere« Hilfeleistungen an, die sich an traditionellen weiblichen Rollen orientierten. Wie schon Kaiserin Komyo, pflegten japanische Nonnen die Bedürftigen, wuschen zum Beispiel Leprakranke und kümmerten sich um ihre medizinische Versorgung. Wir haben gesehen, wie Zhiyuans Nonnen Beinkleider für ihre an Kälte leidenden Dharma-Brüder anfertigten, und an späterer Stelle werden wir erfahren, dass Eunyeong Sunim auf klösterlichem Gelände ein Badehaus und eine Apotheke für ältere Menschen schuf. In Nonnenklöstern übernahmen Frauen Pflege- und Betreuungsfunktionen, die sie bereits in ihrem weltlichen Leben innehatten.

Zu verschiedenen Zeiten und an unterschiedlichen Orten

haben sich Nonnenklöster in einer sehr ähnlichen Weise um die Bedürfnisse der Frauen und der Gesellschaft gekümmert. Geografisch weit voneinander entfernte Klöster schulten Frauen in vergleichbarer Weise, wobei oft vorherrschende kulturelle Anschauungen hinterfragt wurden. Wir werden sehen, wie sich Mahapajapatis Nonnen mit weiblicher Sinnlichkeit befassten und ihre Freiheit fanden, indem sie sich dem kulturellen Zwang, Lustobjekte zu sein, entzogen. In China schufen Nonnen später Möglichkeiten für Frauen, unabhängig von familiären Zusammenhängen ein erfolgreiches Leben zu führen, indem sie ihre literarischen und organisatorischen Fähigkeiten einsetzten. Koreanische Nonnen stellten Frauen ehrenhafte Möglichkeiten des Lebenserwerbs und der Beteiligung am Wiederaufbau des Landes zur Verfügung, nachdem es im Krieg verwüstet worden war. Japanische Nonnen fanden Alternativen für sich und andere Frauen zu erzwungenen Ehen, häuslicher Gewalt und den Kriegen zwischen ihren Klans. Viele Nonnenklöster waren Zufluchtsorte für Waisen. In der Entwicklung des Tokeiji, dem »Scheidungs-Tempel«, können wir die historische Rolle der Nonnen in ihrer vollständigen Entfaltung sehen. Dort war es möglich, Frauen in einer wirkungsvollen, überzeugenden und innovativen Form über 500 Jahre lang, trotz politischen Drucks und der Belastung durch Kriege, zu dienen.

Mahapajapatis indische Nonnen: Die Sinnlichkeit von Frauen verstehen

Auch wenn die Beschreibungen des Erwachens, die von den ersten buddhistischen Frauen hinterlassen worden sind, denen der ersten buddhistischen Männer ähneln, zeichnen sich ihre Befreiungsgedichte doch durch eine besondere weibliche Stimme aus: Sie sprechen vom Loslassen der Faszination von Körper und Sinnlichkeit, die möglicherweise spezifisch weiblich ist. Frühe buddhistische Nonnen beschreiben ihr persönliches Erwachen als eine Befreiung von der Bindung an die eigene Schönheit und Sinnlichkeit. Während Männer berichten, wie sie sich durch ihr eigenes Begehren verstricken und weiblichen Reizen verfallen, beschreiben Frauen ihre Abhängigkeit von der eigenen Schönheit als die eigentliche Falle.

Frauen, die sich der Gemeinschaft des Buddha anschlossen und ein Leben als zölibatäre Nonnen führten, entstammten einer Kultur, in der die Sinnlichkeit betont wurde. Das drückte sich in vielen überlieferten, detailreichen Beschreibungen weiblicher Schönheit aus. Einige Frauen, die in den Nonnenorden eintraten, waren »Freudenmädchen«, andere hatten in Harems gelebt und manche waren Witwen. Die meisten hatten sicherlich eine Vorstellung davon, was es heißt, schön und begehrenswert zu sein. John Stevens beschreibt in *Lust for Enlightenment* die ideale weibliche sexuelle Gespielin zur Zeit des Buddha:

> Ein *Freudenmädchen* zur Zeit des Buddha trug gewöhnlich einen rot-goldenen Lendenschurz und Reifen an Hand- und Fußgelenken. Ihr langes, tiefschwarzes Haar war mit Blumen und anderem Zierrat geschmückt. Ihr Gesicht war liebreizend wie der volle Mond, mit Rehaugen, einer zierlichen Nase und roten Lippen, die sich von ihrem bronzenen Teint abhoben. Nackt oberhalb der Hüfte, zierten Ketten und Perlen ihren Busen, eng stehende Brüste wie goldene Becher geformt, mit schwarzen Nippeln, gesalbt mit Sandelholzöl.[71]

Frauen, die dem ersten buddhistischen Nonnenorden beitraten, waren mit diesen Bildern aufgewachsen; sie waren von diesen Schönheitsvorstellungen abhängig und hafteten an ihnen. Ihre Bemühungen um Schönheit verschafften ihnen Einfluss auf ihre Ehemänner und machten den Harem zu einem Ort des Wettstreits und der Machtausübung. Ihr Einfluss und ihre Macht halfen ihnen und ihren Nachkommen zu überleben.

Die Abhängigkeit von der eigenen Attraktivität ist im Falle einer Haremsfrau oder Kurtisane überaus nachvollziehbar; der folgende Abschnitt über eine Nonne, eine Zeitgenossin des Buddha, zeigt, wie weit verbreitet diese Vorstellungen waren.

Nanduttara:
Eine Frau im Kreislauf von Ausschweifung und Entsagung

Zu Lebenzeiten des Buddha trat Nanduttara vom Jainismus zum Buddhismus über. Ein wichtiges Thema ihrer Gedichte ist das Anhaften einer Nonne an körperlicher Schönheit und Sinnlichkeit, aber auch, wie sie sich durch buddhistische Praxis davon befreite.

> Ich betete das Feuer an, den Mond, die Sonne
> und die Götter.
> Ich badete [zwischen Felswänden],
> legte viele Gelübde ab;
> ich schor mir halb den Kopf,
> schlief auf der Erde
> und aß nichts nach Einbruch der Dunkelheit.

Zu anderen Zeiten
liebte ich Schminke und Juwelen,
Bäder und Düfte,
diente nur meinem Körper,
besessen von Sinnlichkeit.

Dann kam der Glaube.
Ich ging in die Hauslosigkeit.
Jetzt, da ich den Körper sehe, wie er wirklich ist,
hat das Begehren keine Wurzeln mehr.[72]

Eine moderne Nanduttara würde vielleicht eine Diät anfangen, täglich ins Fitnessstudio gehen, sich selbst das Versprechen abnehmen, auf ihre schlechten Gewohnheiten zu verzichten, und versuchen, weniger selbstbezogen zu sein. Wie Untersuchungen von Suchterkrankungen und Abhängigkeiten zeigen, folgt jedoch dem Entzug meist der unvermeidliche Rückfall und dem Rückfall die erneute Entsagung. Später aber findet Nanduttara den Pfad meditativer Einsicht, der sie aus dem leidvollen Kreislauf sinnlicher Ausschweifungen, gefolgt von Entsagung befreit. In ihren Versen beschreibt Nanduttara ihre Praxis der Einsicht in ihre wahre Natur, durch die sie ihre dualistische Sichtweise auf Körper und Geist auflöst. Der buddhistische Pfad befreit sie vom Kreislauf der Ausschweifung und Entsagung. Die Lehren und Meditationen erlauben ihr, zu sehen, wie sie Leid schafft, indem sie den Körper mit einem Selbst identifiziert. Diese Praxis wendet sich ganz direkt an heutige Männer und Frauen, die unter ihrem Körperbild leiden und durch einen wiederkehrenden Kreislauf von Suchtverhalten, Gewissensbissen und Entzug gehen.

Ambapali: *Verliebt in die Schönheit des Körpers*

Ambapali war eine Kurtisane von großer Schönheit, die König Bimbisara, einem hingebungsvollen Anhänger des Buddha, einen Sohn schenkte. Dieser Sohn wurde zu einem Schüler des Buddha und Ambapali, die sehr wohlhabend war, ließ auf ihrem Land einen Rückzugsort für den Buddha und seine Sangha errichten. Als Ambapali den Buddha aufsuchte, ermahnte er seine männlichen Schüler, sich vor ihrer großen Schönheit in Acht zu nehmen. Später in ihrem Leben verfasste Ambapali ihre eigene Version der buddhistischen Meditation über die 32 Körperelemente.[73] Während die Meditation über den Körper, die der Buddha vorschlägt, mit den Kopfhaaren beginnt und mit dem Urin endet, beginnt Ambapalis Gedicht in 17 Strophen mit den Haaren und endet bei den Füßen. Jede Strophe beschreibt anfangs die Schönheit eines ihrer Körperteile und geht dann eher humorvoll dazu über, wie dieses vom Alter gezeichnet wurde. Hier ist ein Bespiel ihrer Lehren für Frauen, die sich an ihrer eigenen Schönheit berauschen:

> Den Wohlgeruch einer Eiche verbreitend
> trug ich Blumen in meinem Haar.
> Jetzt, im Alter,
> riecht es wie das Haar einer Hündin.
> Dies lehrt eine, die die Wahrheit spricht.

Ambapali beschreibt dann Augenbrauen, Augen, Ohrläppchen, Zähne, die Stimme, den Hals, Arme, Hände, Brüste, Hüften und Waden – alle in ihrem früheren Glanz und dann in ihrem gealterten Zustand des Welkens, Schrumpfens, Verfallens und Vergilbens. Ihre Lehren über die Unbeständigkeit, die sich an den Stolz und die Sinnlichkeit von Frauen wenden, drücken die ungeschminkte Wahrheit einer Frau aus über das, was einmal ihr wichtigstes Gut und das Objekt ihres Anhaftens war. In einem sexistischen System mag der Körper einer Frau das Zahlungsmittel sein, das ihr Überleben sichert, aber wenn es um den Sinn des Lebens geht, sollte sie lieber nicht in ihn investieren. In der letzten Strophe schreibt Ambapali:

> So war mein Körper einst.
> Jetzt ist er heruntergekommen;
> ein Ort der Schmerzen,
> ein altes Haus,
> Putz fällt von den Wänden.[74]

Eine Praktizierende, einst eine große Schönheit, spricht von der Verliebtheit einer Frau in ihren Körper, ihr Werkzeug der Verführung. Ambapali hilft uns, diese unbewusste und oberflächliche Sichtweise zu durchschauen. Solange Frauen sich unbewusst und gewohnheitsmäßig auf die Kraft der Verführung verlassen, ist die Verlockung groß, dieses Mittel auch in Zen-Zentren und selbst gegenüber ihren Zen-LehrerInnen einzusetzen. Zen-Lehrende sollten uns die Gelegenheit geben, zu erkennen, woran wir festhalten, und uns unterstützen, unsere geliebten Überzeugungen loszulassen. Wenn sie jedoch selbst den Schmeicheleien weiblicher Verführungskünste verfallen, werden sie ihrer Pflicht, uns dieses Verhaltensmuster bewusst zu machen, nicht nachkommen. Frauen versuchen unter Umständen, sich eine Stellung mit den bewährten Waffen einer Frau zu erkämpfen. Wenn Lehrende ihr eigenes Bedürfnis nach Bewunderung zu befriedigen suchen und Schülerinnen dazu ermuntern, dies zu tun, wird die Verbindung dieser beiden unbewussten Muster Leiden hervorbringen und das Vertrauen in unsere Praxisorte schwächen.

Vimala:
Weibliche Verführungskunst als aggressives Verhalten

Wenn wir die Unterdrückung der Frau als sexuelles Objekt betrachten, untersuchen wir meist nicht, wie Frauen durchaus auch in einer *aggressiven* Weise am Prozess der Verführung teilnehmen können, um Macht zu erlangen, aber auch, um ihre Bewunderer leiden zu lassen. Frauen sollten aber alle Seiten deutlich betrachten und sich nicht nur auf die Sicht der Frau als hilfloses Opfer innerhalb eines Machtgefüges beziehen. Aus der Perspektive der Opferrolle können Frauen eigentlich nur eins: klagen.

Wenn wir uns jedoch fragen, was Frauen in diesem Spiel der Verführung gewinnen können, erkennen wir, dass es sich für sie psychisch durchaus auszahlen kann: Sie können sich als diejenigen erfahren, die eine Situation kontrollieren, solange sie das Objekt ihrer Verführung als Opfer betrachten. Die Verführungskünste einer Frau können auch Ausdruck einer verschleierten Feindseligkeit sein. Aus psychologischer Sicht sprechen wir bei diesem Verhaltensmuster von einem »sekundären Gewinn«. Das Muster ist zwar leidvoll, und Frauen machen sich darin selbst zum Opfer, aber dennoch wird es fortgesetzt, solange eine Frau unbewusst auf diesen sekundären Gewinn angewiesen ist.

Vimala beschreibt, wie sich dieses Verhalten für sie ausgezahlt hat: als Belohnung des Ego und als Macht, die ihrer Rolle als Verführerin entsprang. Sie schildert die unheilsame Lust, die sie in der Macht, dem Hass und der Verachtung für die »Opfer« ihrer Verführungskunst fand. Vimala, Tochter einer Prostituierten und selbst Prostituierte, versuchte, einen der ehrenwerten Mönche des Buddha, Mogallana, zu verführen, kam jedoch nicht zum Ziel. In ihren Versen beschreibt sie die kalte, aggressive Seite einer Verführerin. Deutlich erkennt sie ihren Stolz und das Festhalten an ihrer Schönheit, den Hass auf andere Frauen, mit denen sie um sexuelle Opfer konkurrierte, sowie die Verachtung für die Männer, die sie reizte und verführte.

Jung,
verliebt in die
Schönheit meiner Haut,
meine Figur,
mein prächtiges Aussehen
und berühmt,
verachtete ich andere Frauen.

Aufreizend gekleidet
stand ich am Tor des Bordells:
eine Jägerin,
die ihre Netze nach Narren auswarf.

Und als ich meine Hüllen für sie fallen ließ,
war ich die Frau ihrer Träume;
ich lachte, während ich mit ihnen spielte.

Vimala deckt die Dynamik weiblicher Aggression innerhalb sexueller Identitäten und Fantasien auf. Ihre Identifikation mit der Rolle der Jägerin zeigt die Komplexität der Verführung und wirft ein Licht auf die vielen Facetten einer sexuellen Beziehung, die sich zwischen Frauen und spirituellen Leitfiguren, zum Beispiel auch in westlichen Zen-Zentren, ergeben kann.

Vimala konnte ihr verblendetes Selbstbild durchschauen. In ihrer Meditation ließ sie ihre egozentrierte Anhaftung an der Verführung von Männern schließlich los. Mit geschorenem Kopf, am Fuße eines Baums meditierend, konnte sie ihre Verstrickung in dieses unheilsame Suchtverhalten heilen.

Heute,
den Kopf geschoren,
in Roben gehüllt,
um Almosen bittend,
sitze ich,
dasselbe Ich,
am Fuße eines Baums;
keine Gedanken.
Aller Bindungen
entledigt
habe ich Männer und Götter
aus meinem Leben herausgerissen
und das Feuer gelöscht.[75]

Für diese weiblichen Praktizierenden war es sehr fruchtbar, ihre Aufmerksamkeit auf die unbewussten Rollen von Frauen als sexuelle Objekte zu richten. Die Frauen in Mahapajapatis Orden hatten tiefe Einsichten, als sie ihre grundlegende Verblendung betrachteten: ein Selbst, das im Austausch für Macht und Sicherheit verführt und befriedigt. Als sie vom Festhalten an ihrem Selbst erlöst waren, erfuhren diese Frauen eine Befreiung von diesen destruktiven Mustern. Selten wird uns das Selbstbild von Frauen als Objekte der Verführung so deutlich vor Augen geführt.

Chinesische Nonnen: Die Gründung einer authentischen Übertragungslinie durch literarische Empfindsamkeit, organisatorische Fähigkeiten und Gemeinschaftsbildung

Die Überwindung des Bildes der Frau als sexuelles Objekt war einer der Beiträge indischer Nonnen. Chinesische Nonnen entwickelten andere Aspekte der Befreiung – vorzügliche Leistungen im literarischen Bereich und den Aufbau religiöser Gemeinschaften durch organisatorisches Geschick. Wie bereits die indischen Nonnen, boten chinesische Nonnen von der Gesellschaft ausgegrenzten Frauen eine Zuflucht. Chinesinnen stärkten aber auch das Selbstwertgefühl von Frauen, indem sie funktionierende Gemeinschaften aufbauten, und das in einer Kultur, die Frauen als hilflos charakterisierte, sie unsichtbar machte und hinter Mauern einschloss.

Chinesische Nonnen bildeten einen auffallenden Kontrast zu den traditionellen Rollen, in die Chinesinnen eingebunden waren. Auch wenn sich die Bedingungen für Frauen in der Abfolge der Dynastien jeweils veränderten, wurden Frauen nahezu durchgängig, und im Gegensatz zu ihren heutigen Möglichkeiten, keine besonderen Fähigkeiten zugesprochen, sie hatten unterwürfig zu sein und lebten abgeschottet und ohne Bildung. Ihre Füße wurden gebunden, und sie waren von wesentlichen Aktivitäten außerhalb der Familie ausgeschlossen. Die verbreitete Tötung weiblicher Neugeborener, das Konkubinat und das

Keuschheitsgebot für Witwen führten zum Tod oder Selbstmord Tausender von Frauen.[76] Das Leben als Nonne stellte eine bedeutende Ausnahme zu dieser eingeschränkten Existenzweise dar.

Die Überlieferungen chinesischer Nonnen unterstreichen die ununterbrochene Verbindung mit dem ersten buddhistischen Frauenorden in Indien. Von den Anfängen des chinesischen Nonnenordens im 3. und 4. Jahrhundert bis heute beanspruchen chinesische Nonnen, der einzig authentische, vollständig ordinierte traditionelle Bhikshuni-Orden der Welt zu sein. Die Nonnen haben sich stets in einer Reihe mit ihren indischen Vorgängerinnen gesehen, deren Ordinationsregeln sie studierten und befolgten. Indem sie sich auf die Autorität des indischen Originals beriefen, schufen sie eine bedeutungsvolle Rolle für Frauen und brachen mit den Regeln einer Kultur, die eine vollständige Unterwerfung gegenüber der Familie und dem Ehepartner vorsah. In beispielhafter Weise drückten chinesische Nonnen die Handlungsfähigkeit und Kompetenz von Frauen in unterschiedlichen Aufgabenbereichen aus. Kurz gesagt: Chinesische Nonnen entwickelten religiöse Institutionen, in denen sie emanzipierte Subjekte waren und nicht länger abhängige Objekte.

Das Überleben des »vollständigen« Bhikshuni-Ordens in China ist unter Umständen auf bestimmte historische Entwicklungen zurückzuführen, die den Nonnenorden von dem der Mönche abtrennte. Unter den bereits erwähnten Acht Besonderen Regeln waren Nonnen, was Ordination, Reuebekenntnis-Zeremonien und andere Praktiken betraf, traditionell von Mönchen abhängig. Da der Konfuzianismus jedoch gemeinsame Aktivitäten von Frauen und Männern außerhalb der Familie untersagte, setzte der erste Sung-Kaiser, Taizu (reg.: 960-976), die

Acht Besonderen Regeln außer Kraft. Er legte fest, dass nur Nonnen andere Nonnen ordinieren sollten, ohne Mitwirkung der Mönche.[77] Die Übertragungslinie chinesischer Nonnen, die damit vom Einfluss des Mönchordens in Bezug auf die Ordination befreit war, überlebte, während das außerhalb Chinas nicht der Fall war. Nun wird von manchen behauptet, dass der Orden zwar theoretisch überlebt habe, aber da er unter anderen Bedingungen fortbestand, als der Buddha sie festgelegt hatte, habe er nicht vollständig überdauert. Doch haben sich die Regeln des Mönchordens ebenfalls geändert (zum Beispiel arbeiten Zen-Mönche, anstatt auf Almosenrunde zu gehen), es stellt aber niemand die Existenz des männlichen buddhistischen Ordens infrage.

Durch ihre Lyrik des Erwachens bereiteten die indischen buddhistischen Nonnen die Bühne für die Zen-Literatur chinesischer Nonnen. Chinesische Zen-Nonnen folgten dem literarischen Beispiel ihrer vorausgegangenen Dharma-Schwestern und nutzten ihre privilegierten Bildungsmöglichkeiten dazu, ihre Zen-Erfahrungen in Versen festzuhalten. Zwar hielten sie sich an die kulturell vorgeschriebenen Normen der Bescheidenheit, doch gab ihre Position ihnen die Möglichkeit, ihr spirituelles Erwachen auszudrücken und zu überliefern.

Die ersten chinesischen Zen-Nonnen betätigten sich nicht nur literarisch. In ihren Gemeinschaften erwarben sie sich Respekt als Gründerinnen und Leiterinnen von Klöstern. Sie bemühten sich, das kulturelle Bild der passiven, abhängigen Frau, die hinter häuslichen Mauern versteckt lebt, zu überwinden, indem sie Klöster für die buddhistische Praxis von Frauen aufbauten und unterhielten sowie Kunstwerke und buddhistische Bauwerke zum Wohlergehen der Gemeinschaft in Auftrag gaben.

Jingchen: »Maßstab der Stille« im Bambushain-Kloster

Uns sind die frühesten Überlieferungen der Nonnen und ihrer Klöster aus dem 4. Jahrhundert dank der Übersetzungen von Kathryn Tsai bekannt. Aus dieser Frühphase haben wir bereits die Gründerin Jingjian kennengelernt sowie einige weitere inspirierende chinesische Nonnen. Jingjian etablierte mit Unterstützung von Mönchen und Nonnen aus Sri Lanka den ersten Bhikshuni-Orden, dem später auch Jingchen angehörte.

Jingchen (ca. 400) drückte ihre tiefe Verbundenheit mit den indischen Nonnen aus, indem sie die Übersetzungen früher indisch-buddhistischer Schriften auswendig lernte; außerdem verfolgte sie hartnäckig das Ziel traditioneller Ordination, die sie mit Mahapajapati und den Frauen, die ihr folgten, verbinden sollte. Jingchen lebt in der Erinnerung fort aufgrund ihrer entschiedenen Praxis – sie folgte allen Regeln, die für die Nonnen Indiens aufgestellt worden waren – und wegen ihrer Fähigkeit, buddhistische Schriften im Umfang von 450 000 Wörtern aus dem Gedächtnis zu rezitieren.

In Kathryn Tsais Übersetzung der Lebensgeschichte Jingchens begegnen uns zwei engagierte Klosterfrauen, die gemeinsam praktizieren. Die Geschichte Jingchens und ihrer Dharma-Schwester Qui Wenjiang aus dem Bambushain-Kloster belegt das Engagement der Nonnen, die Bhikshuni-Praxis strikt zu befolgen, zeigt aber auch ihre Fähigkeit, sich strategisch zu verhalten. Beide Nonnen wurden wegen ihrer Flucht aus den Händen der nördlichen »Barbaren« gerühmt. In deren Gefangenschaft waren sie geraten, weil die fremden Krieger von ihnen die buddhistischen Lehren erhalten wollten. Die Nonnen, die als Heilige verehrte wurden, sollten nicht eher in ihr Kloster zurückkehren dürfen, bis sie ihre Weisheit preisgegeben hatten. Um zu entkommen, entwickelten sie einen Plan, der sich die Meinung ihrer Entführer, bei ihnen handele es sich um kultiviertes, hohes spirituelles Kapital, zu Nutze machte. Als ihnen köstliche Delikatessen vorgesetzt wurden, täuschten sie schlechte Manieren vor und schlangen das Essen in gieriger Hemmungslosigkeit hinunter. Ihr Gastgeber war schockiert und enttäuscht und verlor den Glauben an sie. Er ließ sie frei – wahrscheinlich schüttelte er beim Abschied ernüchtert und voller Empörung den Kopf –, und sie konnten in ihr Kloster zurückkehren. Die beiden Frauen, die ihren Ruf beschädigt hatten, um aus der Gefangenschaft zu entkommen, meinten später, ihre Handlungsweise habe auf einer konfuzianischen Empfehlung beruht: »Erweise dich kühn im Handeln und gütig in der Rede.«[78] Sie begehrten nicht gegen ihre Gefangenschaft auf und machten auch nicht auf sich selbst und ihre Zwangslage aufmerksam, indem sie etwa darum baten, freigelassen zu werden. Sie hatten ein intuitives Verständnis für ihre Kidnapper und waren so kreativ, sich »unmöglich« zu verhalten, um die Ziele ihrer Entführer zu sabotieren.

Das zeigt ihre Fähigkeit, buddhistische »geschickte Mittel« mit konfuzianischer Weisheit zu verbinden. Sie setzten sich über vorherrschende Bilder angemessenen Verhaltens hinweg, auch über Vorschriften für buddhistische Nonnen, sich nur vegetarisch zu ernähren, und machten sich geschickt die idealisierenden Vorstellungen ihrer Entführer von einer kultivierten und vergeistigten buddhistischen Praxis zu Nutze. Wir begegnen in ihnen zwei Frauen, die durch Klugheit und Mut ihre Freiheit fanden.

Jueqing: *Wortgewandter und unabhängiger Geist*

Beata Grant macht uns in *Daughters of Emptiness* mit der Geschichte chinesischer Nonnen bekannt und beschreibt das Auf und Ab bei den juristischen und spirituellen Rechten dieser Frauen innerhalb wechselnder politischer Umstände und buddhistischer Machtkämpfe. Nehmen Sie die Geschichte von Jueqing, einer Äbtissin des 16. Jahrhunderts. Jueqing entstammte einer hoch stehenden, gebildeten Familie, entschied sich aber dafür, sich einem kleinen, verarmten Kloster anzuschließen, dessen Äbtissin sie schließlich wurde. Während ihrer Amtszeit (um 1537) bemerkte ein konfuzianischer Beamter, wie sehr ihm die vielen Klöster, die unter seiner Gerichtshoheit standen, »widerstrebten« – immerhin stellten sie konfuzianische Wertvorstellungen infrage –, und er versuchte, alle 70 zu zerschlagen. Er befahl 500 Nonnen, entweder zu heiraten, in ihre Familien zurückzukehren oder in eines der Armenhäuser zu gehen. Jueqing schrieb noch ein Gedicht auf eine Klostermauer, während sich ihre Anhängerinnen schon zusammenfanden, um zu fliehen und das Kloster an anderer Stelle neu zu errichten. In diesem schnell hingeworfenen Gedicht zeigte sie ihre Hingabe und Stärke – indem sie das Gesetz brach, um ihre buddhistischen Gelübde einzuhalten.

> In Hast und Eile raffen wir unsere geflickten Roben zusammen
> und packen unsere Reisetaschen: es ist nicht viel mitzunehmen.
> Unsere Ärmel streifen weiße Wolken, und wir ziehen uns in die
> Öffnung der Höhle zurück.
> Den Mond auf unseren Schultern tragend, umkreisen wir die
> Ränder des Himmels.

Ich spüre solches Mitleid für die jungen Kraniche, die in den Wipfeln der Kiefern nisten,
und für die Blumen, die ich am Zaun pflanzte und jetzt zurücklassen muss.
Immer wieder ermahne ich die Katzen und Hunde, nicht bei den Häusern der Laien herumzulungern![79]

Das Gedicht beschreibt sehr präzise die Situation aufrichtiger, armer Nonnen in ihren geflickten Roben sowie ihre tiefen menschlichen Empfindungen, die ohne jede Spur des Selbstmitleids sind. Die Nonnen taten, was getan werden musste, um ihre spirituelle Praxis zu erhalten. In der Zeile »Unsere Ärmel streifen weiße Wolken« hebt Jueqing ihre spirituelle Mission hervor: den Schutz des Klosters verlassen und Verantwortung für sich selbst und ihre Gemeinschaft übernehmen. Sie war entschlossen, das Gesetz zu brechen, um das Überleben ihrer Nonnen zu sichern. »Alles wandelt sich« ist eine zentrale buddhistische Lehre, und wie wir uns diesem Wandel anpassen, prägt das Gewebe unseres Lebens. Jueqing reagierte geschickt und mit Energie auf die Unbeständigkeit – die Veränderung der rechtlichen Situation – und bewahrte ihre buddhistischen Gelübde. Den Mond der Erleuchtung auf ihren Schultern tragend, verlagerte sie das Kloster in eine sicherere Gegend. Ihre Traurigkeit gilt jenen, die zurückgelassen werden müssen: Vögel, Blumen, Katzen und Hunde. In ihrer Ermahnung an Katzen und Hunde drücken sich Zweifel darüber aus, ob die Abhängigkeit von anderen (die Nahrungsmittel und Unterstützung durch die Laien, die Sicherheit der Familie) nicht vielleicht zum Verderben des Klosters beigetragen haben. Wie oft folgen wir in unserem Bedürfnis nach Sicherheit einem bequemen Weg und vernachlässigen unsere Prinzipien?

Schauen wir nicht immer wieder aus Bequemlichkeit weg, wenn Ungerechtigkeiten passieren? Wir sollten, wie Jueqing, unseren eigenen Weg in die Freiheit finden und ihm folgen, ohne einem falschen Gefühl von Sicherheit nachzugeben.

Miaohui, »Schiff des Mitgefühls«: Eine Veranschaulichung der Gemeinschaft von Frauen

Frauen waren für ihr Überleben rechtlich und materiell in hohem Maße von ihren Familien abhängig. Klöster stellten dazu einen alternativen Lebensentwurf bereit. So wie bereits indische Klöster vor ihnen, waren chinesische Klöster eine Heimstätte für Waisen, Witwen und andere mittelose Frauen, die ansonsten nicht überleben konnten. Darüber hinaus gab es Frauen, die sich gegen die restriktiven Wertvorstellungen ihrer Familie auflehnten und in Klöstern ihrem spirituellen Ruf folgten. Beide Umstände ließen viele Nonnen Dankbarkeit für ihr neues Heim und die neue Familie der Klostergemeinschaft empfinden. Im Dharma versuchten sie, eine neue Familie entstehen zu lassen. Gegenseitige Fürsorge und herzliche Beziehungen in der Vertrautheit des Klosterlebens gaben ihnen emotionale Unterstützung, spirituelle Gemeinschaft und vielleicht sogar einen Einblick in die höchste Wirklichkeit, in »Nicht-Selbst«.

Miaohui (ca. 1600) heiratete, wurde aber bereits in jungen Jahren Witwe. Ihre Eltern drängten sie, sich wieder zu verheiraten. Als Antwort verfasste sie einen eindrücklichen Text, der ihre Eltern schließlich umstimmte. Ihr wurde gestattet, wieder im Elternhaus zu leben; nach dem Tod ihrer Eltern fand sie Aufnahme in der Prajna-Klause, einem kleinen Nonnenkloster. Sie wurde schließlich eine erfolgreiche Zen-Lehrerin mit vielen Anhängerinnen. In dem folgenden Gedicht beschreibt sie ihr Leben im Kloster und ihren Eintritt in den Weg des Erwachens durch die unterstützende, freundliche Atmosphäre der Gemeinschaft.

Nächtlicher Regen fällt auf die Felswände
und durchnässt das Grün der Morgendämmerung.
Sitzend kontempliere ich Leerheit,
während eine frische Brise den Tempel füllt.
Wörter sind in sich leer,
und dennoch schätze ich Pinsel und Tusche.
Mein Geist ist wie Asche nach einem Feuer,
aber dennoch bin ich an die Welt gebunden.
Bambus am Fenster – leerer Geist;
die Kiefer im Hof – ursprüngliche Reinheit.
Der Stamm dieses ehrwürdigen grünen Baumes
ist weder Form noch Nicht-Form.
Zwischen Glockenschlag und Fischtrommel
muss ich immer noch die Essenz des Dharma verstehen:
Und doch spüre ich seinen Duft,
als wäre ich ein Passagier
auf dem Schiff des Mitgefühls.[80]

Koreanische Nonnen bauen ihre Gemeinschaft und ihr Land wieder auf

Berichte über die frühe Geschichte asiatischer Nonnen liegen generell nur bruchstückhaft vor. Was die Überlieferungen koreanischer Nonnen betrifft, haben die zeitweiligen umfassenden Verfolgungen der BuddhistInnen im Land noch größere Lücken gerissen. Die Kriege des 20. Jahrhunderts haben die Dokumente schließlich noch weiter ausgedünnt. Zum Glück geben uns momentan über 10 000 in Korea praktizierende Nonnen einen Eindruck von ihrer Tradition, die sie mit großer Energie wiederzubeleben versuchen.

Die gegenwärtige Blüte koreanischer Nonnenpraxis verdankt sich einem historischen Umstand und einer schicksalhaften politischen Entscheidung. Während der japanischen Besatzung wurden Mönche und Nonnen gezwungen, japanische Praxisformen anzunehmen. Insbesondere wurden die zölibatär lebenden Mönche aufgefordert, zu heiraten und, wie japanische Mönche, Familien zu gründen. Einige der koreanischen Mönche taten dies auch, und viele der großen Klöster wurden daraufhin von verheirateten Mönchen geleitet. Wie ihre japanischen Schwestern, wurden koreanische Nonnen nicht zu diesem Schritt gezwungen.

Nachdem die japanische Besatzung 1945 endete, versuchten Koreaner, die Spuren der japanischen Unterdrückung zu beseitigen. So wurden unter anderem verheiratete Mönche aus den Klöstern entfernt. Es gab aber nicht mehr genügend zölibatär lebende Mönche, um alle Klöster zu leiten. Daraufhin wandten sich die Mönche an ihre zölibatären Dharma-Schwestern und übergaben ihnen große, historisch bedeutsame Klöster, die sie wieder aufbauen, bewohnen und leiten sollten. Der Nonnenorden profitierte von dieser Situation und entwickelte sich sehr erfolgreich. Durch ihre harte Arbeit und ihr Engagement beim Wiederaufbau der Klöster erwarben sich Nonnen in Korea großen Respekt und Unterstützung.

Koreanische Nonnen leiten heute große Ausbildungsklöster, wie zum Beispiel das historisch bedeutsame Unmunsa[81], managen um die 30 wohltätige Projekte, schicken Schülerinnen auf koreanische und ausländische Universitäten und finanzieren

Pilgerreisen nach Indien. Sie haben gut organisierte und weithin respektierte Betätigungsfelder entwickelt und konnten dadurch nicht nur den Nonnenorden erneuern, sondern eine kompetente und unabhängige Rolle für koreanische Frauen schaffen.

Song'yong Sunim:
Eine kleine Nonne und der Weg der Frauen

Martine Batchelor hat in ihrem Buch *Women in Korean Zen* über ihre Begegnungen mit dieser engagierten Nonne berichtet, deren Leben sich darin erfüllte, mit all ihrer Kraft zum Wiederaufbau der koreanischen Nonnenklöster beizutragen. Song'yongs Leben (1903-94) war zu Beginn von Armut und dem Verlust ihrer Familie geprägt, eine Erfahrung, die sie mit vielen KoreanerInnen des letzten, von Kriegen zerrissenen Jahrhunderts teilte. Sie dachte ernsthaft daran, sich das Leben zu nehmen, spürte allerdings eine tiefe Affinität zur Lehre des Buddha und trat in ein kleines Nonnenkloster ein. Wie so viele andere Frauen ihrer Zeit konnte sie nicht lesen. Anfangs gab es in ihrer Gemeinschaft nur wenig Struktur. Sie erhielt keine formale Schulung in Meditation oder Sutren, brachte sich aber das Lesen der Rezitationstexte selbst bei, indem sie ein Zeichen nach dem anderen lernte. Song'yongs Mangel an einer umfassenden Ausbildung zeigt die Schattenseiten des Klosterlebens für Frauen auf, zugleich aber wird deutlich, wie historische Umstände Veränderungen bewirken können. Song'yong beschrieb sich selbst als wenig intelligent, unattraktiv, von niederer Herkunft und wenig wortgewandt. Sie war die perfekte Verkörperung eines allgemeinen Vorurteils gegen Frauen als Zen-Lehrerinnen: Sie sind körperlich weniger geeignet, dem Modell des grimmigen Zen-Meisters zu entsprechen; ihre Lehren sind nicht so tief wie die von Männern, und sie sind nicht in der Lage, so wie Männer, in einer Zuhörerschaft Bewunderung auszulösen und Unterstützer anzuziehen. Selbst in ihrem eigenen Kloster gab es wegen ihrer kleinen Statur und mangelnden physischen Präsenz Vorurteile gegen sie, und sie wurde zur Dienerin der Klostervorsteherin gemacht. Durch Song'yong erfahren wir etwas über die unseligen Seiten des Klosterlebens – die Einforderung von Unterwürfigkeit gegenüber älteren Nonnen.

Da es keine formale Ausbildung für Nonnen gab, musste Song'yong 17 Jahre lang darauf verzichten. Letztendlich war sie eine Bedienstete ihrer Vorgesetzten und praktizierte, diese Rolle anzunehmen. 1936, als die japanische Besetzung bevorstand, beauftragte der koreanische buddhistische Orden anerkannte männlicher Lehrer damit, die Tradition in den Nonnenklöstern zu bewahren. Daraufhin begegnete Song'yong dem großen Zen-Meister Man'gong.[82]

Die Begegnung mit Man'gongs Lehren inspirierte Song'yong und gab ihr die Kraft, ihre dienende Position zu verlassen und sich einer formalen buddhistischen Schulung zu unterziehen. Vielleicht hatten die 17 Jahre des Loslassens ichbezogener Ziele sie darauf vorbereitet, sich der Tiefe von Man'gongs Dharma-Vorträgen zu öffnen. Nichts konnte sie nun in ihrem neu erwachten Beharren auf formaler Praxis umstimmen oder davon abbringen. Song'yong kehrte mit Man'gong zu seinem Tempel zurück und lebte fortan in einem nahegelegenen Nonnenkloster. Durch ihre Praxis mit Man'gong und seiner Dharma-Erbin, der bereits erwähnten Beophui Sunim, begann Song'yong auch mit der Meditationspraxis. Song'yongs Geschichte lehrt uns, wie wichtig es war, dass Nonnenklöster Frauen aufnahmen und ihnen Schutz boten, aber auch, wie notwendig, dass männliche Lehrer bereit waren, die Nonnen mit tradierten Lehren bekannt zu machen. Als Song'yong erwachten, mit Man'gong praktizierenden Frauen begegnete, wurde ihr vor Augen geführt, dass es auch Frauen möglich war, die Tiefe des Dharma zu verstehen.

Ihr gesamtes Leben war der Vertiefung ihrer eigenen Praxis, aber auch dem Neuaufbau der Praxis von Nonnen gewidmet. Durch ihre Worte verstehen wir auch die bereichernde Erfahrung, mit erleuchteten Lehrenden zu arbeiten – egal ob Mönchen oder Nonnen – und spüren das Gemeinschaftsgefühl und den Schutz, den das Netzwerk koreanischer Nonnenklöster ihr bot. Am Ende ihres Lebens erlebte Song'yong noch die Entwicklung eines formalen Ausbildungssystems für Nonnen und nahm darin ihren Platz als Lehrerin ein.

Sie hinterließ uns diese Lehrworte:

> Draußen, vor der Zen-Halle von Naewonsa,
> die schneebedeckte Welt:
> Sie ist das Gewand Avalokiteshvaras
> und zeigt uns wie fließendes Wasser
> das Dharma, das dieser Körper nicht ausdrücken kann,
> das dieser Körper nicht hören kann,
> das dieser Körper nicht sehen kann,
> das auch der Raum selbst nicht ausdrücken, sehen oder hören kann.
> Wer also ist diese wunderbare Person,
> die es ausdrückt, hört und sieht?[83]

Dieses Gedicht zeigt uns ihre erwachte Sicht auf das Dharma als unseren eigenen unbegrenzten und unabtrennbaren Körper. Die Lehren zeigen sich als eine Welt, die sich als das Gewand der/

des Bodhisattva des Mitgefühls, Avalokiteshvara, entfaltet. Wir können uns fragen, was in unserem persönlichen Gewahrsein die Lehren des Dharma wahrnimmt, sie ausdrückt, hört und sieht. Da der Fluss des Lebens und der Fluss des Dharma nicht getrennt sind, unhörbar, unausdrückbar und unsichtbar, wer oder was kann dann überhaupt diese Dharma-Lehren empfangen? Wir sind gefordert, uns nicht mehr auf unsere Sinneseindrücke und Wörter als Ausdruck der Geborgenheit im Dharma zu verlassen, sondern unseren Geist auf sein eigenes, undifferenziertes Fließen hin auszurichten.

Japanische Nonnen: Freiheit durch Zen-Praxis und soziales Engagement

Japanische Nonnen bilden einen dynamischen Kontrapunkt zu den stereotypen Bildern ihrer eigenen Kultur, die Frauen als schwach, abhängig, ungebildet und unterwürfig zeigen. Sie erreichten das ähnlich wie ihre chinesischen Dharma-Schwestern: durch Kunst und Poesie, aber auch durch eine effiziente und kompetente Tempelleitung. Außerdem stellten sie den Bedürftigen der Gesellschaft einzigartige soziale Dienste zur Verfügung. Angefangen mit der frühen japanischen Gründerin, Kaiserin Komyo, haben japanische Zen-Nonnen sehr zu dem beigetragen, was heute im Westen als engagierter Buddhismus bekannt ist.

In den gemeinnützigen Aktivitäten japanischer Nonnen drückt sich das buddhistische Bodhisattva-Ideal in einer konkreten Weise aus. Bodhisattvas sind erleuchtete Wesen, die ihr eigenes friedvolles Ruhen in Nirvana hinausschieben, bis alle Wesen diesen Frieden erlangt haben. Ursprünglich verwies der Begriff Bodhisattva auf eine Person, die durch die Vermittlung buddhistischer Lehren und Praktiken das Leiden in der Welt zu lindern sucht. Häufiger als Mönche, verstanden buddhistische Nonnen Bodhisattva-Praxis jedoch als eine Zuwendung zu den *wirklichen Menschen mit ihren alltäglichen Problemen* im Kontrast zu einer nur *konzeptuellen Auffassung* von Mitgefühl. Nonnen halfen den Menschen in ihrem alltäglichen Leben, egal, ob sie BuddhistInnen waren oder nicht.

Japanische Nonnen entwickelten unterschiedliche Ansätze der Bodhisattva-Praxis. Kaiserin Komyo finanzierte Apotheken, Krankenhäuser und Badeanstalten für die Armen.[84] Es wird berichtet, sie habe die Wunden von Leprakranken selbst gewaschen. Im Hokkeji, den Kaiserin Komyo gegründet hat, werden bis heute Brailletexte für Blinde sowie Amulette zum Schutze der Gesundheit und für eine gute Geburt hergestellt. Im 13. Jahrhundert boten Zen-Nonnen im Tokeiji misshandelten Frauen eine sichere Zuflucht – in einer Zeit, in der es für Frauen keine rechtliche Grundlage zur Scheidung gab. Die Nonnen dieses kaiserlichen Klosters setzten ihren Einfluss ein, um Frauen zu schützen, die ihr Heim verlassen wollten.

Soto-Zen-Nonnen in der Nachfolge Ekan Daishis gründeten nach dem 2. Weltkrieg ein Kinderheim und versuchten so, die Lehren ihres Gründers Eihei Dogen (1200-1253) über die vier Tugenden eines Bodhisattva[85] auszudrücken. Sich selbst durch selbstloses Geben außerhalb der Klostermauern zu vervollkommnen ist ein weiterer Weg, dic eigene Buddha-Natur oder das wahre Selbst zu verwirklichen. Nonnen der Soto-Schule versuchen in ihrer Schulung, dieses Verständnis zu verkörpern.

Beispielhaft steht dafür Hori Mitsujo Roshi, eine Begründerin des Netzwerks moderner Soto-Nonnenklöster, die in besonderer Weise den Bodhisattva-Weg verkörpert hat. Am Tag, als ihr Kloster während des 2. Weltkrieges durch Bomben zerstört wurde, rettete sie das Leben all ihrer Novizinnen, indem sie sie anhielt, den Luftschutzraum zu verlassen und sich zu zerstreuen, bis das Bombardement und der Beschuss aufhörten. Als die 131 Novizinnen schließlich zurückkehrten, mussten sie feststellen, dass sowohl das Kloster als auch der Luftschutzraum zerstört waren. Hori verließ das verwüstete Kloster nur kurz, um Takama Shudo in der Soto-Verwaltung Bericht zu erstatten. Hier seine Beschreibung ihrer Begegnung nach der Bombardierung am 14. Mai 1945:

> Hori Mitsujo Roshi kam, um über die Zerstörungen zu berichten. Sie verneigte sich tief mit zusammengelegten Händen. Sie hatte gerade sechs Kilometer barfuß zurückgelegt. Ich bat sie, hereinzukommen, aber sie sagte, sie müsse zu ihren Kindern [den Novizinnen] zurückkehren. Sie rannte zurück, ohne hereinzukommen. Ich versuchte, ihr Schuhe anzubieten, damit ihr 60-jähriger Körper sicher durch das zerbrochene Glas und die Granatsplitter zurückfinden konnte, aber sie nahm sie nicht an.[86]

Hori Roshis Fürsorge für ihre Gemeinschaft erinnert an Mahapajapatis barfüßigen Marsch mit ihrer Gruppe von Frauen, um die Gründung des buddhistischen Frauenordens voranzubringen. In beiden bereits älteren Frauen zeigt sich die selbstlose Hingabe an das Wohlergehen ihrer noch jungen Gemeinschaft – nicht als Idee, sondern als verkörperte Wirklichkeit der Bodhisattva-Aufgabe. Sie erweckten das Bodhisattva-Ideal mit ihrem Körper zum Leben.

Als Zen-Nonnen ihre Schulung, ihre Praxis und ihre familiären Verbindungen zum Wohlergehen von Frauen, die sich in schwierigen Umständen befanden, einsetzten, war dies ein Höhepunkt des japanischen Klosterlebens. Tokeiji, der berühmte Tempel für Flüchtlinge und geschiedene Frauen, sowie Mantokuji[87], ein Tempel, der ähnliche Aufgaben wahrnahm, sind beeindruckende Monumente des Engagements zen-buddhistischer Nonnen und ihrer Unterstützung von Frauenrechten.[88] (Tokeiji, der auch unter dem Namen Matsugaoka bekannt war, wurde von Sachiko Kaneko Morrell und Robert E. Morrell in ihrem Buch *Zen Sanctuary of Purple Robes* beschrieben.) Im japanischen Mittelalter des 13. Jahrhunderts machten sich die Nonnen des Tokeiji eigenständig zu juristischen Fürsprecherinnen für Frauen, die in ihrer Ehe misshandelt wurden – wofür es weder buddhistische noch juristische Vorbilder gab. 600 Jahre lang gelang es ihnen, in ganz unterschiedlichen politischen Situationen, diese Aufgabe zu erfüllen.

Die Macht des Tokeiji beruhte auf der hohen Geburt seiner Gründerinnen und nachfolgender Äbtissinnen. Tokeiji war vieles: ein Ort für Frauen, um Zen zu praktizieren, ein Zufluchtsort für misshandelte Frauen und eine Institution, wo Frauen ihre Würde, aber auch ihre rechtliche Unabhängigkeit wiedererlangen konnten. Der Tempel hatte sogar angestellte Leibwächter, um seine Bewohnerinnen vor wütenden und mächtigen Ehemännern zu schützen, die mit Gewalt drohten, um ihre Frauen zurückzubekommen.[89]

Über Jahrhunderte, in denen es keine klaren Scheidungsrechte für Frauen gab, in denen lokale Machthaber ganze Familien exekutierten, um ihrem Klan die Macht zu erhalten, war Tokeiji ein sicherer Zufluchtsort vor Mordanschlägen, ein Weg für Frauen, ihre Ehen zu verlassen, und schließlich eine Möglichkeit, alleine zu leben oder sich wieder zu verheiraten. Die Frauen traten für zwei oder drei Jahre als Nonnen in den Tempel ein; Männern war es nicht gestattet, ihre Frauen zurückzufordern. Am Ende ihrer Zeit konnten die Frauen den Tempel als unverheiratete Frauen verlassen und wurden mit besonderen Scheidungspapieren des Tempels ausgestattet. Als 1873 Frauen in Japan Scheidungsrechte eingeräumt wurden, verlor Tokeiji nach 600 Jahren seine Rolle als Scheidungstempel.

Kakuzan Shido: *Gründerin und Äbtissin des Tokeiji*

Der große Einfluss des Tokeiji wurde von seiner Gründerin, Kakuzan Shido (1252-1305), initiiert, deren Stärke und Kraft von anderen mächtigen Frauen inspiriert war, die ihr als Vorbild dienten. Trotz der vorherrschenden konfuzianischen Werte, denen zufolge Frauen schwach, launisch und nur dafür geeignet waren, Männern zu dienen, gab es vor dem Zeitalter der Tokugawa viele mächtige Frauen in Japan.[90] In den Jahren vor Kakuzans Geburt waren die Frauen der Samurai bekannt dafür, aktiv an Kämpfen teilzunehmen, um ihre Familien in den chaotischen Klankriegen, die Japan verwüsteten, zu verteidigen. Kakuzan gehörte zu diesen Frauen der Samurai-Klasse, die sich kräftig eingemischt hatten.

In diesen Zeiten wurden die Frauen der Samurai gerühmt für ihre physischen und spirituellen Kräfte, die sie Kriege und Chaos überstehen ließen. Kakuzan war sehr wahrscheinlich von den Geschichten über Frauen beeinflusst, die sich selbst und ihre Kinder aktiv schützten, manchmal neben ihren Ehemännern kämpften und sich hin und wieder auch für die Ordination entschieden, um zu überleben und die Wunden des Krieges zu heilen.

Nehmen wir zum Beispiel die Geschichte der Shizuka Gozen

(ca. 1185), einer Tänzerin und Liebhaberin des berühmten Samurai Hojo Yoshitsune (und Bruder des Shogun), die gegen ihren eigenen Bruder zu den Waffen griff, um ihren Liebhaber und dessen Frau, Tomoe Gozen, zu schützen. Tomoe Gozen selbst begleitete ihren Mann auf das Schlachtfeld. Die Frau des Anführers des Taira-Klans, Nii-dono (ca. 1185), sprang in dem Glauben, dass es besser sei, zu sterben als den Feinden in die Hände zu fallen, mit ihrem achtjährigen Enkel, dem Kindkaiser Antoku, ins Meer. Die Mutter des Jungen, Tokuko (1155-1223), musste den Tod ihres Sohnes mitansehen und versuchte daraufhin ebenfalls, sich das Leben zu nehmen. Sie wurde jedoch aus dem Wasser gezogen und ließ sich als Nonne Kenreimonin ordinieren. Masako (ca. 1225), die Frau des Shogun Yoritomo, wurde »Nonne Shogun« genannt. Sie übte auch als Nonne große Macht aus und griff in die tödlichen Machtkämpfe zwischen Teilen ihrer elterlichen Familie und ihren beiden Söhnen ein.

Abutsu ist ein weiteres Beispiel einer mächtigen Aristokratin, die sich nach einem ereignisreichen Leben als Liebhaberin, Schriftstellerin, Frau und Mutter ordinieren ließ. Während sie als Nonne praktizierte, setzte sie sich mit Nachdruck für die Erbfolgerechte ihrer beiden Söhne ein.

Diese Frauen waren sicherlich einflussreiche Vorbilder für Kakuzan. Darüber hinaus war sie aber auch eng mit der Äbtissin Mugai Nyodai (1223-1298) verwandt und bekannt, die im Kapitel über frühe Dharma-Erbinnen vorgestellt wurde. Mugai Nyodai war, obzwar älter als Kakuzan, deren Nichte (die Tochter ihres ältesten Bruders). Sowohl Kakuzan als auch Mugai Nyodai praktizierten im Engaku-Kloster mit demselben Lehrer, Wuxue Zuyuan (1226-1286). Es ist kaum vorstellbar, dass die Wege der beiden Frauen sich nicht gekreuzt haben sollen, wenn man ihre

Verwandtschaft und die Schulung durch den gleichen Lehrer, den Abt des Engakuji, bedenkt.

Kakuzan Shido gründete Tokeiji nach dem Tod ihres Mannes, Shogun Tokimune. Ihr Sohn hatte die Position des Vaters eingenommen und 1285 den Bau des Tempels und Nonnenklosters finanziert. Kurz nachdem Kakuzan den Tempel als Gründungsäbtissin bezog, ordnete ihr Sohn die Ermordung vieler Mitglieder ihrer elterlichen Familie an, da er deren Loyalität anzweifelte. Daraufhin öffnete Kakuzan Tokeiji als Zufluchtsort für Frauen, die um Asyl nachsuchten. Erst später nahm der Tempel auch Frauen auf, die sich scheiden lassen wollten, denen dafür aber die legalen Mittel fehlten.

Kakuzans blutige Familiengeschichte und die weiblichen Vorbilder aus ihrer Schicht lassen die Dharma-Worte, die von ihrer *inka*-Zeremonie überliefert sind, in einem besonderen Licht erscheinen. (Inka ist das Siegel der Dharma-Übertragung. Die Zeremonie und ein dabei überreichtes Zertifikat beinhalten eine offizielle Lehrerlaubnis.) Der vierte Abt von Engakuji, Tokei (1240-1306), überreichte Kakuzan 1304 das Siegel der Übertragung. In der Zeremonie testeten die anwesenden Priester ihr Verständnis. Wie im Falle der berühmten Dharma-Erbin Miaozong ist es nicht verwunderlich, dass vor allem der oberste Mönch und Vorsteher der Novizen Kakuzans Dharma-Übertragung infrage stellte und ihr Verständnis überprüfte. Er forderte sie auf, über die *Aufzeichnungen Meister Linjis* zu sprechen. Kakuzan soll wie folgt geantwortet haben:

> Die Nonne [Kakuzan] legte daraufhin einen Dolch vor sich und entgegnete: »Ein Zen-Lehrer kennt sich mit den literarischen Blüten im Garten der Patriarchen aus; es ist seine Aufgabe, das

> Lehrpodest zu besteigen und über Bücher zu sprechen. Aber als Frau aus einer Militärfamilie zeige ich meine spirituelle Stoßrichtung mit diesem Dolch an, den ich vor mich lege. Wozu sollte ich Bücher brauchen.«[91]

Wie die chinesischen Nonnen Miaodao (Kapitel 7) und Miaozong (Kapitel 9), ihre Vorgängerinnen, gab Kakuzan dem Mönch letztendlich zu verstehen: »Schluss mit dem Unsinn.« Vielleicht spürte sie seine negative Einstellung ihr gegenüber, aber vor allem war sie nicht Willens, ihm intellektuell zu begegnen. Sie vermied es, sich in eine defensive oder eine intellektuelle Antwort zu verstricken. »Verehrter oberster Mönch«, scheint sie zu sagen, »ich unterwerfe mich nicht Euren Launen. Ich weiß, wer ich bin und gebe die Richtung dieser Diskussion vor. Ich sage hier, wo es lang geht.« Daraufhin setzte der oberste Mönch seine Prüfung fort und fragte nach ihrem Leben »vor der Geburt ihrer Mutter und ihres Vaters«. Wer war sie, außer Mitglied einer einflussreichen Samurai-Familie zu sein? Daraufhin zog sie sich in Meditation zurück. Während sie unbewegt und mit geschlossenen Augen saß, fragte sie den Mönch: »Nun, versteht Ihr?«

Kakuzan demonstrierte den ursprünglichen Geist, indem sie in Zazen saß und genau dort, wo sie war, die ungeteilte Wirklichkeit verkörperte. Durch diese Geste scheint sie zu sagen: »Ich bin über den Dolch hinausgegangen, so wie andere über Bücher und historische Überlieferungen hinausgehen können. An diesem Ort sind wir alle eins.« Der oberste Mönch stimmte ihrer Antwort zu, und ihr Dialog ging in die Annalen des Tokeiji ein.[92]

Kakuzan entwickelte in Tokeiji unter anderem die Praxis des »Spiegel-Zen«, damit Frauen sich mit ihrer Abhängigkeit von ihrer äußerlichen Erscheinung befassen konnten. Dabei ging es darum, sich die eigenen Gefühle und das Festhalten an der physischen Erscheinung vor Augen zu führen, indem vor einem Spiegel meditiert wurde. Die Anweisung lautete, tief in die eigene Natur zu schauen und sich zu fragen: »Wo findet sich in diesem Spiegelbild, in das ich schaue, ein einziges Gefühl, ein einziger Gedanke?«[93]

Sehr bekannt geworden ist das Gedicht über den Spiegel, das vom 6. Vorfahren, Huineng, stammt.[94] Kakuzan brachte ihren Schülerinnen Huinengs Thema in folgender Weise näher:

> Da auch nicht ein Ding
> im Geist seine Behausung hat,
> ist er unberührt:
> Über das Reinigen zu sprechen
> ist selbst schon Illusion.[95]

Kakuzan lud die Frauen, die im Tokeiji praktizierten, ein, über das hinauszugehen, woran sie festhielten: ihre eigene Geschichte, ihre Sorge um momentane Probleme, damit sie während des Scheidungsverfahrens und vor allem in der Zeit danach wahrhaft Frieden finden konnten. Durch ihren Hinweis auf das, was »unberührt« war, machte sie diese Frauen auf etwas aufmerksam, das in ihnen selbst von allem unberührt geblieben war, was bisher in ihrem Leben geschehen war. Sie half ihnen, über die Idee hinauszugehen, sie müssten sich von ihren negativen Selbstbildern als missbrauchten Ehefrauen reinigen. Meditation ist kein Reinigungsritual, das meist nur dazu dient, Erinnerungen und tiefe Empfindungen zu unterdrücken. Bei der Meditation geht es auch nicht um das Anrufen magischer Geister mit dem Wunsch nach Heilung. Indem die Frauen sich mit dem identifizierten, was in ihnen unberührt war, fanden sie im Tokeiji, so wie Frauen in Indien zu Buddhas Lebzeiten, die Erlösung von einem Leiden, das auf persönlichem Festhalten beruhte sowie auf der Erfahrung, in ihren unglücklichen Ehen misshandelt worden zu sein.

Kakuzans Weisheit war besonders wirkungsvoll, wenn wir folgenden Zusammenhang bedenken: Die Nonnen im Tokeiji, die die Scheidung wollten, hatten gesellschaftliche Vorurteile als »gefallene Frauen« zu überwinden. Die Aufgabe des Tokeiji bestand darin, diesen Frauen durch eine gesetzlich anerkannte Scheidung, die sie durch eine engagierte Spiritualität erwarben, ihre Freiheit zu geben. Die Art, wie der Tokeiji funktionierte, untergrub die Wurzeln eines konfuzianischen Ideals: Frauen hatten eine dienende Funktion innerhalb der Familie einzunehmen. Es gab keine Toleranz gegenüber Frauen, die etwas anderes tun wollten, als ihren Familien zu dienen. Selbst Nonnen waren mit diesen Vorstellungen konfrontiert. Ihre Praxis wurde immer wieder als fragwürdig angesehen, wenn sie nicht der Familie oder einem verstorbenen Ehemann galt.

Die negative Vorstellung von »gefallenen Frauen« kommt in folgendem Gedicht aus der Tokugawa-Zeit zum Ausdruck, worin Tokeiji mit seinem alternativen Namen, Matsugaoka, bezeichnet wird:

> Soll es genannt werden:
> »Dorf der gefallenen Blüten« –
> Matsugaoka.[96]

Die Verurteilung sexuell aktiver Frauen, die nicht in einer »seriösen« Ehe oder einer Familie lebten, war für die Frauen eine schmerzhafte und verletzende Erfahrung. Frauen mussten schon immer dieses negative Klischee durchschauen, ein Stigma, mit dem sie sich oft aber auch selbst identifizierten. Diese Gedanken einer »gefallenen« Position loszulassen war fast ebenso wichtig wie die legale Scheidung, die ihnen der Aufenthalt im Tokeiji verschaffte.

Im Tokeiji Nonne zu werden machte es Frauen möglich, legal geschieden zu werden und sich dann später auch wieder zu verheiraten. Nach ihrer Zeit als Nonne konnten sie respektiert in die Gesellschaft zurückkehren. Dieser legale Status beruhte auf Kakuzans Fürsprache vor dem japanischen Kaiser. Als Äbtissin eines Zen-Tempels war sie eine Visionärin, die das mächtige Schwert ihrer Familie zum großen Vorteil vieler Frauen schwang.

Prinzessin Yodo:
Die Aufwertung »gefallener« Frauen

Die zweite der drei bekanntesten Äbtissinnen des Tokeiji ist die kaiserliche Prinzessin Yodo (1318-1396). Yodo gehörte zu den eher unbedeutenden Nachkommen des Kaisers Godaigo und wurde um 1336 die fünfte Äbtissin des Tokeiji. Prinzessin Yodo verkürzte die Aufenthaltszeit von Frauen, die die Scheidung wollten, von drei auf zwei Jahre und führte eine Neuerung bei der Kleidung der Nonnen ein: purpurne Roben. Purpurne Roben waren bis dahin der kaiserlichen Familie vorbehalten sowie hochstehenden Mönchen, die sie vom Kaiser überreicht bekamen. Die Einführung eines solchen Gewandes, das eine sehr hohe Stellung ausdrückte, war ein kluger, mitfühlender Schachzug, um das negative Selbstbild der »gefallenen« Frau loszuwerden. Die Bedeutung dieses Schrittes kann im feudalistischen Japan gar nicht hoch genug bewertet werden: Die Herrscher der

Tokugawa schrieben allen Klassen, von der Aristokratie über die Samurai und Händler bis hin zu den Bauern, die zu tragenden Kleidungsstücke und Farben genau vor.

An Yodo erinnern zwei überlieferte Lehrsätze. Einer lautet:

Schmückt eure Herzen, ihr, die ihr die Blüten
in der Blumenhalle seht,
denn der Buddha existiert nicht
irgendwo anders.[97]

Ihr anderer überlieferter Lehrsatz, über das »Spiegel-Zen«, lautet:

Ob befleckt
oder frei von Trübungen,
es gibt den einen Geist:
Ob man steht oder fällt,
es geschieht mit demselben Körper.[98]

Tenshu: *Hüterin des Glaubens*

Tenshu (1608-1645), die 20. Äbtissin des Tokeiji, überlebte die Zerstörung des Schlosses ihres Vaters Hideyori in Osaka. Das Schloss wurde in Brand gesteckt, nachdem die Macht in Japan vollständig an den Tokugawa-Klan gefallen war. Tenshus Vater und Mutter starben in den Flammen, sie jedoch wurde von einer einflussreichen weiblichen Verwandten gerettet: Senshime, einer Enkelin Tokugawa Ieyasus, der das Niederbrennen des Schlosses angeordnet hatte.[99] Die Bedingung für Tenshus Überleben war, den Rest ihres Lebens als ordinierte Nonne im Tokeiji zu verbringen.

An Tenshu erinnert man sich wegen einer direkten und selbstlosen Bitte an den Shogun Ieyasu. Dieser hatte sie fragen lassen, wie er die Schuld begleichen könne, nachdem er ihre gesamte Familie getötet und ihren Besitz zerstört oder eingezogen hatte. Ihre Antwort war, dass sie sich wünsche, Tokeiji möge auf alle Ewigkeit das verbürgte Recht haben, Frauen Zuflucht zu gewähren und die Möglichkeit der Scheidung anzubieten. Daraufhin kam Tokeiji unter den rechtlichen Schutz des Shogun und erhielt von ihm finanzielle Unterstützung.

Tenshus Äbtissinnenschaft weist die gleichen Merkmale wie die ihrer Vorgängerin Kakuzan Shido auf. Männer suchten damals Zuflucht im mächtigen Kloster des Shingon-Buddhismus auf dem Berg Koya, wurden dort allerdings immer wieder an ihre Verfolger ausgeliefert und ermordet. Tenshu ließ dies im Tokeiji jedoch nie zu. Einmal, als ein Verfolger in den Tempel geschickt wurde, um die überlebende Familie eines verurteilten Mannes umzubringen oder zu entführen, stellte sich Tenshu nicht nur dem Verfolger entgegen, sondern suchte auch bei ihrer einflussreichen Verwandten Senhime aus dem Tokugawa-Klan um Hilfe nach. Senhime bestand auf der Verurteilung des Täters, der einen Meuchelmörder angeheuert hatte, um in den Tempel einzudringen. Das Vermögen des betreffenden Kriegsherren wurde daraufhin konfisziert. Dieses Zeichen der Macht hielt zukünftige Verfolger davon ab, auf das Tempelgelände vorzudringen, um Frauen zu verfolgen, die dort Asyl erhalten hatten.

Durch Tenshus Entschlossenheit behielt Tokeiji seine Funktion als Scheidungstempel und konnte seine Macht stärken, jene zu schützen, die um Asyl nachsuchten. Und doch schwand diese seltene Vereinigung weiblicher Stärke, die zur politischen und spirituellen Vormachtstellung des Tokeiji geführt hatte, gegen

Ende der Tokugawa-Zeit immer mehr. Die Tradition, Äbtissinnen aus den Reihen der regierenden Familien zu ernennen, ging verloren – vielleicht, weil die buddhistische Praxis in Japan vielfältiger geworden war. Veränderungen im politischen Klima schwächten die Unabhängigkeit des Tokeiji weiter. 1788 wurde einem Ersuchen des Tempels, sich Engakuji anzuschließen, stattgegeben. Damit lag die Verwaltungshoheit bei den Mönchen des benachbarten Engakuji. Später, als die Ehescheidung unter der Meiji-Restauration 1873 legalisiert wurde, erhielt Tokeiji den Status eines Untertempels des Engakuji. Die letzte Äbtissin des Tokeiji, Junso Hoko (gest. 1902), lebte dort mit einer älteren Bediensteten und einer Katze.

Der erste männliche Abt des Tokeiji war Furukawa Godo (1872-1961), ein Schüler Shaku Soens. Shaku Soen trat schließlich die Nachfolge seines Schülers als Abt des Tokeiji an. Unter einer Reihe von Mönchen aus dem Engakuji wurde Tokeiji, jetzt verkleinert, zu neuem Leben erweckt. D. T. Suzuki, Shaku Soens Übersetzer und als Gelehrter ein wichtiger Vermittler des Buddhismus im Westen, lebte im Ruhestand ebenfalls dort. Heute können der Tempel und eine kleine Präsentation von Ausstellungsstücken besucht werden. Die Geschichte des Tokeiji ist ein leuchtendes Beispiel für die Praxis von Frauen und ihre Entschlossenheit, sowohl physischen als auch spirituellen Schutz anzubieten.

Durch Tokeiji und andere Nonnenklöster erfahren wir etwas über die Kraft von Frauen, die Gesellschaft zu verändern und die Opferrolle hinter sich zu lassen. Inspiriert durch das Vorbild der ersten buddhistischen Frauen, durch starke Frauen in ihrer eigenen Kultur und durch die befreiende Kraft der Zen-Praxis selbst, standen Frauen anderen Frauen, die unter physischen, finanziellen oder sozialen Härten litten, bei. Nonnenklöster boten Frauen die Gelegenheit, das Bodhisattva-Ideal durch spirituelle Lehren und materielle Unterstützung zu verkörpern und Frauen für Tätigkeiten und in Handwerkskünsten auszubilden, was über die buddhistische Praxis der Meditation und Ritualausführung hinausging.

Kapitel 7
Wegbereitende Nonnen, die mit männlichen Meistern praktizierten

Im Laufe der Geschichte des Zen gab es immer wieder Zeiten, in denen die Praxis eine Blütezeit erlebte, und andere, in denen sie sich nicht mehr erneuerte oder sogar verloren ging. Das war besonders im Zen-Nonnenorden der Fall. Manchmal war er buchstäblich verschwunden. Wir haben bereits gesehen, dass es herausragende männliche Lehrer gab, die einzelne Frauen, insbesondere ihre Schülerinnen, unterstützten und ihnen authentische Praxismöglichkeiten innerhalb männlicher Institutionen anboten. Diese Möglichkeiten wurden Frauen eröffnet trotz des offiziellen Verbots einer gemeinsamen Praxis von Männern und Frauen, was den Nonnenorden immer wieder neu belebte.

Den Acht Besonderen Regeln aus der Frühzeit des Buddhismus zufolge durften Frauen nur gemeinsam mit anderen Frauen praktizieren, aber nie mit Männern unter demselben Dach. Diese Regeln prägten auch das monastische Regelwerk in China, Korea und Japan. Im Laienstand praktizierende Frauen sowie Nonnen konnten hin und wieder öffentliche Unterweisungen in Männerklöstern hören, aber die monastischen Regeln schrieben vor, dass sie diese vor Einbruch der Dunkelheit wieder zu verlassen hatten. Dennoch gelang es manchen Frauen, in Männerklöstern zu leben und sich zu schulen, was sie starken und unterstützenden männlichen Zen-Meistern zu verdanken hatten.

Diese Meister hielten den Geist der Praxis aufrecht und umgingen dabei die Beschränkungen und Vorurteile des frühen Buddhismus. Ohne ihre Unterstützung wäre der Nonnenorden möglicherweise verschwunden. Alle Frauen, die mit männlichen Lehrern praktizierten, aber auch die Gemeinschaften, die dies unterstützten, verstießen gegen den Wortlaut der buddhistischen Vorschriften, pflegten aber zugleich die eigentliche Bedeutung des Dharma. Die Weisheit einzelner männlicher Lehrer sicherte dadurch das Überleben des Frauenordens.

Auch wenn die meisten der bisher vorgestellten Frauen von männlichen Meistern geschult wurden, unterscheiden sich die in diesem Kapitel beschriebenen Wegbereiterinnen von den Zen-Gründerinnen in zwei wichtigen Punkten: Erstens, keine von ihnen baute ein Netzwerk von Klöstern auf, das Dharma-Erbinnen hervorbrachte; sie ordinierten auch keine Linie von Nachfolgerinnen. Auch wenn einige von ihnen Äbtissinnen wurden, waren ihre Übertragungslinien nicht von Dauer. Zweitens, sie alle hinterließen schriftliche Aufzeichnungen; einige in Form von Lehrtexten, andere schufen Kalligrafien oder schrieben Gedichte und wieder andere sind uns durch Berichterstatter ihrer eigenen Zeit bekannt. Durch ihre Verbindung mit etablierten Zen-Meistern wurden die Lehren dieser Nonnen überliefert; wir erfahren, wie sie von ihren Lehrern und anderen Praktizierenden gesehen wurden, wie sie sich schulten und in welchem Maße ihre Lehrer-Schülerin-Beziehungen Modelle für ihre Zeit waren, aber auch für uns heute noch sind.

In diesen gemischtgeschlechtlichen Praxisbeziehungen finden sich interessante Muster. Die männlichen Lehrer verfolgten in der Schulung von Frauen alle einen ähnlichen Ansatz. Vor allem erkannten sie das Potenzial von Frauen zur Buddhaschaft. Auch wenn viele buddhistische Sutren davon sprechen, dass eine Frau die Buddhaschaft nicht in einem weiblichen Körper erlangen kann, gab es Zen-Lehrer, die deutlich anderer Meinung waren. Sie verstanden ebenfalls, dass dazu die weibliche Identität ihrer Schülerinnen anerkannt und gefördert werden musste, auch wenn im Prinzip alle Menschen die gleiche Fähigkeit haben, Buddha zu sein. Sie lehrten diese Frauen als Frauen, weil sie erkannt hatten, dass weibliche Praktizierende anders waren als Männer, und sie würdigten ihre soziale Rolle. Ein Beispiel dafür, wie sie die Unterweisungen ihren Schülerinnen anpassten, sind ihre unterstützenden Verweise auf das Erwachen anderer Frauen. Schließlich verstanden diese Lehrer auch, dass es ehrliche und klare Maßstäbe brauchte, damit diese Frauen ihr Potenzial verwirklichen konnten. Auch wenn klar war, dass es sich bei ihnen um Frauen handelte, wurden diese Schülerinnen nie bevormundet oder aufgrund ihres Geschlechts geringgeschätzt.

Überraschend mag sein, dass die Zen-Meister, welche die in diesem Kapitel vorgestellten Frauen lehrten, in der Zen-Hierarchie ihrer Zeit ähnliche Rollen einnahmen. Sie waren alle berühmt, sodass die Beziehungen mit ihren Schülerinnen Eingang in ihre Überlieferungen fanden. Doch mehr noch: Jeder dieser Lehrer ist der Dharma-Nachfahre eines noch berühmteren Zen-Lehrers gewesen. Diese anerkannten Meister hatten ihren jeweiligen Nachfolgern einen wichtigen Tempel hinterlassen, einen hohen Status und Reputation. Vielleicht hat die erste Generation – die der berühmten männlichen Dharma-Meister – den Großteil ihrer Energie darauf verwandt, die eigene Schule zu etablieren, während die Lehrer der zweiten Generation darauf aufbauten und sowohl die Zielgruppe als auch die Bandbreite ihrer Lehren erweiterten.

Wir treffen auf ganz unterschiedliche Praxisbedingungen und Umstände, mit denen Frauen, die in China, Korea und Japan in männlichen Gemeinschaften praktizierten, konfrontiert waren. Selbst in Situationen, in denen Frauen nur eingeschränkte Möglichkeiten hatten, das Heim zu verlassen oder zu reisen, fanden sie ihren Weg zu authentischen Lehrern. Am Beispiel Xinggangs werden wir sehen, dass Frauen anfangs oft zwischen ihrer Familie und einem kleinen Tempel hin und her reisten. Erst später praktizierten sie dann in einem großen Männerkloster und gründeten unter Umständen schließlich ihren eigenen Praxisort. Einige von ihnen waren verheiratet und hatten Kinder, andere wurden bereits vor einer Heirat in ihrer Jugend Nonne, und wieder andere wurden Nonnen, nachdem sie Witwen geworden waren. Von einigen wissen wir über ihre Lebensgeschichte kaum etwas – außer dass sie mit herausragenden Zen-Meistern praktizierten.

Manche Details aus den Lebensgeschichten dieser Wegbereiterinnen helfen uns, uns die Lebensmuster jener unzähligen Frauen vorzustellen, deren Geschichten unbekannt geblieben sind.

Chinesische Zen-Nonnen

Dahui, Yuanwu *und die Frauen in ihrer Nachfolge*

Im China der Sung-Dynastie (960-1279) belief sich die Anzahl buddhistischer Nonnen laut einer Volkszählung aus dem Jahr 1021 auf 61 239. Die Zahl buddhistischer Mönche wurde mit

397 615 festgehalten; es gab also ein Verhältnis von Männern zu Frauen von 6,5 zu 1.[100] Und doch sind uns nur wenige dieser Nonnen bekannt – und von denen, die bekannt sind, gibt es noch seltener Überlieferungen ihrer Lehren. Unter 60 000 Nonnen müssten doch einige tiefgründige Lehren hinterlassen haben! Auch wenn manche von ihnen als Dharma-Erbinnen in die Überlieferungen der Übertragung der Lampe, der offiziellen Geschichte der Zen-MeisterInnen und ihrer NachfolgerInnen, insbesondere in der Yuanwu-Dahui-Linie, Eingang gefunden haben, sind ihre Leistungen später nicht mehr übermittelt worden. Dank jüngster Forschungen konnten einige ihrer Namen und Unterweisungen wiederentdeckt werden, insbesondere die zweier Frauen, die mit dem großen Zen-Meister Dahui Zongao (1089-1163) praktizierten.

Dahui, ein weithin gerühmter Zen-Meister seiner Zeit, Nachfolger des großen Meisters der Sung-Dynastie Yuanwu (1063-1135), hatte mehrere Dharma-Nachfolgerinnen. Yuanwu wurde nicht nur in seiner eigenen Epoche gerühmt, sondern man kennt ihn bis heute als den Verfasser der *Niederschrift von der Smaragdenen Felswand*, einer der wichtigsten Koan-Sammlungen. Yuanwu wurde zu einem »Lehrer der Nation« ernannt und zwei chinesische Kaiser überreichten ihm purpurne Roben. Dahui nahm seine Schulung bei Yuanwu auf, nachdem er sich zuvor mit vielen Stilen und Schulen des Zen bekannt gemacht hatte. Seine Einsicht entfaltete sich durch Yuanwus Schulung und vertiefte sich so sehr, dass Yuanwu seine Lehrverantwortung schließlich mit ihm teilte. Dahui wurde manchmal mit dem alten Meister Linji verglichen. Von Yuanwu lernte Dahui, Koans zu unterrichten, und er lernte, wie man mit Schülerinnen arbeitet. Yuanwu hatte mehrere Dharma-Erbinnen und war ein überzeugter Unterstützer der Praxis von Frauen. Ihre Namen sind uns überliefert, aber unglücklicherweise sind ihre Aufzeichnungen und Unterweisungen verloren gegangen.

Wie Yuanwu setzte auch Dahui Frauen als Dharma-Nachfolgerinnen ein, nachdem er selbständig zu unterrichten begonnen hatte. Glücklicherweise wissen wir einiges über ihre Lebensgeschichten, wie sie zur Zen-Praxis kamen, wie ihre Beziehung zu Dahui war und wie sie später unterrichteten. Unter allen Männern und Frauen war die Nonne Miaodao (s. u.) Dahuis allererste Dharma-Nachfolgerin und die erste Person, die unter seiner Anleitung das Erwachen verwirklichte.

Die Lehrbeziehung zwischen Miaodao und Dahui hatte großen Einfluss auf ihn und prägte für den Rest seines Lebens seinen Schulungsstil. Durch ihre Beziehung und vor allem durch Miaodaos Erwachen entwickelte Dahui Vertrauen in seinen Ansatz. Er selbst berichtet, wie er Miaodao schulte und wie sich ihr Erwachen in ihren Begegnungen entfaltete. Eine weitere bekannte Dharma-Nachfolgerin Dahuis, Miaozong (s. Kapitel 9), wurde durch einen von Dahuis obersten Mönchen unsterblich gemacht, nachdem sie ihn in einer »Dharma-Schlacht« besiegt hatte – einem kurzen Wortwechsel zwischen Zen-Praktizierenden, bei dem beide ihre Einsicht präsentieren. Generationen weiblicher Praktizierender in China und Japan hielten die Erinnerung an die Nonnen Miaodao und Miaozong aufrecht. Beata Grant beschreibt in einem Aufsatz, wie Zen-Meisterinnen der Ming-Dynastie (1368-1644) ihre doppelte Abstammung feierten – einerseits in der Übertragungslinie ihrer männlichen Lehrer, andererseits aber auch in der Übertragungslinie der Zen-Meisterinnen, die ihnen vorausgegangen waren.[101] Miaodao und Miaozong gehören zu den berühmtesten Mitgliedern dieser weiblichen Übertragungslinie. Noch später, im Japan der Kamakura-Zeit, wurde die Geschichte von Miaozong und Dahuis leitendem Mönch als Koan in der Schulung eingesetzt.

***Miaodao** und Dahui*

Miaodao war ein Wunderkind des Zen; sie löste das Versprechen ihrer Begabung in der Begegnung mit dem großen Meister Dahui ein. Miriam Leverings Biografie[102] zufolge kam sie in einer einflussreichen und politisch geschickt agierenden Familie zur Welt. Die Stellung ihres Vaters half Miaodao sicherlich, zur Schulung mit bekannten Zen-Lehrern in Klöstern zugelassen zu werden. Ihr Vater war intelligent und äußerst pragmatisch. Er stimmte Miaodaos Zen-Schulung erst zu, nachdem er lange die Ernsthaftigkeit ihres Ansinnens geprüft hatte. Bereits als Kind verlor sie alles Interesse an weltlichen Vergnügungen, saß still in sich gekehrt und schien sich selbst zu vergessen. Ihr Vater beobachtete aufmerksam ihre Äußerungen und Handlungen, um festzustellen, ob es auch nur den kleinsten Unterschied zwischen ihren Worten und ihren Taten gab. Er scheint keine gefunden zu haben, denn als sie das 20. Lebensjahr erreichte, erlaubte er ihr, sich als Zen-Nonne zu ordinieren.[103]

Nach ihrer Ordination praktizierte Miaodao in verschiedenen Zen-Tempeln, bevor sie Dahui begegnete. Ihre wichtigste frühe Zen-Beziehung war die mit Qingliao. Qingliao war ein älterer Dharma-Bruder Hongzhis, des Lehrers, der einen so wichtigen Einfluss auf den japanischen Begründer des Zen, Eihei Dogen, hatte. Qingliao war um 1123, während Hongzhis Abtschaft im Kloster Changlu, *shuso* oder oberster Mönch. Beide, Hongzhi und Qingliao, waren Vertreter des Meditationsansatzes der

»Stillen Erleuchtung«, die sich später in Japan zum Soto-Zen entwickelte. Miaodao unterzog sich der Schulung mit Qingliao im Kloster Chung-sheng auf dem Berg Xuefeng. Miaodao begegnete Dahui sehr wahrscheinlich 1134, als er im Rahmen einer Praxisperiode in Chung-sheng einen Gastvortrag hielt. Miaodao brach ihre Verpflichtung, an der dreimonatigen intensiven Praxisperiode teilzunehmen, und folgte Dahui in das Kloster Kuangyin, wo er Gastlehrer war. Später hatte Dahui Folgendes über seine Lehrbeziehung zu Miaodao zu sagen: »Miaodaos Erwachen (1134) und das Erwachen 13 weiterer Praktizierender im folgenden Jahr prägten von da an meine Lehrmethode.«[104] Ihre Beziehung wird im *Lien teng huiyao (Abriss Verbundener Flammen)* beschrieben,[105] einer der genealogischen Aufzeichnungen des Zen, die die Übertragung des Buddha-Geistes von einem Zen-Lehrer auf den nächsten bestätigten Schüler dokumentieren. Diese genealogischen Aufzeichnungen dokumentieren so etwas wie die Ahnenreihe der verschiedenen Zen-Zweige, führen aber auch noch frühere Lehrer bis hin zu Buddha Shakyamuni selbst auf.[106]

Miaodao schien von Zweifeln und Ängsten geplagt zu sein, nachdem sie von der Zen-Schule der Stillen Erleuchtung (Caodong in China, Soto in Japan), einem stufenweisen Weg, zur Schule des Plötzlichen Erwachens von Dahui (in der Übertragungslinie von Linji bzw. Rinzai) übergewechselt war.[107] Ihr Zweifel und das Gefühl, ihren früheren Lehrer betrogen zu haben, als sie die Praxisperiode verlassen und Dahui zum ersten Mal aufgesucht hatte, teilte sie Dahui mit. In Dahuis Worten lesen wir:

> Kürzlich kam die erfahrene Nonne Miaodao von Xuefeng und bat dreimal darum, empfangen zu werden [für Belehrungen]. Sie

> sagte: »Der Tod folgt dem Leben mit schrecklicher Geschwindigkeit; der samsarische Kreislauf von Geburt und Tod ist eine Sache von großer Dringlichkeit. Ich habe noch keine Klarheit über mich selbst und bitte Euch deshalb, mich zu unterweisen.«[108]

Durch ihre Äußerungen und seine nachfolgende Antwort erfahren wir etwas über die vertraute Beziehung zwischen Schülerin und Lehrer. Dahui ging auf ihre Bitte ein und stellte ihre Sorge in einen größeren Rahmen – er lehrte seine Gemeinschaft, dass es durchaus hilfreich ist, Zweifel anzuerkennen; sie sind selbst ein Zeichen der tiefen Absicht einer Schülerin. Außerdem, sagte er, sei Miaodaos Wunsch, alle anderen mögen vor ihr erleuchtet werden, das angestrebte Ziel eines Bodhisattva.

Wir können uns Miaodaos inneren Aufruhr, als sie entschied, mitten im Strom den Kurs zu wechseln, kaum vorstellen. Sie war eine erfahrene, engagierte Praktizierende, als sie die Entscheidung traf, ihren Lehrer zu verlassen, die Praxisperiode abzubrechen und diesem neuen, noch gar nicht bekannten Lehrer namens Dahui zu folgen.[109] Viele Praktizierende haben selbst erfahren, dass Zweifel und schwierige Emotionen auftauchen können, wenn wir an einem Meditationsretreat teilnehmen, aber für Miaodao gab es auch noch die zusätzliche Unsicherheit, die Meditationsmethode zu wechseln.

Dahui erteilte Miaodao eine wichtige Lektion, die für alle gilt, die mit Hingabe praktizieren. Wenn wir wirklich versuchen, den Geist des Erwachens durch intensive Praxis zu verwirklichen, zeigen sich erst einmal unsere Zweifel und Ängste, setzen sich fest und verstärken sich noch. Meist glauben wir, einen friedlichen Rückzugsort vor den Wirren des Alltags zu betreten, wenn wir in ein Retreat gehen. Sehr schnell entdecken wir jedoch, dass unser inneres Leben unseren schlimmsten Alpträumen nicht unähnlich ist. Das galt auch schon für all diejenigen, die diesen Weg vor uns gingen. Dahui wies Miaodao an, mit allen Stimmen, mit den »dämonischen Hindernissen«, die in ihrem Geist auftauchten, zu praktizieren. Das ist auch für heutige Meditierende eine sehr nützliche Meditationsanleitung.

Im folgenden Zitat können wir das Ausmaß der Unterstützung und das Vertrauen, das Dahui in Miaodao setzte, erkennen. Er nahm ihre Besorgnis darüber, von illusionären Gedanken und Gefühlen überschwemmt zu werden, zur Kenntnis, zeigte ihr aber zugleich auch eine neue Perspektive auf. Hindernisse sind gar kein so großes Problem, scheint er zu sagen. Wichtig ist nur, dass du sie wahrnimmst und deinen Geist wieder auf den Weg hin ausrichtest. Ganz gleich, wie oft der Geist abgelenkt wird oder deine Meditation unterbricht, du musst einfach nur den Geist erneut auf das Objekt deiner Konzentration ausrichten – egal, ob es der Atem oder ein Koan ist.

Die zeitlosen Praxisunterweisungen, die Dahui Miaodao gab, können auch uns heute über die rauen Wellen unseres Geistes tragen:

> Heute äußerte die Nonne Miaodao den Wunsch, die unvergleichliche Buddha-Frucht, Bodhi, zu erlangen. Sobald dieses höchste Bestreben auftaucht, sind alle fehlgeleiteten Handlungen der Vergangenheit wie trockenes Gras, das sich so hoch auftürmt wie der Berg Sumeru, und dieser Wunsch selbst ist wie ein Funke von der Größe eines Senfkorns – der alle Verfehlungen restlos niederbrennt.[110]

Später unterwies Dahui Miaodao in der Koan-Meditation. Hier ist die Unterweisung, die er ihr gab, um mit »Der Satz, der uns umkehrt« zu arbeiten:

> Ich führte [Meister] Mazus Ausspruch »Es ist nicht Geist, es ist nicht Buddha, es ist kein Ding« an und forderte sie auf, ihn zu betrachten. Ich gab ihr aber auch einige Hinweise: »(1) Nimm es nicht als Beschreibung der Wahrheit. (2) Nimm es nicht als etwas, womit du dich nicht beschäftigen musst. (3) Betrachte es nicht als Funke eines Feuersteins oder das kurze Aufleuchten eines Blitzes. (4) Versuche nicht, seine Bedeutung aufzuspüren. (5) Versuche nicht, es aus dem Zusammenhang, in dem ich es erwähnt habe, zu verstehen.« »Es ist nicht Geist, es ist nicht Buddha, es ist kein Ding – also: Was ist es dann?« [111]

Aufgrund seiner eigenen Erleuchtungserfahrung verstand es Dahui, sich in Miaodaos Annäherung an ihr eigenes Erwachen einzufühlen. Er spürte aber auch, dass es noch nicht vollständig war. Mit einem lauten Schrei rüttelte er sie auf und machte ihr bewusst, dass es noch tiefere Schichten aufzudecken galt. Später berichtete Dahui Miaodao davon, wie eine Frau, die sich mit seinem Lehrer geschult hatte, den Durchbruch erzielt hatte:

> Dann berichtete ich ihr [von einer Frau], Jishou Daojen, in Szechuan, die mit dem alten Mönch [Yuanwu] praktizierte ... Er instruierte sie, »Es ist nicht Geist, es ist nicht Buddha, es ist kein Ding – also: Was ist es dann?« zu untersuchen. Das ging einige Jahre so, ohne dass sie einen Einlass fand. Eines Tages sagte sie zu dem alten Mönch: »Ich habe diesen Ausspruch betrachtet, finde jedoch keinen Zugang. Habt Ihr kein anderes geschicktes

> Mittel?« Der alte Mönch erwiderte: »Wenn ich dich frage: ›Was ist es?‹, dann sage etwas.« Daraufhin nahm er den Wedel zur Hand, zeigte ihn ihr und sagte: »Es ist nicht Geist, es ist nicht Buddha, es ist kein Ding«, ließ aber den Satz »Also: Was ist es dann?« weg. Da verstand sie plötzlich.
>
> Nach einer Weile kam sie [Miaodao] wieder, verneigte sich und sagte: »Ich habe wirklich Zugang gefunden.« Man kann sagen, dass ich sie wie ein geliebtes Kind gehätschelt habe. Ich hörte auf, ihren Pfad zu blockieren, und öffnete einen Weg, der vor ihr lag. Ich fragte sie: »Es ist nicht Geist, es ist nicht Buddha, es ist kein Ding. Wie verstehst du das?« [Sie] antwortete: »Ich verstehe nur in dieser Weise.« Bevor ihre Stimme verklungen war, sagte ich: »›Verstehe nur in dieser Weise‹ ist extra.« Plötzlich war es ihr klar. In all den Jahren, seit ich den Sitz eingenommen habe und anfing zu lehren, war sie die erste, der es gelang, Chan zu durchdringen.[112]

Wenn wir Dahuis Darstellung Glauben schenken können, akzeptierte Miaodao vertrauensvoll seine Führung. Wir erfahren auch, dass der Moment des Erwachens ein geteilter Moment war. Die Einsicht ereignete sich, als Dahui sein eigenes Verständnis mit seiner Schülerin teilte; dazu musste sie ihm allerdings auf einer Stufe begegnen. Gemeinsam waren sie sich der großen Wirklichkeit bewusst.

Miaodaos Lehren

Nach ihrem Erwachen bestätigte Dahui Miaodao als Lehrerin. Sie wurde Äbtissin eines Nonnenklosters in ihrer Geburtsstadt; später zog sie in zwei weitere Konvente und lebte schließlich im

Kloster Jingzhu, wo sie auch starb. Offiziell hinterließ sie keine Dharma-Erbinnen, obwohl Jingzhu für seine weibliche Zen-Übertragungslinie bekannt ist und Dahui mehrere Frauen erwähnt, die mit ihr praktizierten.

Einige Dharma-Vorträge Miaodaos sind im *Lien teng huiyao* dokumentiert. Den ersten, den wir hier vorstellen, hielt sie aus Anlass ihrer Einsetzung als Äbtissin. Bei dieser Gelegenheit stellen SchülerInnen und Ehrengäste Fragen, um das Verständnis der neuen Äbtissin oder des neuen Abtes zu testen.

> Ein Mönch fragte: »Wenn Wörter die Angelegenheit weder berühren noch den Hörer erreichen, was dann?« Die Lehrerin [Miaodao] entgegnete: »Bevor du zu Ende geschissen hast, bist du ins Loch gefallen.«
> [Miaodao] fügte hinzu: »Stell nicht zu viele Fragen. Selbst wenn du wortreich argumentieren könntest und dein Verstand ausreichen würde, um Berge zu versetzen, werden dir diese [Fähigkeiten] innerhalb der Tore der Sangha nicht viel nutzen. Bevor Buddha erschien, gab es ursprünglich nichts zu tun.«[113]

Miaodao, die für ihr literarisches Talent bekannt war, fiel nicht in die Falle verbaler Erklärungen, als ein Mönch sie mit seiner wortreichen Frage herausforderte. Sie sprach den Mönch persönlich und direkt an: »Was machst du eigentlich? Du fällst in das Scheißloch, bevor du überhaupt irgendetwas von Wert produziert hast.« Seine Frage war selbst so »beschissen«, denn sie sollte damit ausgetrickst oder verwirrt werden. Die Frage hatte einfach keine Substanz.

Der Rat, den sie dann noch gab, war schneidend: »Selbst wenn du wortreich argumentieren könntest ...« Sie legte das Gegenteil nahe, nämlich dass dieser Mönch, der sich für so gewitzt hielt, überhaupt nicht wortreich argumentieren konnte. Doch, so fügte sie hinzu, selbst wenn du wortgewandt *wärest*, brauchst du das nicht innerhalb der Sangha. Was wir zum Wohle der Sangha hervorbringen wollen, ist der wahre Geist, der Geist, der Buddhas Kommen und Gehen vorangeht.

Miaodaos zweiter Dharma-Vortrag zeigt ihren geschliffenen Stil, der zugleich direkt und poetisch ist:

> Wenn das, worüber wir reden, die Begegnung zweier Menschen auf tiefster Ebene ist, gibt es keine Notwendigkeit [für mich], diesen hohen Sitz zu erklimmen. Aber Dharmas erscheinen nicht abgetrennt; ihr Erscheinen beruht auf Ursachen und Bedingungen. Und da die Waage [der Autorität] heute in meiner Hand liegt, gehe ich auf alle Veränderungen ein, die sich im Moment ergeben, halte fest und lasse los, rolle nach oben und rolle nach unten und tue das mit großer Freiheit …
> Überhaupt ist jeder Mensch in jeder Hinsicht vollkommen, jedes Ding ist vollständig und [das, was vollkommen und vollständig ist,] bedeckt die Erde und berührt den Himmel. Die Augen sind waagerecht, die Nase senkrecht. Der Frühling strömt durch die 10 000 Pflanzen; der Mond bricht sich in 1 000 Wellen. Es gibt weder Mangel noch Überfluss.[114]

Miaodao beschreibt klar und deutlich ihren Prozess des Lehrens. Wie kommen wir, aufgrund der unterschiedlichen Bedingungen unseres Lebens, zusammen und bringen den Dharma hervor? Was existiert, bevor zwei Menschen sich begegnen? Wie bringen wir den Dharma hervor und lassen ihn zwischen uns fließen? Miaodao wandte jetzt dieselben Methoden an, wie Dahui es getan hatte, um sie darin zu unterstützen, ihre eigene Einsicht zu vertiefen. Es gibt die Blockade – kein Durchgang – und es gibt die Öffnung, wenn es für die Schülerin an der Zeit ist, hindurchzugehen. Sie setzte Dahuis Methoden ein, indem sie selbst Stärke und Weisheit verkörperte – und nicht, indem sie ihn ehrerbietig zitierte. Ihr Stil war ganz deutlich von der Zeit mit ihm geprägt.

Von besonderem Interesse ist der Ausdruck: »Die Augen sind waagerecht, die Nase senkrecht.« Zen-Meister Dogen benutzte einhundert Jahre später genau die gleichen Worte: »Ich habe nicht zu viele Chan-Klöster besucht, habe aber mit dem alten Meister Juching studiert und erkannt, dass die Augen waagerecht sind und die Nase senkrecht ... So kehre ich mit leeren Händen nach Hause zurück.«[115]

Wir wissen nicht, wann und wo Dogen diesen Ausdruck erstmals vernommen hatte. Wurde er schon vor Miaodao benutzt? Hat Dogen ihn von jemandem gehört, der Miaodao zitierte? Es ist wunderbar, wie das Dharma von männlichen und weiblichen Vorfahren über die Jahrhunderte klar und gleichbleibend übermittelt wurde.

Koreanische Zen-Nonnen

Koreanische Nonnen können auf eine lange Geschichte zurückblicken, aber die Wechselhaftigkeit der Unterstützung des Buddhismus in Korea sowie viele Kriege haben die Überlieferungen des gesamten koreanischen Zen (Son) dezimiert. Glücklicherweise hat die koreanische Wissenschaftlerin Young Mi Kim die Überlieferungen von Frauen neu zu erschließen begonnen, insbesondere Quellen zu zwei buddhistischen Nonnen aus der Koryo-Periode (918-1392), Yoyeon und Wangdoin, und ihrer

Praxisbeziehung zu dem »Lehrer der Nation« Hyesim (1178-1234).

Darüber hinaus können wir durch Samu Sunims Zeitschrift *Spring Wind* die Geschichte der Zen-Meisterin Manseong Sunim kennenlernen. Frühe Witwenschaft, Härten und Armut, ihre Aufrichtigkeit und letztendlich ihre Führungsstärke sowie ihre Beziehung zu einem bedeutenden Zen-Meister, Man'gong Sunim (1871-1946), beschreiben stichwortartig ihr Leben.

Alle drei zen-praktizierenden koreanischen Frauen – Wangdoin, Yoyeon und Manseong – waren Schülerinnen anerkannter Meister, die eine positive Haltung dazu einnahmen, Frauen zu lehren.

*Hyesim und seine Schülerinnen: die Nonnen **Yoyeong** und **Wangdoin***

Hyesim war Nachfolger des großen koreanischen Lehrers Chinul (1158-1210). Robert Buswell vertritt in *The Korean Approach to Zen*, dass Chinul seine Schule begründet und ein Kloster errichtet habe, um die Sutra- und die Zen-Richtungen miteinander zu vereinen; seine Schule blühte jedoch erst unter Hyesims Führung. Chinul und Hyesim waren beide von den Überlieferungen Dahuis geprägt, die in Korea bekannt waren. Dahui hatte die Koan-Praxis zum Zwecke des plötzlichen Erwachens verfeinert, und Chinul und Hyesim entwickelten diese Methode in Korea weiter. Chinul glaubte, Koans seien nur für Menschen mit bestimmten Begabungen hilfreich. Hyesim jedoch scheint den Gebrauch von Koans für alle Menschen unterstützt zu haben und hinterließ eine Sammlung von mehr als 1 700 von ihnen, das *Seonmun Yeomsung*.

Hyesim glaubte, dass Erleuchtung nicht von bestimmten Bedingungen, wie Geschlecht, sozialer Stellung oder gar Ordination, abhängig war. Wenn Frauen ihm von ihrem Interesse an Zen, aber auch von der Unmöglichkeit, sich ihren familiären Verpflichtungen zu entziehen, berichteten, regte er sie dazu an, durch den Tag hindurch mit einem Koan zu praktizieren. Er ermutigte sowohl laienpraktizierende Frauen als auch seine Nonnen, mit dem Verständnis zu praktizieren, dass Frauen die Erleuchtung in ihrem eigenen Körper erlangen können – es war nicht nötig, dazu in einem männlichen Körper wiedergeboren zu werden, wie es zu jener Zeit meist gelehrt wurde.

Wie schon Dahui, unterwies auch Hyesim seine Nonnen mithilfe von Geschichten über das, was andere Frauen erreicht hatten. Eine dieser Nonnen hieß Yoyeon. *Yoyeon* ist die wortwörtliche koreanische Übersetzung des chinesischen Zeichens für den Namen *Moshan* (der wir bereits in »Das Zen der Frauen« begegnet sind). Hyesim erzählte Yoyeon die Geschichte, wie Moshan einen Schnösel von Mönch in seine Schranken verwiesen hatte. Dann sagte er zu ihr: »Da die Yoyeon aus alter Zeit zu diesen Dingen fähig war, wozu wird diese Yoyeon fähig sein?«[116] Wieder sehen wir, wie ein geschickter Zen-Meister eine Frau unterstützte, indem er ihr die Leistungen anderer Frauen als Beispiel aufzeigte.

Wangdoin, eine weitere Nonne, die mit Hyesim praktizierte, ließ sich ordinieren, nachdem sie 1219 Witwe geworden war. Sie, die Tochter König Kanjongs[117], war mit Choi Chung Heon verheiratet, einem Gegner ihres Vaters. Sie fühlte sich in einem schrecklichen Konflikt gefangen und korrespondierte mit Hyesim über ihren Wunsch, zu praktizieren und die Erleuchtung inmitten ihres turbulenten Lebens zu verwirklichen. Sie war der

Ansicht, ihr Karma verhindere eine eher formale Praxis, und bat Hyesim um Rat. Hyesim antwortete mit Verständnis und Klarheit: »Eure Inbrunst ist deutlich, ... zum Glück gibt es die Lehren der Heiligen aus alter Zeit. Es wird Euch dienlich sein, mit einem alten *kongan* [Koan] zu praktizieren.« Hyesim gab ihr das Koan »Mu« oder »Zhaozhous Hund«.[118] Er riet ihr, inmitten ihrer Lebensumstände über dieses Koan zu meditieren.

Anders als viele koreanische Zen-Lehrer vor und nach ihm, unterstützte Hyesim die Praxis von Frauen, lehrte Schülerinnen und erlaubte Frauen, an den jährlichen Meditationsretreats im Sommer teilzunehmen. Auch wenn die Quellen leider spärlich sind, wird deutlich, dass er Frauen streng schulte und die gleichen traditionellen Methoden anwandte wie bei seinen Mönchen.

Die Nonne Manseong *und ihr Lehrer Man'gong*

Manseong Sunim (1897-1975), die den Geburtsnamen Unja Kim trug, war die einzige Tochter einer Familie und wurde verheiratet, als sie volljährig war. Ihr Mann starb nur wenige Jahre nach der Hochzeit, was sie in tiefe Depressionen stürzte. Ihre Trauer war so groß, dass sie den Zen-Meister Hanam (1876-1951) um eine »spirituelle Begegnung«, eine Séance, mit ihrem verstorbenen Mann bat. Damals wurde der Wunsch nach einer Wiederbegegnung mit einem geliebten Verstorbenen in Korea nicht als ungewöhnlich betrachtet. Zen-Meister Hanam versprach ihr, sie werde ihrem Mann wiederbegegnen, wenn sie der Welt entsagen und Nonne werden würde. Auch wenn Unja auf eine spiritistische Zeremonie gehofft hatte, trösteten Hanams Worte sie, obwohl sie diese weder verstand noch mit ihnen übereinstimmte. Sie ließ sich nicht sofort ordinieren, aber Jahre später sah sie sich in einem Traum in Nonnenroben gekleidet und begann, ernsthaft über diesen Schritt nachzudenken. Zu diesem Zeitpunkt hatte ihr Schmerz über den Verlust ihres Mannes nachgelassen. Als sie hörte, dass Meister Man'gong (1871-1946) in ihrer Gegend lehrte, suchte sie ihn auf.

Meister Man'gong war einer der herausragenden Zen-Lehrer seiner Zeit, der sich für die Erhaltung und Wiederbelebung des koreanischen Zen während und nach der japanischen Besatzungszeit (1910-45) engagierte. Buddhistische Missionare und Verwaltungsbeamte aus Japan hatten die Situation im Land ausgenutzt und versucht, die koreanischen Zen-Traditionen zu zerstören und durch japanische zu ersetzen. Man'gong war tonangebend in den Bemühungen, die koreanischen Zen-Traditionen, die unter der Besatzung gelitten hatten, wiederauferstehen zu lassen. Manseong ersuchte um seine Anleitung.

Man'gong wusste, dass es ihm nicht erlaubt war, eine Nonne zu ordinieren; er war aber davon überzeugt, dass ihr Wunsch, ordiniert zu werden, sehr tief war. Ihre Beziehung zeigt, wie ein erleuchteter männlicher Zen-Meister die Praxis einer Frau kreativ unterstützte. Als er Manseong ordinierte, stellte er eine Gedenkstele für seine verstorbene Mutter auf, als Platzhalterin für eine hochrangige Nonne, die die Ordination hätte durchführen dürfen. In diesen vom Krieg gezeichneten Jahren war es schwierig, eine Nonne zu finden, die Manseong hätte ordinieren können. Es ist anzunehmen, dass sich in Manseongs Zeremonie keine Zen-Meisterinnen befanden, um die Gemeinschaft ordinierter Frauen zu repräsentieren. Indem Man'gong sich bei der Ordination auf seine Mutter Uiseon Sunim berief, folgte er einer überlieferten Tradition des Nonnenordens. Es handelte sich dabei um eine Ordination (die auf Koreanisch *wip'ae sangjwa* genannt wird), in der eine Schülerin mit einer verstorbenen Lehrerin (hier Man'gongs Mutter, die Nonne gewesen war) in Beziehung tritt, wobei ein Priester oder eine Priesterin (in diesem Fall Man'gong) als Vermittler auftritt. Auf diese Weise verband Man'gong Manseong mit ihren weiblichen Wurzeln, ehrte die Praxis seiner Mutter und machte es möglich, dass der uralte Nonnenorden authentisch wiederaufleben konnte.[119]

Manseong begann ihre formale Schulung, indem sie mit Man'gong in seiner Einsiedelei auf einer kleinen Insel Koans studierte. Sie wechselte zwischen Sitz- und Gehmeditation, legte sich jedoch niemals hin. Nach mehreren Wochen dieser intensiven Praxis fing sie an, physisch zusammenzubrechen. Sie zeigte Anzeichen der »Zazen-Erkrankung« (Koreanisch: *sanggi*)[120], die in der chinesischen Medizin als ein Übermaß an Hitze und Energie im Kopf aufgefasst wird, ließ in ihrer Praxis jedoch nicht nach. Man'gong empfahl ihr tiefe Bauchatmung bei langsamem Gehen. Außerdem rezitierte sie einhundert Tage lang, um ihren Geist zu klären.

Manseong brauchte fünf Jahre, um ihre Schulung mit Man'gong abzuschließen. Nach seinem Tod 1946 ging sie auf Pilgerreise, um ihre Praxis zu vertiefen. Eine überlieferte Episode aus dieser Zeit handelt davon, wie sie sich einem Zen-Meister näherte, ihren Fuß auf seinen stellte und fragte: »Wessen Fuß ist das?« Ihre Frage zeigt ihre Einsicht und ihr Vertrauen auf konzeptloses Gewahrsein, das sie in ihrer Koan-Praxis entwickelt hatte. »Kannst Du mir etwas über diesen Fuß sagen, was über die oberflächliche Benennung von ›mein‹ und ›dein‹ hinausgeht?« Sie zeigte entschlossen und unerschrocken ihre Einsicht, und zugleich stellte sie den Lehrer, dem sie begegnete, auf die Probe. Sie demonstrierte aber auch, dass sie vor direktem körperlichen Kontakt nicht zurückschreckte und die Selbstsicherheit hatte, einen männlichen Meister spontan und eindringlich herauszufordern – wie wird er in diesem Moment reagieren? Mutig und unverstellt, hatte sie die Absicht, zu lehren oder belehrt zu werden.

Manseongs Lehren

Manseong überlebte den Koreakrieg, der 1950 ausbrach, und zog schließlich 1955 in das Nonnenkloster Taesong in der Nähe von Pusan. Während ihrer Zeit dort zog sie viele Nonnen aus ganz Korea an und wurde zu einer lebendigen Verkörperung des Dharma. Sie heizte ihren Tempel nicht und empfahl ihren Schülerinnen, auf Bettzeug zu verzichten. Sie vertraute auf eine äußerst strenge Zen-Praxis als Mittel zur Erleuchtung. Korea war zu jener Zeit sehr arm und es gab nur sehr wenig. Es fällt schwer zu entscheiden, ob Manseongs Strenge Ausdruck von »Macho-Zen« war oder eine Reaktion auf schwierige Zeiten. Ihre rigorosen Methoden brachten ihr den Spitznamen »Knorriger Stock« ein. Aber obwohl ihre Lehrmethoden streng waren, war sie auch dafür bekannt, dass sie sich mit Mitgefühl und Sorge um ihre Nonnen und das Kloster kümmerte; kein Zentimeter des Bodens, den sie nicht mit eigenen Händen bearbeitet hätte. Ihr Tempel, der zuvor nur über bescheidene finanzielle Mittel verfügt hatte, zog durch ihr überzeugendes Lehren viele finanzielle Förderer an.

Manseong ist für ihr einfaches und direktes Lehren in Vorträgen und in der Arbeitspraxis bekannt. Einmal fragte sie eine Nonne: »Wie verwirkliche ich den Weg Buddhas?« »Keine Verwirklichung«, entgegnete Manseong Sunim knapp. Die

Nonne ließ allerdings nicht locker: »Aber wie erreicht man die Befreiung aus dem Kreislauf von Geburt und Tod?« »Wer kettet dich an Geburt und Tod?«, wurde sie zurückgefragt.[121]

Bei einer anderen Gelegenheit fragte eine Nonne: »Wie lange dauert es, bis ein fühlendes Wesen Buddha wird?« »Es gibt kein fühlendes Wesen und keine Notwendigkeit, Buddha zu werden«, entgegnete Manseong. Die arme Nonne war schockiert. Aber als sie sich einen Moment später wieder erholt hatte, »leuchtete« etwas in ihr aus einem plötzlichen Verständnis heraus, und sie verneigte sich.[122]

In diesem Dialog zeigte die Nonne, dass ihr Denken in begrifflichen Unterscheidungen steckenblieb: Es gibt Buddhas, es gibt fühlende Wesen und es gibt die Zeit. Mit einem mächtigen Ausbruch trifft Manseong ihre Schülerin, die daraufhin diese Unterscheidungen durchbrechen kann.

Eines Tages ging Manseong Sunim zu mehreren Nonnen, die Sojabohnen für Tofu mahlten und wollte wissen: »Ist es eure Hand oder der Mahlstein, der sich dreht?«[123] Manseong half den Nonnen, inmitten ihres Alltags aufzuwachen. Fabriziert ihr Konzepte, während ihr Sojabohnen mahlt, und vertieft eure Illusionen, indem ihr in der konventionellen Wirklichkeit an aufspaltenden Ideen festhaltet? Dieser Dialog erinnert an Miaoxins Frage an die Mönche: »Wind bewegt sich nicht; die Fahne bewegt sich nicht; der Geist bewegt sich nicht – was bewegt sich?«

Manseongs letzter Wunsch war es, ins Meer geworfen und danach nicht mehr erwähnt zu werden. Sie setzte selbst ihren eigenen Tod ein, um zu lehren – nichts kann festgehalten werden; findet eure eigene Wahrheit. Dennoch widersetzten sich ihre Schülerinnen ihrem letzten Wunsch und verbrannten sie nach einer offiziellen Trauerfeier. Sie drückten so ihren Respekt gegenüber ihrer Lehrerin und ihren Lehren aus, auch wenn sie dem Wortlaut ihrer Bitte nicht folgten. Wir können diesen Schritt auch so verstehen, dass die Nonnen schließlich ihrer eigenen Autorität und ihrer inneren Weisheit vertrauten.

Manseong Sunims Entwicklung unter den chaotischen Bedingungen nach Ende des Zweiten Weltkriegs wäre ohne die Unterstützung Man'gongs nicht möglich gewesen. Er bestand auf einem hohen Schulungsniveau und gab ihr ein Koan, das all ihre Kräfte beanspruchte. Doch als sie Schwäche zeigte, lehrte Man'gong sie, mit ihren körperlichen Schwierigkeiten zurechtzukommen und ihren Weg zum Erwachen zu Ende zu gehen. Wir erkennen Man'gongs Geschick; er sah in ihr beides: ihre Fähigkeit und ihr Bedürfnis, dem Nonnenorden beizutreten. Man'gong war zugleich streng und unterstützend. Seine Anleitung war für ihre Entwicklung als Lehrerin äußerst wichtig.

Japans große Äbtissin Ryonen Genso *und ihr Lehrer Obaku Hakuo*

Ryonen Genso (1646-1711) war eine außergewöhnliche und sehr bekannte japanische Zen-Lehrerin, die mit einem männlichen Zen-Meister praktizierte. Die Beziehung zu ihrem Lehrer verdeutlicht, wie ein männlicher Meister die Regeln bricht, um die Entwicklung einer vielversprechenden Schülerin zu fördern. Ryonens Beispiel zeigt auch, wie das Vorbild einer früheren weiblichen Zen-Meisterin, Mugai Nyodai, ihren erfolgreichen Eintritt in ein Männerkloster unterstützt haben mag.

Ryonen kam 1646 in Fusa, direkt vor den Toren des Sen'yuji, eines kaiserlichen Tempels in Kyoto, zur Welt. Beide Eltern nahmen am Leben des Kaiserhofs teil.[124] Ihr Vater war ein Laie, der in der Rinzai-Schule praktizierte. Ihre Mutter diente der Frau des Kaisers, Tofukumonin, und ihre Großmutter war die Amme des Kaisers Gomizuno'o. Nachdem Tofukumonin ihre acht Jahre alte Enkelin Yoshi no Kimi (1643-1676) nach dem Tod ihrer jung verstorbenen Mutter aufziehen musste, kam die junge Ryonen, die zu jener Zeit noch Fusa hieß, um 1652 als Spielgefährtin an den Hof, bis die Prinzessin etwa zehn Jahre später verheiratet wurde.

Ryonen wurde zwischen ihrem sechsten und 16. Lebensjahr mit der Zen-Kultur der kaiserlichen Familie vertraut gemacht. Sowohl Kaiserin Tofukumonin als auch Kaiser Gomizuno'o waren gläubige Buddhisten.[125] Bevor Ryonen als Gefährtin der achtjährigen Yoshi no Kimi an den Kaiserhof kam, war der Kaiser aufgrund von Unstimmigkeiten wegen seiner Unterstützung der Zen-Meister von Daitokuji und Myoshinji zurückgetreten.[126] Yoshi no Kimis Großmutter, die Kaiserin Tofukumonin, legte ebenfalls ihr Amt als Kaiserin nieder und ließ sich als Zen-Nonne ordinieren.

Die noch junge Fusa hörte nicht nur Vorträge der herausragenden Zen-Meister ihrer Zeit, sondern wurde auch mit der Förderung der Praxis von Frauen bekannt gemacht, die in der kaiserlichen Familie einen hohen Stellenwert einnahm. Acht der dreizehn Töchter des Kaisers Gomizuno'o und dreizehn seiner Enkelinnen wurden Äbtissinnen.[127] Gomizuno'o war nicht nur an seiner eigenen spirituellen Entwicklung interessiert, sondern unterstützte ausdrücklich die Zen-Praxis beider Geschlechter. Ryonen profitierte zweifelsohne von der offenen Haltung des Kaisers und dem Interesse seiner Familie am Zen.

Zu Ryonens Lebzeiten prägte das starre Klassensystem der Tokugawa-Epoche (1615-1867) alle beruflichen Aktivitäten,

Bildungschancen, die Wahl des Ehepartners und gab sogar eine feste Kleiderordnung vor. Die Erwartungen ihrer Familie und die Anforderung des Klassensystems der Tokugawa standen in direktem Gegensatz zu Ryonens Wunsch nach einer formalen Zen-Schulung. Als Spielgefährtin einer Enkelin der Kaiserin,[128] der Ryonens Mutter zuvor gedient hatte, wurde von ihr erwartet, die Position ihrer Mutter bei Hofe einzunehmen. Nach ihrem Dienst am kaiserlichen Hof würde Ryonen in eine arrangierte Ehe mit einem Adeligen aus einer standesgemäßen Familie eintreten. Von ihr erwartete man dann, Kinder zur Welt zu bringen und ihr Leben in den Grenzen ihres Heims zu verbringen. Ihr wäre gestattet worden, Gedichte zu verfassen, und unter Umständen würde sie Teezeremonie oder Kalligrafie praktizieren. Nur zu diesen Zwecken wurde Ryonen umfassend in den Künsten ausgebildet, die ihren Lebensweg begleiten sollten. Diese und nur diese Aktivitäten waren ihr erlaubt.

Ryonen war 16, als sie 1662 heiratete. Mit ihrem Mann hatte sie zumindest ein Kind; er war allerdings auch der Vater von Kindern, die er mit seiner »Zweitfrau«, einer Konkubine, hatte. Nach zehn Jahren verließ Ryonen ihren Mann; ihre Biografen vermuten, dass es eine frühere Einigung zu diesem Schritt gegeben haben muss. Ihr Kind oder ihre Kinder wurden der Obhut der Konkubine überlassen. Ryonen ist eine der wenigen Frauen, deren Auszug in die Hauslosigkeit an die des Buddha erinnert; sie verließ ihr Heim, Mann und Kinder, um sich buddhistischer Praxis zu widmen. Wir wissen nicht, wie sich die Beziehung zu ihren Kindern weiterhin gestaltete; wir wissen aber, dass sie bestand. (Ryonens Auszug in die Hauslosigkeit wird im nächsten Kapitel eingehender betrachtet.)

Ryonen, die noch immer Fusa hieß, kehrte um 1672 an den

kaiserlichen Tempel Hokyo zurück. Vier Jahre später, nachdem ihre Kindheitsfreundin Yoshi no Kimi, die kaiserliche Prinzessin, verstorben war, ließ sich Fusa, die jetzt 30 Jahre alt war, ordinieren und erhielt von Richu-ni, der Äbtissin des Rinzai-Tempels Hokyo, ihren Dharma-Namen Ryonen Genso (Schwelende Einsicht, Ursprüngliche Ganzheit). Richu-ni war eine Tochter Gomizuno'os. Ryonen wurde damit formell in das kaiserliche Nonnenkloster Hokyo aufgenommen und verbrachte dort zwei weitere Jahre.

Die kaiserlichen Nonnenklöster standen nur Töchtern des Kaisers und des Adels offen. Es gab in ihnen zwar ein gewisses religiöses Leben, jedoch keine strenge Zen-Praxis und auch nicht die Möglichkeit, in engem Kontakt mit einem erleuchteten Zen-Meister zu arbeiten. Nachdem sie sechs Jahre lang im Hokyoji praktiziert hatte, war Ryonen enttäuscht von diesem »Frauentempel«, und sie verließ diesen sicheren Ort, um in Edo (Tokio) angemessenere Praxismöglichkeiten zu finden. Vielleicht hatte sie sich mit ihren beiden Brüdern, die Zen-Priester waren, über die Zen-Schulung ausgetauscht und entschieden, dass Hokyoji nicht der richtige Ort war. Fest steht jedoch, dass sie die Sicherheit des Bekannten zurückließ, um sich auf einen unbekannten Weg zu begeben; sie verließ das Nest der Frauenpraxis, um einem erleuchteten Zen-Meister zu begegnen.

Bis dahin war Ryonen den Verhaltensregeln für Frauen gefolgt – indem sie in einem kaiserlichen Kloster praktizierte, hatte sie einen für eine Adelige anerkannten Lebensweg eingeschlagen. Jetzt aber verließ sie die ausgetretenen Pfade und begann, unbekanntes Terrain zu erforschen. Ihr Auszug aus dem Heim sowie der Wunsch, in ein männliches Kloster einzutreten, wirft die Frage auf, was Ryonen veranlasst haben mag, ein Leben der

Unterwerfung in eine der Selbstverwirklichung folgende Existenz zu verwandeln. Sie selbst beschrieb ihre Hinwendung zur Zen-Praxis wie folgt: »In jungen Jahren diente ich Yoshi no Kimi, der Enkelin Tofukumonins, einer Anhängerin des kaiserlichen Tempels Hokyo. Vor Kurzem verstarb diese; obwohl ich verstehe, dass dies die Gesetze der Natur sind, berührte mich die Unbeständigkeit der Welt doch tief, und ich traf den Entschluss, Nonne zu werden.«[129]

Anerkannte Zen-Meister fanden sich vornehmlich in männlichen Institutionen. Ryonen hatte bereits die Sicherheit ihres Familienlebens aufgegeben, ohne sicher sein zu können, dass sie das, was sie suchte, im Nonnenkloster finden würde. Jetzt verließ sie auch noch das Nonnenkloster und gab damit die einzige Möglichkeit zur Praxis auf, zu der sie offiziell berechtigt war. Es war vollkommen unklar, ob sie in einem Männerkloster Aufnahme fände. Es gibt keinerlei historische Belege dafür, dass Frauen zu Ryonens Lebzeiten in Männerklöster eintreten konnten, was ihr sicherlich bekannt war. Was gab ihr also die Zuversicht, dass ein Lehrer gerade in einer Zeit strengster Reglementierungen die Regeln brechen und sie aufnehmen würde? Auch wenn die authentische Praxis des Zen alle Wesen zur Befreiung führen will, waren Frauen in der Tokugawa-Zeit von der monastischen Zen-Schulung ausgeschlossen. Keine Autorität, kein Gesetz würden sich für sie einsetzen. Es ist jedoch wahrscheinlich, dass Ryonen während ihrer Zeit im Hokyoji von der Lebensgeschichte und den Lehren Mugai Nyodais inspiriert wurde, der Gründerin der kaiserlichen Nonnenklöster (einschließlich Hokyoji).

Da Mugai Nyodai die offizielle Gründerin des Hokyoji war und Ryonen dort praktizierte, waren ihr Nyodais Lehren sicherlich bekannt. Wir haben bereits gesehen, dass sich in Nyodais

Schulung im Tofukuji zwei wiederkehrende Themen für frühe Frauen des Zen zeigten: ihr Ausschluss aus männlichen Institutionen aufgrund angeblicher Unschicklichkeit sowie ihr stilles, aber dramatisches Ringen um Aufnahme in ein Kloster.

Überlieferungen der kaiserlichen Nonnenklöster berichten von Mugai Nyodais Begegnung mit dem berühmten Begründer des Tofukuji, Enni Benen.[130] Anfangs hatte Zen-Meister Enni Benen Mugai Nyodai erlaubt, in seinem Kloster zu praktizieren, aber als seine Schüler protestierten, wurde diese Einladung zurückgezogen. Mugai Nyodai stammte aus einer wohlhabenden Familie und bot als Anreiz den Bau eines Nonnenklosters auf dem Gelände des Tofukuji an, aber auch das konnte die Mönche nicht umstimmen. Als Enni Benen seine Einladung zurückzog, verunstaltete sie ihr Gesicht mit einem glühenden Eisen, um Einlass in das Kloster zu erhalten.[131] Ihre Selbstverstümmelung war eine Demonstration ihrer Ernsthaftigkeit und ihres mangelnden Interesses daran, ihre Verführungskünste einzusetzen. Sie wurde daraufhin aufgenommen.

Ryonen hatte vielleicht Mugai Nyodais Geschichte im Hokyoji kennengelernt und war zu der Überzeugung gekommen, dass eine Frau das Recht hatte, sich einen Lehrer ihrer Wahl auszusuchen, und auch, dass sie als Frau überzeugende Mittel hatte, um ihre Ernsthaftigkeit unter Beweis zu stellen – *falls* sie die Praxis wirklich über alles andere stellte. Ryonen musste nicht nur einen adäquaten Lehrer finden, sondern ihn auch davon überzeugen, dass sie eine würdige Schülerin war. Diese Begegnung zwischen LehrerIn und SchülerIn, die im Zen als das Aufeinandertreffen zweier Pfeilspitzen im Flug beschrieben wird, transzendiert idealerweise alle kulturellen, familiären und rechtlichen Beschränkungen und ist Ausdruck unseres tiefsten spirituellen

Verlangens. Wir haben keine Aufzeichnungen von Ryonens Überlegungen oder Plänen, aber ihr Handeln spricht eine klare Sprache und zeigt eine ihrer tiefsten Lehren auf, die ich wie folgt ausdrücken würde: »Meine Lebensumstände werden mich nicht von meiner Absicht abbringen, Zen zu praktizieren.«

So wie Nyodai, wandte sich auch Ryonen an einen Lehrer der Obaku-Schule des Zen, was ihre hohen Maßstäbe und ihr umfassendes Wissen über die Zen-Gemeinschaften ihrer Zeit belegt. Obaku-Zen war von chinesischen Priestern[132], die nach Japan gekommen waren, begründet worden und blühte zu Ryonens Lebzeiten. Obaku, im Gegensatz zur Rinzai- und zur Soto-Schule des Japans des 17. Jahrhunderts, war nicht in einem reinen Intellektualismus erstarrt und bot eine Alternative zu der stilisierten Zen-Praxis anderer Zen-Schulen. Obwohl Ryonens Vater in einem Rinzai-Tempel praktiziert hatte, studierten ihre beiden Brüder mit Obaku-Lehrern, und sie selbst hatte Vertreter dieser Schule kennengelernt, während sie der kaiserlichen Familie diente. Kaiser Gomizuno'o war selbst ein Anhänger des Obaku und Dharma-Erbe in dieser Linie. Zweifellos verstand Ryonen die Unterschiede der verschiedenen Zen-Schulen und wollte in der überzeugendsten studieren.

Ryonen wandte sich insbesondere an Nachfolger des Obaku-Meisters Mokuan (1611-1684). Mokuan war ein einflussreicher Lehrer gewesen, der viel dazu beigetragen hatte, das Obaku-Zen zu stärken. Seine Strenge hatte ihm den Spitznamen »Daruma-san« eingebracht, nach Bodhidharma, dem berühmten ersten chinesischen Patriarchen des Zen. Ryonen wandte sich zuerst an den anerkannten Meister Obaku Tetsugyo (1628-1684) im Kofuku-Tempel in Kamakura, der sie jedoch nicht vorließ. Unbeeindruckt suchte sie dann um die Erlaubnis nach, mit dem weniger bekannten Hakuo Dotai (gest. 1682) in Daikyu-an, einer kleinen Zen-Einsiedelei, zu studieren.

Ryonen ist die einzige in diesem Buch vorgestellte Nonne, über deren Lebensumstände wir mehr wissen als über die ihres Meisters. Hakuo war als Dharma-Erbe Mokuans hochqualifiziert; sein Vater war im Taiun-Tempel gewesen. Buddhistische Praxis prägte seine Familiengeschichte. Am bekanntesten ist Hakuo jedoch als Lehrer Ryonen Gensos geworden.

Stellen wir uns Ryonen vor: Sie ist (um 1678) 32 Jahre alt, als sie auf ihre Obaku-Pilgerreise geht, mit geschorenem Kopf und in den schwarzen Roben einer Zen-Nonne. Sie hatte bereits sechs Jahre im Hokyoji praktiziert, dem kaiserlichen Kloster in Kyoto, als sie Hakuo erstmals begegnete. »Ich schor meinen Kopf, färbte meine Roben schwarz und ging auf Pilgerreise nach Edo«, schreibt sie. »Dort wurde ich vom Mönch Hakuo der Obaku-Schule empfangen. Ich berichtete ihm von meiner tiefen Verehrung für den Buddhismus seit meinen Kindheitstagen, aber Hakuo entgegnete, obwohl ihm meine aufrichtige Absicht bewusst sei, könne ich doch nicht meiner weiblichen Erscheinung entkommen.«[133]

Nachdem er sie angehört und ihre Aufrichtigkeit honoriert hatte, sprach Hakuo ganz offen darüber, worin das Problem bestand. Er zitierte keine buddhistischen Schriften, sondern beschrieb einfach nur die Situation: Ihre »weibliche Erscheinung« würde zu Problemen im Tempel führen. Sie verstand, dass er ihre Befähigung erkannt hatte, aber Bedenken hatte, sie aufzunehmen, denn er befürchtete, ihre Schönheit werde die Praxis der Mönche durcheinanderbringen. Man muss Hakuo dafür loben, dass er ihr Verständnis entgegenbrachte und ehrlich seine Bedenken äußerte. Wir haben bereits gesehen, dass dies Stärken sind, die ein Zen-Meister braucht, der mit Schülerinnen arbeitet. Unterstützung ohne Ehrlichkeit ist keine Lösung. Ehrlichkeit und Strenge ohne Mitgefühl bieten keine Hoffnung. Er gab ihr etwas, womit sie arbeiten konnte; sie konnte sich mit seinen Bedenken auseinandersetzen.

Stellen wir uns nun Hakuos Ablehnung aus Ryonens Sicht vor. Sie hatte ihre Kinder aufgegeben, ihren Mann, ihr Zuhause und das Frauenkloster, um diese Reise zu machen. Sie war 32 Jahre alt in einer Zeit, in der es ungewöhnlich war, 50 zu werden. Wenn wir uns in Ryonens Situation versetzen und Hakuos Ablehnung bedenken, können wir die lebendigen, tiefen Fragen entdecken, mit denen Zen sich befasst. Der zeitgenössische Zen-Lehrer Hisamatsu nennt diese *das eine, grundlegende Koan*: »Wenn nichts genügt, was genügt dann?«[134] Wie finden wir unser Gleichgewicht angesichts der Widrigkeiten, die wir unser Leben nennen? Wir stecken oft in Situationen fest, die uns ungerecht erscheinen, die unsere Entwicklung behindern und uns vor unangenehme Entscheidungen stellen. Was würden wir an Ryonens Stelle tun?

Das grundlegende Koan unseres Lebens, vor überwältigenden Hindernissen zu stehen, die unsere spirituelle Entwicklung behindern, kann nur durch aufrichtige Praxis gelöst werden. Zen lehrt eine Transzendenz, die im Annehmen des Unannehmbaren gründet. Nur indem wir annehmen, was wirklich ist, einschließlich der ungerechtesten Umstände, können wir erkennen, *ob wir etwas an unserem Ego verändern können*, um die Wahrheit auszudrücken. Selbst in einer ungerechten Situation stellt sich dann die Frage: »Welchen Anteil habe ich an dieser Behinderung, und worin besteht meine Freiheit?«

In diesem düsteren Moment vertraute Ryonen dem Wesentlichen der Zen Praxis – und dem Beispiel Mugai Nyodais. Lassen Sie uns darüber spekulieren, was sie bedachte, als sie ihre noch vorhandenen Anhaftungen betrachtete. Konnte sie, indem sie tief in ihr Herz blickte, sagen, dass sie wirklich frei war von ihrem Wunsch, attraktiv zu sein? War sie, eine 32-jährige Adelige, die ihr Leben mit der Kultivierung von Schönheit verbracht hatte, wirklich befreit von den Anhaftungen an ihre eigene Schönheit? Es war ihr unmöglich, sich von ihrer Weiblichkeit zu lösen, aber es war ihr nicht unmöglich, ihr *Anhaften* an dieser Weiblichkeit loszulassen. Sie konnte sich von ihrem noch immer vorhandenen Wunsch lösen, attraktiv zu sein. Und so verbrannte auch Ryonen, wie Mugai Nyodai zuvor, ihr Gesicht, um ihren tiefen Wunsch zu praktizieren unter Beweis zu stellen, in einem Moment, in dem Worte allein nicht genügten.

Einige Frauen haben das Glück, ihr Festhalten an ihrer körperlichen Erscheinung im Prozess des Alterns loszulassen. Andere sind eitel bis zum letzten Moment. Ryonen ließ in einem einzigen dramatischen Moment los. Ryonens Lehrer wies darauf hin, dass sie ihrer weiblichen Erscheinung nicht entkommen könne, sie vertraute jedoch darauf, dass sie ihrem Festhalten an dieser weiblichen Erscheinung entkommen konnte – sie erhitzte ein Eisen und presste es an ihr Gesicht.

Mit diesem Schritt erklärte sie, dass sie weder schwach noch unentschlossen, noch eitel, noch verführerisch war. Sie drückte damit aus, dass Zen der einzige Weg für sie war. Sie warf alle Möglichkeiten über Bord, in ihr früheres Leben als Adelige zurückzukehren. Sich durch ihre weibliche Erscheinung ein Rückfahrticket zu sichern war ein Luxus, den sie sich in ihrer nachdrücklichen Suche nach Zen und der Freiheit, die es verheißt, nicht leisten wollte. Sie warf ihre Schönheit weg, um sie nie wieder als Mittel einzusetzen. Sie fand ihre wortlose Stimme und demonstrierte ihren tiefen Wunsch nach Zen.

Wie können wir Ryonens Handlung psychologisch, historisch und spirituell verstehen? Drückt sich darin wirklich eine Überwindung aus, oder handelt es sich einfach nur um Selbstverstümmelung? Falls es in Ryonen selbstverletzende Züge gab, hätten wir diese in ihrem Leben vor oder nach dieser Tat bemerken müssen. Aber das ist nicht der Fall. Uns begegnet eine entschlossene Frau, die ihrer Praxis folgt und dabei einen schwierigen Umstand nach dem anderen überwindet. Wenn wir Ryonens Tat in Worte fassen wollten, sagte sie vielleicht: »Auch wenn Ihr in diesem Körper eine Frau seht, halte ich nicht an meinem Frausein fest. Ich werde auf meine Möglichkeit, in diesem Leben zu praktizieren, nicht verzichten.«

Außer Ryonen und Mugai Nyodai gibt es weitere historische Beispiele von Frauen, die sich selbst entstellten, um Zugang zur Praxis zu finden. Eine davon ist die chinesische daoistische Praktizierende Sun Bu-er (geb. 1124).[135] Ihr Lehrer glaubte, dass der Weg dieser gutaussehenden Schülerin als Eremitin durch Vergewaltigung und Entführung behindert werden würde. Doch anstatt darauf zu verzichten, als Eremitin zu praktizieren (ein wichtiger Aspekt daoistischer Praxis), ging Sun Bu-er schnurstracks in die Küche und übergoss ihr Gesicht mit siedendem Öl, um ihre Schönheit zu zerstören. Ihr Lehrer war beeindruckt, und von Sun Bu-er wird berichtet, dass sie tiefes spirituelles Erwachen verwirklicht habe. Möglicherweise gehörte diese Erzählung über die Hingabe einer daoistischen Meisterin an ihre spirituelle Schulung zur klassischen Bildung Ryonens.

Der Wissenschaftler William Bodiford berichtet über die Nonne Eshun (um 1370), die ihr Gesicht mit Zangen verbrannte, um den Abt des Saijoji davon zu überzeugen, in den Tempel aufgenommen zu werden.[136] Der Abt war kein anderer als ihr eigener Bruder, Ryoan Emyo (1337-1411), der sowohl verständnisvoll als auch ehrlich gegenüber Eshun war. Nach ihrem Eintritt in den Tempel war Eshun immer wieder mit sexuellen Belästigungen durch die Mönche konfrontiert gewesen. Möglicherweise wusste Ryonen auch von Eshun.

Die Zen-Tradition, die ihren Ursprung in der Legende von Bodhidharma hat, der die Lehren von Indien nach China brachte, gründet nicht zuletzt in Entsagung. Die größte Herausforderung besteht selbstverständlich im Aufgeben des eigenen Körpers. Frühen chinesischen Legenden zufolge schnitt sich Huike, Bodhidharmas erster Schüler, den Arm ab, um seinen Lehrer davon zu überzeugen, als Schüler angenommen zu werden. Offensichtlich überzeugte der abgetrennte Arm und Huike durfte Bodhidharmas Höhle betreten. Es gibt noch andere Geschichten über Mönche, die sich Finger abschnitten und Beine brachen – aber keiner der Mönche entstellte sein Gesicht, so wie es die Nonnen taten.

Dieses Opfer von Körperteilen im Gegensatz zum Entstellen des Gesichts zeigt die unterschiedlichen Anhaftungen, die die männliche und die weibliche Psyche dominieren. Mönche müssen ihr Anhaften an Handlungskraft und körperlicher Macht loslassen, während es bei Nonnen eher um das Festhalten an ihrem körperlichen Erscheinungsbild geht. Joshin-san, die sich selbst verstümmelte, indem sie ein Glied ihres kleinen Fingers abschnitt, achtete darauf, dass sie das nicht beim Kochen oder Nähen beeinträchtigte.

Es ist wichtig, nicht nur die Einheit aller Wesen zu erkennen, sondern auch ihre Unterschiede. Zen-Lehrende sollten ihre weiblichen und männlichen Schüler darin unterstützen, ihre eigenen, individuellen Selbstanhaftungen zu verstehen und zu überwinden, ohne dass sie dabei auf historische Beispiele der Selbstverletzung zurückgreifen. In der Vergangenheit mussten Frauen zu extremen Mitteln greifen, um ihren tiefen Wunsch nach Praxis auszudrücken. Einfach nur Haus und Familie zu verlassen oder auf Machtpositionen zu verzichten war nicht überzeugend genug. Wenn wir jedoch die Idee des Anhaftens an unserem Körper wortwörtlich begreifen und das Abschneiden dieser Anhaftungen direkt in die Tat umsetzen, ist dies eine zutiefst destruktive und impulsive Handlung, um Loslassen zu demonstrieren. Diese Methode sollte in unserer Zeit und Kultur überwunden sein.

Ryonen verletzte sich selbst, um etwas auf den Punkt zu bringen. Hier ihr Gedicht dazu:

> Früher verbrannte ich Räucherwerk, um mich bei Hofe zu vergnügen;
> jetzt verbrenne ich mein eigenes Gesicht, um in das Zen-Leben einzutreten.
> So folgen die vier Jahreszeiten ganz natürlich aufeinander,
> und doch weiß ich nicht, wer ich inmitten des Wandels bin.[137]

Ryonen verurteilte nicht das System, das sie ausschloss. Sie machte andere nicht für ihre Schwierigkeiten verantwortlich. Sie protestierte nicht gegen die patriarchalen Ungerechtigkeiten in der Führungsschicht des Zen. Stattdessen zeigte sie die Frage auf, die ihrer Motivation, Zen zu praktizieren, zugrunde lag. Diese Frage tauchte in der letzten Zeile auf: »Und doch weiß ich nicht, wer ich inmitten des Wandels bin.«

Der Zen-Abt Hakuo war schockiert, als Ryonen ihm ihr

verbranntes Gesicht zeigte, und er nahm sie auf der Stelle im Daikyu-an, einem rein männlichen Tempel, auf. Schnell wurde sie zu einer seiner herausragendsten SchülerInnen. Ihr Akt des Loslassens ihrer weltlichen Existenz gehört zu den wenigen Überlieferungen, die wir über ihr Leben haben. Viele ihrer eigenen Texte, darunter Gedichte, die sie nach der Beendigung ihrer Zen-Schulung verfasste, sind verloren gegangen. Nur einige Aufzeichnungen über ihr Erwachen haben überdauert.

Anfangs überwog in Ryonen die Ablehnung gegenüber der Welt der Phänomene:

In dieser lebendigen Welt
wäre der Körper, den ich aufgebe und verbrenne,
tief unglücklich,
wenn ich mich selbst für mehr
halten würde als Feuerholz.[138]

Ryonen bemühte sich aktiv darum, alle Anhaftungen an die phänomenale Welt loszulassen. Auf dieser Stufe sucht sie die Leerheit und wendet sich von den Phänomenen ab. Aktiv versuchte sie, sich von der Welt der Form zu lösen, einschließlich der Form ihres Körpers. In späteren Gedichten und Kalligrafien zeigt sich jedoch, dass ihre Zen-Schulung mit Hakuo zur Reife gekommen war; sie drückt darin ihre Einsicht durch den Verweis auf die Schönheit der phänomenalen Welt aus und nicht mehr durch deren Ablehnung.

Eine der erhaltenen Kalligrafien Ryonens bezieht sich auf den 37. Fall des *Mumonkan*.[139] Darin fragte ein Mönch Zhaozhou: »Was ist die Bedeutung von Bodhidharmas Kommen aus dem Westen?« Zhaozhou antwortete: »Die Eiche im Garten.« Ryonins Kalligrafie ist in *kana*[140] geschrieben, der vor allem von

Frauen benutzten Schrift, und sie wird von dem Kunsthistoriker Stephen Addiss als bescheiden und zugleich gekonnt und selbstbewusst charakterisiert.[141] Die Frage darüber, wieso Bodhidharma aus dem Westen kam, ist die Frage nach der Bedeutung von Zen-Praxis. Die Antwort verweist auf die natürlichen Formen des Lebens und ihr Funktionieren als Teil des Zen-Weges. Nichts wird ausgelassen. Lehrer kommen und die Lehren entfalten sich, so wie ein Same Wurzeln schlägt und wächst. Genau so drückt sich das Leben aus. Ryonen wählte die »Eiche im Garten« um ihre Einsicht in die erleuchtete Natur auch der gewöhnlichsten und uns bekanntesten Dinge auszudrücken – selbst derjenigen, die in unserem Vorgarten oder auf der Straße stehen.

Ryonens Betrachtung des Satzes »Was ist die Bedeutung von Bodhidharmas Kommen aus dem Westen?« ist erhellend auch im Lichte ihres eigenen Lebens. Was war die Bedeutung von Ryonens Abschied von ihren Kindern, um in den Hokyoji einzutreten? Wieso verließ sie den »Frauentempel«, um nach Edo zu gehen? Wieso verbrannte sich Ryonen das Gesicht, um in dem Tempel Einlass zu erlangen? Was war die Bedeutung ihrer langen Reise? Ihre Antwort und die Antwort auf Bodhidharma drückten alle das gleiche zielgerichtete Bemühen aus, das sich ganz natürlich in Praxis entfaltet – »Die Eiche im Garten«. Dieser eine Baum, der auf seine besondere Weise in diesem Garten wächst, drückt die gesammelte Weisheit dieses Universums aus.

Ihre Einsichten erblühten in der formalen Schulung mit ihrem Lehrer. Ihr Zen-Geist drückte sich in ihrer Kunst aus. Ryonins hartes Leben, ihre Fragen und ihr Abschneiden von Anhaftungen wurden durch ihre Einsicht, Natürlichkeit und die Wertschätzung der natürlichen Welt bereichert. Hakuo schenkte ihrer Praxis die vollständige Anerkennung und überreichte ihr 1682, im

Jahr seines Todes, eine Urkunde über ihre Erleuchtung. In ihrer strengen Praxis wurde Ryonen wiedergeboren, um ihre einzigartigen menschlichen Qualitäten zur Entfaltung zu bringen.

Ryonin hatte die Fürsorge ihres Heims und der Familie hinter sich gelassen, um Zen zu praktizieren, doch später, als Zen-Äbtissin, galt ihre Fürsorge dem Wohlergehen ihrer Tempel-Gemeinschaft. Geschickt gründete sie einen Tempel in einer Zeit, in der die Shogunats-Regierung den Bau neuer Tempel ablehnte. Schließlich erweiterte sie diesen Tempel zu einem umfangreichen Kloster namens Taiunji. Dort finden sich auch Gedenksteine für ihren Lehrer Hakuo und ihren verstorbenen Exmann.[142] Auch wenn sie ihre Ehe verlassen hatte, würdigte sie das Leben ihres Exmannes und die Rolle, die er in ihrem Leben gespielt hatte. Außerdem zollte sie ihrem Lehrer Anerkennung für seine verständnisvolle Ehrlichkeit, mit der er ihr Leben begleitet hatte.

In der Gegend des Taiunji war Ryonen für ihre guten Taten und ihr Wissen bekannt. Sie finanzierte den Bau einer Brücke und setzte ihre Bildung ein, um Taiunji zu einem Zentrum der Obaku-Gelehrsamkeit zu machen. Kinder aus den umliegenden Dörfern gingen in ihrem Tempel zur Schule. Obwohl sie vor allem für ihre Lyrik, ihre Kalligrafien und Tuschezeichnungen gerühmt wurde, erinnerte sich einer ihrer Zeitgenossen an sie wegen ihrer Präsenz als das »weise Herz des Tempels«, als die verehrte Äbtissin, die sie geworden war:

Den Körper abgeworfen
auf dem Weg zur Buddhaschaft –
die Abendglocke
schickt ihren nachhallenden Klang
zum weisen Herz des Tempels.[143]

Ryonens schmerzhaftes Leben, ihre mutigen Schritte und ihr tiefes Erwachen sind in ihrem eigenen Sterbegedicht zusammengefasst:

> Im Herbst meines 66. Jahres; ich habe bereits lange gelebt –
> das intensive Mondlicht fällt hell auf mein Gesicht.
> Keine Notwendigkeit mehr, die Prinzipien des Koan-Studiums zu diskutieren;
> höre nur genau auf den Wind, draußen, in den Fichten und Zedern.[144]

Ryonens Leben, ihre mutigen Taten, sind zugleich erstaunlich und verstörend. Sie lebte ein volles Leben, mit allen Veränderungen im Laufe der Jahreszeiten. Aus einer verborgenen Quelle schöpfte sie die Kraft und die Beharrlichkeit, die Wahrheit zu betrachten, egal, worin sie bestand. Wenn es keinen Weg gab, machte sie einen frei. Ihr Vertrauen in die Zen-Praxis war der Kompass, der sie durch unbekanntes Terrain leitete. Sobald ihr Schwierigkeiten begegneten, war sie unermüdlich im Streben nach der Wahrheit und immer bereit, eigene Anhaftungen loszulassen. Ihre radikale, gewaltsame Tat, die ihr die Türen zu einer formalen Zen-Schulung öffnete, hinterließ Narben, die mit den Jahren verblassten. Ihr Mut und ihre Entschlossenheit kulminierten in einem Erwachen, das sich in Freundlichkeit und Formen des Lehrens, die ihrer Gemeinschaft zugutekamen, ausdrückte.

Überlieferung des Nähens von Buddhas Robe und Übertragung in die Suzuki-Roshi-Linie

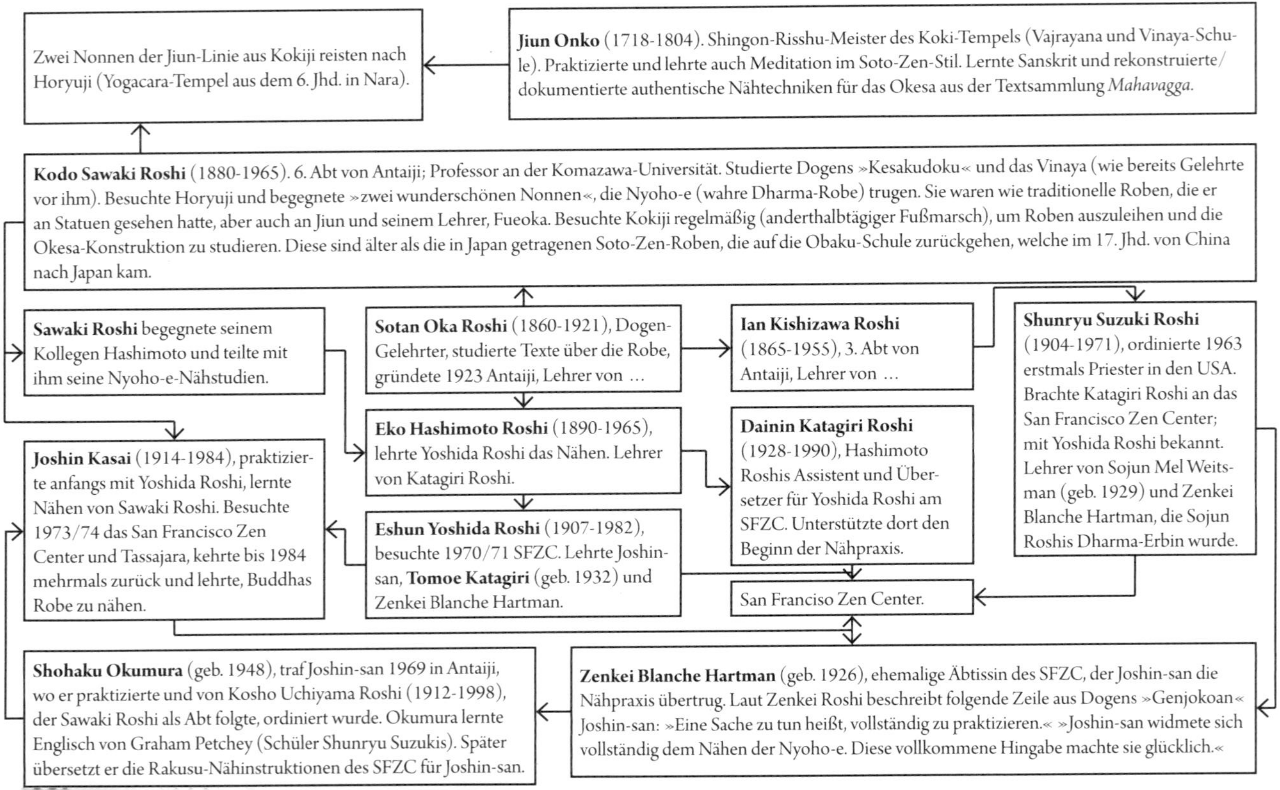

Jiun Onko (1718-1804). Shingon-Risshu-Meister des Koki-Tempels (Vajrayana und Vinaya-Schule). Praktizierte und lehrte auch Meditation im Soto-Zen-Stil. Lernte Sanskrit und rekonstruierte/dokumentierte authentische Nähtechniken für das Okesa aus der Textsammlung *Mahavagga*.

Zwei Nonnen der Jiun-Linie aus Kokiji reisten nach Horyuji (Yogacara-Tempel aus dem 6. Jhd. in Nara).

Kodo Sawaki Roshi (1880-1965). 6. Abt von Antaiji; Professor an der Komazawa-Universität. Studierte Dogens »Kesakudoku« und das Vinaya (wie bereits Gelehrte vor ihm). Besuchte Horyuji und begegnete »zwei wunderschönen Nonnen«, die Nyoho-e (wahre Dharma-Robe) trugen. Sie waren wie traditionelle Roben, die er an Statuen gesehen hatte, aber auch an Jiun und seinem Lehrer, Fueoka. Besuchte Kokiji regelmäßig (anderthalbtägiger Fußmarsch), um Roben auszuleihen und die Okesa-Konstruktion zu studieren. Diese sind älter als die in Japan getragenen Soto-Zen-Roben, die auf die Obaku-Schule zurückgehen, welche im 17. Jhd. von China nach Japan kam.

Sawaki Roshi begegnete seinem Kollegen Hashimoto und teilte mit ihm seine Nyoho-e-Nähstudien.

Sotan Oka Roshi (1860-1921), Dogen-Gelehrter, studierte Texte über die Robe, gründete 1923 Antaiji, Lehrer von …

Ian Kishizawa Roshi (1865-1955), 3. Abt von Antaiji, Lehrer von …

Shunryu Suzuki Roshi (1904-1971), ordinierte 1963 erstmals Priester in den USA. Brachte Katagiri Roshi an das San Francisco Zen Center; mit Yoshida Roshi bekannt. Lehrer von Sojun Mel Weitsman (geb. 1929) und Zenkei Blanche Hartman, die Sojun Roshis Dharma-Erbin wurde.

Eko Hashimoto Roshi (1890-1965), lehrte Yoshida Roshi das Nähen. Lehrer von Katagiri Roshi.

Dainin Katagiri Roshi (1928-1990), Hashimoto Roshis Assistent und Übersetzer für Yoshida Roshi am SFZC. Unterstützte dort den Beginn der Nähpraxis.

Joshin Kasai (1914-1984), praktizierte anfangs mit Yoshida Roshi, lernte Nähen von Sawaki Roshi. Besuchte 1973/74 das San Francisco Zen Center und Tassajara, kehrte bis 1984 mehrmals zurück und lehrte, Buddhas Robe zu nähen.

Eshun Yoshida Roshi (1907-1982), besuchte 1970/71 SFZC. Lehrte Joshin-san, **Tomoe Katagiri** (geb. 1932) und Zenkei Blanche Hartman.

San Francisco Zen Center.

Shohaku Okumura (geb. 1948), traf Joshin-san 1969 in Antaiji, wo er praktizierte und von Kosho Uchiyama Roshi (1912-1998), der Sawaki Roshi als Abt folgte, ordiniert wurde. Okumura lernte Englisch von Graham Petchey (Schüler Shunryu Suzukis). Später übersetzt er die Rakusu-Nähinstruktionen des SFZC für Joshin-san.

Zenkei Blanche Hartman (geb. 1926), ehemalige Äbtissin des SFZC, der Joshin-san die Nähpraxis übertrug. Laut Zenkei Roshi beschreibt folgende Zeile aus Dogens »Genjokoan« Joshin-san: »Eine Sache zu tun heißt, vollständig zu praktizieren.« »Joshin-san widmete sich vollständig dem Nähen der Nyoho-e. Diese vollkommene Hingabe machte sie glücklich.«

Die nähenden Vorfahrinnen und Vorfahren des westlichen Zen

Kasai Joshin

Kasai Joshin (1914-1984), die von ihren amerikanischen SchülerInnen Joshin-san genannt wurde, ist das inspirierende Beispiel einer japanischen Nonne, die großen Einfluss auf die zeitgenössische Praxis im Westens gehabt hat. Wie bereits erwähnt, wurden Nonnen oft von unterschiedlichen LehrerInnen geschult, darunter auch männlichen Meistern. Joshin-sans komplexe Beziehungen innerhalb der Übertragungslinie können gut in dem Diagramm auf Seite 236 verfolgt werden; es stammt von Jean Selkirk, einer Zen-Nählehrerin des Berkeley Zen Center.[145] Selkirk wollte nachvollziehen, wieso Praktizierende im Westen buddhistische Roben von Hand nähten, während diese Praxis in Japan weitgehend ausgestorben war. Selkirk zeigte ein Netzwerk von Beziehungen auf, in dem zwei Nonnen, Yoshida Eshun Roshi (1907-1982) und Kasai Joshin-san (1914-1984), durch ihre japanischen Wurzeln und ihre nachfolgenden Beziehungen mit Lehrern, die Zen in den Westen trugen, verbunden sind. Joshin-san wird hier vor allem in ihrer Beziehung zu ihrem wichtigsten Lehrer, Kodo Sawaki, vorgestellt. Deutlich wird erneut: Die Wirklichkeit der Beziehungen zwischen SchülerInnen und LehrerInnen und die Übertragungsprozesse sind eindeutig komplexer als die traditionellen Übertragungsdokumente der Patriarchen suggerieren – wobei die Beziehungen in der Übertragungslinie der Frauen noch komplexer sind.

Joshin-san wurde an das San Francisco Zen Center (SFZC)

eingeladen und unterwies dort Zenkei Blanche Hartman Roshi (geb.1926) in der Kunst, Buddhas Robe zu nähen. Zenkei Roshi wurde später Äbtissin des Zen Center und hat mittlerweile viele westliche NählehrerInnen ausgebildet und ihnen ihre Liebe und Hingabe an diese tiefe, uralte Praxis mit auf den Weg gegeben. Handgenähte buddhistische Roben (*okesa* für PriesterInnen und *rakusu* für Laienpraktizierende), die sich im heutigen Japan kaum noch finden, sind inzwischen ein wichtiger Aspekt der Schulung in westlichen Zen-Zentren. Die Erneuerung dieser Praxis wird, wie erwähnt, Joshin-san und einer anderen Nonne, Yoshida Eshun Roshi (1907-1982), zugeschrieben; beide sind in der Übertragungslinie von Hashimoto Eko Roshi (1890-1965) miteinander verbunden.[146] Joshin-san wurde von Hashimoto Eko Roshi ordiniert und praktizierte auch in Yoshida Eshun Roshis Tempel. Dort erlernte sie den Stil des Nähens von Hand, der als *nyoho-e*[147] bekannt ist und in der Übertragungsline von Kodo Sawaki Roshi praktiziert wurde, dem sie später als Schülerin folgte.

Als Joshin-san von Hashimoto Eko Roshi zu Kodo Sawaki Roshi wechseln wollte, gab ihr weder Hashimoto Eko Roshi die Erlaubnis dazu, noch fand sie Unterstützung bei Kodo Sawaki Roshi. Sie war sich sicher, dass sie diesen Wechsel wollte, aber unsicher darüber, wie er zu bewerkstelligen sei, ohne den Respekt gegenüber ihrem ersten Lehrer, aber auch nicht die Ernsthaftigkeit ihrer Praxis zu vernachlässigen. In dieser Situation entschloss sie sich, die Kuppe ihres kleinen Fingers abzuschneiden. Die Berichte über diese Begebenheit sprechen allerdings nicht von einem schnellen Schnitt, sondern Joshin-san verbrachte den Gutteil einer Nacht damit, sich von ihrem Fingerglied zu trennen, da sie kein scharfes Messer hatte. Hier ihre Geschichte, wie sie von einer Priesterin, Sano Kenko, die sie aus Antaiji kannte, überliefert wird:

Die Geschichte der Nonne Joshin-san, von Sano Kenko[148]

Kasai Joshin-san (1914-1984), mit Rufnamen Kikue, wurde als zweites Mädchen von vier Geschwistern in Mine-gun in der Provinz Yamaguchi geboren. Ihr Vater war ein Arzt, der kurz nach ihrer Geburt Selbstmord beging. Ihr wurde erzählt, ihr Vater sei ein Mann mit einem ausgeprägten Gerechtigkeitssinn gewesen. Kikues Mutter starb im Alter von 46 Jahren, und ihr Großvater zog sie daraufhin auf. Kikue wird als temperamentvolles Mädchen beschrieben.

Anfang zwanzig wurde sie mit dem Besitzer eines Bekleidungsgeschäfts verheiratet. Ein gemeinsamer Freund hatte sie miteinander bekannt gemacht. Schnell fand Kikue heraus, dass ihr Mann die verschwenderische Angewohnheit hatte, Geishas[149] zu besuchen. Daraufhin verließ sie ihn, ließ sich nach etwa sechs Monaten Ehe scheiden und zog zu einer Tante väterlicherseits. Diese hieß Soko und lebte in Tokio.

Ihre Tante war eine Schülerin von Harada Sogaku Roshi[150] und half ihm bei seinen Zazenkai. Nach einiger Zeit wurde Joshin-san von Hashimoto Eko Roshi ordiniert und praktizierte das Nähen eines Okesa, Zazen und *takuhatsu*[151] in Kaizenji[152], einem Nonnentempel unter Hashimoto Roshis Schülerin Yoshida Eshun Roshi in der Provinz Aichi. Einige Jahre später kamen ihr Zweifel am Nonnenstand. Ihre Geschwister tadelten sie: »Hast du dir das nicht ausgesucht, ohne auf unsere Bedenken zu hören?« Wieder zog sie zu ihrer Tante Soko nach Tokio. Während dieser Zeit hörte sie ein *teisho* (einen Vortrag) von Sawaki Roshi während eines seiner Zazenkai und wollte danach seine Schülerin werden. Es war nicht einfach, den Lehrer zu wechseln, aber da Hashimoto Roshi und Sawaki Roshi einander kannten, war es nicht gänzlich unmöglich. In Hashimoto Roshis Umfeld akzeptierte oder unterstützte man ihren Wunsch nicht. Sawaki Roshi gab ebenfalls kein Einverständnis.

So geschah es dann, dass sie sich den kleinen Finger abschnitt. Joshin-san sagte: »Ich hatte so sehr den Wunsch, Sawaki Roshis Schülerin zu sein, dass ich schier verzweifelte. Ich weiß nicht, wieso ich so etwas tat …« Ihre Worte wirkten auf mich düster.

Ab 1982 wurde es sehr schwer für sie, den Winter in Antaiji zu verbringen. In dieser Zeit liegt dort hoher Schnee. Sie zog in das Haus ihrer älteren Schwester in Tokio. Ich erfuhr von einer Freundin, dass sie sich dort aufhielt, und besuchte sie. Sie war froh, mich zu sehen, und ich erkundigte mich bei ihr über ihr Leben und den außergewöhnlichen Sawaki Roshi, dem ich nie begegnet war. Alles, was hier steht, erfuhr ich von ihr.

Joshin-san sagte: »Nachdem ich Sawaki Roshis Schülerin geworden war, hatte ich keine Zweifel mehr und diente ihm in Frieden. Sawaki Roshi fand einen Tempel in Kobe, wo ich mit einer weiteren Nonne lebte. Ich kam jedoch mit ihr nicht aus, und es schien mir besser zu sein, wie Ryokan-san[153] ohne die Beschränkungen eines Tempels zu leben, und so zog ich aus. Sawaki Roshi war enttäuscht, nahm mich aber mit meinem Temperament und meiner Entscheidung an. Später in seinem Leben sorgte Sawaki Roshi sich um mich und bot an, mich zu adoptieren.[154] Er hatte so viele Schüler und ich war einfach zufrieden, einer von ihnen zu sein. Ich war besorgt, eine Adoption könne seinem Ruf schaden, und lehnte ab.

Nach meinem Tod soll es keine Trauerfeier geben. Begrabt meine Asche in Antaiji. Mein Besitz geht an Narita Shuyu Roshi, Sawaki Roshis ersten Schüler in Akita. Meine Okesa und mein *koromo* (Anm.: Priestergewand) gehen an Myogenji in Nagoya. Vielen Dank, Schwester.«

Sie verbrachte etwa sechs Monate im Krankenhaus, bevor sie am 29. Mai 1984 starb. Nach ihrer langen Erkrankung und der Zeit in der Klinik war ihr Haar wieder gewachsen; ich rasierte ihr daher den Kopf als Vorbereitung auf ihr Nonnenbegräbnis. Als ich das Kratzen des Rasiermessers hörte, stellte ich mir vor, wie Joshin-san sagte: »Autsch, du bist ungeschickt.«[155] Ich hatte mich gemeinsam mit der Familie ihrer Schwester eingefunden, um mich zu verabschieden.

Eine Zeitlang hob ich ihre Asche in Jizo-an in Aki auf, wo ich zu jener Zeit lebte. Dann bat ich Sakai Tokugen Roshi, einen Schüler von Sawaki Roshi, sich darum zu kümmern. Jemand sei so freundlich, sagte er, die Asche nach Antaiji zu bringen, und so übergab ich die Überreste von Joshin-san dieser Person auf dem Bahnsteig des Expresszuges. Danach brachte ich ihre Habe nach Akita und Nagoya. Ihre ältere Schwester meinte: »Joshin muss glücklich sein, denn sie lebte ihr Leben so, wie sie es sich gewünscht hatte.«

Sechs Jahre später besuchten mein Sohn und ich Hamasaka, die Stadt, in deren Nähe Antaiji liegt. Es war der 7. Jahrestag ihres Todes. Ihr Grabstein stand hinter dem von Sawaki Roshi und ich dachte, dass sie von dort einen guten Überblick hat. Mit friedlichem Herzen rezitierte ich ein Sutra für sie.

Joshin-san engagierte sich leidenschaftlich für ihre Praxis und das Nähen der Robe Buddhas. Ihre Begeisterung für das Nähen und dessen Übermittlung inspirierte Zenkei Roshi in San Francisco. Nähen ist mittlerweile ein wichtiger Ausdruck ihres Lehrens, auch wenn sie anfangs Zweifel daran hatte, weil es sich traditionellerweise um Frauenarbeit handelte, aber Joshin-san verstand es, ihr ihre Begeisterung zu vermitteln. Durch Joshin-sans Unterstützung verwandelte Zenkei Roshi die Praxis des Zen in den USA, wo die meisten Okesa und Rakusu mittlerweile von Hand genäht werden. Shunryu Suzuki, der Begründer des Zen Center, war mit dieser Praxis nicht vertraut und auch nicht sonderlich an ihr interessiert, sodass anfangs alle Roben gekauft wurden. Doch Katagiri Roshi, ein Schüler von Hashimoto Roshi, der Yoshida Roshi gekannt hatte, überzeugte Suzuki Roshi davon, diese Praxis zu unterstützen. Yoshida Roshi war die erste Nählehrerin am SFZC, konnte damit aber nicht lange fortfahren, da sie erkrankte. Daraufhin wurde Joshin-san eingeladen, die von Zenkei Blanche Hartman Roshi als Genie des Okesa beschrieben wird. Joshin-san kam zum ersten Mal 1974 an das Zen Center, nach Suzuki Roshis Tod, aber man kann annehmen, dass beide sich in Antaiji begegnet sind, als Suzuki Roshi in Japan Spenden für Tassajara sammelt, das erste Zen-Kloster auf amerikanischem Boden.

Joshin-sans Lehren drückte sich ganz und gar im Nähen aus. Sie hielt nie einen Dharma-Vortrag. Ihre Praxis, wie die vieler anderer Nonnen, gründete in Hingabe und wurde mit den eigenen Händen ausgeführt. Da sie durch ihren Körper lehrte, ist es auch nicht verwunderlich, dass sie ihren Wunsch, den Lehrer zu wechseln, nicht mit Worten, sondern mit ihrem Körper und ihren eigenen Händen ausdrückte. Sie folgte dabei einer japanischen Tradition, in der das Bedauern darüber, die Ehre des eigenen Klans verletzt zu haben, durch das Abschneiden eines Fingers ausgedrückt wird. Dadurch zeigte Joshin-san ihrem Lehrer gegenüber ihre Ernsthaftigkeit, ihr Bedauern, ihren Respekt, aber auch, dass sie nicht anders konnte, als ihn zu verlassen.

Joshin-san verbrachte ihre reiferen Jahre damit, während langer Sesshins in Antaiji zu kochen. Sie war recht zierlich, trug aber in diesen Zeiten schwere Reistöpfe umher und war auch bekannt dafür, dass sie sich immer wieder gegenüber dem barschen Ersten Mönch Koho[156] behauptete, der jeden außer Joshin-san mit seiner grimmigen Art einschüchterte.

Was wir aus den Beziehungen zwischen Frauen und ihren männlichen Zen-Lehrern lernen können

Die kreative Beziehung zwischen Frauen und den Männern, die sie unterweisen, weist mehrere übereinstimmende Muster auf. Die meisten ZenFrauen, die uns heute bekannt sind, praktizierten mit männlichen Zen-Meistern. An die Dharma-Erbinnen weiblicher Zen-Meister erinnert man sich nicht in gleichem Maße. Nachdem die weibliche Linie einmal ins Leben gerufen worden war, konnte sie sich nicht selbst erhalten und fortsetzen. Möglicherweise war dies auf soziale Veränderungen zurückzuführen, die abwechselnd die Teilhabe von Frauen erlaubten und unmöglich machten. Das Verschwinden der weiblichen Übertragungslinie hat wohl auch mit finanziellen Härten und dem geringeren Status zu tun, der Frauen im frühen Buddhismus durch die Acht Besonderen Regeln zugesprochen wurde. Die Bereitschaft männlicher Zen-Meister, Frauen zu lehren, war sicherlich für das Überleben der Zen-Tradition von Frauen gamz wesentlich.

Ein weiteres Merkmal in der Beziehung von männlichen Lehrern und weiblichen Schülerinnen ist die Verbindung von Strenge und Unterstützung. Zur Unterstützung gaben Zen-Lehrer ihren Schülerinnen immer wieder Koans, die andere Frauen bereits gelöst hatten, oder machten sie mit Geschichten über das

Erwachen von Frauen bekannt. Diese Lehrer verstanden, dass Frauen in einem unbekannten, ja oft sogar ablehnenden Umfeld zurechtkommen mussten, in dem die vorherrschenden Schulungsmethoden für Männer entwickelt worden waren. Sie fanden also Wege, die Erfahrungen anderer Frauen zu vermitteln, um diese Schwierigkeiten zu honorieren.

Möglicherweise haben sich männliche Lehrer sogar gefragt, ob ihre Schülerinnen das Erwachen durch die gleichen Mittel erfahren können wie ihre Dharma-Brüder. Wenn man die unterschiedlichen Lebensweisen und Rollen, die Frauen in den Kulturen ihrer Zeit einnahmen, bedenkt, sind diese Fragen durchaus von Bedeutung. Was die Strenge betrifft, waren diese Lehrer durchaus entschieden und strickt mit ihren Schülerinnen. Dies unterstützte die Frauen darin, ihr vollständiges Potenzial zur Entfaltung zu bringen. Denken wir nur an Hakuo, der Ryonen den Eintritt in den Tempel verweigerte, bis sie ihre Ernsthaftigkeit unter Beweis stellte. Dahui berichtet davon, wie er Miaodao immer wieder abwies, selbst als sie annahm, einen Durchbruch mit ihrem Koan erzielt zu haben. Er blieb streng; er spürte, dass sie zu einer noch tieferen Einsicht fähig war, und forcierte diese. Wir hören die Strenge in Hyesims Rat an Wangdoin und seine anderen Nonnen, »lange inmitten ihrer Lebensumstände über dieses Koan zu meditieren«. »Erwartet nicht«, hört man ihn sagen, »dass dies leicht ist!« Andererseits drückten alle diese Lehrer gegenüber ihren Schülerinnen klar und deutlich aus: »Ihr könnt das schaffen; andere haben es vor euch geschafft.«

Eine weitere Gemeinsamkeit verbindet die meisten dieser Zen-Lehrer, die bekannte weibliche Nachfolger hatten: Wir haben gesehen, dass viele von ihnen Nachfolger eines noch bekannteren und geschätzteren Zen-Meisters waren. Dahui war der Nachfolger von Yuanwu. Yuanwu war in seiner Zeit hoch angesehen und ist auch heute noch der bekanntere von beiden. Man'gong war Schüler des großen Meisters Hyo Bong, der Zen in Korea wiederbelebte und eine Art Erzbischof des koreanischen Buddhismus war. Hyesim war der Nachfolger Chinuls, des vielleicht bedeutendsten koreanischen Zen-Meisters aller Zeiten. Hakuo, von dem wir nur sehr wenig wissen, war Schüler des sehr bekannten Mokuan. Welche Vermutungen können wir über diese Gemeinsamkeit anstellen?

Männer die Frauen lehrten, entstammten respektierten Übertragungslinien. Niemand bezweifelte ihre Qualifikation oder ihr Verständnis. Frauen waren sie durch die Linie bekannt, die sie repräsentierten. Diesen Männern war es möglich, die Regeln zu brechen, da sie bereits der Elite des Zen angehörten. Als Nachfolger berühmter Zen-Meister mussten sie nichts unter Beweis stellen. Sie konnten daran arbeiten, den Umfang und Inhalt ihres Lehrens zu erweitern. Sie waren von erleuchteten Meistern unterwiesen worden, und das Zen, das sie so erhalten hatten, transzendierte Regeln und Zwänge. Dieses Zen setzten sie mit großer Freiheit ein, und indem sie Frauen schulten, erforschten sie ein neues Terrain. Eine Ausnahme dieser Regel stellt Sawaki Kodo da, der Lehrer von Joshin-san, der, selbst ein Freigeist, seine Legitimation nicht von einem noch bekannteren Meister erhalten hatte.

Frauen brauchten unterstützende Lehrer, die die Regeln brachen, um ihnen Einlass in ausschließlich männliche Institutionen zu gewähren, aber zugleich streng mit ihnen umgingen. Diese Lehrer mussten allerdings auch die Zeit aufbringen können, um persönlich mit diesen Frauen zu arbeiten; falls das Kloster eines Lehrers zu groß oder seine Aufgaben zu umfangreich waren, konnten Frauen unter Umständen keine persönliche Beziehung mit ihm eingehen, die für die Übertragung des Zen so wichtig ist. Schließlich lässt sich sagen, dass wir vielleicht nie etwas über diese Frauen und ihre Leistungen gehört hätten, wenn die Leistungen des Lehrers sie in einem zu großen Maße in den Schatten gestellt hätten.

Kapitel 8
Nonnen und Familienpraxis

Der Buddha regte seine monastischen AnhängerInnen dazu an, ihre Freiheit jenseits konventioneller Bedingungen zu finden, indem sie ihre Familien verließen – eine lange indische spirituelle Tradition, in die Hauslosigkeit zu gehen. Sie mussten dem Familienleben in drei Punkten abschwören: Erstens, Loslösung von den Pflichten des Familienlebens – den alten Eltern, Gatten und Kindern. Zweitens, Vermeidung der Verstrickungen in Beziehungen zwischen Mann und Frau und, drittens, keinen Sex (und damit keine Zeugung von Nachkommen).

Andererseits zeigt Basnagoda Rahula in *The Buddha's Teaching on Prosperity* auf, dass der Buddha Laienpraktizierende ausführlich darin unterwies, wie ein Ehepartner ausgewählt werden sollte, was es heißt, ein guter Gatte oder eine gute Ehefrau zu sein und, neben anderen Themen, wie man Kinder aufzieht. Unglücklicherweise überwiegen die Übersetzungen der Unterweisungen für Mönche, sodass seine Anleitungen für Laien nicht so bekannt geworden sind. Auch wenn der Buddha vier Arten von Praktizierenden unterschied – Mönche, Nonnen, männliche Laien, weibliche Laien –, wirkten ordinierte Nonnen hin und wieder wie eine Mischung aus Nonne und Laienpraktizierende; sie kamen in den Genuss der formalen Praxis einer Nonne, lebten aber zugleich in ihren Familien als Laienpraktizierende.

In diesem Kapitel geht es einerseits darum, die Empfehlungen des Buddha für die Praxis der Hauslosigkeit seiner ordinierten Gemeinschaft zu betrachten, und andererseits zu sehen, wie weibliche Zen-Praktizierende innerhalb der Familie praktizierten. Dabei ist der wichtige Punkt, dass westliche BuddhistInnen – egal, ob sie ordiniert sind oder nicht – meist wie unsere Zen-Vorfahrinnen leben und deren »gemischtem Modell« folgen. Viele westliche BuddhistInnen haben ihre Familien einfach mit in das Kloster oder Zentrum gebracht oder versuchen, ihre Praxis innerhalb des Heims und der Familie zu verwirklichen. Indem Praktizierende, die diesen neuen Weg gehen, das Mischmodell von Buddhistinnen in der Vergangenheit betrachten, können sie vielleicht Einsichten darüber gewinnen, wie Familienpraxis und monastisches Leben verbunden werden können.

Das Verlassen der Familie

Buddhas Überlegungen über den Gang in die Hauslosigkeit sind in folgenden Worten umrissen: »Das Leben eines Haushälters ist eng und staubig; das Leben in der Hauslosigkeit ist weit und offen. Während man zu Hause wohnt, ist es nicht leicht, ein heiliges Leben zu führen.«[157] Wie sollte es zugegebenermaßen »leicht« sein, innerhalb der Familie ein »heiliges« Leben zu führen? All die vertrackten Beziehungen, »staubigen« Situationen und weltlichen Verpflichtungen stehen dem im Wege. In dieser Weise unterscheidet der Buddha zwischen dem, was heilig ist, und dem, was davon abweicht. Und das, was davon »abweicht«, gibt er zu bedenken, ist ein Hindernis, das der Schulung des Geistes im Wege steht. Dieses »Abweichende«, so vertrackt es auch sein mag, könnte allerdings das zentrale Übungsfeld westlicher Praxis sein.

Der Buddha selbst verließ seine Frau (oder Frauen), sein Kind, Mutter und Vater auf der Suche nach seinem spirituellen Erwachen. Er riet seinen (männlichen) Anhängern, das Gleiche zu tun. Diese Empfehlung des Buddha beförderte die Etablierung eines monastischen Ordens. Mönche, die ihr Heim verließen, konnten sich vollständig ihrer Praxis widmen und am Aufbau einer Gemeinschaft mitwirken, ohne die Bedürfnisse der Familie zu berücksichtigen, die sie zurückgelassen hatten. Um es ganz einfach zu sagen: Die neuen Mönche konnten sich mit viel Zeit und Elan ganz der Unterstützung, Bestätigung und Verwirklichung der Lehren des Buddha widmen.

Der Buddha erlaubte schließlich auch die Gründung eines Nonnenordens. Zu seinen Lebzeiten gab es in Indien einen Orden von Nonnen, die ebenfalls ihr Heim verlassen hatten. Mit der Ausbreitung des Buddhismus mussten Frauen in vielen Gegenden Asiens im Laufe der Jahrhunderte allerdings erkennen, dass es für sie keine realistische und oft auch keine *legale* Möglichkeit gab, die Familie zu verlassen (wie die Mönche es taten), um Buddhas Lehren zu folgen. Im Konfuzianismus und anderen Wertesystemen wurden Frauen als Besitz ihrer Familie betrachtet und unterlagen dem Willen eines Vaters, Mannes und später sogar dem ihrer eigenen Söhne.

Wohl oder übel mussten Frauen, die buddhistisch praktizieren wollten, Wege finden, um dies innerhalb ihrer Familien zu tun bzw. erst damit zu beginnen, nachdem ihre Verpflichtungen gegenüber der Familie erfüllt waren. Aus diesem Grund stoßen wir hier auf vielfältige Beispiele einer buddhistischen Praxis, die in das Familienleben integriert war. In den Schriften der Vorfahrinnen begegnen wir auch dem Ausdruck aufrichtiger Gefühle, die wir üblicherweise mit engen persönlichen Beziehungen verbinden: Verletzlichkeit, menschliche Zuneigung und Liebe. Diese weiblichen Zen-Lehren stehen in starkem Kontrast zu den Lehren der indischen und chinesischen monastischen Patriarchen (und später der japanischen Samurai). Die frühen Lehren der Patriarchen sind voller kraftvoller Dharma-Worte, in denen es um das Nichtanhaften geht und immer wieder eine Bevorzugung des Bereichs des Absoluten zum Ausdruck kommt. Es findet sich darin eine Abtrennung von menschlichen Gefühlen – außer dem Wunsch der Mönche nach Wohlergehen für sich selbst und ihre Klöster –, eine Schattenseite des monastischen Pfades, auf die wir in der Entwicklung monastischer Institutionen im Westen achten müssen.

In der Entwicklung einer westlichen Zen-Praxis müssen wir Buddhas Lehre über die Hauslosigkeit sorgfältig betrachten; es kann nicht darum gehen, menschliche Gefühle und Beziehungen abzuschneiden. Nichtanhaften ist nicht dasselbe wie Distanziertheit. Ersteres ist eine Antwort auf unsere Selbstbezogenheit, die wir in alle unsere Beziehungen tragen, und besteht im Loslassen unserer ichbezogenen Reaktionen auf das, was geschieht. Distanziertheit hingegen ist repressiv und abgetrennt; durch sie versuchen wir, unsere illusorische Ichbezogenheit aufrechtzuerhalten, indem wir vertraute Beziehungen und Gefühle vermeiden.

Außerdem legt die Beschreibung des Familienlebens als »eng und staubig« nahe, dass Heiligkeit woanders zu finden ist als genau in dieser »Staubigkeit«. Irgendwo anders als genau dort, wo wir sind, existiert ein ideales Praxisleben, das frei von Staub ist. Irgendwo gibt es ein Leben, rein und höherstehend als der Staub menschlicher Familienbeziehungen. Diese Vorstellung ist ein wirklich schwerwiegender Irrtum, der bedauerlicherweise nicht selten ist. Natürlich ist es wichtig, dass wir unsere eigene stille

Zeit haben, um über unsere wahre Natur zu reflektieren, aber es ist auch wichtig, Buddha-Natur selbst in unseren nervigsten Familienangehörigen, Verwandten und Freunden zu erkennen. Wenn wir dazu nicht in der Lage sind, erhält unsere Praxis eine puristische, abgetrennte und herzlose Qualität.

Als westliche Praktizierende sollten wir die Stimme hören, in der sich unsere Beziehung zum Absoluten UND zu unserer chaotischen Menschlichkeit ausdrückt. Da wir nicht in einer buddhistischen Kultur mit ihren reichen Facetten gelebt haben, in der das Loslassen innerhalb der Gemeinschaft praktiziert wird, besteht die Gefahr, im Westen einen buddhistischen Orden zu etablieren, der sich nur an einem abgehoben theoretischen Praxisideal orientiert.

Männlich-weiblicher Magnetismus und sexuelle Anziehung

Buddhas zweite Unterweisung an die Mönche befasst sich mit den Gefahren sexueller Anziehung. In einer Lehrrede im *Anguttara Nikaya* sagt er:

> Mönche, eine Frau, selbst wenn sie alleine geht, wird innehalten, um das Herz eines Mannes zu umgarnen: ob stehend, sitzend oder liegend, lachend, sprechend, weinend, leidend oder sterbend, eine Frau wird innehalten, um das Herz eines Mannes zu umgarnen.[158]

Buddha gab diese Unterweisung, nachdem er gerade von einer inzestuösen Beziehung zwischen Mutter und Sohn innerhalb der Sangha erfahren hatte. Anstatt sich dem besonderen Thema einer ungesunden Familiendynamik zu widmen, entschloss er sich, über die sexuellen Energien von Frauen zu sprechen. Die Schlussfolgerung in dieser Passage lautet, dass die »umgarnende Frau« zu einer äußeren Kraft gemacht wird, die das Herz/den Geist eines Mönchs einfangen will, um ihn so von seiner Hingabe an die Praxis abzubringen. Durch diese Unterweisung wird das Bild der Frau als eines gefährlichen Objekts bekräftigt, und Mönche lernen, Frauen klischeehaft wahrzunehmen und zu meiden, anstatt über das zu reflektieren, was in ihnen in ihren Begegnungen und Beziehungen mit Frauen auftaucht. Hier sind es nur Frauen, die Männer umgarnen, aber haben nicht auch Männer eine Sehnsucht danach, eine Verbindung von männlichen und weiblichen Energien einzugehen? Die Antwort ist offensichtlich, und trotzdem bildet diese Unterweisung die Grundlage für viele unserer buddhistischen Praktiken und Institutionen.

In dieser einseitigen frühen buddhistischen Sicht der Anziehung zwischen Männern und Frauen begegnen wir einmal mehr Anweisungen, um uns von unseren Emotionen zu entfernen und Gefühle zu vermeiden und zu unterdrücken. Anstatt Mönche in ihrer Praxis darin zu unterstützen, das Auftauchen des Begehrens und die es begleitenden Impulse zu betrachten, können wir darin den Versuch erkennen, das Verhalten eines Mönchs und seine emotionale Sensibilität zu kontrollieren, indem ein gefährliches Objekt, eine Projektion, geschaffen wird. In dieser Projektion werden Frauen zu einer Gefahr für die Praxis gemacht, etwas, das es zu meiden gilt. Aber wäre es aus der Sicht tatsächlicher Achtsamkeitspraxis nicht besser, diese Gefühle, die Sehnsucht nach Vertrautheit und Verbundenheit mit dem Weiblichen, zu betrachten, anstatt den Kontakt oder das Empfinden für Frauen zu unterbinden? Wäre das nicht eine tiefere und heilsamere Praxis für beide, Männer und Frauen?

Ananda, der getreue Schüler des Buddha, scheint verstanden zu haben, wie wichtig es ist, mehr Klarheit in die frühen Unterweisungen des Buddha über Frauen zu bringen. Er blieb in seinem Nachfragen hartnäckig, selbst als der Buddha bereits im Sterben lag (wie es im *Mahaparinibbana Sutta* beschrieben wird). Ananda fragte den Buddha, wie Mönche sich gegenüber Frauen verhalten sollten. Der Buddha antwortete zuerst mit seinem Grundsatz, Frauen zu meiden und die ganze Erfahrung der Begegnung mit dem Weiblichen zu ignorieren: »Seht sie nicht, Ananda.« Ananda jedoch bohrte nach: »Aber wenn wir sie sehen, wie sollen wir uns verhalten, Herr?« Der Buddha rät weiterhin dazu, sich zu entziehen: »Sprecht nicht mit ihnen, Ananda.« Schließlich fragt Ananda den Buddha, was man tun soll, wenn man sich Frauen trotz aller Vermeidungsstrategien nicht vom Halse halten kann: »Aber wenn sie zu uns sprechen, wie sollen wir uns verhalten, Herr?« Erst nach diesem dritten Nachfragen weist der Buddha auf eine andere Praxis hin: »Praktiziert Achtsamkeit, Ananda.«[159]

Wir sehen in dieser Passage, wie Ananda daran arbeitet, Buddhas Lehren hinsichtlich der Beziehung zu Frauen vor seinem Tod zu klären, bevor seine früheren, repressiven Anordnungen zu einer allgemeinen Überlieferung werden. Ananda hatte wohl erkannt, dass eine Strategie der Vermeidung und des Abscheus unangemessen und unvereinbar mit den Achtsamkeitspraktiken ist, die der Buddha ebenfalls lehrte. Vielleicht meinte der Buddha, dass wir auf einer sehr fortgeschrittenen Ebene des Praktizierens nicht mehr zwischen Männern und Frauen als getrennten sexuellen Objekten unterscheiden müssen. Aber dennoch: Wie geht man mit der Existenz menschlicher Emotionen um? Wie mit Frauen, die den Wunsch haben zu praktizieren, angesprochen zu werden und die ihren Platz in der Praxis finden wollen? Anandas Nachfragen half dem Buddha, Klarheit in seine Lehre zu bringen, der zufolge achtsames Gewahrsein gegenüber dem Weiblichen bzw. dem Objekt des Begehrens grundlegend für das Loslassen unserer Anhaftungen ist.

In den 1960er-Jahren bemerkte Shunryu Suzuki, dass amerikanische Zen-Praktizierende weder Priester noch Laien sind. Er ermutigte uns, selbst herauszufinden, wie Praxis für uns im Westen aussehen könnte. Das vermochte er nicht für uns zu leisten; es ist unsere Aufgabe, die Praxis in unserer Welt lebendig werden zu lassen.

Es fällt auf, dass die spirituellen LeiterInnen der meisten westlichen Zen-Zentren verheiratet sind und nicht zölibatär leben. Wir müssen uns ausdrücklich darüber klar werden, wie wir in Beziehungen praktizieren, da dies der Lebensweise der meisten Zen-Praktizierenden entspricht. Buddhas Regeln für die Hauslosigkeit der Mönche können uns nicht dabei helfen, eine tragfähige Praxis im Westen zu etablieren. Wir sollten verstehen lernen, wie eine effektive Praxis im Familienkontext funktionieren kann und wie das Familienleben die Schulung in einem Kloster beeinflusst. Ähnlich unseren Vorfahrinnen, die mit diesem Dilemma konfrontiert waren und ihre eigenen Lösungen entwickelten, müssen wir heute dieses Thema in unseren eigenen, neuartigen Praxiszusammenhängen ansprechen. Die Lehren, die ihren Versuchen entstammen, Zen-Praxis in das Familienleben einzubinden, können uns zeigen, wie wir unsere Praxis in unseren Alltag integrieren können.

Vor und zurück: Zwischen Familie und Praxis

Bei unseren Zen-Vorfahrinnen stoßen wir auf viele Bedingungen, soziale und familiäre Barrieren, die es ihnen schwer gemacht haben, sich einer formalen Praxis zu widmen. In den meisten asiatischen Kulturen waren Frauen gezwungen, sich ausschließlich auf ihre Familien zu konzentrieren, weshalb sie häufiger mit ihrem spirituellen Weg gerungen haben. Diese komplexe Geschichte zur Kenntnis zu nehmen kann eine wichtige Lehre für westliche Praktizierende sein. Wir müssen anerkennen, dass das Praktizieren innerhalb der Familie nichts Zweitrangiges ist, sondern eine legitime Alternative zur monastischen Praxis darstellt. Wir sollten auch sehen, dass es Praktizierende gegeben hat, die im Zusammenleben mit ihren Familien vollständig erwacht sind. Die Zen-Praxis zeichnet sich durch große Unterschiede aus – sie wurde uns nicht nur durch das monastische Modell überliefert.

Auch wenn die Zen-Meisterinnen, die wir in diesem Kapitel betrachten, nicht ausdrücklich gelehrt haben, wie Praxis und Familienleben integriert werden können, kann uns die Tatsache ein Vorbild sein, dass sie mit ihren Familien verbunden waren, während sie zugleich engagiert praktizierten. Ernsthafte und erleuchtete Praktizierende mühten sich genau wie wir damit ab, ihre wahre Natur innerhalb des Familienlebens zu verwirklichen, und weigerten sich, ihre Verpflichtungen gegenüber der Familie als Entschuldigung zu benutzen, um die schwierigen Fragen über Leben und Tod nicht zu stellen.

Für Frauen kann das Familienleben eine Möglichkeit darstellen, Selbstwertgefühl zu entwickeln, das darauf beruht, für andere da zu sein; die Gefahr besteht darin, dass Frauen ihr Selbstwertgefühl nur in diesem Zusammenhang erfahren. Frauen ringen immer wieder mit dem Problem, ihren eigenen Wert davon abhängig zu machen, dass sie andere zufriedenstellen. Praktizierende Frauen und ihre LehrerInnen müssen diese Strategie der Selbstanhaftung klar erkennen. Frauen können ihr Bedürfnis, zu dienen und gebraucht zu werden, sehr gut verstecken, doch drückt sich in diesem Muster vor allem eine unheilsame Abhängigkeit von der Zustimmung anderer aus. Es gibt viele Frauen, bei denen es den Anschein hat, als würden sie Familie und Sangha selbstlos dienen, während sie doch tatsächlich vor allem ihr Ego als »gutes Mädchen« stärken.

In den folgenden Abschnitten lernen wir unterschiedliche Alternativen zur Praxis der Hauslosigkeit kennen: Lehrerinnen, die praktizierten, nachdem sie Kinder aufgezogen hatten; Nonnen, die in ihrer Praxis die Verbindung zur Familie aufrechterhielten; Nonnen, die Klöster gründeten, in denen Familien ein Zuhause fanden; sowie Nonnen, die ihrer Liebe und der Sehnsucht nach ihren verlorenen Ehemännern Ausdruck gaben. Diese Zen-Lehrerinnen zeigen, dass Familienbindungen, sexuelle Beziehungen und liebevolle Worte einen berechtigten Platz in einer authentischen Zen-Praxis haben. Es hat eine große Vielfalt von Praxissituationen gegeben – und wird sie auch weiterhin geben – und einen großen Hunger nach Praxis, trotz Hindernissen in Hülle und Fülle und schwierigen Entscheidungen.

Zhiyuan Xinggang: *Die Sangha als Familie*

Wir haben bereits zwei wichtige Zen-Äbtissinnen kennengelernt, die mit ihrer Zen-Praxis in der Familie begannen, bis sie schließlich von ihren Verpflichtungen entbunden wurden: Zhiyuan Xinggang wurde in Kapitel 5 als eine frühe Dharma-Erbin vorgestellt, und mit Ryonen Genso haben wir uns im letzten Kapitel vertraut gemacht. Hier nun werden wir beider Familienleben näher betrachten.

Xinggang, eine Nonne der Ming-Dynastie, wurde von ihrem männlichen Dharma-Lehrer angewiesen, zu Hause zu bleiben, bis ihre beiden Eltern gestorben waren, auch wenn er diese Kindespflichten selbst nicht erfüllt hatte. In dieser Zeit arbeitete sie an ihren Koans und praktizierte Hingabe an den Buddha, während sie zu Hause lebte – sie meditierte und rezitierte vor dem Hausaltar. Hin und wieder besuchte sie ihren Lehrer. Nachdem sie zur Dharma-Erbin ernannt worden war, gründete sie ihren eigenen Tempel.

Xinggangs sanfter, unprätentiöser und nüchterner Praxisansatz drückt sich in folgendem Gedicht aus:

> In den Toren und Hallen der Vorfahren blüht die Aktivität der Linie.
> Mir meiner eigenen faulen Unwissenheit bewusst, habe ich mich versteckt,
> um still zu sein.
> Esoterische Methoden, Schreie und Schläge –
> ich lasse sie alle ruhen.[160]

In diesem Gedicht zeigt Xinggang ihre eigene Schwäche – Faulheit. Das ist ein wunderbar erfrischendes Eingeständnis einer Zen-Meisterin. Sie bleibt ihrer Übertragungsline treu, zeigt aber zugleich, dass Praxis sich auch ohne die traditionell harten Methoden des Rinzai entfalten kann. Vielleicht wurden die »Schreie und Schläge« durch das Sich-Abarbeiten an den Schwierigkeiten des Familienlebens ersetzt.

Ihre Schülerinnen und Dharma-Nachfolgerinnen sollen ganz besonders vertraute und umgängliche Beziehungen mit ihr und untereinander gepflegt haben. Den Bedürfnissen der Familie zu begegnen kann Dharma-Lehrerinnen zeigen, wie Beziehungen innerhalb der Sangha gepflegt werden können. Xinggangs lange Beziehung zu ihren Eltern, die sie innig liebten, lehrte sie sicherlich vieles über den Wert menschlicher Anteilnahme und die Rolle, die diese spielen kann, um in einer Zen-Gemeinschaft Vertrauen und Harmonie entstehen zu lassen.

Ryonen Genso: *Die Familie verlassen, um zu praktizieren*

Erinnern wir uns, dass Ryonen bereits als Mädchen zu praktizieren begann, als sie noch der Tochter des Kaisers als Spielkameradin diente. Später, auf Druck ihrer Familie, heiratete sie und hatte einen Sohn. In ihrem Haushalt gab es vier Kinder, doch einige von ihnen waren sehr wahrscheinlich aus der Verbindung ihres Mannes mit einer Konkubine (die auch Zweitfrau oder Geliebte genannt werden kann) hervorgegangen. Als ihr Sohn zehn Jahre alt war, wurde es ihr möglich, das Haus zu verlassen und mit Yoshi no Kimi, ihrer Freundin aus dem Palast, mit formaler Praxis zu beginnen. Unter dem Eindruck des frühen Todes der Prinzessin entschloss Ryonen sich, unter der Anleitung von Obaku Hakuo einer intensiveren Praxis in einem Männerkloster nachzugehen.

An Ryonen erinnert man sich heute zumeist, weil sie sich das Gesicht verbrannt hat, aber wer vermag zu sagen, ob der Verlust ihrer Kinder nicht vielleicht die größere Bedrängnis gewesen ist. Möglicherweise zeigt sich in ihrer Entscheidung, die Familie zu verlassen und die Kinder in die Obhut der zweiten Frau ihres Mannes zu geben, die realistische Einsicht, dass dieser Schritt angesichts ihres unkonventionellen Wunsches, Zen zu praktizieren, für die Familie das Beste war. Im Haus gab es eine Stiefmutter, die Konkubine ihres Mannes. Diese namentlich nicht bekannte Frau scheint mit ihrer Rolle als Ehefrau und Mutter zufrieden gewesen zu sein. Ryonens Sohn passte sich anscheinend seinem neuen Familienleben und seiner sozialen Stellung an. Er wurde ein erfolgreicher Beamter, der in die Fußstapfen seines Vaters trat.

In einem Gedicht, das Ryonen für ihre Tochter Momosenko geschrieben hat, erfahren wir etwas über ihr Verhältnis zu ihren Kindern.[161] Wir wissen nicht, in welchem Zusammenhang dieses Gedicht entstanden ist, aber sein Inhalt weist darauf hin, dass Ryonen und mehrere Obaku-Mönche Momosenko Grüße und Unterstützungswünsche zukommen lassen wollten. Das Gedicht legt nahe, dass auch Ryonens Tochter dem buddhistischen Leben und der Praxis nahestand. Ryonen zeigte ihrer Tochter einen friedvollen Weg des Umgehens mit einer Trennung auf, die ansonsten herzzerreißend hätte sein können. Möglicherweise schloss sich Momosenko ihrer Mutter auf deren spirituellem Weg sogar an. Ryonen schreibt:

> Stille Umgebung; nur wenige Menschen sind hier und die Vögel fliegen langsamer davon.
> Selbst Bambus und Moos entspannen sich, während sie unsere Ellenbogen stützen.
> Welch ein Glück, einer reinen Welt zu begegnen, in der ich geruhsam die verbliebenen Tage meines Alters genieße.
> Aus diesem Grund steigt aus der Wunschlosigkeit ein leises Lied auf.

Hoch auf einem Kissen beobachte ich vor den Stufen die Rehe.
Der Bauer, sein Werkzeug geschultert, hält an, um vor der Türe zu plaudern.
Wenn du denkst, dass du auf diese Seite kommen kannst, dann frage mich;
die Reinheit der Berge, Flüsse und Zweige wird dir mit meinem Gedicht antworten.[162]

Außer zu ihren Kindern hatte Ryonin auch den Kontakt zu ihrer Ursprungsfamilie aufrechterhalten. Die Korrespondenz zwischen ihr und einem Bruder zeigt, dass sie in herzlicher Verbindung zu ihm stand. Er schrieb an sie:

> Die Bergblüten haben ihren Brokat ausgebreitet; die Goldamsel singt, und ich sitze am Fenster mit Blick auf die Kiefern. Plötzlich bringt man mir dein geschätztes Schreiben, ich springe auf und lese es mit Respekt ... Demütig bedenke ich, dass es auf japanischem Boden fast 300 Jahre lang keine Frau der Weisheit gegeben hat. Jetzt, da du dieses bedeutende Amt innehast, lässt sich sagen, es ist wie ein Lotos, der inmitten des Feuers blüht, oder wie ein Einhorn oder Phönix, die in der Welt erscheinen.[163]

Sein Hinweis auf die 300 Jahre, die in Japan ohne eine Frau der Dharma-Weisheit vergangen sind, ruft die Erinnerung an die Äbtissin Mugai Nyodai wach, der wir bereits begegnet sind. Er nennt sie nicht beim Namen, aber er kann sich nur auf sie beziehen – eine Frau, mit deren Geschichte Ryonen durch ihre Schulung im Hokyoji, das von Nyodai gegründet worden war, bekannt gemacht worden war. Beide, Ryonen und Mugai, waren die spirituellen Erbinnen chinesischer Lehrer, die in das Land gekommen waren, und beide wurden zu Lebzeiten als herausragende Nonnen anerkannt. Beide waren verheiratet gewesen und folgten ihrem leidenschaftlichen Wunsch zu praktizieren. Beide verließen ihre Familien, um mit einem fähigen Zen-Meister zu praktizieren. Vielleicht war es die Gewandtheit, die sie in ihren Familien mit komplexen Beziehungsstrukturen erlernt hatten, die sie darin unterstützte, in einem rein männlichen Praxisumfeld zu bestehen und ihre späteren Gemeinschaften harmonisch zu führen.

Männliche Laien, die in der Familie praktizierten

Bevor wir die Familienpraxis von Nonnen weiter betrachten, soll kurz darauf hingewiesen werden, dass es auch einige wenige sehr bekannte erleuchtete Männer gegeben hat, die in ihren Familien praktizierten. Im Gegensatz zum Beispiel des Buddha, der seine Frau, den neugeborenen Sohn und seine Eltern verließ, haben wir das Beispiel Vimalakirtis, der darauf bestand, dass er als Vorstand einer wohlhabenden Familie praktizieren konnte, und dies auch tat. Vimalakirti lebte zur Zeit des Buddha und erlangte ein tiefes Erwachen, das von allen frühen Anhängern des Buddha anerkannt wurde. Später, in der chinesischen Geschichte des Zen, gab es den Laienbruder Pang (740-808), der die Ordination ablehnte, gemeinsam mit seiner Familie praktizierte und häufig berühmte Lehrer, die im Kloster lebten, herausforderte, um sein in der Familie erlangtes Verständnis zu überprüfen. Pang widerlegte nicht nur die Idee, eine eigene monastische Lebensweise sei notwendig, sondern er bestätigte auch noch persönlich das Erwachen seiner Familienmitglieder und ihre gemeinsame Praxis:

Ich habe einen Jungen, der keine Braut hat;
ich habe ein Mädchen ohne Bräutigam;
Wir sind ein froher Familienkreis
und sprechen über das, was nicht geboren wird.[164]

Pang wandte sich nicht nur gegen die Notwendigkeit einer monastischen Schulung, sondern auch gegen die Wertvorstellungen des Konfuzianismus, die Söhnen und Töchtern die Ehe zur Pflicht machten. Seine Tochter Lingzhao (oder Ling-chao) wird in einem der folgenden Abschnitte vorgestellt.

Doch nachdem sich der Zen-Buddhismus etabliert hatte, wurden diese herausragenden Beispiele einer Familienpraxis nicht mehr erwähnt. Die Praxis des Nichtanhaftens wurde auch in der Zen-Tradition mit der Hauslosigkeit gleichgesetzt.

Der Wert, der traditionellerweise dem Verlassen von Heim und Familie zugesprochen wird, kann am Beispiel des chinesischen Zen-Abts Dongshan (807-869), des Begründers der Caodong-(Soto-)Schule, verdeutlicht werden. Um zu praktizieren, verließ Dongshan seine schon alte Mutter[165], die ihm schließlich zum Kloster folgte, wo sie um Essen und Unterkunft bettelte. Seine tiefe Entschlossenheit zu praktizieren veranlasste ihn aber, den Befehl zu geben, seine eigene Mutter vor die Tore des Klosters zu verweisen. Er weigerte sich, sich um sie zu kümmern – ein Umstand, der als Ausdruck seines klaren und nicht festhaltenden Zen-Geistes verstanden worden ist. Nach ihrem Tod wurde in seinem Tempel verkündet, dass seine Mutter Frieden im Paradies gefunden habe – aufgrund der makellosen buddhistischen Praxis ihres Sohnes!

Viele westliche Praktizierende haben Zweifel geäußert, ob dieser Aspekt von Dongshans Praxis ein Vorbild für heutige

Praktizierende sein kann. Einer meiner Lehrer, Shunryu Suzuki Roshi, regte uns stets an, genau dort zu praktizieren, wo wir gerade sind, in der Mitte unseres Lebens, einschließlich unserer familiären Verpflichtungen. Er lehrte uns, dass wir nicht nach den perfekten Praxisbedingungen suchen sollten. Wo auch immer wir sind, genau dort sollten wir gegenwärtig sein und unserer Praxis folgen.

Wie sollen wir also Dongshans Handeln verstehen? Drückte sich darin ein Mangel an Mitgefühl aus? Vielleicht hatte Dongshans Zurückweisung seiner eigenen Mutter etwas mit der starren Ansicht zu tun, dass die Hauslosigkeit ein absolutes Muss für Mönche darstellt. Oder drückte sich darin seine besondere Beziehung zu seiner Mutter aus? Jedenfalls ist es ein irritierendes Geschehen im Rahmen einer Praxis, die so sehr das Mitgefühl betont. Sein Verhalten mag nur dann sinnvoll erscheinen, wenn man es als eine Entscheidung gegen die konfuzianische Verpflichtung gegenüber den Eltern und für die monastischen Werte des Zen begreift – vor allem in einer Kultur, die stark von konfuzianischen Wertvorstellungen geprägt war. Dongshans Handlungsweise mag von seinen klösterlichen Nachfolgern aufgeschrieben worden sein, um zu würdigen, wie die Zen-Praxis belastende traditionelle konfuzianische Ansprüche aufhebt.

Dongshans offensichtlicher Mangel an Mitgefühl war möglicherweise Ausdruck eines allzu buchstabengetreuen Befolgens der Anweisungen des Buddha zur Hauslosigkeit von Mönchen. Suzuki Roshi wies uns im Westen an, unsere Praxis in unserem Leben, so wie es ist, zu verankern und nicht zu versuchen, ein Ideal zu erschaffen. Die Beispiele unserer Zen-Vorfahrinnen zeigen flexiblere Praxismöglichkeiten auf, die uns helfen können, unseren eigenen Weg zu finden.

Klosternonnen und Familienbeziehungen

Buddhistische Nonnen scheinen oftmals einen Kurs eingeschlagen zu haben, der in der Mitte zwischen Buddhas Anweisung an die Mönche, in die Hauslosigkeit zu gehen, und seinen Unterweisungen für die Laien, für ihre Familien zu sorgen, liegt. Prasannasila (ca. 300) ist das ungewöhnliche Beispiel einer buddhistischen Nonne, die der ordinierten Praxis das Familienleben vorzog. Als sie bereits im Nonnenstand war, verspürte sie das Bedürfnis, ins Familienleben zurückzukehren und so das Dharma zu unterstützen.[166] Sie bekam drei Söhne, deren Väter buddhistische Gelehrte oder Mönche waren, und erzog sie dazu, buddhistische Mönche zu werden – ein einzigartiger Beitrag zum Buddha-Dharma von Körper zu Körper. Zwei ihrer Söhne spielten in der Entwicklung des Mahayana eine zentrale Rolle: Asanga und Vasubandhu.[167] Prasannasila förderte die Lehren des Buddha, indem sie den Nonnenorden verließ und in die Familie zurückkehrte. Sie fand ihren eigenen Weg, die eigene Weisheit zum Wohlergehen buddhistischer Praxis auszudrücken.

Nonnen hatten nach der Ordination meist zwei Möglichkeiten, ihre Familienbeziehungen fortzuführen. Die erste bestand in einem Tempelleben, das dem Gebet für ihre Familie und Ahnen gewidmet war. Das war die Praxis von Witwen, Kaisertöchtern und anderen Nonnen, deren Tempel dazu bestimmt waren, für die Familie des Kaisers oder der Shogune zu beten. Die zweite Möglichkeit bestand in der Gründung kleiner Frauenklöster, die durch Kriege oder politische Verfolgung vertriebene Familienmitglieder von Nonnen aufnahmen. Beide werden wir im Folgenden ausführlich betrachten.

Die frühesten buddhistischen Frauenklöster in Japan waren, genau wie anfangs die chinesischen, dem Wohlergehen von Kaiser und Staat gewidmet. Diese Tempel wurden von der Regierung finanziert und hielten Zeremonien ab, um die regierenden Mächte zu schützen. In Japan geht diese Praxis auf noch frühere Shinto-Praktiken zurück, wobei Frauen oft als Schamaninnen agierten, die sich in spezielle psychische Zustände versetzten, um die Götter und Geister der regierenden Familie günstig zu stimmen. In der Tradition von Tempeln, die dem Andenken an geliebte Menschen oder Familien gewidmet waren, finden wir Kaiserin Komyo, die sich nach dem Tod ihres Mannes, Kaiser Shomu, den Kopf scheren ließ, um für seine Seele zu beten. Ein weiterer Familientempel ist Kodaiji[168], der 1605 von der Adeligen Kita no Mandokoro in Erinnerung an ihren verstorbenen Gatten Toyotomi Hideyoshi (1536-1598) gegründet worden ist. Den Gepflogenheiten adeliger Frauen ihrer Zeit folgend, wurde sie nach dem Tod ihres Mannes buddhistische Nonne und nahm den Ordinationsnamen Kogetsu-ni an. Kita no Mandokoro, die zu Lebzeiten ihres Mannes auch als Nene bekannt war, trug auch den Ehrennamen Kodai-in. Von diesem leitete der heute noch existierende Kodai-Tempel seinen Namen ab.

Eine besondere Gruppe familienorientierter Nonnenklöster, die sogenannten *amamonzeki*, hatte zwischen 1571 und 1732 unter vier japanischen Kaisern ihre Blütezeit, als etwa 70 Prozent der Kaisertöchter Nonnen wurden. Dies traf insbesondere auf die Regierungszeit von Kaiser Gomizuno'o (1596-1680) zu, als acht seiner dreizehn Töchter und dreizehn Enkeltöchter Nonnen wurden.[169] Einige von ihnen wurden von denselben Zen-Meistern unterwiesen, die auch den Kaiser anleiteten. Diese Zunahme an Möglichkeiten für Frauen ist auf die engagierte buddhistische Praxis des Kaisers zurückzuführen, aber auch auf seine Überzeugung, dass der Bodhisattva-Weg von beiden Geschlechtern beschritten werden kann. In diesen Tempeln lebten die Töchter des Kaiserhofs und widmeten sich Gebeten und Ritualen zum Schutze der Familie. Diese Nonnen ließen sich zwar den Kopf scheren und gingen keine Ehe ein, lebten aber weder hinter Klostermauern noch in Armut. Meist nahmen die gut ausgebildeten Prinzessinnen aktiv am Hofleben teil und leisteten zugleich durch ihre Kunst und Poesie bedeutende Beiträge zur buddhistischen Kultur.

Wenn wir die Geschichte etwas gegen den Strich lesen, entdecken wir viele Beispiele einer lebendigen Familienpraxis, angefangen mit der Ordination Mahapajapatis, der Stiefmutter des Buddha, bis hin zu der zeitgenössischen japanischen Praxis, Tempel vom Vater auf den Sohn zu vererben. Die folgenden Beispiele beschreiben Frauen, die in ihren Familien praktizierten und auf flexible Weise Laien- und Klosterleben miteinander verbanden.

Lingzhao
und die Praxis der Familie Pang

Lingzhao (frühes 9. Jhd.) war die Tochter des Laienpraktizierenden Pang; sie unterstützte ihre Familie finanziell, indem sie Körbe verkaufte. Ein Kennzeichen der Praxis der Pang-Familie waren fortlaufende Dharma-Gespräche und Debatten. Hier ein Beispiel:

> Einmal saß Laienbruder Pang in seiner strohgedeckten Hütte. »Schwierig, schwierig, schwierig«, rief er plötzlich aus, »als

wolle man zehn Scheffel Sesam über einen Baum verteilen!«

»Leicht, leicht, leicht«, erwiderte Frau Pang, »es ist, wie wenn man die Füße auf den Boden stellt, sobald man sich aus dem Bett erhebt.«

»Weder schwierig noch leicht«, meinte Lingzhao. »An der Spitze der einhundert Grashalme hängt die Lehre der Patriarchen.«[170]

Wir sehen hier, wie die Familie gemeinsam praktizierte, aber auch, wie dabei traditionelle Grenzen des Konfuzianismus überschritten werden, indem die Tochter sowohl ihre Mutter als auch ihren Vater herausforderte und deren Verständnis darüber, wie Verwirklichung sich in buddhistischer Praxis entfaltet, ihr eigenes entgegensetzte.

Ihr Vater behauptete, seine eigene, ursprüngliche Natur zu verwirklichen sei so schwierig, wie Sesamsaat auf einem Baum zu verteilen, ohne dass sie herunterfielen. Ihre Mutter entgegnete, dass es einfach sei, den Weg zu finden, etwa so, wie man den Boden unter den Füßen finde, wenn man das Bett verlasse. Lingzhao korrigierte, integrierte und erweiterte beide Aussagen und behauptete, die Verwirklichung des buddhistischen Pfades sei weder schwierig noch leicht, sondern hänge von der rechten Sichtweise ab. Da wir von wahrhafter Verwirklichung umgeben sind, lehrte Lingzhao ihre Eltern, hängt unser Erwachen davon ab, ob wir die Weisheit an der Spitze jedes Grashalmes erkennen können. Es ist weder schwer noch leicht, wir müssen nur immer wieder zu unserer Praxis zurückkehren und erkennen, wie die Lehre sich in jeder Situation manifestiert.

Lingzhaos unkonventionelle Beziehung zu ihrem Vater drückt sich auch in einem Dialog aus, in dem sie spielerisch seine

Bereitschaft herausfordert, in der Öffentlichkeit zu praktizieren. Ihr Vater setzte sich über Konventionen hinweg, um seinen Zen-Geist auszudrücken, sobald sie jedoch das Gleiche tat, reagierte er mit Verlegenheit:

> Der Laienbruder verkaufte einst Bambuskörbe. Als er gerade von einer Brücke trat, kam er ins Straucheln und fiel zu Boden. Als Lingzhao dies bemerkte, lief sie an die Seite ihres Vaters und ließ sich fallen.
> »Was machst du da!«, rief der Laienbruder.
> »Ich sah, wie Papa zu Boden fiel und kam zu Hilfe«, erwiderte Lingzhao.
> »Glücklicherweise hat das niemand gesehen«, entgegnete der Laienbruder.[171]

In diesem Dharma-Schauspiel verkörpert Lingzhao die unglückseligen Strategien von uns allen, die in der Welt des Leidens feststecken. Wir nehmen das Leiden der Menschen, die wir lieben, wahr und reagieren schnell, indem wir uns auf der gleichen emotionalen Ebene in ihre Situation fallen lassen, die Ungerechtigkeit des Lebens beklagen und Trost aus der gleichen Perspektive zu spenden versuchen, die das Problem verursacht hat. Anstatt mit unseren Füßen auf festem Boden zu bleiben, stürzen wir uns in die gleiche Sichtweise, die das Problem überhaupt erst hervorgebracht hat. Der Buddhismus lehrt uns, unseren eigenen Weg der Klarheit und Stabilität zu finden, selbst wenn wir versuchen, anderen aus ihren Schwierigkeiten herauszuhelfen. Lingzhao agierte diese Lehre mit ihrem Vater spielerisch aus, der aber hoffte, dass niemand gesehen hatte, wie sehr sie das konventionelle Verhalten missachtete.

Dem Zen zufolge muss jede Schülerin und jeder Schüler die

Lehrerin oder den Lehrer hinter sich lassen und das eigene Verständnis ausdrücken, um den Erfolg der Lehrerin, des Lehrers zu bestätigen. Lingzhao tat das immer wieder bei ihrem Vater, der auch ihr Lehrer war. Wie sie ihren Vater ein letztes Mal an der Nase herumführte, beweist die großen Fähigkeiten, die sie sich in ihrer Praxis erworben hatte:

> Der Laienbruder lag im Sterben. Er sprach zu Lingzhao und sagte: »Schau nach, wie hoch die Sonne steht und sage mir, wann es Mittag ist.«
> Lingzhao berichtete ihm zugleich: »Die Sonne steht bereits im Zenith, und es gibt eine Sonnenfinsternis.«
> Während der Laienbruder zur Türe ging, um hinauszuschauen, setzte sich Lingzhao in den Stuhl ihres Vaters, legte ehrerbietig die Hände zusammen und verschied.
> Der Laienbruder lächelte und sprach: »Meine Tochter ist mir zuvorgekommen.«
> Er schob sein eigenes Ableben um sieben Tage hinaus.[172]

Auch wenn Lingzhao hier größte spirituelle Leistungen vollbrachte und das tiefste Nicht-Anhaften an ihrem Körper demonstrierte, fragt man sich doch, ob ihr Verhältnis zu ihrem Vater/Lehrer wirklich gesund war. Sie entschied, im Sterben ihrem Vater/Lehrer eine Nasenlänge voraus zu sein. Um was für eine Beziehung handelt es sich da? Wieso entschied sie sich nicht dafür, am Leben zu bleiben und ohne ihn zu lehren; wieso kehrte sie nicht zu ihrer Mutter und ihrem Bruder zurück, die beide ja noch am Leben waren?

Lingzhao ist ein faszinierendes Beispiel für die Möglichkeit der spirituellen Vollendung innerhalb der Familie – und zwar zu einer Zeit, in der Frauen häufig nicht die Möglichkeit hatten, Buddhismus zu praktizieren oder zu lehren.

Shenyi: *Eine Familie gründet ein Nonnenkloster*

Ein besonders herausragendes Beispiel eines Nonnenklosters, das Familienstrukturen integrierte, wurde in China im 18. Jahrhundert von der Nonne Shenyi (gest. 1722) gegründet und nach und nach schlossen sich ihre Schwägerin Zaisheng und ihre Kusine Jingwei ihr an. Alle drei Frauen waren Witwen. Shenyi wurde nach einem sozial vorgeschriebenen Trauerjahr ordiniert. Die Familie war aufgrund ihrer politischen Verbindungen bestraft worden: Ihr Heim wurde bis auf die Grundmauern zerstört, woraufhin der Vater Selbstmord beging. Shenyi, die ordinierte Nonne, entkam dem Chaos und errichtete am Ufer eines Flusses eine Einsiedelei. Kurze Zeit später fanden Mitglieder ihrer Familie und der ihres Mannes bei ihr Zuflucht. Als ihr Schwiegervater wegen Verrats verhaftet wurde, ertränkte sich ihre Schwiegermutter im Fluss. Shenyi zog ihren Körper aus dem Wasser, um ihn angemessen zu bestatten. Später schlossen sich ihr ihre Schwägerin und Kusine an und andere Anhängerinnen folgten.

Die Frauen bauten so etwas wie eine »Familien-Einsiedelei« auf, in der anfangs Familienmitglieder Zuflucht fanden, die ihre Trauer zu einer Dharma-Praxis machen wollten. Später folgten Frauen, die keine Familienmitglieder waren. Shenyi hatte recht viele Schülerinnen und hinterließ Unterweisungen, die von Jingwei zusammengestellt wurden. Das folgende Gedicht, das Shenyi für ihre Schülerin Zaisheng verfasste, vermittelt einen Eindruck ihres Stils:

Das Leben der Menschen besteht aus Begegnungen und
Trennungen;
am Ende nur Traum und Schaum.
Ich blicke zurück auf die weite Ebene und bin berührt
von Erinnerungen an vergangene Ausflüge.
Der Morgentau war noch nicht getrocknet;
zahlreich und prall hingen die Blüten herab.
Der Schatten des Mittags zog ein
und die Lieder der Vögel versteckten sich.
Den Duft auf der kleinen Bank einatmend,
vergaßen wir die staubige Welt.
Auf einem Gang im Mondlicht vertrieb unsere reine Rede
alte Schmerzen.
Der sich neigende Schatten der Pflaumenblüte
wirkte wie ein Gemälde.
Wer wird die Blüten aufsammeln,
die verstreut am Boden liegen?[173]

In diesem Gedicht drückt Shenyi ihre Rührung über die Vertrautheit unter den Nonnen aus. Ihre engen Praxisbeziehungen haben ihnen die Heilung verschafft, derer sie nach der erfahrenen Gewalt und den Verlusten bedurften. In den letzten Zeilen fragt Shenyi nach einer Antwort auf die chaotischen Umstände, die sie ihren Familien entrissen hatten: Wer kümmert sich um all die Blüten, die verstreut am Boden liegen? Welche Mittel können wir entwickeln, um das wieder zu richten, was Krieg und Verlust zerrissen haben?

Wir können uns gegenseitig spirituelle Praxis anbieten, aber es gibt immer noch Bruchstellen, immer noch Entwurzelte. Das Netzwerk der Nonnenklöster hat im Laufe der Geschichte in

Asien immer wieder die Aufgabe erfüllt, den abgerissenen und zerstreuten Blüten Zuflucht und Fürsorglichkeit zu geben, auch denjenigen, die von unserem eigenen Familienbaum fielen. In diesem Appell für vertraute Beziehungen, Erinnerungen und zärtliche Empfindungen stellt dieses Gedicht – als eine alternative Lehre des Zen – einen Kontrast zur Praxis männlicher Zen-Meister und ihrer Entsagung von der Familie dar.

Shozan Genyo:
Zen in der Familienpraxis finden

Eine besonders begabte kaiserliche Prinzessin, die Nonne wurde, war Shozan Genyo (1634-1727), die ein Leben lang neben ihrem Vater, Kaiser Gomizuno'o, Zen praktizierte. Sie überzeugte den Kaiser davon, den chinesischen Priester Ingen (chin.: Yinyuan Lungji), den Begründer der japanischen Obaku-Zen-Schule, zu unterstützen. Nach dem Tod ihres Vaters wurde sie im Alter von 47 Jahren ordiniert und wandelte 1682 die kaiserliche Villa Shugakuin in ein kaiserliches Nonnenkloster namens Rinkyuji um. Sie widmete ihr Leben dem Erschaffen wunderbarer Standbilder von Kannon, der Bodhisattva des Mitgefühls, die heute noch in Kyoto in vielen Tempeln zu sehen sind. Ihr Sterbegedicht schrieb sie auf einem ihrer Selbstportraits nieder:

> Alt, aber noch nicht hinfällig,
> ist es nicht schwer, den Tod zu erwarten.
> Meine Arbeit ist getan, meine Gelübde sind erfüllt;
> ich vertraue meine verbliebenen Jahre dem Schicksal an.[174]

Aufgrund ihrer Verehrung des *Lotos-Sutra* und der darin enthaltenen Unterweisungen über das Rezitieren und Abschreiben des Textes als Weg zur Erleuchtung, widmete sich Genyo vollkommen dem Rezitieren und dem Erschaffen von Abbildern der Bodhisattva Kannon. Beides widmete sie dem Wohlergehen ihrer verstorbenen Eltern. Ihre Familie hatte sie mit buddhistischer Praxis bekannt gemacht, und so war es nur stimmig, dass sie ihrer Praxis als Hingabe an die Familie Ausdruck verlieh.

Sangha als Familie, Familie als Sangha

Einige Nonnen betrachteten ihre Sangha als eine Art Ersatzfamilie. In Kapitel 6 haben wir bereits gesehen, dass die japanische Äbtissin Hori Mitsujo Roshi die jungen Nonnen, für die sie sorgte, als ihre »Kinder« bezeichnete. Zeitgenössische Soto-Nonnen haben als Ausdruck ihrer Bodhisattva-Praxis Waisenkindern Obdach gegeben – und vielleicht auch, um die Freude der Kindererziehung zu erfahren, obwohl sie im Nonnenstand leben. Ich konnte dieses Bedürfnis spüren, als ich 1992 in Nagoya an der Konferenz der Soto-Zen-Nonnen teilnahm. Ich war mit zwölf amerikanischen Frauen unterwegs, die in Japan Zen praktizieren wollten. Einige von uns waren als Priesterinnen ordiniert, andere waren Laienpraktizierende, aber alle fühlten sich dem westlichen Zen-Weg tief verpflichtet. Die erste Frage, die von den Soto-Nonnen an uns gerichtet wurde, war, ob wir Frauen aus dem Westen Kinder hätten und dennoch unserer Berufung und unserer Verpflichtung gegenüber der Zen-Praxis folgen könnten.

Auf einen Mann und die Ursprungsfamilie zu verzichten mag für eine Nonne ein großes Opfer sein, und doch ist es für die weibliche Psyche vielleicht ein noch größeres Opfer, auf Kinder zu verzichten. In Japan können männliche Priester heiraten und Kinder haben, wobei ihre Familientempel durch die fast schon sklavische Arbeit ihrer Frauen unterstützt werden. Für verheiratete Nonnen gibt es in der zeitgenössischen japanischen Gesellschaft keine solche Entsprechung – die Unterstützung und Hilfe eines Ehemannes. Anstatt einen Gatten zu finden, der ihr hilft, den Tempel zu führen, müsste eine verheiratete Nonne fürchten, auch noch in die Pflichten einer japanischen Ehefrau, ihrem Mann zu dienen, eingebunden zu werden.

Dennoch stimmen jedes Jahr etwa 70 Prozent der japanischen Soto-Zen-Nonnen für das Zölibat und gegen die Möglichkeit der Eheschließung in ihrem Orden, auch wenn sie es vielleicht vermissen, keine eigenen Kinder zu haben. Die Aktivitäten der Nonnen umfassen aber oft die Erziehung von Waisen, das Unterrichten von Kindern in den Tempeln, und sie beteiligen sich an der Auswahl von Namen für Neugeborene innerhalb ihrer Gemeinde (eine spezielle Tradition der Nonnen) – Aktivitäten, in denen sich möglicherweise ihr Wunsch nach einer Ersatzfamilie ausdrückt.

Die sozialen Regeln Asiens sehen keinen Platz für eine verheiratete Nonne vor, die sowohl die Aufgaben einer Tempel-Priesterin als auch die einer sorgenden Ehefrau wahrnimmt. Anders als in unseren modernen, mehr gleichberechtigten Beziehungen im Westen, in denen Frauen und Männer sich Haushaltspflichten und Kindererziehung teilen, wird die Rolle der »guten Frau« in Asien streng als eine dienende Funktion gegenüber ihrem Mann und der Familie verstanden. Eine Zen-Lehrerin, die sich ihrem Tempel widmet, würde darin mit größter Wahrscheinlichkeit nicht von ihrem Mann unterstützt werden. Sich zu Lasten ihres Mannes für die Sangha zu engagieren wäre ein zu radikales

Abweichen von der als angemessen geltenden weiblichen Rolle.

Es gab auch Laien-Frauen, die in der Familie zu praktizieren versuchten; sie hinterließen jedoch keine Aufzeichnungen über ihre Erfahrungen. Andererseits können wir Reflexionen über Liebe und Praxis bei Zen-Meisterinnen finden, die verheiratet gewesen waren. Ihre Aufzeichnungen geben uns einen Eindruck, wie die Liebe zu ihren Ehemännern ihre Lehren prägte bzw. wie persönliche Liebe in einem Leben, das der Zen-Praxis gewidmet war, betrachtet wurde.

Tachibana no Someko: *Das Erwachen einer Konkubine unter der Anleitung ihres Mannes*

Tachibana no Someko (1667-1705) war nach dem frühen Tod ihrer Kinder depressiv und sehnte sich danach zu sterben. Daraufhin bestärkte ihr Mann sie, Zen zu praktizieren. Sie verfasste einen kurzen Bericht über ihr Erwachen mit dem Titel *Betrachtungen auf Altpapier*.[175] Ihr wird auch ein Kommentar zum Mumonkan mit dem Titel *Der falsche Schrei des Vogels* zugeschrieben, der bisher noch nicht in eine westliche Sprache übersetzt ist. Someko war die Konkubine – oder Gefährtin – des Samurai Yanagisawa Yoshiasu (1658-1714), der dem Shogun Tokugawa Tsunayoshi diente (reg.: 1680-1709). Eine Version der Geschichte, wie sie dazu kam, Yoshiasu zu dienen, wurde in Japan in einem Dokudrama verfilmt. Ihr Vater war ein Samurai, der seinen unterstützenden Klan verloren hatte, und ihre Mutter hatte Yoshiasus Familie wohl vor ihrer Geburt gedient. Gerüchte bringen sie auch mit dem Shogun Tsunayoshi selbst in Verbindung, der sie mehrmals besucht haben soll.

Someko war in der Tradition des Reinen Landes aufgewachsen; sie rezitierte den Namen Amida Butsu, las die Sutren und konvertierte nach dem Tod von drei ihrer vier Kinder zum Zen. Nach dem Tod eines vierten Kindes, eines drei Jahre alten Mädchens, fand Yoshiasu sie immer mehr in schwermütige Gedanken über Leben und Tod vertieft. Als Einstieg in das Zen gab er ihr ein Gedicht, über das sie kontemplieren sollte. Außerdem wies er sie an, nicht mehr den Namen Buddhas zu rezitieren, keine Sutren mehr zu lesen, sondern »die Buddhaschaft mit einem einzigen Schritt direkt zu verwirklichen«.

Als Someko ihre Verwunderung darüber zum Ausdruck brachte, dass ihr Mann sie vorher nie mit Zen in Berührung gebracht hatte, meinte er, bisher habe sie an »einem weltlichen Dharma festgehalten«. Er war der Ansicht, dass sie jetzt bereit sei, den formlosen Buddha zu verwirklichen, und empfahl ihr, die Lehren von Bassui Enzan Kanahogo[176] zu studieren.

> Wer die Absicht hat, dem Leiden in Samsara zu entkommen, sollte den Weg kennen, um Buddhaschaft direkt zu verwirklichen. Der Weg, Buddhaschaft direkt zu verwirklichen, besteht darin, den eigenen Geist zu kennen. Dein eigener Geist ist das, was unverändert von der Zeit vor deiner Existenz und vor der Geburt deiner Eltern bis heute besteht. Dies nennt man das »ursprüngliche Gesicht«, denn es ist die ursprüngliche Natur aller fühlenden Wesen.[177]

Somekos Mann versuchte sie von ihrer früheren Praxis des Gebets für ein göttliches Eingreifen abzubringen. In der Tat, wenn das Göttliche eingreifen konnte, wieso hatte es dann nicht ihre Kinder gerettet? Er verwies sie auf Lehren, die sich auf ihre eigene Fähigkeit, Frieden zu finden, bezogen, eine Praxis, bei der sie die wahre Natur ihres Geistes verwirklichen konnte. Als Someko einwandte, dass sie nicht über die formale Ausbildung für eine solche Praxis verfügte, zitierte ihr Mann den weisen chinesischen Zen-Meister Dahui, der darauf hingewiesen hatte, dass der Weg jenseits der Schriften liege.

Somekos Mann machte sie mit dem Zen-Meister Ungan des Klosters Ryuko bekannt. Von ihm erhielt sie ein Koan: »Shakyamuni und Maitreya sind nichts weiter als seine Diener. Sage mir: Wer ist er?«[178] Während ihrer Meditationen über dieses Koan wurde sie von ihrem Mann ermutigt und durch seine Lehranweisungen unterstützt. Über diese Unterstützung schreibt sie:

> Immer wenn der ehrwürdige General [Yoshiasu] den Palast des Shogun verlassen konnte und ihm etwas Zeit von den Staatsgeschäften blieb, unterwies er mich in vielfältiger Weise, manchmal durch direktes Aufzeigen, dann wieder durch geschickte Mittel. Die Wohltaten, die ich von ihm erhielt – selbst wenn der Bambus auf den südlichen Bergen vollständig abgeschnitten und zu Schreibpinseln verwandelt würde und selbst wenn alle Wellen der westlichen Buchten sich in einer einzigen brausenden Sturzflut über den Tuschestein ergössen, um ihn zu nässen, wäre es unmöglich, auch nur zwei oder drei der Millionen Wohltaten zu beschreiben, die mir von ihm erwiesen wurden.[179]

Schließlich erfuhr Someko unter der Anleitung ihres Mannes und ihres Lehrers Ungan das Erwachen. Darüber schreibt sie:

> Die Große Frage, die ich so viele Jahre mit mir herumgetragen habe, ist jetzt, mit einem Mal, vollkommen aufgebrochen. Das

> Ursprüngliche Gesicht ist einfach nur dies. Wahrlich, alle Buddhas der Drei Welten in Händen haltend, betrachten wir einander gleichzeitig und verstehen. In all den verzwickten und verdrehten Wörtern der 1 700 Koans findet sich nicht das kleinste Körnchen Wahrheit, das ich nicht verstehen würde. Ich lege sie als einen großen Haufen Altpapier nieder.[180]

Somekos Erwachen wurde von ihrem Lehrer bestätigt, der ihr später eine Ordinationsrobe, die Okesa, überreichte. Dies war von Seiten Ungan Roshis ein kreativer Akt, um Someko eine Ordinationszeremonie zu ermöglichen. Nach den Richtlinien des japanischen Zen war sie als verheiratete und sexuell aktive Frau selbstverständlich nicht berechtigt, sich einer Nonnenordination zu unterziehen. Dieser erleuchtete Zen-Meister fand jedoch einen Weg, Someko zu ordinieren, um dadurch trotz vorherrschender Meinungen und kultureller Gebräuche die Praxis einer Frau zu bestätigen und zu unterstützen.

Andere Frauen mussten bis zum Ableben ihres Mannes warten, um sich der Praxis zu widmen. Wir haben bereits mehrere dieser Frauen kennengelernt: Kaiserin Komyo, Kakuzan Shido und Manseong Sunim. Manseong war ihrem Mann so ergeben, dass ihre erste Bitte an einen Zen-Lehrer in einer Séance mit ihrem verstorbenen Gatten bestand.

Diese Frauen lebten offensichtlich in engen Zweierbeziehungen und widmeten das Verdienst[181] ihrer Praxis ihren verstorbenen Ehemännern. Aber erst von der Nonne Rengetsu, die wir in einem späteren Kapitel kennenlernen werden, sind uns Zen-Liebesgedichte an ihren Mann bekannt.

Satsu: *Eine Laien-Frau wird Dharma-Erbin*

Satsu (ca. 1700) war noch eine Jugendliche, als ihr Vater sie Zen-Meister Hakuin[182] vorstellte. Ihr Vater machte sich wegen ihres respektlosen und unkonventionellen Verhaltens Sorgen und hoffte, Hakuin, ein Zen-Meister, der als ein Mann der einfachen Leute bekannt war, hätte ein paar Ratschläge, um seine aufsässige Tochter zu bändigen. Satsus Geschichte begann mit dem Ratschlag ihrer Eltern, zu Kannon zu beten, die Bodhisattva des Mitgefühls, um einen guten Ehemann zu erhalten. Satsus Vater fing an, sich Sorgen zu machen, als er seine Tochter dabei überraschte, wie sie auf dem Kannon gewidmeten Sutra-Buch saß. Satsus Antwort auf seine Schelte wegen ihrer Respektlosigkeit lautete: »Der Priester im Shoinji [Hakuin] sagt, das alles Buddha-Natur hat, wie kann es dann einen Unterschied zwischen meinem Hintern und dem Sutra-Buch geben?«[183] Satsus Bemerkung machte einen gewissen Eindruck auf Hakuin, der ihrem Vater vorschlug, sie zu ihm zur Schulung zu bringen. Selbst für Hakuin war sie eine Herausforderung; immer wieder fragte sie ihn nach Erklärungen, stand aber sofort auf und ging hinaus, sobald er Worte benutzte, um zu antworten. Sie war für ihre Direktheit und ihren unabhängigen Geist bekannt. Einmal forderte sie ein Mönch heraus und fragte: »In einem Abfallhaufen wird ein weißer Felsen zerschlagen. Welches Prinzip ist das?« Ohne zu zögern zerschlug Satsu den Teebecher des Mönchs, der daraufhin hastig das Weite suchte.[184]

Satsu widmete sich in Hakuins Tempel vollkommen der Praxis und weigerte sich zu heiraten. Hakuin riet ihr, nicht nur auf dem Meditationskissen zu praktizieren, sondern zu heiraten und eine Familie zu gründen:

> Du hast ein gutes Verständnis des Zen, aber du musst es auch anwenden. Es wird das Beste für dich sein, zu heiraten und im Einklang mit der natürlichen Verbindung von Männlichem und Weiblichem zu handeln. Geist und Form, Erleuchtung und Verwirklichung müssen mit den Realitäten des täglichen Lebens harmonisiert werden.[185]

Hakuin lehrte immer wieder, dass eine Erleuchtung, die sich im Handeln manifestiert, wichtiger ist als eine Erleuchtung in Stille – das Erwachen muss das Kissen verlassen und sich im Alltag beweisen, um zur Reife zu kommen.

Satsu heiratete schließlich, hatte Kinder und viele Enkelkinder. Als eines ihrer Enkelkinder starb, bemerkte eine Nachbarin, wie sie heftig weinte. Die Nachbarin, anscheinend der Ansicht, authentisches Erwachen bedeute, dass Satsu solche Emotionen nicht mehr empfinden würde, stellte sie zur Rede:

> »Wie ich höre, hat dir Hakuin persönlich eine Urkunde deiner Erleuchtung überreicht; wieso führst du dich dann so auf?«
>
> »Idiotin«, schoss Satsu zurück, »Meine Tränen sind eine bessere Trauerfeier als hundert Priester, die düster rezitieren. Die Tränen sind eine Erinnerung an jedes Kind, das gestorben ist. Genauso fühle ich mich gerade!«[186]

Satsu verbrachte ihr Leben so, wie ihr Lehrer es ihr vorgeschlagen hatte – voller Engagement auf dem Meditationskissen und im Alltag. Ganz wie ihr Lehrer, drückte sie ihre aufrichtigen Empfindungen in emotionalen Situationen angemessen aus. Sie versuchte, sich nicht nach den Idealen anderer zu richten, die zu wissen glaubten, wie Zen ausgedrückt werden sollte oder nicht.

Sie blieb sich treu und gab als Großmutter die gleichen grimmigen Antworten, die sie schon als junges Mädchen parat hatte. Nach jahrelanger Übung versetzte sie Schläge, die sie aber auch mit einer Unterweisung begleitete. Auch wenn Praxis unsere Erfahrung transformieren kann, behalten wir dennoch unsere Individualität. Satsu, die erwachte Laiin, ist das inspirierende Beispiel einer Zen-Praxis, die in der Familie lebendig ist und dort auch funktioniert.

Teishin: *Eine Nonne liebt ihren Lehrer*

Teishin (1798-1872) kam als Tochter eines Samurai in der Stadt Nagaoka zur Welt. Als sie etwa 18 Jahre alt war, wurde sie verheiratet. Wenige Jahre später, sie war inzwischen Witwe geworden, entschloss sie sich, buddhistische Nonne zu werden. Sie zog durch das Land, bettelte um Nahrung und hörte schließlich, dass sich der Mönch Ryokan in der Nähe aufhielt. Ryokan (1758-1831) war für seine einfache, aber authentische Praxis bekannt. Teishin sucht ihn in seiner Hütte auf; sie schrieb Gedichte und wollte sich von Ryokan Ratschläge geben lassen. Bald schon fühlte sie sich zu ihm persönlich genauso hingezogen wie zu seinen Zen-Lehren. 1826 ersuchte sie offiziell darum, seine Schülerin zu werden. Als sie sich begegneten, war sie neunundzwanzig und er siebzig.

Ryokan bot ihr an, sie im Zen und im Schreiben von Poesie zu unterweisen. Ihre außergewöhnliche Beziehung ist in Gedichten überliefert, in denen ihre tiefe, romantische und gefühlvolle Liebe zum Ausdruck kommt. Teishin sammelte und veröffentlichte Ryokans Gedichte unter dem Titel *Taublüten auf einem Lotosblatt.* Viele ihrer Gedichte wurden in unterschiedlichen

Fassungen in westliche Sprachen übersetzt. Hier ein Gedicht, das Teishin für Ryokan nach ihrer ersten Begegnung schrieb:

Ich frage mich: Ist es ein Traum?
Ich fühle mich voller Freude.
Wecke mich niemals, falls es ein Traum ist.
Lass mich, für immer, in dieser Freude verweilen.[187]

Ryokan antwortete auf ihre Bitte, indem er ihre Beziehung auf die Ebene des Unvergänglichen hob. Zen-MeisterInnen lehren uns, die Phänomene als unbeständig zu sehen, aber auch das wahrzunehmen, was nicht entsteht und nicht vergeht. Ryokan gab Teishin Praxisanleitungen: Betrachte diese Liebe nicht nur aus einer dualistischen, persönlichen Perspektive; lass sie einfach sein; lass sie im weiten, unvergänglichen Raum des Gewahrseins einfach fließen. Anders gesagt: Erlaube der Liebe einfach zu sein, ohne an ihr festzuhalten:

Im Land des Traumes, schlummernd
über den Traum sprechen.
Wieso lassen wir unseren Traum
nicht auf dem Strom des Unzerstörbaren treiben?[188]

Die Historiker gehen zwar davon aus, dass ihre Beziehung nicht sexuell war, aber ihre Zeitgenossen nahmen sie als das wahr, was sie auch war: eine Liebesbeziehung. Einmal, als Ryokan sie fragte, wieso sie nicht gekommen war, antwortete Teishin:

Verstört
durch grundlose Gerüchte,

bin ich eine Gefangene
gegen den Wunsch meines Herzens.[189]

Ryokans Verse, mit denen er auf ihren Konflikt antwortete, betonen die letztendliche Reinheit, die sie beide erleuchten würde, wenn ihre Praxis sich vertiefte:

So rein ist das Licht des Mondes,
es überblendet die gesamte Erde.[190]

Ryokan verdeutlichte seine Unterweisungen für Teishin folgendermaßen: »Falschheit und Wahrheit, Dunkelheit und Licht werden verschwinden, wenn sich die zarten Wolken über den Gipfeln auflösen.«[191] Anders ausgedrückt: Welche Trugbilder der Verblendung auch immer dich verfolgen mögen, sie werden sich auflösen, wenn du in deiner Meditationspraxis zum Mond der Erleuchtung durchbrichst.

Teishin beherzigte seine Unterweisungen und antwortete mit Versen, in denen sich ihr Erwachen ausdrückte:

Dunkelheit ist genau wie das Licht verschwunden;
nur der strahlende Mond
in der Morgendämmerung![192]

Ryokan ermutigte sie auch weiterhin in ihrer Praxis und Liebe zu ihm. Er erinnerte sie eindringlich daran, ihre buddhistischen Gelübde nicht zu vergessen, und sie versicherte ihm, dass dies nie der Fall sein werde. Sie lebten weiterhin zusammen in seiner Hütte, tauschten Gedichte aus und klärten die Natur und die Grenzen ihrer Beziehung. Als sie ihm vorschlug, sie auf eine Reise mitzunehmen, neckte er sie und meinte, man würde sie dann als Turteltäubchen wahrnehmen. Darauf entgegnete sie, dass sie wären, wer sie waren – was sollte falsch daran sein? Ihr Vertrauen in ihre Praxis war stark geworden; sie schien sich nicht länger um mögliche Nachreden gesorgt zu haben.

Als sich Ryokans Leben dem Ende näherte, kam Teishin und blieb an seiner Seite. Ein Gedicht zeigt ihr Ringen darum, diesen tief empfundenen Verlust in einem buddhistischen Zusammenhang anzunehmen:

> Wir, die wir ordiniert sind,
> sollen den Bereich des Lebens
> und des Todes überwinden, sagt man –
> und doch ertrage ich nicht
> den Schmerz unserer Trennung.[193]

Teishin wusste, dass Praxis Leben, Tod und persönlichen Verlust transzendiert, aber zugleich blieb sie ihren menschlichen Gefühlen treu: Das Herz öffnet sich und bricht schließlich, Tränen fließen und wir fahren in unserer Praxis einfach fort. Teishin behauptete nicht, ihre menschlichen Emotionen »gemeistert« zu haben; Gefühle tauchen auf und sie nahm sie als Spielfeld der Einheit an. Sie begegnete dem Kommen und Gehen des Lebens, seiner Schönheit und dem Verlust mit Ehrfurcht. Der Ozean des Lebens hatte sie vollständig durchnässt, aber sie ertrank nicht.

Die tiefe Akzeptanz unserer menschlichen Verletzlichkeit ist ein weiterer Aspekt der Weisheit des Zen – einer Weisheit, die menschliche Liebe nicht ausschließt. Ryokans Gedichte belegen, dass Liebe in den Lehren der männlichen Zen-Meister nicht vollkommen abwesend war. Die Lehren der weiblichen

Vorfahrinnen des Zen bringen sie jedoch lauter und deutlicher zum Klingen. Indem wir die Liebe annehmen, aber auch unseren Zusammenbruch, wenn wir sie verlieren, transzendieren wir das Leiden von Leben und Tod. Diese tiefe Lehre zeigt uns, wie wir Zen praktizieren und zugleich unsere Beziehungen annehmen können – eine wichtige Lehre für Menschen aus dem Westen, die zumeist in vertrauten Beziehungen und Familien praktizieren.

Die komplizierte Problematik, den Lehrer/die Lehrerin zu lieben

Was sollen wir von der emotionalen Verstrickung zwischen Ryokan und Teishin halten – oder, allgemeiner, von der zwischen SchülerIn und LehrerIn? Das ist ein heikles Thema, wenn man die vielen leidvollen Geschichten und Skandale an westlichen Zen-Zentren bedenkt. Im Westen hat sich eine ganze Reihe von Frauen in ihre Lehrer verliebt und hatte sexuelle Begegnungen mit ihnen, was immer wieder zu großen Krisen in den Zentren führte. Viele Sangha-Mitglieder litten darunter; meist auch der Lehrer und seine Liebhaberin(nen).

Was jedoch Ryokan und Teishin betrifft – er lebte außerhalb eines Klosters und sie war sehr wahrscheinlich seine einzige Schülerin, wodurch das Problem der Eifersucht anderer Sangha-Mitglieder nicht aufkommen konnte. Es wirkt so, als wären Ryokans eigene emotionale Bedürfnisse durch Teishins Verehrung befriedigt worden, wobei er anscheinend die Integrität sexueller Grenzen wahrte. Tatsächlich unterstützte er sie darin, ihre Gelübde einzuhalten und ihre Praxis zu vertiefen. Vielleicht begrenzten Teishins Bindung und Hingabe an Ryokan ihr Interesse daran, mit anderen LehrerInnen zu praktizieren, oder auch ihr

Vertrauen in ihr eigenes Verständnis. Andererseits erhielt sie von ihm Unterweisungen von großer Qualität und Tiefe, und er leitete sie zu einer immer tieferen Einsicht an. Die Schönheit und Klarheit ihrer Gedichte drücken das deutlich aus und zeigen, dass selbst langlebige persönliche Illusionen in eine tiefere Einsicht verwandelt werden können. In ihrem Ringen um den Sinn ihrer Anhaftung scheint Teishin eine Erleuchtungserfahrung gemacht zu haben. Aber dennoch haben beide wohl kein Bewusstsein für die subtile Dynamik gehabt, in der sich Teishin ihrem Lehrer gegenüber beständig abhängig und unterlegen fühlte.

Heutzutage verstehen wir, dass allzu enge spirituelle Beziehungen eine Schattenseite haben können. Mittlerweile wird es als hilfreich angesehen, wenn buddhistische Lehrende ein Bewusstsein dafür entwickeln, wie ihre eigenen emotionalen Bedürfnisse die Schulung ihrer SchülerInnen beeinflussen können. Frauen, die in der Liebesbeziehung zwischen Teishin und Ryokan eine Rechtfertigung für eine eigene Liebesaffäre mit ihrem Lehrer sehen, möchte ich sagen: Schauen Sie bitte tiefer. Es gab in dieser Liebesbeziehung keinen Sex, keine Ehe, die auf dem Spiel stand, und auch keine Sangha-Dynamik, die man wieder in Ordnung bringen musste. Die unscharfe Grenze zwischen spiritueller Einheit und emotionaler Verbindung sowie die verletzende Dynamik sexueller Beziehungen zwischen Lehrenden und SchülerInnen in zeitgenössischer westlicher Zen-Praxis werden in einem späteren Abschnitt ausführlicher behandelt.

Kapitel 9
Nonnen und Sexualität

Buddhas Lehren zur Sexualität

Der Buddha lehrte seine LaienanhängerInnen, wie man erfüllende sexuelle- und familiäre Beziehungen führt; wie wir jedoch bereits gesehen haben, lehrte er seine Mönche, jeglichen Kontakt mit Frauen zu vermeiden. Mönche unterwies er auf eine Weise und Laienpraktizierende auf eine andere, aber es waren vor allem die Mönche, die seine Lehren für andere Ordinierte aufschrieben. Er hielt insbesondere seine Mönche dazu an, das »Unreine« des Geschlechtsverkehrs um jeden Preis zu meiden. Dieses Kapitel befasst sich einerseits mit bestimmten buddhistischen Lehren, in denen es um die Notwendigkeit geht, Sexualität zu vermeiden, andererseits werden wir praktizierenden Frauen begegnen, die nicht das Zölibat befolgten, und wir werden ihre unausgesprochenen und expliziten Lehren zur Sexualität betrachten.

Was Buddhas Ächtung des Geschlechtsverkehrs betrifft – bzw. die des frühen Buddhismus –, können wir nicht mit Gewissheit sagen, dass sich der Buddha tatsächlich so geäußert hat; die Worte werden ihm jedoch zugeschrieben und bilden bis heute einen Teil des buddhistischen Kanons. Den Schriften zufolge riet Buddha seinen Mönchen, sich »der vulgären Gewohnheit des Beischlafs«[194] zu enthalten, um in Reinheit zu verweilen.

Die Eindringlichkeit, mit der in der nun folgenden Geschichte die Notwendigkeit angemahnt wird, auf Sexualität zu verzichten, mag moderne LeserInnen schockieren. Sudinna, ehemals ein verheirateter Mann, beichtete dem Buddha eine Verfehlung in seiner Praxis des Zölibats. Er hatte mit seiner Exfrau Sex, weil er sie schwängern wollte, um auf diese Weise ihre Trauer über den Verlust ihres Mannes (nämlich ihn) zu lindern. Sudinna unterstrich die Selbstlosigkeit seines Handelns und das Gefühl des Abscheus gegenüber dem Körper seiner Exfrau. Sein Sinn für familiäre Pflichten kollidierte aber mit dem Gebot des Buddha, die Bindungen zu seiner Familie zu kappen. Der Buddha tadelte Sudinna ob seiner Schwäche und mangelhaften Praxis:

> Du verwirrter Mann, besser wäre es gewesen, du hättest dein männliches Glied in den Rachen einer schrecklichen, giftigen Schlange geschoben, anstatt in die Vagina einer Frau. Besser wäre es gewesen, du Verwirrter, du hättest dein männliches Glied in den Rachen einer schwarzen Schlange geschoben, anstatt in die Vagina einer Frau. Besser wäre es gewesen, du Verwirrter, du hättest dein männliches Glied in ein glühend heißes Holzkohlebecken geschoben, anstatt in die Vagina einer Frau.[195]

Buddhas Lehren zufolge (oder denen seiner späteren Bearbeiter) waren also die Vagina einer Frau und der Geschlechtsverkehr bedrohlicher für die Praxis eines Mönchs als eine giftige Schlange oder ein glühendes Kohlebecken. Während es nicht so schwer ist, Buddhas Warnungen gegen wahllose sexuelle Betätigung zu verstehen, wirkt diese eindringliche Ermahnung doch emotional sehr aufgeladen. Weit davon entfernt, eine ruhige, gelassene und achtsame Haltung auszudrücken, grenzt diese Belehrung des Buddha fast an Hysterie.

In Diskussionen über diese Passage in unterschiedlichen buddhistischen Zentren kam es immer wieder zu zwiespältigen Reaktionen darüber, wie diese Worte, die dem Buddha zugeschrieben werden, aufgefasst werden können. Dabei tauchten im Allgemeinen vier Haltungen auf, die in Kapitel 1 bereits erwähnt worden sind: 1. Es sind die Worte des Buddha und sie sind von daher nicht zu hinterfragen. 2. Wir können davon ausgehen, dass diese Sätze nicht die Worte des Buddha sind, dürfen sie aber dennoch nicht kritisieren. 3. Wir können davon ausgehen, dass die Schriften zu einem späteren Zeitpunkt bearbeitet wurden und fragwürdiges Material enthalten. 4. Wir sollten auch den Buddha als Menschen sehen, der selbst mit seinem eigenen Karma und seinen Impulsen zu ringen hatte, und ihn für diese Bemerkungen verantwortlich machen.

Unsere Reaktionen auf dieses und andere Themen hängen deutlich davon ab, ob wir den Buddha als Manifestation eines perfekten Erwachens oder als menschliches Wesen betrachten und ob wir an die buchstäbliche Autorität der Sutren glauben oder sie als Texte sehen, die viele Bearbeitungen erfahren haben.

Wenn wir uns in einem sich entwickelnden westlichen Buddhismus den ersten beiden Meinungen anschließen, folgen wir einfach nur blindlings dem Wortlaut der Schriften. Wenn wir diese Texte jedoch aus den letzten beiden Perspektiven heraus betrachten, wenn wir also bedenken, dass sie negatives oder unheilsames Material enthalten, das betrachtet werden muss (egal, ob es direkt von Buddha stammt oder nicht), dann können wir diese Anschauungen zur Sexualität aus einer zeitgenössischen psychologischen Sicht beurteilen. Dann lässt sich durchaus sagen, dass die Heftigkeit, mit der der Buddha auf Sudinna reagierte, darauf hinweist, dass er und/oder einige seiner Anhänger ein »Problem« mit Frauen und Sexualität hatten.

Wenn wir nur die oben zitierte Passage in Betracht ziehen, erscheint der Buddha als ein Mann, der leidenschaftlich eine spirituelle Praxis verfolgte, aber zugleich große Angst davor hatte, dass die Macht der Frauen und der Sexualität seine Anhänger von ihrem Weg abbringen würden. Wenn dies wirklich die Worte des Buddha sind, lässt sich vielleicht aus einer psychologischen Perspektive sagen, dass sie eine Reaktion auf sein früheres, übersexualisiertes Leben und eine daraus resultierende Sexsucht darstellen könnten und er jetzt, um dies zu heilen, der Sexualität mit einer extremen, puristischen Haltung begegnete.

Bedenken wir, dass der Vater des Buddha, als er bei der Geburt seines Sohnes die Prophezeiung vernahm, dieser würde entweder zu einer überragenden weltlichen oder einer herausragenden spirituellen Führungspersönlichkeit werden, sich ausdrücklich wünschte, sein Sohn werde ihm im Amt nachfolgen. Eine Strategie, die er verfolgt haben mag, um den Buddha an die Macht und den Reichtum seiner Familie zu binden, könnte darin bestanden haben, ihm Gemächer für Liebesspiele und einen eigenen Harem mit Konkubinen zur Verfügung zu stellen. Anscheinend hatte der Buddha all dies – und zwei Ehefrauen. Sein Vater schien die Macht der Sexualität in dem Wissen eingesetzt zu haben, wie schwierig es dadurch für den Buddha sein würde, das Leben im Palast aufzugeben und nach derart ausschweifenden Vergnügungen ganz auf Sex zu verzichten, um ein asketisches und spirituelles Leben zu führen.

Indem wir den Buddha einfach als Menschen betrachten, der,

wie wir alle, psychischen Affekten unterlag, können wir eher die Dringlichkeit verstehen, mit der er sich von seinem sexuellen Begehren abwandte, aber auch, wieso er derart überzeichnete Vorstellungen von Frauen vertrat. Er betrachtete Frauen durch die Perspektive seiner eigenen frühen Erfahrungen – die eines Prinzen, der von Frauen umgeben war, deren Aufgabe darin bestand, ihn zu verführen.

Unglücklicherweise war die Dämonisierung der Sexualität – insbesondere weiblicher Genitalien – tief im frühen Buddhismus verwurzelt. Wenn das Klischee von der Frau als »Verführerin« mit der angeblich entsetzlichen Wirkung ihrer Vagina verbunden wird, dann kann sie nur eine Furcht einflößende Dämonin sein.

Späteren Überlieferungen zufolge lehrte der Buddha aber auch, dass seine Anhänger (sowohl männliche als auch weibliche) durchaus auch dann Fortschritte auf dem Weg des Erwachens machen könnten, wenn sie keinem zölibatären Lebensstil folgten.[196] Doch weder er noch seine männlichen Nachfolger führten hinreichend aus, welche Praktiken unter diesen Bedingungen das Erwachen begünstigen. Die zen-buddhistische Praxis wurde vornehmlich von Mönchen entwickelt, die den Anforderungen des Buddha zur Hauslosigkeit und zum Zölibat Folge leisteten – oder zumindest vorgaben, dies zu tun.

Wie wir bereits gesehen haben, begannen Nonnen oftmals zu praktizieren, nachdem sie Witwen geworden waren oder auch nach dem Tod ihrer Kinder, während sie noch verheiratet waren. Aus diesem Grund hatten Nonnen sehr viel häufiger als Mönche bereits im Laienstand praktiziert, auch als verheiratete Frauen. Sie verbanden deshalb in ihrer Praxis häufiger die Anweisungen des Buddha für den Nonnenstand mit seinen Richtlinien für Laien. Dieses Kapitel stellt weibliche Praktizierende vor, die das Erwachen inmitten eines Lebens, das Sexualität einschloss, erfuhren und lehrten, es handelt aber auch von der umfassenden Buddha-Natur, der ursprünglichen Reinheit der Vagina und der Sexualität in den Lehren weiblicher Zen-Vorfahren.

Der Sexualität im Zen einen Platz geben

***Miaozong** preist die Vagina*

Miaozongs (1095-1170) mutiges Verhalten und ihr wendiger Geist machten sie schon zu Lebzeiten, aber auch weit darüber hinaus und bis heute zu einem Vorbild für viele Praktizierende. Nonnen während der chinesischen Sung- und Ming-Dynastie und in der japanischen Kamakura-Zeit schätzten sie insbesondere wegen ihrer Begegnung mit Wanan, dem obersten Mönch in Dahuis Kloster. In ihrem berühmtesten Lehrdialog pries sie die Vagina: Sie entzog sie Buddhas »heißem Holzkohlebecken« und dem »Rachen einer giftigen, schwarzen Schlange« und verwandelte sie in den Ort, an dem alle Buddhas und Praktizierenden geboren werden. Wir können Miaozongs Originalität besser verstehen, wenn wir etwas über ihre Lebensumstände und ihre Ausbildung als Tochter und Ehefrau in einer hochstehenden Familie erfahren.

Miaozong kam in einer gebildeten, politisch einflussreichen Familie zur Welt und hatte schon als Jugendliche eine Erleuchtungserfahrung. Während sie still über die »Große Sache«, die Bedeutung von Leben und Tod, kontemplierte, hatte sie eine tiefe Einsicht. Sie wusste nicht, dass ihr eine ungewöhnliche Erfahrung zuteil geworden war, sondern ging davon aus, dass ihre Einsicht Allgemeingut sei.

Die Beschreibung von Miaozongs berühmter Begegnung mit Wanan, bei der sie die Vagina pries, wurde zuerst von Miriam Levering entdeckt und übersetzt. Später wies Ding-hwa Evelyn Hsieh darauf hin, dass Miaozongs ältere Schwägerin, die Nonne Zhidong (gest. 1124), sie möglicherweise mit den Zen-Lehren bekannt gemacht hatte.[197] Zhidong, die im folgenden Kapitel ausführlicher vorgestellt wird, war verheiratet gewesen, kehrte allerdings in ihre Familie zurück, um die Erlaubnis zu erhalten, sich ordinieren zu lassen. Als ihr Vater ihr verbot, in den Nonnenorden einzutreten, praktizierte sie Zen zu Hause. Nachdem Zhidongs Eltern verstorben waren, ging sie auf Reisen und begegnete vielen Zen-Meistern. In der Schulung mit einem Linji-Meister erfuhr sie die Erleuchtung, und Meister Yuanwu zollte ihrer Einsicht großen Respekt. Schließlich wurde sie als Nonne Weiju ordiniert und hatte viele AnhängerInnen. Zhidongs Erfolge mögen Miaozongs Familie die Augen für den Nutzen der Zen-Praxis für Frauen geöffnet haben.

Miaozong praktizierte bereits in ihrer Jugend mit verschiedenen Zen-Meistern. Bei einem ihrer Vorstöße auf das Gebiet des Zen begegnete sie Meister Yuan:

> [Meister] Yuan sagte: »Eine wohlerzogene [privilegierte] Dame aus einer reichen Familie; wie seid Ihr auf die Angelegenheiten eines großen [männlichen] Helden vorbereitet?«
> Miaozong entgegnete: »Unterscheidet das Buddha-Dharma zwischen männlichen und weiblichen Formen?«
> Yuan befragte sie weiter. Er sagte: »Was ist Buddha? Dieser Geist ist Buddha. Was habt Ihr zu sagen?«
> Miaozong erwiderte: »Ich habe schon vor langer Zeit von Euch gehört. Ich bin enttäuscht zu erfahren, dass Ihr immer noch so sprecht.«[198]

Ohne große formale Schulung war Miaozong bereit, sich einzumischen und Autoritäten herauszufordern. Zweifellos war sie bereits früher mit der patriarchalen Haltung konfrontiert gewesen, die Yuan hier so unverstellt ausdrückte. Ihre Antwort kam unmittelbar. Sie stellte sich ganz direkt in die Tradition Mahapajapatis, die in den buddhistischen Orden aufgenommen wurde, nachdem Ananda den Buddha mit einem gewissen Geschick gefragt hatte: »Können Frauen die Erleuchtung verwirklichen oder nicht?« Miaozongs Frage »Unterscheidet das Buddha-Dharma zwischen männlichen und weiblichen Formen?« legt nahe, dass sie ein tiefes Verständnis des Buddhismus hatte und ihr Buddhas (implizite) Antwort auf Anandas Frage bekannt war. Ja, Frauen können gleichermaßen erleuchtet werden. Buddha-Dharma und Erleuchtung beruhen nicht auf Gender-Unterscheidungen.

Doch Miaozongs Erwiderung forderte auch Meister Yuans Verständnis heraus. »Was in uns trifft eigentlich Unterscheidungen aufgrund äußerer Eindrücke? Was für eine Art von Buddhismus ist das? Und, ganz nebenbei, was für eine Art von Einsicht habt Ihr überhaupt?«

Ihre Antwort erinnert auch an einen bekannten Dialog zwischen dem berühmten 6. Patriarchen des Zen, Huineng (638-713), und seinem Lehrer Hongren (601-674), dem 5. chinesischen Patriarchen. Als der 5. Patriarch wissen wollte, wie ein unzivilisierter Mann aus dem Süden Chinas dazu kam, Zen zu studieren, entgegnete Huineng: »Was die Menschen betrifft, so gibt es Süden und Norden, aber welche Rolle sollte das für die Buddha-Natur spielen?«[199]

Indem sie Meister Yuan zurechtwies, lud Miaozong ihn ein, in den gegenwärtigen Moment zurückzukehren: »Trotz Eures Ruhms schafft Ihr es nicht, eigene Worte zu finden? Was für eine

Enttäuschung zu hören, wie Ihr, ein berühmter Lehrer, in einem lebensnahen Gespräch abgedroschene Zen-Reden schwingt!«

Miaozong war mit einem hohen Beamten verheiratet und hatte durch ihn die Möglichkeit, zu reisen und Zen-Vorträge zu hören. So begegnete sie auch Dahui, dem Lehrer, von dem sie schließlich die Dharma-Übertragung erhielt. Bei ihrer ersten Begegnung mit Dahui, während eines öffentlichen Vortrags, ging sie auf ihn zu, verneigte sich schweigend, drehte sich um und ging wieder weg.

Dahui wandte sich daraufhin an einen ihn begleitenden Mönch und sagte: »Diese Frau, die gerade hier war – sie hat etwas gesehen. Sie ist jedoch noch nicht dem Hammer und den Zangen, dem Blasebalg und der Schmiede eines wirklichen Meisters begegnet. Sie ist wie ein Schiff von 1 000 Tonnen in einem abgeriegelten Hafen – sie kann sich noch nicht bewegen.« Der Mönch entgegnete: »Wie könnt Ihr das so sicher sagen?« Daraufhin meinte Dahui: »Wenn sie noch einmal den Kopf in diese Richtung dreht, werde ich genauer hinschauen.«[200]

Dahui erkannte Miaozongs spirituelles Potenzial und hoffte, seine Intuition bei einer anderen Begegnung überprüfen zu können. Miaozong kam wieder, und Dahui gab ihr den Dharma-Namen Wuzhuo – »Keine Anhaftung« –, was in gewisser Weise ironisch, aber auch stimmig war für eine verheiratete Frau, die mit den sozialen Anhaftungen ihrer Zeit zu ringen hatte, um Zen praktizieren zu können. Der neue Name markierte den Beginn ihrer Beziehung als Lehrer und Schülerin.

In der Zen-Tradition ist es sehr wichtig, eng mit dem Lehrer, der Lehrerin zusammenzuarbeiten. In jener Zeit war der Zugang zum Geist und zur Anleitung eines/r Lehrenden nur möglich, wenn man in einem Nonnen- oder Mönchskloster lebte. Frauen konnten hin und wieder Vorträge oder Zeremonien in einem Männerkloster verfolgen, durften sich dort aber nach Einbruch der Dunkelheit nicht mehr aufhalten; Eintritt erhielten sie letztendlich nur zu formalen Anlässen. Miaozong hatte einen Lehrer gefunden, aber dieser Lehrer stand einem Kloster vor, in dem sie sich nicht aufhalten durfte.

Das monastische Zen-Leben fand auf engstem Raum statt, sehr intim und persönlich. Tatsächlich war die Meditationshalle für die Mönche oft auch der Raum, in dem sie gemeinsam schliefen. Der Abt hatte separate Räume, die die Mönche hin und wieder zu privaten Unterweisungen aufsuchten, wie Dogen es über seinen Lehrer Rujing berichtet.[201] Manchmal verfügte die Unterkunft des Abtes über Gästeräume; und in solchen Räumen war auch Miaozong untergebracht. So schuf sie keine Unruhe im Dormitorium der Mönche, war dadurch aber auch nicht den recht rauen Sitten und dem Fehlen einer Privatsphäre ausgesetzt, mit denen die Männer umgehen mussten. Auf diese Weise wurden die monastischen Regeln, die Frauen den Zugang verwehrten, außer Kraft gesetzt, und Miaozong zog in die Unterkunft des Abtes ein. Dahuis leitender Mönch wollte sich damit jedoch nicht abfinden.

An Miaozong erinnert man sich vor allem wegen ihrer unerschrockenen Verteidigung ihrer Berechtigung, mit ihrem Lehrer zu praktizieren, und der Weigerung, bestimmte buddhistische Sichtweisen der Frau als Verführerin zu akzeptieren. Wanan, der leitende Mönch und Vorsteher der formalen Praxis[202] im Tempel, stellte Miaozongs Anwesenheit im Kloster immer wieder infrage. Wanans Einwände entsprachen seiner Position. Er forderte Dahui heraus: »Wieso brichst du die monastischen Regeln?« Als erfahrener Mönch hatte er sich im Kloster ausgezeichnet und war ein Vorbild für andere Mönche. Wenn wir einfach nur davon ausgehen, dass Wanan, im Gegensatz zu seinem erleuchteten Lehrer Dahui, eine negative Einstellung gegenüber zen-praktizierenden Frauen hatte, würden wir einige seiner vielleicht berechtigten Einwände übersehen. Miaozongs Aufenthalt im Tempel verletzte nicht nur die Klosterregeln, sondern Dahuis eigener Lehrer, Yuanwu, der den berühmten Zen-Klassiker *Niederschrift von der Smaragdenen Felswand* zusammengestellt hatte, hatte nicht nur dieselben Regeln gebrochen, indem er Frauen im Zen schulte (er hatte zumindest drei weibliche Dharma-Erben), sondern er beherbergte sogar Liebhaberinnen in seinem Tempel.[203] Wir wollen hoffen, dass seine Schülerinnen und Liebhaberinnen nicht dieselben Personen waren. Es gibt keine Dokumente, um diese Beziehungen näher in Augenschein nehmen zu können, aber eines der Liebesgedichte Yuanwus ist uns überliefert. Als Wanan Miaozong und Dahui zur Rede stellte, waren ihm die Gerüchte über Yuanwus Liebesleben wahrscheinlich bekannt. Yuanwus Lebensgeschichte wurde erst Jahrhunderte später niedergeschrieben und wird in den Schriften Ikkyu Sojuns (1394-1481) erwähnt. Ikkyu war selbst ein ausgesprochener Frauenheld und bewunderte Yuanwu und seine Zen-Lehren, aber auch ihre gemeinsamen menschlichen Schwächen.[204] Aus sehr viel späterer Zeit stammt die folgende Überlieferung über das Liebesleben Yuanwus, eine knappe, recht gewagte Antwort an eine Liebhaberin, die nahelegt, dass es nach langer Trennung in Yuanwus Tempel zu einem Stelldichein gekommen war:

> Vor dreißig Jahren waren wir ein Herz und eine Seele.
> In einem Geist verbrachten wir die Nächte in elegantem Spiel.
> Seitdem bin ich alt und nutzlos geworden;
> deine ist schlaff, meiner zu schwach![205]

Yuanwus sexuelle Abenteuer fanden nicht nur in seiner Jugend statt. Sein Gedicht legt ein sexuell aktives Leben in verschiedenen Lebensabschnitten nahe, mit einer ganzen Reihe von Partnerinnen unterschiedlichen Alters. In Anbetracht von Yuanwus Verhalten wundert es nicht, dass Wanan mit gutem Grund glaubte, Dahui könne dem Bespiel seines Lehrers folgen und eine sexuelle Affäre im Tempel haben. Wanan hörte nicht auf, Miaozongs Anwesenheit im Kloster infrage zu stellen, sodass Dahui schließlich vorschlug, er solle sie aufsuchen und selbst befragen. Der folgende Abschnitt, den Miriam Levering in den Überlieferungen Wanans entdeckt hat, schildert seine Begegnung mit Miaozong und was dieser vorausgegangen war:

> [Wanan] praktizierte mit Dahui und diente als Ältester Mönch [der leitende Mönch der Sangha-Halle, in der die Mönche des Chan lebten und praktizierten] in Dahuis Kloster Ching-shan. Bevor Wuzhuo [d. h. Miaozong] Nonne wurde, brachte Dahui sie in der Unterkunft des Abtes unter. Wanan, der leitende Mönch, beschwerte sich immer wieder darüber. Dahui sagte zu ihm: »Obwohl sie eine Frau ist, hat sie Talent.« Wanan zeigte sich aber immer noch nicht überzeugt. Schließlich bestand Dahui darauf, dass er sie selbst befragte. Wohl oder übel schickte Wanan eine Nachricht, dass er sie aufsuchen würde.
>
> Wuzhuo sagte zu ihm: »Ist das eine Dharma-Befragung oder eine weltliche Befragung?«
>
> Der leitende Mönch entgegnete: »Eine Dharma-Befragung.«
>
> Daraufhin sagte Wuzhuo: »Dann sollen Eure Begleiter sich entfernen.« [Sie ging als erste in ihre Räume und rief:] »Bitte, tretet ein.«
>
> Als er den Vorhang zur Seite schob, sah er, dass Wuzhuo mit

dem Rücken auf dem Bett lag und unbekleidet war. Er zeigte auf [ihre Genitalien] und sagte: »Was für ein Ort ist das?«

Wuzhuo entgegnete: »Alle Buddhas der drei Welten, die sechs Patriarchen und alle großen Mönche überall – sie alle kommen da heraus.«

Daraufhin sagte Wanan: »Und würdet Ihr mir Zugang gewähren oder nicht?«

Wuzhuo erklärte: »Pferden ist die Überquerung erlaubt. Eseln ist sie nicht erlaubt.«

Daraufhin schwieg Wanan, und Wuzhuo erklärte: »Die Befragung des Ältesten Mönchs ist beendet.« Sie drehte sich weg und blickte nach innen.

Wanan wurde verlegen und ging.

Dahui sagte: »Man kann nicht sagen, dass das alte Biest keine Einsicht hat.« Wanan war beschämt.[206]

Miaozong war im Kloster zu Ohren gekommen, dass Wanan sie aufsuchen und befragen werde. Bevor er noch den Mund öffnen konnte, zog sie sich aus, um ihm zu begegnen. Worum ging es dabei? Miaozong war eine sexuell erfahrene Frau, als diese Begegnung stattfand. Ihr war Wanans kritische Haltung ihr gegenüber bekannt, sein Argwohn, sie könne eine Verführerin in einem zölibatären Tempel sein. Sie entschloss sich, dieser Idee direkt entgegenzutreten – immerhin stand ihr Recht zu praktizieren auf dem Spiel und damit auch das Recht anderer Frauen. Wie viele erleuchtete Zen-Meister ihrer Zeit erlaubten Frauen überhaupt, in ihren Klöstern zu praktizieren? Vielleicht nur dieser eine – Dahui. Möglicherweise war dieses Gespräch für sie so etwas wie ein spiritueller Kampf auf Leben und Tod; für sich selbst und für andere Frauen. Loyal gegenüber dem Geist ihres Lehrers hielt sie nichts zurück und schlug in wahrhaftigem Zen-Stil eine Dharma-Schlacht.

Miaozong war klar, dass Wanan gekommen war, um ihre Anwesenheit infrage zu stellen. Er kam mit Begleitern und drückte dadurch aus, dass es ihm um eine formale Begegnung ging, ein Treffen unter Zeugen. Der Buddha hatte in der Vergangenheit bereits die Regel aufgestellt, dass Mönche nie allein mit einer Frau in einem Raum sein sollten. In diesem Fall war das Bedürfnis nach einem »Aufpasser« offenkundig. Außerdem ließen Wanans Begleiter seinen Status erkennen.

Miaozongs Aufforderung, vorab Sinn und Zweck zu klären – Dharma oder weltlich –, ist die Dharma-Version eines Duells. Wähle deine Waffen und mache auf eigenes Risiko weiter. Ein Dharma-Gespräch ist keine übliche Diskussion. Alltägliche, höfliche Konventionen, Anstand und Halbwahrheiten bleiben dabei außen vor. Das einzige Ziel eines Dharma-Gesprächs besteht darin, die ganze Wahrheit zu verdeutlichen, in diesem Moment, und durch den direktesten, angemessensten und einfachsten Ausdruck. Die höchste Wahrheit und dieser Moment, so wie er ist, werden in einer Situation nahtlos zusammengebracht. Komm auf den Punkt! Rede nicht übers Wetter, kein Smalltalk, auch keine rhetorischen Tricks, um der anderen Person zu versichern, dass wir sie mögen.

Miaozong ersparte Wanan Zeit und Mühe, ihr zu erklären, welches Problem er mit ihrer Anwesenheit im Kloster hatte. Sie präsentierte das Problem einfach ganz direkt, mit nacktem Körper und gespreizten Beinen. Ohne auch nur ein einziges Wort gesprochen zu haben, sagte sie: »Darum geht's, nicht wahr? Es geht um meinen weiblichen Körper hier in deinem männlichen Kloster. Ist das nicht der Kernpunkt deiner Kritik? Ich zeige dir meine Arme, Beine, meinen Bauch und meine Brüste, meine Vagina. Nichts bleibt verhüllt, nichts ist von Konventionen oder Kleidung verdeckt. Wie möchtest du mit der Präsenz dieser weiblichen Körperteile in deinem Kloster umgehen? Was an diesem Körper stört dich, welcher Teil ist die direkte Ursache deiner Ablehnung?« Wir müssen Wanan zugutehalten, dass er nicht in Ohnmacht fiel oder einen Rückzieher machte, als er mit diesem ungeheuerlichen, unkonventionellen Benehmen einer wohlerzogenen Dame aus besserem Hause konfrontiert wurde. Ihr Verhalten setzte sich weit über alle Konventionen im China der Sung-Dynastie hinweg, einer Zeit, in der Frauen hinter Mauern weggeschlossen wurden. Noch schlimmer: Ihr Verhalten stand in direktem Gegensatz zu der buddhistischen Regel, dass eine Frau sich nicht alleine mit einem Mönch in einem Raum aufhalten darf. Wenn diese Frau dann auch noch nackt mit einem Mönch in einem Raum ist, übersteigt das sogar alles, was wir im 21. Jahrhundert an sehr freien und manchmal auch eigenwilligen Reaktionen von SchülerInnen in Dharma-Gesprächen kennen. Wer von uns ist so vollständig erwacht, dass die Entblößung unseres nackten Körpers kein Problem ist, es sei denn, wir wollen unseren Lehrer oder unsere Lehrerin verführen?

Es mag das erste Mal in seinem Erwachsenenleben gewesen sein, dass der zölibatäre Mönch Wanan in der Gegenwart einer nackten Frau war. Aber Wanan bietet ihr Paroli, indem er fragt: »Was für ein Ort ist das?«, und auf ihre Genitalien zeigt. Er kommt ebenfalls gleich zur Sache, und wir können uns vorstellen, was er nicht aussprach: »Was zum Teufel machst du mit diesem Ding, Mädchen, hier in diesem Kloster? Von allem, was du mir zeigst, was ist die Bedeutung dieses speziellen Orts, deiner Genitalien? Wieso trägst du sie in unser Kloster? Welche Bedeutung misst du ihnen in der Zen-Praxis bei?«

Endlich! Wanan hat klar gemacht, was ihm nicht behagt. Er hat direkt auf das Problem hingewiesen, das es zwischen ihm und Miaozong gibt. Miaozong hat es ihm leicht gemacht, auf das genaue Problem hinzuweisen: »Also das ist es; meine weibliche Sexualität, genau hier, in meinem Körper. Das ist die Krux deines Problems! Ich habe meine weiblichen Sexualorgane in dein heiliges Kloster gebracht! Es geht gar nicht um meine Persönlichkeit, mein Aussehen, meine Fähigkeiten oder dass ich verheiratet bin, nicht wahr? He, du erleuchteter Erster Mönch, es geht um diese kleine Sache, meine Vagina, die dich und dein tiefes Verständnis des Buddha-Dharma stört.«

Genau in diesem Moment antwortete Miaozong mit lauter Stimme Wanan und der gesamten buddhistischen Geschichte, in der Frauen und ihre Vaginas als sexuelle Fallgruben für strebsame Mönche verurteilt wurden: »Alle Buddhas der drei Welten, die sechs Patriarchen und alle großen Mönche überall – sie alle kommen da heraus.« Wir können hören, was sie nicht sagt: »He Mönch, wenn du ein Problem mit meiner Vagina hast, dann sage mir doch mal, wo du all die Buddhas und Mönche herholst, die du für deine geliebte Zen-Praxis brauchst. Dieser weibliche Ort, genau hier, ist die Quelle deiner gesamten Zen-Linie und Praxis, also sage mir: Wo ist das Problem? Wieso ist dieser kleine Ort in einer Praxis, die alle Unterscheidungen als leer betrachtet, ein so großes, schreckliches Problem?«

Miaozong zeigte und lehrte Wanan, dass Freiheit von Anhaftungen gefunden werden kann, indem wir ihrer Macht direkt ins Auge schauen, ohne ein Gefühl oder einen Gedanken abzuschneiden oder festzuhalten. Wie Dongshan es sagt: »Sich abwenden oder es berühren ist beides falsch, denn es ist wie ein mächtiges Feuer.«[207] Das Problem des menschlichen Begehrens muss in diesem Körper gelöst werden, indem wir unseren Begierden weder nachgeben noch sie unterdrücken.

Für einen zölibatären Mönch, den die Anwesenheit einer Frau in seinem ehrenwerten Kloster irritierte, brauchte Wanan nicht lange, bis er ein sehr direktes Interesse an Miaozongs »Quelle« hatte. Er stellt die entsprechende Frage: »Und würdest du mich in diesen Ort einlassen oder nicht?« Nun, jedenfalls war er nicht prüde.

In ihrer Antwort stellte Miaozong die Zen-Tradition erneut auf den Kopf, indem sie eine Formulierung des großen Zen-Meisters Zhaozhou (778-897) benutzte und ihren Sinn umdrehte. Zhaozhou, der sich selbst einmal als »Brücke zur Erleuchtung« beschrieben hatte, stand einmal einem Besserwisser Rede und Antwort, der ihn als »Große Brücke von Zhaozhou« tituliert hatte. Dieser Besserwisser stellte die Größe der Brücke infrage und Zhaozhou entgegnete: »Pferde können sie (die Große Brücke von Zhaozhou) überqueren und Esel auch.«[208] Zhaozhou drückte damit aus, dass seine Lehre stark genug war, selbst einen Esel wie diesen Besserwisser zur Erleuchtung zu bringen. Miaodong bezog sich auf Zhaozhous Weisheit und passte sie der gegenwärtigen Situation an. Auf Wanan bezogen, sagte sie: »Pferde überqueren es, Esel nicht.«

Beide, Miaozong und Zhaozhou, bewiesen ihre Fähigkeiten, indem sie den kleinen Geist von Mönchen, die sie infrage stellten, durch ihren Spiegelgeist an sie zurückwarfen. Zhaozhou half dem Besserwisser, sich selbst im gelassenen Blick des großen Lehrers zu reflektieren. Miaozong half Wanan dabei, seine verblendete Haltung gegenüber ihrer Vagina in den Blick zu bekommen. Beata Grant weist darauf hin, dass Äbtissinnen der Ming-Dynastie Miaozong zitierten und sich selbst als Nachfolgerinnen in ihrer Übertragungslinie betrachteten, auch wenn sie nicht ihre direkten Dharma-Nachfolgerinnen waren.[209] Im 14. Jahrhundert studierten Frauen im Tokei-Tempel in Japan den Wortwechsel zwischen Miaozong und Wanan als Koan in ihrer formalen Meditationspraxis.

Als Miaozong über ihre Genitalien sagte: »Alle Buddhas der drei Welten, die sechs Patriarchen und alle großen Mönche überall – sie alle kommen da heraus« – drückte sie damit auch ein Wissen über die Geomantie von Tempeln aus, das heißt über die Wissenschaft, Gebäude in Harmonie mit dem Universum auszurichten. Die Anordnung der Gebäude eines Klosters orientiert sich an der .Gestalt des menschlichen Körpers. Damit wird der Tempel selbst zum gemeinschaftlichen Körper der Mönche.

Die sieben Hauptgebäude eines Tempels:
1. Das Bergtor; Haupteingang des Tempels; 2. Die Buddha-Halle; 3. Die Dharma-Halle; 4. Toiletten; 5. Badehaus; 6. Die Mönchshalle; 7. Küche Zeichnung Peter Schireson[210]

Die Anordnung chinesischer Zen-Tempel geht auf die Zeit der Tang-Dynastie zurück und wurde später in Japan übernommen. Der Tempelkomplex besteht aus sieben Gebäuden, die einander entsprechend dem menschlichen Körper zugeordnet sind. Es wäre zu erwarten, dass die Gebäude gemäß den Funktionen des menschlichen Körpers ausgerichtet wurden, aber das war nicht der Fall. So entspricht die Latrine zum Beispiel nicht dem Anus oder den Harnwegen, sondern sie bildet den rechten Fuß der Tempelanlage. Was die Dharma-Halle betrifft, in der die Lehren besprochen werden, hätten wir mit dieser Vermutung jedoch Recht behalten: Sie bildet den Kopf des Tempelkörpers. Der Genitalbereich wird vom Bergtor eingenommen, dem ersten Gebäude, auf das man trifft.

Der Haupteingang des Tempels ist nun tatsächlich der Ort, durch den »alle Buddhas der drei Welten, die sechs Patriarchen und alle großen Mönche überall« eintreten. Um zu praktizieren, müssen alle den Pfad betreten und Einlass finden, um sich in der Gemeinschaft der Mönche oder Nonnen der systematischen meditativen Betrachtung zu unterziehen. Alle Mönche und Nonnen betreten den Tempel durch das Bergtor. Oft steht ein Leitspruch auf dem Bergtor, um die Eintretenden an die Ernsthaftigkeit ihres Schrittes zu erinnern. Traditionell symbolisierte der Eintritt durch das Bergtor das Loslassen der Begierden und des konzeptuellen Denkens.

Um geboren zu werden und in einem Kloster zu praktizieren, muss man durch diesen Körperteil der Gemeinschaft, die Genitalien/das Bergtor, eintreten. Ein Mönch, eine Nonne muss das menschliche Begehren direkt betrachten und durch es hindurchgehen. Wir können nicht in die monastische Schulung eintreten und diesen Ort ignorieren. Es gibt keinen anderen Eingang in die

Praxis; wir müssen unsere Beziehung zu diesem Ort der menschlichen Begierden und Verbundenheit klären.

Kim Ilyop: *eine mutige koreanische Nonne*

Als die Moderne im kolonialisierten Korea unter der japanischen Besetzung Einzug hielt, fand Kim Ilyop (1896-1971) ihre Stimme als Feministin, Autorin und Lyrikerin. Sie kam als Kim Won-joo zur Welt, wurde christlich erzogen und konvertierte in ihren Zwanzigern durch ihre Verbindung mit dem buddhistischen Verlag Pulgyosa zum Buddhismus. Won-joo erhielt ihren Künstlernamen Ilyop (der manchmal auch als Ilyob oder Iryop übertragen wird), was »Ein Blatt« bedeutet, von ihrer »einen, wahren Liebe«, Yi Kwangsu, der als Vater der modernen koreanischen Literatur gilt. Er beendete ihre Beziehung, indem er buddhistischer Mönch wurde. Vor ihrem Übertritt zum Buddhismus engagierte sie sich mit ihrer Zeitschrift *Sinyoja* (Die Neue Frau) für die Rechte der Frauen.[211] Insbesondere vertrat sie die Ansicht, dass Frauen, so wie Männer, die Freiheit haben sollten, sexuelle Beziehungen auch außerhalb der Ehe einzugehen. Durch ihre Texte wissen wir, dass sie viele sexuelle Affären hatte; außerdem hatte sie wohl einen unehelichen Sohn, Kim T'aesin, der Mönch wurde und ihre Beziehung in einer Autobiografie beschrieb: *Rahula ui sa'mo'gok (Rahulas Lieder der Sehnsucht nach seiner Mutter).*[212] Die Verwandlung der radikalen, freimütigen und sexuell befreiten Won-joo Kim zur Zen-Meisterin Ilyop ist einzigartig in der Geschichte der Zen-Meisterinnen, vor allem auch, weil sie nach ihrer Ordination weiterhin über ihre Liebesaffären schrieb.

Es wurde darüber spekuliert, dass sie Nonne wurde, weil sie Trost über den Verlust ihrer einzigen großen Liebe finden wollte, aber Ilyops eigene Worte erzählen eine andere Geschichte. Ihre Ordination fand nach dem »Eintritt in den Berg« ihres Liebhabers statt.[213] In ihrem Gedicht »Mein Lied« beschreibt sie ihre Entscheidung für die Praxis einer zen-buddhistischen Nonne:

> Ich möchte frei ein Lied singen,
> vollkommen frei, selbst von schönen musikalischen Melodien und Rhythmen ...
> Es ist kein Lied der Liebe, kein Lied der Trauer und noch nicht einmal ein Lied der Inspiration.
> Ich möchte einfach nur die mysteriösen Verse vollkommener Ekstase singen.
> Das würde selbst die verfallene Erde und die ausgetrocknete Baumrinde bewegen.[214]

Ilyops Lyrik suggeriert eine Parallelität zwischen ihrer Sehnsucht nach ihrem verlorenen Liebhaber und ihrem Sehnen nach Befreiung und tiefer Einsicht:

> Die Dinge werfen Schatten,
> mein herannahender Geliebter macht ein Geräusch.
> Pfirsichblüten lächeln still,
> doch in den Bergen des Winters öffnen sich Pflaumenblüten.
> Wer könnte leugnen, dass Frühling und Winter eins sind?[215]

Ilyop verband drei Hoffnungen mit ihrer zen-buddhistischen Praxis und der Schreibpraxis als Nonne. Sie wünschte sich, ihr eigenes Leiden beenden zu können, sie wollte die wahre Bedeutung dieses Lebens und ihre wahre Natur erkennen, und sie wünschte sich, andere darin zu unterstützen, durch buddhistische Praxis

Freiheit vom Leiden zu finden. Um dies zu erreichen, veröffentlichte sie als Nonne in den 1960er-Jahren mehrere erfolgreiche Bücher, unter anderem *O'nu sudoin ui hoesang* (Memoiren einer Praktizierenden), *Ch'ongch'un ul pulsaru'go* (Meine verbrannte Jugend) und *Haeng pohaeng ui kalp'i eso* (Zwischen Glück und Unglück). Nach dreißigjähriger Praxis als Nonne sorgte sie für eine gewisse Aufregung, als sie in ihre ersten beiden Bücher Briefe an ihre Liebhaber aufnahm. Ihr drittes Buch enthielt Ratschläge an all jene, die das Glück in der romantischen Liebe suchen. Die Ratschläge zur Liebe und zu Beziehungen, die sie in ihren Büchern gab, bewegten viele Frauen dazu, mit buddhistischer Praxis zu beginnen.

In ihren Texten bettete Ilyop ihre Suche nach romantischer Liebe in einen größeren Zusammenhang ein – ihre Suche nach Freiheit, Sinn, Wahrhaftigkeit in Beziehungen, dauerhafte Leidenschaft und den Wunsch, vollständig dieses Leben zu leben. Bevor sie Nonne wurde, schrieb sie 1927 den Zeitungsartikel »Na ui chongjogwan« (»Meine Sicht auf die Keuschheit«), in dem sie die koreanische Doppelmoral kritisierte, also die Erwartung, dass eine Frau einem Mann treu blieb und sich sexueller Beziehungen vor der Ehe enthielt, während ein Mann frei war, bereits vor der Ehe sexuell aktiv zu sein und sich nach der Heirat Liebhaberinnen zu nehmen:

> In der traditionellen Vorstellung von Keuschheit war Keuschheit etwas Materialistisches, sodass eine Frau mit Vergangenheit so behandelt wurde, als wäre sie verbraucht und nicht mehr frisch. Anders gesagt: Wenn eine Frau sexuelle Beziehungen mit einem Mann unterhalten hatte, wurde sie so behandelt, als hätte sie ihre Keuschheit verloren. In diesem Fall wurde Keuschheit

> wie ein Behältnis aufgefasst, das aus Juwelen bestand, aber zerbrochen war.
>
> Keuschheit ist jedoch nicht so etwas Statisches ...
>
> Selbst wenn eine Person in der Vergangenheit Affären mit unterschiedlichen Liebhabern hatte, kann diese Person sich vollkommen von ihren Erinnerungen über das, was in der Vergangenheit war, lösen, solange sie einen gesunden Geist hat, und ist so fähig, ein neues Leben aufzubauen, indem sie sich vollständig dem neuen Liebhaber widmet; solche Männer und Frauen besitzen eine Keuschheit, die nicht zerbrochen werden kann.[216]

1927, als Ilyop diesen Artikel schrieb und Keuschheit neu definierte, distanzierte sie sich von ihren Bindungen an das Christentum und sprach aus ihrer neuen Beziehung zum Buddhismus und seiner Meditationspraxis heraus.

Nachdem sie zen-buddhistische Nonne geworden war, erzählte sie die Geschichte ihres früheren Lebens als radikale Feministin, die die sexuelle Freiheit für Frauen nun aus der Sicht des buddhistischen Pfades propagierte – als eine Suche nach Spiritualität, Wahrheit und Freiheit. Sie riet Frauen, sich selbst zu entfalten, ihre wahre Natur zu entdecken, und lehrte »die Bedeutung von Selbstwert, Selbstvertrauen, Selbstbewusstheit, Selbsterwachen und Selbstverwirklichung«.[217] Mit ihrer Botschaft wollte sie Frauen darin unterstützen, von buddhistischen Sichtweisen zu profitieren; dabei bemühte sie sich sehr darum, sich aufgrund ihres Standes als Nonne und Zen-Meisterin nicht von ihren Leserinnen zu distanzieren. Der buddhistische Klerus in Korea schrieb sehr förmliches Chinesisch und stützte sich in seinen Unterweisungen auf buddhistische Sutren und Zen-Lehren. Ilyob verwandte zur Beschreibung ihrer Liebesaffären das koreanische Alphabet, *han'gul*, sodass viele Menschen ihren buddhistischen Lehren folgen konnten – Lehren über einen Gegenstand von allgemeinem Interesse: Liebe und Beziehungen. Erinnern wir uns daran, dass Keizan, einer der frühen Gründer der Soto-Schule, aus demselben Grund Unterweisungen für seine Schülerinnen in Hiragana, die Schrift der Frauen, übertrug: um Menschen Zugang zu verschaffen, die die chinesischen Zeichen nicht lesen konnten. In einem späteren Abschnitt über Rengetsu werden wir erfahren, dass sie ihre Gedichte ebenfalls in Hiragana schrieb. Für Zen-Lehrerinnen war es ein wiederkehrendes Thema, denjenigen, die ohne eine klassische Bildung waren, die Lehren zugänglich zu machen.

Den Konventionen zufolge war es nicht akzeptabel, wenn eine Nonne über ihre Liebesaffären schrieb, aber Ilyop tat es dennoch. Sie war überzeugt, dass insbesondere Frauen verstehen mussten, wie sie ihren Weg, ihre Freiheit finden konnten, auch in der Welt der Liebe und Beziehungen.

Am wichtigsten war Ilyop die Freiheit als zentrale Bedingung, um wirklich menschlich zu sein. Ilyop glaubte, dass die zentrale Aufgabe, um als Mensch vollständig zu sein, darin bestand, das wahrhafte »Ich« zu finden. Zum wahrhaften »Ich« zu werden, bedeutete, nicht mehr von Konventionen und Verlogenheit eingeschränkt zu sein. Sie unterstützte Frauen darin, ihre eigenen Werte und ihre Freiheit zu finden:

> Nur wenn man den ursprünglichen Geist des Menschen findet, seine eigentliche Nicht-Existenz, und über diesen verfügt, öffnet sich das Leben eines Menschen. Sobald dies geschieht, wird man unabhängig und lässt sich von seiner Umgebung nicht mehr beschwindeln. Dann findet man Nirvana, egal wann, wo und was

für eine Art von Leben in welcher körperlichen Gestalt auch immer man führt.[218]

Dieses Leben der »Nicht-Existenz« beschreibt Ilyop als das »vereinigte Ich«. Ilyop sagt auch: »Buddha ist ein anderer Name für dieses ›Ich‹.« Anders ausgedrückt, dieses vereinigte Ich ist unsere Buddha-Natur. Es umfasst unsere gesamte persönliche Existenz, die in einer harmonischen Beziehung mit allem, was uns in diesem Leben begegnet, interagiert. Ilyop warnte ihre Leserschaft davor, sich von der Umgebung »beschwindeln« zu lassen – auf vorherrschende Ideen, Wertvorstellungen und Umstände hereinzufallen. Sie ermutigte ihre Leserinnen dazu, immer wieder genau hinzuschauen, inwieweit kulturelle Konventionen sie davon abbringen konnten, der Wirklichkeit zu begegnen und einen erfüllenden Lebenssinn zu finden.

Selbst nachdem Ilyop ihren Platz als Nonne gefunden hatte, rang sie noch damit, sich von Konventionen zu befreien – jetzt von buddhistischen. Nach ihrer Ordination konnte sie das ihrem Lehrer Man'gong gegebene Versprechen, nicht mehr zu schreiben und zu publizieren, nicht einhalten.[219] Für neu ordinierte Nonnen und Mönche ist es üblich, sich von der früheren weltlichen Identität zu lösen und individuelle Vorlieben loszulassen – kurz gesagt: in den Bereich der Nicht-Existenz einzutreten. Man'gong bat darum, dass seine neu ordinierte, erfolgreiche Schriftstellerin und Nonne das Schreiben aufgab und damit ihr Anhaften an ein Selbst losließ, dass durch ihre Identität als Autorin definiert war. Ilyop versprach es ihrem Lehrer, aber sie konnte dieses Versprechen letztendlich nicht einhalten. Sie folgte ihrem Lehrer ganz eindeutig, als sie ihr eigenes Leben zum Rohmaterial für ihre Dharma-Lehren machte und zum Wohle anderer veröffentlichte. Ihre kontroversen Themen, ihr Schreiben, das der Welt auch zugewandt blieb, als sie Nonne wurde, können uns dazu anregen, unseren eigenen Erfahrungen treu zu bleiben, um unseren höchsten Idealen zu folgen. Ilyops Aufrichtigkeit und Mitgefühl, ihre unkonventionelle Stimme zu Themen wie Liebe und Intimität, lehren uns, dass es immer einen Weg gibt, unsere Praxis und unser Leben zu integrieren – als unsere persönliche Gabe an das Dharma.

Yoshihime: *Erneute Begegnung am Bergtor im Japan der Kamakura-Zeit*

Miaozongs Koan gelangte schließlich nach Japan und wurde dort 400 Jahre später im Tokeiji, dem kaiserlichen Nonnenkloster, studiert. Die Nonne Yoshihime[220] aus Tokeiji, die auch »Teufelsmädchen« genannt wurde, spielte Miaozongs Koan mit dem Torwächter des nahegelegenen Engakuji-Klosters durch. Yoshihime war die Straße von Tokeiji nach Engakuji entlanggelaufen, um dort einen Zen-Vortrag zu hören. Der Torwächter von Engakuji erwartete von den Ankommenden ein Wort ihres Zen-Verständnisses als Preis für den Einlass. Yoshihimes Reaktion folgte dem Pfad ihrer Dharma-Mutter Miaozong: direkte Konfrontation.

Yoshihime, die als hässlich und außergewöhnlich stark beschrieben wird, war die Tochter eines Generals. Sie war Schülerin der siebten Äbtissin vom Tokeiji, Ninpo (gest. ca. 1400). Der Torwächter blockierte den Eingang vom Engakuji und brüllte: »Durch welches Tor kommen alle Buddhas in diese Welt?« Daraufhin packte Yoshihime seinen Kopf und drückte ihn zwischen ihre Beine. »Sieh hin, sieh hin!«, sagte sie und drückte damit aus, dass die Antwort in ihrer Vagina und nicht in Worten zu finden war.

Der Torhüter, der sich von ihrer direkten Reaktion nicht übertreffen lassen wollte, bot seine eigenen Zen-Worte an: »In der Mitte gibt es einen Duft von Wind und Tau.« Vielleicht wollte der Mönch damit sagen: »Angesichts der zwei Seiten der Dualität ist der Mittlere Weg, der Buddha-Weg, der süßeste.«

Yoshihime akzeptierte seine Antwort nicht: »Dieser Mönch! Er ist es nicht wert, das Tor zu hüten. Er sollte sich um den Garten kümmern.« Für Yoshihime war die Antwort des Mönchs zu blumig, zu weichlich. Seit wann zieht der Buddha-Weg Wind und duftenden Tau Stürmen, Blitz und Donner vor? Können wir nach all den Jahren des Ausschlusses und der Verdammung nicht die Kraft dieses Ortes anerkennen, die Reinheit der Vagina, anstatt sie mit einem kraftlosen Lob zu verdammen? Ihr zarter Duft ist nicht ihre wesentliche Natur.

Der Torhüter rannte zurück in den Tempel, um sich Unterstützung zu holen. Vielleicht wollte er auch nur sehen, wie einer seiner Dharma-Brüder von Yoshihime der gleichen Behandlung unterzogen wurde. Der Assistent des Abtes, ein hochstehender Mönch, kam, um das Problem am Tor zu lösen. Im Geist eines fairen Spiels war ihm sicherlich nicht alles Vorgefallene gesagt worden. Er stellte Yoshihime noch einmal dieselbe Frage: »Durch welches Tor kommen alle Buddhas in diese Welt?«

Natürlich kann man sich fragen, ob diese Mönche tatsächlich ernsthafte Verteidiger des Dharma waren oder ob sie es nur auf einen etwas lockeren Spaß abgesehen hatten – oder auch, ob es zwischen beidem einen Unterschied gibt. Jedenfalls packte Yoshihime auch den Kopf des Assistenten des Abtes, drückte ihn zwischen ihre Beine und rief: »Sieh hin, sieh hin!« Der Assistent kommentierte den Einblick, den er hatte, mit etwas mehr Substanz: »Die Buddhas der drei Welten kommen und schenken Licht.«

Diesmal ließ Yoshihime die Antwort gelten und sagte: »Dieser Mönch ist eins mit dem Auge. Er sah, wie sich alle 84 000 Dharma-Tore auf einmal öffneten.« Alle Pfade der Erleuchtung scheinen durch jede einzelne Form. Wie könnte es mit der Vagina, diesem heiß diskutierten Ort, anders sein? Geburt und Tod, Männer und Frauen, Sexualität und Zölibat, das Konventionelle und das Absolute, Buddhas und Bestien – alle 84 000 Dharma-Tore finden sich an einem einzigen Ort, dem Tor, durch das alle Buddhas in die Welt treten! Yoshihime durfte Engakuji betreten, um den Vortrag zu hören.

Wie wunderbar: Die Lehre des Nicht-Anhaftens war 400 Jahre lang über das Meer gereist, um japanische Zen-Mönche zu überraschen und zu erleuchten. Miaozong und Wanan hatten das klösterliche Milieu der Sung-Dynastie zum Leben erweckt. Yoshihime und der Torwächter zeigten im Japan des 15. Jahrhunderts das menschliche Antlitz des Zen. Die Verspieltheit des »Teufelsmädchens« und die Reaktionen der Mönche belegen, dass Zen lebendig war und es ihm gut ging. Obwohl Mönche und Nonnen in separaten Tempeln praktizierten, fanden sie Wege, um gemeinsam ihre Einsicht zu bereichern und zu vertiefen.

Äbtissin Soshin: *Buddha im Harem*

Die Äbtissin Soshin (1588-1675) stellte den Buddhismus vollends auf den Kopf, als sie Zen in den Harem des Shogun trug. Buddha Shakyamuni verließ den Harem, um seinen spirituellen Weg zu finden. Die zen-buddhistische Nonne Soshin trat in den Harem des Shogun ein, um Buddhas Weg zu lehren. Soshin lehrte im abgeschlossenen Bereich der Frauen 400 Jahre vor dem großen Zen-Meister Hakuin, der ihre Bereitschaft, Haremsfrauen – unter denen sich viele sexuelle Sklavinnen befanden – zu unterweisen, aufnahm (sehr wahrscheinlich, ohne von ihr gewusst zu haben), als er die Prostituierte Ohashi (ca. 1700) unterwies. Hakuin erklärte Ohashi, die als Prostituierte arbeitete und ihre verarmte Familie ernähren musste, dass sie unter allen Lebensbedingungen die Erleuchtung erlangen konnte. Ohashi bewies, dass Hakuin Recht hatte, und wurde schließlich Nonne. Soshin lehrte die Frauen des Harems, dass ihr umfassendes Gewahrsein sie auch innerhalb ihrer speziellen Umstände frei sein ließe.

Soshin kam als Onaa in einer berühmten Samurai-Familie zur Welt. Ihr Vater, der den Teeweg bei dessen Begründer Sen no Rikyu praktizierte, starb auf dem Rückweg von einer Mission in Korea. Onaa wurde von der Maeda-Familie in Kanazawa adoptiert und mit 15 einem ihrer Söhne zur Frau gegeben.

Nachdem sie drei Söhne zur Welt gebracht hatte, wurde sie geschieden und musste den Maeda-Klan verlassen. Die Umstände ihrer Scheidung sind nicht bekannt, aber da ihr Vater zum Christentum übergetreten war, könnte sie zu einer unerwünschten Person geworden sein, weil der christliche Glaube später geächtet wurde. Sie scheint ihren Mann gezwungenermaßen verlassen haben und suchte dann Zuflucht in Saika-in, einem Untertempel des Myohinji. Ihr eigener Vater hatte Saika-in gegründet und finanziell unterstützt, und ihr Onkel war der Gründungsabt. Onaa praktizierte Zen, um über den Verlust ihres Mannes und ihrer Kinder hinwegzukommen.

Später heiratete sie wieder, aber der Klan ihres Mannes geriet in finanzielle Schwierigkeiten. Onaas Tante, Kasuga no Tsubone, setzte sich für ihre Anstellung als Beraterin des Shogun Iemitsu Tokugawa ein. Kasuga no Tsubone war die Amme des Shogun gewesen und verfügte als Ratgeberin über großen Einfluss in seinem Palast. Onaa wurde von ihrer Tante darauf vorbereitet, deren Position zu übernehmen. Sie war stiller, weniger politisch und besser ausgebildet als ihre Tante. Schließlich begann sie, den Frauen in den inneren Gemächern des Shogun, dem *ooku*, Zen zu lehren. Aufgrund heftiger Machtkämpfe innerhalb des Ooku wurde Onaa beschuldigt, den verbotenen christlichen Glauben gelehrt zu haben, und entlassen. Aufgrund übler Nachreden und Unterstellungen kehrte sie in ihren Tempel zurück.

Sie durfte jedoch zurückkehren und wieder im Ooku lehren, allerdings unter der Bedingung, sich als Zen-Nonne ordinieren zu lassen. Iemitsu hatte die Christen hart verfolgt und akzeptierte Onaas frühere Zen-Praxis nicht als Beweis dafür, dass sie Buddhistin war. So wurde sie in ihrem Tempel formell als Nonne Soshin ordiniert. Nach diesem Schritt holte der Shogun sie als spirituelle Ratgeberin zurück und ließ ihr einen Tempel errichten, der fünf Dörfer und 332 000 m^2 Land umfasste. Der Tempel erhielt den Namen Saishoji. Recht bescheiden benannte Soshin-ni ihren Onkel als Gründungsabt und nahm selbst die Position einer zweiten Gründerin an.

In ihren Schriften, *Soshin ni Hogo* (Dharma-Worte der Nonne Soshin), kommen sowohl ihre Rinzai-Linie als auch die Sichtweise des Soto-Zen zum Ausdruck. Als Einfluss des Soto hören wir Echos von Dogens chinesischem Großonkel im Dharma, Hongzhi (1091-1157). Hier ein Beispiel für Soshins Stil:

> Was verblendete Gedanken betrifft: Sobald ein einziger Gedanke über das auftaucht, was nicht geändert und nicht vorhergesehen werden kann, führt dieser eine Gedanke zu endlosen oder grenzenlos unterscheidenden Gedanken. Es gibt keine Grundlage, sich auf irgendeinen davon zu beziehen, denn sie alle sind nur spekulativ. Als Folge davon wird die natürliche Geistesruhe von düsteren Gedanken überlagert.
> Es ist, als wäre der weite, offene Himmel vollständig von Wolken bedeckt. Sobald man sich jedoch entscheidet, sich dem Einen Geist zuzuwenden, ist es, als würde der reine Wind alle Wolken hinwegblasen, und man harmonisiert sich mit allen Buddhas und Gottheiten als das eine eigene Selbst.[221]

Im Vergleich dazu, was Hongzhi einige Jahrhunderte zuvor geschrieben hat:

> Brillant und leuchtend wie das Wasser, das den Herbst netzt, edel wie der Mond, der die Dunkelheit überwindet, so scheine du, immer schon frei von Befleckungen, von Anfang an durch alle Düsternis hindurch. Dauerhaft still und dauerhaft herrlich wird diese Stille nicht durch Bedingtes ausgelöscht.[222]

Soshins Lehren waren ganz und gar in der Zen-Tradition verankert, aber der Ort, an dem sie lehrte, der Lebensbereich der Frauen, ist äußerst unkonventionell. Sie lehrte Frauen, die der Shogun als Konkubinen erwählt hatte, Frauen, die seine Kinder austrugen, und Frauen, die als sexuelle Gunst anderen mächtigen Kriegsherren geschickt wurden. Faszinierend ist, dass sie als Frau andere Frauen lehrte, darunter einige, die in sexueller Gefangenschaft gehalten wurden, aber vor allem auch, dass sie dies in einem politischen Machtzentrum tat, in dem die Emotionen, Intrigen und Verführungen oft eskalierten. Soshin bot ihre Lehren und Praktiken an, um Frauen darin zu unterstützen, den Argwohn und die Depressionen zu lindern, die in einer derart aufgeladenen Atmosphäre entstehen:

> Wenn ihr allem gegenüber Argwohn hegt, fühlt ihr euch depressiv. Wie könnte euer Argwohn sich je auflösen, da alles, was ihr vermutet, einfach nur Spekulation ist? Das ist die Ursache eurer Unzufriedenheit. Ein Mensch mit aufrichtigen Absichten erlaubt hingegen dem Geist, die fehlerhaften Illusionen des Ego zu erkennen. Dies geschieht, indem man in einen Spiegel der unwandelbaren Weisheit blickt. Wenn ihre euren Geist in diesem Spiegel reflektiert, könnt ihr die eigenen Illusionen sehen.[223]

Soshin weist auf unsere egoistische, selbstbezogene Sichtweise und die sich daraus ergebenden emotionalen Projektionen hin, die unsere Fähigkeit, die Wirklichkeit zu erkennen, verzerren. Ihre Verbindung von buddhistischer Praxis und einem Verständnis komplexer emotionaler Beziehungen war sehr hoch entwickelt, wenn man bedenkt, dass sich die moderne Psychologie erst mehrere hundert Jahre später entwickelt hat. In einem Harem mit seinen oft schmerzvollen und entwürdigenden Lebensbedingungen bot sie Frauen eine wirkungsvolle Medizin, um ihr Leiden zu durchschauen.

Aus buddhistischer Sicht lehrte sie, dass unsere Unzufriedenheit nicht von unseren Lebensumständen verursacht ist, selbst wenn diese schwierig sind; unser Unglück entspringt den verzerrten Sichtweisen und Erwartungen hinsichtlich unserer Situation. Wenn wir uns mithilfe eines unvoreingenommenen

Spiegels, des Spiegels des Zazen, von unseren Reaktionsmustern lösen, können wir unsere Illusionen loslassen und unsere Lebensumstände möglicherweise sogar transzendieren. Solange wir uns nur auf unsere verzerrten Wahrnehmungsmuster beziehen, als wären diese ein realistisches Abbild unserer Beziehungen, können wir unsere Konflikte oder unser Unbehagen letztendlich nicht auflösen. Soshins Lehren entsprechen unserem zeitgenössischen Verständnis davon, wie uns neurotische Muster in depressive Geisteszustände pressen.

Sie regte die Frauen des Ooku dazu an, dort zu praktizieren, wo sie lebten – inmitten von Klatsch, Intrigen und Sexualität:

> Das bedeutet jedoch nicht, dass ihr euch mit eurer Praxis zurückziehen und die Dinge der säkularen Welt ablehnen und fürchten solltet. Es bedeutet eher: Seid euch unablässig der Dauerhaftigkeit der Nicht-Ding-heit bewusst, also dass die Dinge keine Eigennatur haben; dann folgt ihr dem ursprünglichen Geist. So kommt ihr an das andere Ufer und transzendiert das Festhalten an den Freuden und das Abwehren des Leidens, um den ursprünglichen Geist zu finden und ihm zu folgen. So findet man Leichtigkeit inmitten des täglichen Lebens und wahre Freude ... Deshalb müsst ihr euch auch nicht in die Berge zurückziehen; es ist alles in eurem eigenen Geist.[224]

Was die Koan-Praxis betrifft, in der sich Soshin im Rinzai-Zen geschult hatte, so empfahl sie weder diese noch monastische Schulung. Ihr zufolge war es innerhalb des Ooku weniger hilfreich, Koans zu studieren, als die Absicht aufrechtzuerhalten, die Illusionen des Ego zu erkennen. Wie können wir ihre Praxisanweisungen verstehen, die Frauen eher nahelegten, mit den auftauchenden Illusionen zu praktizieren, anstatt sich aus ihnen zu lösen – wie zum Beispiel durch die Hauslosigkeit?

Für Frauen, die im Ooku lebten, war es normalerweise nicht möglich, ihn zu verlassen. Deshalb betonte Soshin, wie wertvoll es ist, genau dort zu praktizieren, wo wir gerade sind – inmitten weltlicher und sexueller Aktivitäten. Für diese Frauen wäre es einfach nur Zeitverschwendung und vielleicht sogar eine Falle gewesen, sich eine perfekte Praxisumgebung zu wünschen. Die Chance, mit diesem Moment umzugehen, ist immer gegeben. Freuden, Abneigungen und Erwartungen in die Beständigkeit oder Unveränderlichkeit der »Nicht-Ding-heit« zu verwandeln, war eine perfekte Praxis für Frauen, die nur wenig Einfluss auf ihre Lebensbedingungen nehmen konnten. Soshins Lehren hoben ihre Fähigkeit hervor, so zu praktizieren, wie sie waren und wie sie im Palast lebten. Die Frauen konnten so ihr Selbstbild von dem eines Objektes oder eines Opfers zu dem von Praktizierenden transformieren.

Soshins Blick auf die Frauen des Palastes, einschließlich der sexuellen Sklavinnen, als potenzielle Buddhas war mitfühlend und weitreichend. Während der Buddha es für notwendig erachtete, aus dem Palast und vor seinen Frauen zu fliehen, vertraute Soshin darauf, dass Buddhas erwachter Geist selbst inmitten des sexuellen Geschehens gefunden werden kann. Seit den Tagen des Buddha in Indien haben sich Nonnen darum bemüht, die Bedeutung ihrer Sexualität im Zusammenhang mit ihrer Praxis zu verstehen. Miaozong versuchte dem leitenden Mönch zu verstehen zu helfen, dass Sexualität und spirituelle Praxis nicht voneinander getrennt sind. Kim Ilyop wollte Frauen im weltlichen Leben erreichen, um ihnen die Bedeutung buddhistischer Praxis für Angelegenheiten des Herzens aufzuzeigen. Soshin fand ihr Umfeld im Ooku des Shogun und unterwies Haremsdamen. Auch wenn von Mönchen und Nonnen das Zölibat erwartet wurde, fanden viele lehrende Frauen, dass die Sexualität in ihre Unterweisungen einbezogen werden konnte, und das taten sie auch. Dieser Glaube spiegelte die Lebenswirklichkeit von Frauen wider, die oft nicht darüber entscheiden konnten, ob sie sich sexuell betätigen wollten oder nicht. Sollten ihre Lebensumstände sie davon abhalten, Buddhas Weg zu gehen? Viele Lehrerinnen vertrauten darauf, dass es möglich ist, auch inmitten sexueller Aktivität zu praktizieren und zu erwachen.

Kapitel 10
Arbeitende Nonnen

Die Lehren des Buddha über die Arbeit

Seine Mönche und Nonnen wies der Buddha an, auf Almosenrunden zu gehen, anstatt zu arbeiten, den Laien gab er jedoch genaue Unterweisungen, wie sie ihren Lebenserwerb sichern und ihren Besitz bewahren konnten. Der Buddha erkannte, dass es für seine LaienanhängerInnen ein Ausdruck reifer Verantwortlichkeit war, ihre materiellen Ressourcen zu schützen und damit die Familie zu unterhalten. Darüber hinaus waren Mönche und Nonnen auf den Besitz der Laien angewiesen, da diese sie auf ihren Almosenrunden vollständig mit Nahrung, Medizin und anderen lebensnotwendigen Dingen versorgten. Mönche und Nonnen waren angehalten, von einem Tag zum nächsten zu leben, und die Befriedigung ihrer Bedürfnisse sollte absolut von der Ernsthaftigkeit ihrer Praxis abhängen. Für ihren Lebensunterhalt konnten sie nicht arbeiten und durften weder Besitz noch Geld behalten. Für Nonnen war es schwieriger als für Mönche, sich selbst und ihre Klöster zu unterhalten. Oftmals verdienten sie Geld durch den Verkauf von Handwerksgütern oder durch Unterricht, anstatt sich ausschließlich auf Almosenrunden und Zuwendungen zu verlassen. Aufgrund ihrer finanziellen Schwierigkeiten praktizierten Nonnen häufiger in einem Zwischenbereich, in dem sie monastische Praxis und Laienleben verknüpften. Nonnenklöster integrierten auch bestimmte Aspekte des Laienlebens, um sich zu finanzieren, während zugleich monastisch Praktizierende dort einen Platz fanden.

Westliche Zen-BuddhistInnen, insbesondere jene, die in klösterlichen Institutionen leben, sehen sich Bedingungen gegenüber, die es schwierig machen, den buddhistischen Regeln für ordinierte Mönche und Nonnen zu folgen. Meist verfügen ihre Institutionen nicht über gute finanzielle Grundlagen, und es ist für dort lebende Zen-SchülerInnen schwierig, sich zum Beispiel krankenzuversichern. Zen-Zentren können meist keine Krankenversicherung finanzieren. So wie für heutige Praktizierende, war es insbesondere für Nonnen im Laufe der Geschichte schwierig, allein durch Zuwendungen zu überleben. Indem wir betrachten, wie sie das Problem der finanziellen Unterstützung lösten, lernen wir nicht nur etwas über die kreativen und adäquaten Methoden, durch die Buddhistinnen Geld verdienten, sondern auch, wie sie ihre spirituelle Praxis in die Arbeitswelt integrierten.

Der Buddha wies seine ordinierte Sangha an, zur Unterstützung allein ihren Almosenrunden zu vertrauen und kein Geld in die Hand zu nehmen. Mönche und Nonnen sollten sich ihr tägliches Brot erbetteln, aber niemals Nahrung im Austausch für die Lehren entgegennehmen. Die Lehren wurden frei gegeben; sie wurden nicht für irgendwelche Güter eingetauscht.

Die Tradition der Almosenrunden florierte zu Lebzeiten Buddhas unter anderem, weil wohlhabende LaienanhängerInnen den Buddha und seine Gemeinschaft von Mönchen und Nonnen mit Land und Nahrung versorgten. Heutzutage finden wir unter westlichen BuddhistInnen nicht sonderlich viele, die ihren Lebensunterhalt erbetteln, auch nicht unter jenen Theravada-Mönchen, die das ursprüngliche Arbeitsverbot des Buddha noch befolgen. Westliche Zen-BuddhistInnen, die den anpassungsfähigeren Mahayana-Schulen folgen, haben sich von den Anweisungen des Buddha, nicht zu arbeiten und nicht direkt mit Geld umzugehen, nie eingeschränkt gefühlt.

Um eine authentische, angemessene zen-buddhistische Praxis im Westen zu entwickeln, ist es hilfreich zu untersuchen, wie der buddhistische Pfad des rechten Lebenserwerbs an anderen Orten und zu anderen Zeiten verwirklicht wurde. Als der Buddhismus nach China und in andere Kulturen Südostasiens kam, machten es politische Umstände und eine konfuzianische Arbeitsethik notwendig, dass Mönche und Nonnen Alternativen zu den Almosenrunden fanden. Chinesische buddhistische Mönche betrieben Ackerbau und bestellten ihr Land entweder selbst oder verpachteten es. Während um Almosen bettelnde Mönche in den südostasiatischen Traditionen weiterhin existieren, haben sich in der Mahayana-Tradition Ackerbau und andere Ansätze des Lebenserwerbs verbreitet. Westliche Zen-Praktizierende entwickeln zurzeit Alternativen zum Betteln und Ackerbau als Ausdruck rechten Lebenserwerbs und versuchen, ihre buddhistische Praxis in Projekte einzubringen, die dem Wohlergehen anderer dienen, wie etwa Hospizarbeit und Unterrichten von Kindern. Wenn westliche Zen-SchülerInnen (einschließlich ordinierter PriesterInnen) heute dem buddhistischen Gebot des rechten Lebenserwerbs folgen, legen sie die Maßstäbe an, die der Buddha für Laien formuliert hat: Die Unterhaltsmethoden müssen legal und gewaltfrei sein und dürfen außerdem niemandem schaden.

Arbeit in den Nonnenklöstern des Zen

Ähnlich wie Praktizierende im Westen die Form des rechten Lebenserwerbs dem heutigen Lebensstil angleichen, nahmen viele Nonnen im Laufe der Geschichte vergleichbare Anpassungen vor. Die finanziellen Grundlagen von Nonnen wurden durch Erwerbstätigkeiten gesichert, die sich an den Maßstäben für Laien orientierten. Nonnen folgten nicht nur Buddhas Regeln für Mönche und Nonnen oder den Praktiken im Mahayana, die nur Ackerbau vorsahen. Nonnen arbeiteten auch außerhalb der Klöster in sozialen Projekten und gingen anderen Aktivitäten nach, die nichts mit Landwirtschaft zu tun hatten.

Da die frühesten Regeln für Nonnen (die Acht Besonderen Regeln) ihnen untersagten, unabhängig zu lehren, wurden die Zen-Nonnenklöster finanziell nie so umfassend unterstützt wie die der Männer. Wie wir bereits gesehen haben, erhielten Mönche der japanischen Soto-Schule um 1900 Bezüge von 180 000 Yen pro Jahr, während die der Nonnen sich im Durchschnitt nur auf 600 beliefen.[225] Außerdem waren die Nonnenklöster üblicherweise kleiner, und es gab nicht genügend Arbeitskräfte, um sich selbst zu unterhalten. In früheren Zeiten, als Almosenrunden für Nonnen das Risiko beinhalteten, vergewaltigt und entführt zu werden, waren sie zudem weniger willens als Mönche, außerhalb des Klosters um Unterstützung zu bitten. Auch heute noch erhalten Männerklöster durch Organisationen wie die japanische Soto-Shu oder durch Firmenförderungen höhere finanzielle Unterstützung.

Nonnenklöster überlebten finanziell durch kreative, praxisnahe Angebote. Im Widerspruch zu Buddhas Anweisungen werden sowohl Männer- als auch Frauenklöster bis heute im Austausch für spirituelle Dienste finanziell unterstützt: durch Vorträge, Gebetsveranstaltungen, Begräbnis- und Gedenkzeremonien sowie Zuwendungen sowohl von säkularen als auch von buddhistischen Berufsverbänden[226] – wobei Nonnen darüber hinaus immer auch Dienste angeboten haben, die nicht spezifisch spirituell waren. Sie unterrichteten traditionelle Künste, stellten Dienstleistungen für Kinder bereit und kümmerten sich um die Alten.

Paula Arais Untersuchungen des japanischen Soto-Zen-Nonnenordens zeigen, dass Nonnen die traditionellen Künste als Teil ihrer Schulung erlernen: Blumenstecken, Singen, Nähen, chinesische Poesie, Kalligrafie, Kochen und Teezeremonie (während das in der Ausbildung der Mönche nicht unbedingt der Fall ist).[227] Die Verfeinerung der Sinne, die diese Künste erfordert, soll traditionelle weibliche Tugenden vermitteln und fördern. Der Erwerb dieser Fähigkeiten wird als Möglichkeit verstanden, Disziplin und Einfühlungsvermögen zu entwickeln und diese in die Aktivitäten des Alltags einzubringen. Das Ausüben dieser Künste schult die Geduld und zähmt das Ego; sie in der Laiengemeinde zu lehren half Nonnen, ökonomisch zu überleben. In Korea zum Beispiel erhalten die Nonnen des Ausbildungsklosters Ummunsa Unterricht in Kalligrafie, Klavierspiel, Blumenstecken, Computeranwendung sowie Japanisch und Englisch. Das trägt zu ihrer finanziellen Unabhängigkeit bei und verbindet sie mit der Gesellschaft.

Das Unterrichten der traditionellen Künste fördert die Gemeinschaft zwischen Nonnen und Laienpraktizierenden. Menschen, die zunächst einmal gar nicht buddhistisch praktizieren wollen, kommen durch Kurse in traditionellen Künsten mit buddhistischen Werten in Berührung. Familien, die diese Kurse besuchen, entwickeln positive Beziehungen zu den Nonnen, die sie in schwierigen Zeiten um Rat fragen, wodurch sie ein tieferes Verständnis des Zen-Buddhismus erhalten. Arais Untersuchungen haben ergeben, dass Nonnen als ansprechbarer gelten als Mönche und als fähiger, über familiäre Probleme zu sprechen.

Nonnen und Kinder

Im 17. Jahrhundert finanzierte Ryonen Genso, der wir bereits begegnet sind, eine Schule für die Dorfkinder in der Nähe ihres Tempels. Andere Nonnenklöster machten sicherlich ähnliche Angebote. Nach dem 2. Weltkrieg gründete der Soto-Zen-Nonnenorden, dessen Mitglieder Ekan Daishi folgten, ein Kinderheim. Sie bezogen sich dabei auf die Lehren ihres männlichen Gründers Dogen über die vier Tugenden eines Bodhisattva:

Fuse:	Geben
Aigo:	Liebevolle Worte
Rigyo:	Sich selbst im Bemühen, anderen zu helfen, vollkommen vergessen
Doji:	Leben, indem man einander hilft

Dogens Lehren sind ganz direkte Ansätze der Bodhisattva-Schulung inmitten des täglichen Lebens. Die Soto-Zen-Nonnen verstanden diese Bodhisattva-Unterweisungen als Grundlage ihrer spirituellen Praxis und als Leitsätze für ihre Dienste in der Welt. Dogens Worte halfen ihnen, eine Arbeitsethik zu entwickeln, waren für sie aber auch Maßstab für die Gründung einer Organisation, die Waisen half. Die japanischen Zen-Nonnenklöster gehen davon aus, dass sich Buddha-Natur im alltäglichen Verhalten ausdrückt. Der Schwerpunkt der alltäglichen Aktivitäten liegt auch in den Nonnenklöstern auf spiritueller Praxis und Zeremonien, aber hier zeigt sich ein weiterer Weg zur Buddhaschaft: die Vervollkommnung der eigenen Persönlichkeit durch selbstlose Hilfe.

Außer dass sie sich um Waisen kümmern, fällt Nonnen des Soto-Zen im heutigen Japan auch die Aufgabe zu, Neugeborenen buddhistische Namen zu geben. Die Zeremonie der Namensgebung erfordert Kreativität und kalligrafische Fähigkeiten. Sie gibt den Nonnen die Möglichkeit, den Familien in der Umgebung zu dienen, die Beziehung der Familie zum Zen-Buddhismus zu fördern und in der Erziehung des Kindes eine Rolle zu spielen.

Kaiserin Komyo war der Meinung, dass es im Buddhismus darum geht, Bedürftige zu unterstützen, und sie gründete im 8. Jahrhundert Zufluchtsorte, wo verarmte Menschen Hilfe finden konnten. Obdachlose und Arme erhielten dort Unterkunft, medizinische Betreuung und Arzneimittel. Als gläubige Buddhistin finanzierte Kaiserin Komyo den Bau buddhistischer Mönchs- und Nonnenklöster, eine Klinik und Apotheke (Seyaku-in) und eine Unterkunft für Obdachlose und Waisen (Hiden-in). Als Ausdruck ihrer buddhistischen Praxis engagierte sie sich persönlich in diesen Institutionen. Einer Legende zufolge ließ sie auch ein Badehaus errichten, um ihr Versprechen einzulösen, persönlich die Körper von 1 000 Leprakranken zu reinigen.

1971 gründete Eunyeong, die Äbtissin des Klosters Pomunsa in Korea, direkt außerhalb des Klostertores eine Wohltätigkeitseinrichtung. Dort wurde eine öffentliche Badeanstalt mit einem Frisörladen untergebracht, eine Klinik, eine Apotheke und ein Wohnheim für ältere Frauen. Indem sich die Nonnen in Pomunsa um das Wohlergehen anderer kümmerten, konnten sie ganz direkt das buddhistische Gelöbnis, alle Wesen zu retten, zum Ausdruck bringen. Sie stellten für die Gesellschaft wertvolle Dienste bereit, übten sich, wie die japanischen Soto-Zen-Nonnen, in der Entfaltung der Bodhisattva-Tradition und entwickelten ihre Führungsfähigkeiten innerhalb des Klosters und in der Welt.

In asiatischen Nonnenklöstern gibt es eine lange Tradition, Findelkinder aufzunehmen. 1984 lebten in Pomunsa 62 Nonnen und 27 Kinder.[228] Viele von ihnen waren Findelkinder, die von ihren Müttern oder anderen Familienmitgliedern ohne weitere persönliche Informationen auf der Schwelle des Klosters abgelegt worden waren. Etliche waren sicherlich durch Vergewaltigung gezeugt worden oder Ergebnis anderer Verbindungen, die in einer konfuzianischen Gesellschaft als unstatthaft galten. Inmitten von Seoul und von Privathäusern umgeben, gab Pomunsa diesen Kindern ein liebevolles Umfeld, in dem sie ohne die Scham, die sich mit ihrer persönlichen Familiengeschichte kulturell verband, aufwachsen konnten. Das Kloster behielt nur die Mädchen, die schwerer in Adoptivfamilien zu vermitteln waren, und unterstützte die Adoption der eher erwünschten kleinen Jungen. Da die Nonnen oft selbst aus armen Familien kamen und in frühen Jahren in Klöster gegeben worden waren, fühlten sie vielfach eine spezielle Verbindung zu diesen Kindern.

Die sozial engagierten Nonnen Taiwans

Zurzeit gibt es in Taiwan eine beeindruckende Wiederbelebung buddhistischer Praxis. Bei dieser Erneuerung überwiegt die Anzahl der Nonnen die der Mönche in manchen Orden in einem Verhältnis von sechs zu eins. Ihre Aktivitäten haben eine ausgeprägte soziale Komponente. Die Nonne Zhengyan (geb. 1937), die Schrittmacherin dieser Erneuerungsbewegung, hat ein umfassendes Netzwerk laienbuddhistischer Institutionen begründet. Zhengyans AnhängerInnen ermöglichen Menschen eine gesundheitliche Versorgung, die sie ansonsten nicht erhalten würden. Neben einer Klinik hat Zhengyan mit ihrer Organisation buddhistische Ausbildungsstätten für Pflege- und medizinisches Personal ins Leben gerufen. Eine Universität ist ebenfalls geplant.

Zhengyan wurde von dem chinesischen Meister Yinshun ordiniert (1906-2005). Yinshuns Meister war Taixu (1890-1947), der in der Tradition des Linji-Chan (Rinzai-Zen) stand. Beide, Yinshun und Taixu, vertraten eine buddhistische Praxis, die sich an den Werten des Buddha orientierte und sich nicht so sehr in esoterischen Ritualen und magischen Praktiken ausdrückte – wie zum Beispiel Begräbnisriten, um Geister und übernatürliche Wesen friedlich zu stimmen. Taixu und Yinshun inspirierten Zhengyan durch ihre Schriften, in denen sie mit Nachdruck einen Buddhismus einforderten, der sich im Alltag zeigen sollte und nicht erst im nächsten Leben.

Einer der ersten Vorsätze Zhengyans bestand darin, Chan-Meister Baizhang Huaihais Satz »Ein Tag ohne Arbeit ist ein Tag ohne Essen« neu zu formulieren und mit ihrem eigenen Vorsatz »Den Geist des Buddhismus in alle Bereiche der Gesellschaft tragen« zu verbinden.[229] Sie hat dieses Vorhaben eingelöst und wurde den Werten ihrer Lehrer gerecht, indem sie die »Tzu-Chi-Hilfsorganisation Buddhistisches Mitgefühl« gründete, der sie auch vorsteht. Diese Gesellschaft hat drei Millionen Mitglieder sowohl in Taiwan als auch international. Zhengyans Persönlichkeit, ihr Einsatz und ihre Zielsetzung inspirieren die Mitglieder, sich einem Buddhismus zuzuwenden, der den Gelübden folgt, indem er Projekte zur Unterstützung anderer entwickelt.

Vielleicht ist die traditionell weibliche Funktion der Fürsorge dafür verantwortlich, dass Nonnen sich eher an praktischen Bodhisattva-Aktivitäten orientieren, und dies markiert einen großen Unterschied in den Aktivitäten von Nonnen und Mönchen. Einige männliche Zen-Meister, allen voran Dahui (China, 11. Jhd.), stellten während einer Zeit der Hungersnot und Pest Nahrungsmittel und Arbeitskräfte zur Verfügung. Hakuin Zenji (Japan, 18. Jhd.) unterwies und kümmerte sich um die sogenannten einfachen Leute. Diese beiden herausragenden Zen-Priester drückten ihre Lehren auch im sozialen Handeln aus. Nonnen jedoch verkörpern die Praxis der direkten Fürsorge häufiger, und zwar innerhalb wie außerhalb der Klöster. Nonnen interpretierten das Bodhisattva-Gelöbnis, alle Wesen zu retten, immer wieder nicht nur als das Versprechen, alle Wesen von ihren illusionären Gedanken zu befreien, sondern auch, sie von Hunger und Krankheiten zu erlösen, und das mit allen erdenklichen Mitteln. Das Hospizprojekt des San Francisco Zen Center, die Suppenküchen für Obdachlose in vielen Zen-Zentren, soziale Beratungsstellen für Opfer von Gewalt und Meditationskurse für Gefangene sind Beispiele dafür, wie Zen-Praktizierende gegenwärtig in ihren Gemeinschaften fürsorgende Unterstützung anbieten.

Zen-Nonnen, die in der Welt und nicht im Kloster arbeiten

Nicht alle Zen-Nonnen lebten in Klöstern; einige wurden von ihren Familien unterstützt oder schufen sich selbst ein Auskommen, indem sie in der Welt tätig waren. Viele Frauen, die formal ordiniert worden waren, und andere, die sich selbst ordiniert hatten (die sich ohne Bezug zu einer autorisierten Lehrerin oder einem Lehrer den Kopf schoren, die Gelübde rezitierten und buddhistische Roben trugen), lebten und arbeiteten außerhalb eines monastischen Umfeldes. Drei außergewöhnliche Nonnen sind für ihre Arbeit bekannt: Weiju (gest. 1124), Eunyeong Sunim (1910-1981) und Rengetsu (1791-1875).

Weiju: *Wäscht die Unwissenheit ab*

Weiju, mit Geburtsnamen Zhidong, kam als Tochter eines Gelehrten zur Welt. Sie war klug und spirituell interessiert, ihre Eltern erlaubten ihr jedoch nicht, sich ordinieren zu lassen. Sie, eine Schwägerin Mioazongs, wurde mit dem Enkel eines Premierministers verheiratet, kehrte jedoch in ihre Familie zurück und bat erneut darum, sich ordinieren lassen zu dürfen. Ihre Familie lehnte dies ab, und so praktizierte sie viele Jahre lang Meditation zu Hause. Nachdem ihre Eltern gestorben waren, suchte sie bei ihrem ältesten Bruder, der nach konfuzianischen Gepflogenheiten nun über ihre Zukunft zu entscheiden hatte, darum nach, sich ordinieren lassen zu dürfen. Ihr Bruder lehnte ebenfalls ab, aber es gelang ihr, sich auch ohne Ordination bei unterschiedlichen Lehrern zu schulen. Als Laiin erhielt sie auch ihren buddhistischen Namen: Kong-shi. Nach dem Tod ihres Bruders wurde sie schließlich als Nonne Weiju ordiniert.

Bereits als Laienpraktizierende wurde sie von vielen bekannten Zen-Lehrern anerkannt und gewürdigt, nachdem sie unter dem Linji-Meister Sixin Wuxin (1044-1115) eine tiefe Erleuchtungserfahrung gemacht hatte. Yuanwu, der Herausgeber der *Niederschrift von der Smaragdenen Felswand*, und Foyan Qingyuan (1067-1120), bei denen sie hohes Ansehen genoss, waren ihre Zeitgenossen. Gegen Ende ihres Lebens, zwischen 1111 und

1118, eröffnete Weiju ein öffentliches Badehaus. Auf das Eingangstor schrieb sie ihre Lehren:

> Nichts existiert – was badest Du also?
> Wenn es auch nur das geringste Staubkörnchen gibt, woher stammt es?
> Sprich einen fundierten Satz, dann kannst Du das Bad betreten.
> Die alten Geister können Dir nur den Rücken schrubben;
> wie kann ich, die Gründerin, Deinen Geist erhellen?
> Wenn Du den Zustand erlangen willst, der frei von Schmutz ist,
> solltest Du zuerst alle Teile deines Körpers zum Schwitzen bringen [d. h., bemühe dich].
> Man sagt, Wasser kann den Staub abwaschen,
> aber wie können Menschen verstehen, dass Wasser ebenfalls Staub ist?
> Selbst wenn Du plötzlich [den Unterschied zwischen] Wasser und Schmutz wegwischst,
> musst Du auch das noch vollkommen abwaschen, wenn Du hier eintrittst.[230]

Weiju formuliert das grundlegende Dilemma des Zen in einem einzigen Satz: »Nichts existiert – was badest Du also?«, oder: »Was ist dieses flüchtige Leben und wie leben wir es?«, und verbindet diese Frage mit ihrem Lebenserwerb, Vorsteherin eines Badehauses zu sein. Sie nimmt ihren Arbeitsplatz, das Badehaus, und verwandelt ihn in einen Schmelztiegel des Zen.

Ganz in der Tradition der umherziehenden Nonne Shiji und der Teedame, der Deshan begegnete, fordert Weiju ihre Kunden auf: »Sprich einen fundierten Satz, dann kannst Du das Bad betreten.« Shiji bat Juzhi (jap.: Gutei) um »ein Zen-Wort«. Das war ihre Bedingung dafür, ihn in seiner Mönchsklause zu besuchen. Die Teedame forderte Deshan heraus, ihre Frage zu beantworten, andernfalls würde er seinen Kuchen nicht bekommen. Waren Weiju diese beiden Vorbilder bekannt? Sie lebte etwa 200 Jahre nach ihnen und könnte von ihnen gehört haben.

Weiju stellte ihre Frage, um die Besucher und Besucherinnen ihres Badehauses zum Erwachen zu bringen. Bei ihr ein Bad zu nehmen hieß, nackt den tiefsten Fragen des eigenen Lebens gegenüberzustehen. Ihre Einrichtung gab den Badenden die Möglichkeit, aus den Illusionen ihres Denkens zu erwachen, und zugleich war es der Ort, an dem sie selbst ihre Funktion als Zen-Lehrerin in der Welt der Arbeit verwirklichte. Weiju schulte ihre Kunden im Zen, und Zen-Praktizierenden lehrte sie, dass unsere Arbeit zum Erwachen anderer beitragen kann.

In ihren letzten Sätzen ermutigte sie Menschen, über ein oberflächliches Verständnis dessen, was es heißt, Illusionen abzuwaschen, hinauszugehen. Am Bild des Bades anknüpfend sprach sie vom Staub der Welt, der vom Wasser abgewaschen wird. Aber dann wies sie darauf hin, dass auch Wasser Staub sein kann – wir können selbst über die Lehren und Methoden des Zen Illusionen hegen und an diesen festhalten.

Selbst wenn wir eine plötzliche Einsicht in die Welt der Nicht-Dualität haben – in der es keine Unterscheidungen zwischen Wasser und Schmutz gibt –, müssen wir daran arbeiten, auch diese Erkenntnis loszulassen. Das Erwachen zur tiefsten Bedeutung des Lebens ist ein kontinuierlicher Prozess. Weiju forderte ihre Kunden auf, alle Spuren ihres Stolzes oder ihres Festhaltens an spirituellen Einsichten abzuwaschen.

Ihre letzte Aufforderung lässt vermuten, dass ihr Badehaus möglicherweise in der Nähe eines Zen-Klosters stand. Vielleicht sprach Weiju zu jenen Mönchen, die mit Stolz auf ihre Praxis der Erleuchtung beschmutzt bei ihr ein Bad nehmen wollten.[231] Wer auch immer das Badehaus betrat, egal ob Laie oder ordiniert, begegnete Weijus Lehren. Im Reich ihres Badehauses forderte Weiju alle dazu auf, zu erwachen und das eigene Leben rein zu halten.

Eunyeong Sunim: *Begründerin des ersten unabhängigen Nonnenordens in Korea*

Eunyeong Sunim (1910-1981) kam während der japanischen Besetzung Koreas (1910-1945) in einer Bauernfamilie zur Welt.[232] Ihr Vater, der sich der japanischen Gewalt widersetzte, wurde von japanischen Polizisten schwer verprügelt; er war daraufhin lange krank, konnte nicht mehr arbeiten und die Familie verarmte. Eunyeongs Mutter gelobte, eines ihrer Kinder ordinieren zu lassen, um Buddhas Weg zu folgen, wenn ihr Mann sich wieder erholen würde. Nachdem er schließlich zu Kräften gekommen war, fand zwischen den Eltern über das Gelöbnis der Mutter ein Gespräch unter vier Augen statt. Die achtjährige Eunyeong, die zufällig mitanhörte, wie ihre Eltern sich um die Erfüllung dieses Gelöbnisses sorgten, erklärte, dass sie diejenige sei, die sich ordinieren lassen würde.

Im Alter von acht Jahren begann Eunyeong ihre Schulung mit der Nonne Kungt'an Sunim im Nonnenkloster Pomunsa. Wie bereits erwähnt, war Pomunsa 1115 vom Lehrer der Nation Tamjin ausdrücklich zur Ausbildung von Nonnen gegründet worden. Unter der japanischen Besatzung grassierte die Korruption, was dazu führte, dass viele klösterliche Besitztümer von koreanischen Kollaborateuren eingezogen wurden. Dies war auch bei Pomunsa der Fall. Als Kungt'an hörte, dass die Papiere über den Grundbesitz des Klosters gestohlen worden waren, kehrte sie mit ihrer damals zehnjährigen Schülerin nach Pomunsa zurück.

Ohne über den Grundbesitz, der in koreanischen Klöstern normalerweise die Versorgung sicherstellte, zu verfügen, gingen die beiden Nonnen auf Almosenrunden und begannen, den Tempel durch harte Arbeit und Improvisationstalent wieder aufzubauen. Eunyeong, die von den Bettelgängen erschöpft war und das Klosterleben vermisste, entwickelte eigene Ansätze, um den Tempel finanziell zu unterstützen. Sie gründete im Tempel ein Restaurant und reparierte weggeworfene Gegenstände, um sie für das Kloster zu verkaufen. Eunyeong verbrachte ihr Leben mit der Beschaffung von Geldmitteln, um den Fortbestand des 800 Jahre alten Tempels zu sichern. Dabei auch noch Zeit für die Zen-Schulung zu finden war nicht einfach für sie. Ihr Engagement für Pomunsa ließ das Kloster überleben, trotz vieler Krisen und den Versuchen korrupter Beamter, das Land an sich zu reißen und sie persönlich zu diskreditieren.

Wie jedes koreanische Nonnenkloster war auch Pomunsa einem größeren Männerkloster unterstellt. Vor 1945 standen den Klöstern oft Äbte vor, die für ihre Kollaboration mit der japanischen Besatzungsmacht berüchtigt waren. Dies traf auch auf Kang Taeryon zu, dem als Abt die Verwaltung Pomunsas auch dann noch unterstand, nachdem Eunyeong und ihre Lehrerin zurückgekehrt waren und sich um den Tempel kümmerten. Mutmaßlich brachte er die Nonnen durch falsche Versprechungen um ihr Land. Als Eunyeong deswegen eine Klage anstrengte, wurde ihnen der Nonnenstatus entzogen und sie wurden aufgefordert, Pomunsa zu verlassen und ein Laienleben zu führen.

Sie weigerten sich, ihre Roben abzulegen und den Tempel zu verlassen. Immer wieder bekam Eunyeong zu hören, dass sie diesen Streit nicht würde gewinnen können. Von Justizbehörden wurde sie als Verrückte und Schmach der buddhistischen Gemeinschaft beschimpft.

Nachdem ihre zweite Begegnung mit Regierungsbeamten erneut ungerecht verlaufen war und mit Beleidigungen geendet hatte, habe sie der Schock fast ohnmächtig werden lassen, berichtet Eunyeong; sie musste sich niedersetzen, um wieder zu Kräften zu kommen. Sie hatte nicht mehr die Kraft, weitere Beleidigungen und Misshandlungen zu ertragen. Sie war kaum in der Lage, das Gebäude zu verlassen, und als sie es schließlich doch schaffte, setzte sie sich auf die Straße und brach in Tränen aus. Wie sollte sie den Nonnen unter die Augen treten, wenn sie ihr Zuhause, Pomunsa, nicht retten konnte, fragte sie sich. Es gab nichts, wo sie hingehen, und niemanden, an den sie sich um Hilfe wenden konnte. Sie wollte sterben, erzählt sie, gab sich stattdessen aber das Versprechen, diesem Unrecht bis zum Ende entgegenzutreten. Sie war zwar bereit, ihr Leben für den Buddha-Dharma hinzugeben, nicht jedoch, diese Ungerechtigkeit hinzunehmen. Und so gelobte sie:

> Ganz gleich wie schwach und verletzlich ich als Frau auch sein mag, ich werde nicht gestatten, dass in dieser Weise auf mir herumgetrampelt wird. Bis ich sterbe, werde ich ihnen zeigen, dass es jemanden gibt, dem Gerechtigkeit und Anständigkeit in dieser Welt am Herzen liegen. Würde es der buddhistischen Welt gefallen, dass die Nonnen aus Pomunsa nur wegen der Boshaftigkeit eines Mönchs aus ihrem Kloster gejagt werden?[233]

In diesen Worten können wir die Stimme vieler erwachter Zen-Frauen hören, die eine ihnen wichtige Sache trotz Diskriminierungen und Härten weiterverfolgen. Eunyeong wurde wegen Pomunsa immer wieder bei den Behörden vorstellig und reichte gegen Kang Taeryon Klage ein. Es beunruhigte sie, dass sie einen Rechtstreit in die buddhistische Sangha trug, aber nach Gebeten und Meditationen in der Buddha-Halle war sie entschieden, weiterzumachen. Andere Nonnen hatten jedoch Bedenken; sie waren der Ansicht, die Entscheidungen der Behörden seien anzunehmen, auch wenn diese ungerecht waren. Eunyeong begriff, dass sie die Nonnen darin unterstützen musste, ihre tief eingeprägte Unterwürfigkeit und ihr, in Eunyeongs Augen falsches Verständnis der Zen-Idee des Loslassens abzulegen. Unser Anhaften am Selbst loszulassen bedeutet nicht, dass wir Ungerechtigkeiten nicht entgegentreten sollten.

Während ihrer Rechtsstreitigkeiten blieb Eunyeong stark, um für Pomunsa und die Nonnen dort da zu sein. Als sie mit ihrer Klage nicht weiterkam, wollte sie den Anwalt wechseln und in Berufung gehen. Als sie ihren ersten Anwalt bat, ihr die Akten auszuhändigen, weigerte dieser sich und man sagt, er habe sie gewürgt, zu Boden geworfen und angeschrien: »Wie kannst du unerzogene Frau es wagen, einen ehrenwerten Mann vor Gericht zu zerren!« Eunyeong nahm sich daraufhin vor, ihren Fall trotz Korruption, Frauenfeindlichkeit und Gewalt weiterzuverfolgen, um Pomunsa zu retten – oder, den ungeschriebenen asiatischen Regeln folgend, Selbstmord zu begehen, da sie andernfalls ihren Tempel enttäuschen und Schande über ihre Lehrerin bringen würde.

Schließlich hatte ihr Rechtstreit gegen Kang Taeryon Erfolg, der Tempel wurde den Nonnen zurückgegeben, und Eunyeong und ihre Lehrerin wieder in ihre Positionen eingesetzt. Trotzdem behielt Taeryon Einfluss und versuchte, in Pomunsa einen männlichen Abt zu installieren, um Eunyeong und ihre Lehrerin zu verdrängen. Die örtliche Laiengemeinschaft widersetzte sich jedoch dem Einzug des männlichen Abtes. Als die Japaner 1945 schließlich besiegt wurden, bestraften die Koreaner Kang Taeryon aufgrund seiner Kollaboration mit den Japanern. Nachdem sie 25 Jahre ihres Lebens dem Tempel gewidmet hatte, wurde Eunyeong, als ihre Lehrerin sich zurückzog, zur Äbtissin von Pomunsa gewählt.

Als Äbtissin baute Eunyeong Pomunsa wieder auf und erweiterte das Kloster, rief dort Wohltätigkeitsprojekte ins Leben und gründete den weltweit ersten unabhängigen Bhikshuni-Orden, Pomun-jong (Unabhängiger Nonnenorden). Seit den Tagen des Buddha hatten Nonnen unter der Vormundschaft von Mönchen gelebt, was Eunyeong Sunims neuen, unabhängigen Orden zu einem Präzedenzfall der Geschichte macht. Ihre Leistungen auf finanziellem Gebiet und als Projektleiterin waren enorm. Sie renovierte alte Gebäude und ließ neue errichten, um Platz für die Ausbildung der Nonnen und für kulturelle Aktivitäten der Laiengemeinschaft zu schaffen. Sie gründete auf dem Tempelgelände eine Klinik und ein Erholungsheim für ältere Frauen. Alle diese Projekte wurden während des Koreakrieges (1950-1953) und in den Unwägbarkeiten der Nachkriegszeit verwirklicht.

Der koreanische Zen-Lehrer Samu Sunim lobte Eunyeong für ihre Wohltätigkeitsprojekte und ihre Aufbauarbeit in einer solchen Zeit der Wirren, zugleich aber unterstrich er, dass ihre wichtigste Leistung im lebenslangen Ringen um Pomunsa darin bestanden habe, Pomun-jong ins Leben gerufen zu haben: »Die Gründung von Pomun-jong war eine Unabhängigkeitserklärung gegenüber der Kontrolle der Mönche über die Sangha durch besorgte koreanische buddhistische Nonnen unter der Leitung von Eunyeong Sunim.«[234]

Eunyeong begründete den Unabhängigen Nonnenorden als Reaktion auf das repressive Verhalten von Mönchen gegenüber Nonnen, ein Verhalten, das sie am eigenen Leibe erfahren hatte. Darüber hinaus konzentrierte sie das Engagement der Nonnen auf soziale Dienste zum Wohle der Gemeinschaft.

Während der japanischen Besatzung Koreas versuchten japanische Zen-Missionare, die Kontrolle zu übernehmen, indem sie das koreanische Zen nach dem japanischen Modell reformierten. Alle koreanischen Mönche und Nonnen wurden aufgefordert, nach dem Vorbild japanischer Mönche zu heiraten. Doch so wie sich die allermeisten japanischen Nonnen geweigert hatten, zu heiraten, weigerten sich auch die koreanischen Nonnen, das Zölibat aufzugeben. Nach dem Ende der japanischen Besatzungszeit wurden koreanische Mönche, die das japanische Modell übernommen hatten, aus wichtigen Tempeln entfernt, um das koreanische Erbe wiederherzustellen. Die Mönche nahmen ihre zölibatäre Zen-Praxis wieder auf und wurden darin von den Nonnen unterstützt, die ihren Gelübden in der Zeit der Besatzung treu geblieben waren. Doch trotz ihrer erwiesenen Fähigkeiten und ihrer Treue gegenüber dem Zölibat wurde den Nonnen keines der 25 Hauptklöster Südkoreas zugesprochen. Es gab 5 138 Nonnen und 7 913 Mönche, und doch erhielten die Nonnen nur zwei der 60 Sitze im Zentralen Sangha-Rat, der ins Leben gerufen worden war, um die koreanischen Klöster zu leiten.

1981 trank Eunyeong Sunim Gift und starb. Es ist unklar, ob sie wusste, dass das Getränk, das ihr angeboten worden war, vergiftet war oder nicht, denn als Schülerinnen sie fanden, verneinte sie die Frage, ob sie Gift genommen habe. Sie und zwei ihrer Schülerinnen hatten etwas getrunken, wodurch zwei von ihnen starben. Die Frage eines Selbstmords stellte sich, da es zuvor an diesem Abend in einem Gespräch mit einer Schülerin um deren Sorge über die Finanzen des Tempels gegangen war. War sie oder die Schülerin, die den vergifteten Trank anbot, wegen der Schulden des Tempels deprimiert? Es war jedenfalls das mysteriöse und unklare Ende eines Lebens, das Eunyeong ganz ihrem Tempel gewidmet hatte. Pomun-jong, ihr Orden, entwickelte sich auch nach ihrem Tod erfolgreich. 1984 verfügte der Orden über 24 Tempel, hatte 263 Nonnen und mehr als 110 000 AnhängerInnen. Eunyeong ist eine sehr bedeutende Gestalt des koreanischen Buddhismus, über deren Leben und Tod wir hoffentlich noch mehr erfahren werden, sobald ihr Tagebuch vollständig übersetzt ist.

Otagaki Rengetsu: *Zen durch Kunst ausdrücken*

Rengetsu zählt zu den bedeutendsten Künstlerinnen in der Geschichte Japans. In diesem Kapitel wird sie wegen ihrer künstlerisch und finanziell erfolgreichen Karriere vorgestellt. Ihre ausdrucksstarke poetische Kunst drückt Zen-Lehren in einer Weise aus, zu der Worte nicht fähig sind. Sie schuf mehr als 50 000 Kunstwerke, die auch jetzt noch, wie schon zu ihren Lebzeiten, äußerst begehrt sind. Ihre Kunst, stark von zen-buddhistischen Vorstellungen geprägt, drückt das Leiden und die Freuden eines Lebens in der Familie, in der Natur und in der Arbeit aus – die Welt des Laienlebens aus einer buddhistischen Perspektive. Vielleicht erklärt diese Kombination aus einem verständlichen Zen in ihren Gedichten und der Schlichtheit ihrer Keramik, die für den alltäglichen Gebrauch bestimmt war (Tee-, Sake- und Servierwaren), die Popularität ihrer Kunst. Ihr Leben und ihre Arbeit lehren, wie wir uns genau da, wo wir gerade sind, engagieren können, wie wir unser Leben mit Enthusiasmus in unserer Arbeit ausdrücken und im Bestreiten unseres Lebensunterhalts unseren Egoismus loslassen können.

Nachdem Rengetsu (1791-1875), mit Geburtsnamen Otagaki Nobu, in frühen Jahren bereits Waise geworden war, wurde sie adoptiert. Sie erhielt eine gute Ausbildung, war zweimal verheiratet und brachte einige Kinder zur Welt, die allerdings nicht lange lebten. Sie wurde in der Reinen-Land-Schule des Buddhismus ordiniert, praktizierte jedoch auch Zen und vermittelte ihr Verständnis in Gedichten. Allen Berichten zufolge zeichnete sie sich in allem, was sie als junges Mädchen tat, aus – Kampfkünste, Kalligrafie und klassische Bildung. Wie wir jedoch gesehen haben, wurden talentierte Frauen oft in Ehen gegeben, die ihrer spirituellen oder kreativen Entfaltung nicht zuträglich waren.

Im Alter von 16 Jahren wurde Nobu mit einem jungen Samurai verheiratet, der sie sehr wahrscheinlich körperlich misshandelte. Sie hatte drei Kinder, die alle in jungen Jahren starben. Nach dem Tod ihres ersten Mannes ging Nobu eine zweite Ehe ein; dieser Mann starb allerdings ebenfalls, da war sie 33 Jahre alt. Daraufhin kehrte sie zu ihrem Adoptivvater zurück, einem Priester der Reinen-Land-Schule. Mit einem Kind, das später ebenfalls starb, lebte sie im Chion-Tempel. Dort fand sie inneren Frieden, wurde buddhistische Nonne mit dem Namen Rengetsu und widmete sich der Praxis.

Ihr Zuhause im Tempel war jedoch keinesfalls gesichert; ihr Aufenthalt dort hing von der Position ihres Adoptivvaters ab. Als dieser schließlich acht Jahre später starb, war Rengetsu gezwungen, Chionji zu verlassen und über ihren Lebensunterhalt nachzudenken. Sie überlegte sich, das Go-Spiel[235] zu lehren, entschied jedoch, dass es Männern nicht gefallen würde, von einer Frau unterrichtet und im Spiel besiegt zu werden. Stattdessen entschied sie sich, Keramik zu verkaufen.

In gewisser Weise waren die Keramik und die Verse, die sie darauf schrieb, eine bewegende Meditation über die von ihr erlittenen Verluste. Sie sammelte den Ton selbst und bereitete ihn vor, formte die Keramik mit den Händen (sie benutzte keine Drehscheibe) und pinselte auf jedes Stück eines ihrer Gedichte.

Obwohl Rengetsu Kanji beherrschte, verfasste sie ihre Kalligrafien meist in der Frauenschrift, Hiragana. Die Resultate waren ob ihrer visuellen Klarheit und poetischen Kraft einfach und äußerst überzeugend. Jede Keramik, die Rengetsu schuf, kündete von ihrer entwickelten künstlerischen Sensibilität, aber auch von ihrer Bestimmtheit und Einsicht, die sie sich, nicht zuletzt durch die Verluste in ihrem Leben, hart erworben hatte.

Ihre Poesie zeigt die empfindsame Seite des Zen, eine Ästhetik des *wabi-sabi* – sie enthüllt die sehnsuchtsvolle und schlichte Schönheit des alltäglichen Daseins. Anstatt, wie es vielleicht der Art eines Zen-Meister entspräche, zu behaupten, sie habe durch harte Praxis alle Anhaftungen durchtrennt, drückt ihre Zen-Stimme ihre Sehnsucht aus. Aus der abgeklärten, stillen und klaren Sicht einer Meditierenden formulierte sie ihre Erfahrung von Leiden und Glückseligkeit und transzendierte dadurch beides.

Rengetsu warf einen weiten, offenen Blick auf die menschliche Verletzbarkeit und Sehnsucht. Die von ihr erfahrenen Verluste erfahren wir aber nicht so sehr durch ihre emotionalen Reaktionen, sondern eher durch deren Abwesenheit. In ihren Gedichten entwarf sie detailfreudige Bilder, in denen es immer wieder eine Lücke gibt, in der die LeserInnen selbst eine emotionale Tiefe erfahren können. Sie ließ die natürliche Umgebung und die atmosphärische Stimmung für sich selbst sprechen.

Um über ihre verstorbenen Kinder zu sprechen, wählte sie den Schauplatz einer historischen Schlacht, wo sich ein Vater und sein Sohn zum letzten Mal Lebewohl sagten, bevor sie in den Kampf zogen. An diesem Ort, dem Dorf Sakurai, verglich der alte Samurai, der Vater, das Leben mit dem kurzen, aber intensiven Blühen der Kirschblüten, die er dort gesehen hatte. Rengetsu teilte ihr Leid mit anderen, beanspruchte aber nicht, dass ihrem Verlust irgendetwas Einzigartiges innewohne. Dieses unbeständige Menschsein ist für uns alle süß und herzerweichend. »An meine geliebten Kinder« ist der Titel, den sie dem folgenden Gedicht gegeben hat:

Meine letzte Botschaft:
Blüten öffnen sich
mit vollem Herzen
im lieblichen Sakurai.[236]

Rengetsu fordert uns auf, ganz und gar zu unserer Erfahrung zu erblühen, egal, wie begrenzt unsere Lebensspanne auch sein mag. Jeder Verlust, den wir erleiden, erinnert uns an die Kostbarkeit dieses Blühens und unsere Verbundenheit – und an die Freude, mit der wir diese Entfaltung des Lebens genießen sollten. Ihre Traurigkeit über den Tod ihrer Kinder, obwohl mit keinem Wort erwähnt, ist in ihren Versen als Teil unserer gemeinsamen Erfahrung spürbar.

Im Bild der Kirschblüten evoziert sie auch die Liebe zu dem Mann, den sie verloren hatte. In einem an ihn gerichtetes Gedicht versteckt sie nicht die menschliche Seite ihrer Leidenschaft hinter buddhistischen Ideen des Nichtanhaftens oder der Unbeständigkeit. Sie gesteht ihre immer noch vorhandene Trauer ein, auch nach vielen Jahren.

> Erinnerungen an meinen Gatten
> Gemeinsam genossen wir
> die Kirschblüten
> und verbrachten lange Sommer
> in den Bergen:
> Jetzt steht hier große Traurigkeit.[237]

Rengetsu verschwieg weder ihre Liebe zu ihrem Ehemann noch welche Wirkung seine Abwesenheit auf ihr Herz hatte. Die Wichtigkeit dieser Haltung, ausgedrückt von einer buddhistischen Nonne, sollte nicht unterschätzt werden. Wir, die wir jetzt im Westen zu verstehen versuchen, was Nichtanhaften beinhaltet, missverstehen hin und wieder, was Loslassen eigentlich bedeutet. Unsere Anhaftungen loszulassen bedeutet, dass wir unser Glück nicht länger von Dingen, Lebensumständen und Menschen abhängig machen, es bedeutet jedoch nicht, dass wir nichts mehr empfinden. In der Meditation können wir uns mit unserer »wahren Natur« verbinden, unsere Verbundenheit mit dem gesamten Kosmos. Wenn wir diese wahre Natur in uns entdecken, kann uns das in schweren Zeiten eine Stütze sein. Das Loslassen unserer Anhaftungen, das Loslassen unserer Erwartung, das Universum habe stets unsere selbstbezogenen Bedürfnisse zu erfüllen, erlaubt uns, in unseren Beziehungen präsenter zu sein.

In einem weiteren Gedicht über ihren Mann, »Dreißig Jahre nach dem Tod meines Gatten«, zeigt Rengetsu die Universalität des Leidens inmitten ihrer Trauer.

Die Flüchtigkeit dieser
fließenden Welt
spüre ich wieder und wieder:
Es ist am härtesten,
die zu sein, die zurückbleibt.[238]

Erst wenn wir uns Rengetsu in der Zen-Kultur der Samurai vorstellen, in der erwartet wurde, im Angesicht des Todes nicht mit der Wimper zu zucken, können wir ihre Lehren richtig würdigen. Während der Samurai-Krieger sich in Anbetracht seines beständig drohenden Todes auf beherzte Taten konzentrierte, fand Rengetsu, dass die Aufgabe einer Witwe oder eines Witwers – alleine zu leben – bei weitem schwieriger sei als das Opfer des Samurai. In diesen kurzen Versen finden sich viele Bedeutungsebenen. Eine davon ist, dass Tod und Sterben vielleicht gar nicht so schwer sind, wie wir denken. Ja, wir sollten uns in der Annahme unserer Sterblichkeit üben, doch ganz gleich, ob uns das gelingt oder nicht, der Tod wird uns ereilen. Außerdem spricht Rengetsu davon, dass es zwar schwer ist, die Trauer nach dem Tod eines geliebten Menschen auf uns zu nehmen, noch schwerer ist es jedoch, dann auch noch weiterhin zu blühen. Rengetsu hat uns nicht nur diesen Rat gegeben, sondern sie lebte auch, was sie lehrte.

Rengetsus Gedicht »Herz« ist eine Meditation über Liebe und Verlust. Anstatt in ihrer Praxis auf Liebe und Familie zu verzichten, entdeckte sie buddhistische Lehren in der Welt menschlicher Beziehungen.

Kommen und Gehen,
ohne Anfang oder Ende,
wie ständig sich wandelnde

weiße Wolken:
das Herz der Dinge.[239]

In diesem Gedicht treffen wir auf Rengetsus transzendierende Anschauungen über dualistische Konzepte wie Außen/Innen oder Substanz/Substanzlosigkeit. Sie erinnert uns daran, dass diese Transzendierung in unserem Herzen stattfindet, durch direkte Erfahrung und Vertrautheit mit dem Leben, und nicht durch irgendwelche Ideen, die wir von der Praxis haben. Sobald unsere Herzen sich verwandeln, spiegelt uns das gesamte Universum das, was wir zu verstehen beginnen. Unsere Einsicht wird von allem, was wir betrachten, zurückgeworfen – in einem endlosen, sich ständig wandelnden Fluss der Phänomene. Und, um noch etwas weiterzugehen, sie bezeichnet dieses ungreifbare Fließen als »das Herz der Dinge«. Wenn wir normalerweise an das Herz oder den Kern denken, stellen wir uns etwas Festgefügtes vor. Rengetsu zeigt jedoch den Wandel selbst als unser eigenes Zentrum und den Kern aller Dinge. Wenn wir, ohne uns abzulenken, in die Tiefe unseres Herzens blicken, entdecken wir nur Wolken, die durch einen leeren Himmel ziehen.

In einem Gedicht, das sie auf eine Teekanne gemalt hat, beschreibt sie das Wasser in der Katada-Bucht am Biwa-See. Es ist eine bekannte japanische Metapher für die Mühen der Frauen, aber auch den Frieden in der Meditation.

Wind bläst
über die Katada-Bucht.
Ein verlorenes Boot,
bewegungslos in der
eisigen Stille.[240]

Teekanne von Rengetsu

In Japan sagt man, das Leben einer Frau gleiche einem Boot, das auf den Wellen des Biwa-Sees hin und her geworfen werde. In diesem Gedicht skizziert Rengetsu eine winddurchpeitschte Landschaft, ein verlorenes Boot, aber auch die Möglichkeit, unsere Emotionen abzukühlen und mitten auf dem Biwa-See friedvolle Stille zu finden. Möglicherweise ein Verweis auf buddhistische Meditation, ist es vor allem eine Ermutigung, inmitten der Wellen unsere eigene Stabilität zu finden.

Rengetsus Weg – ihre Lehren einfach wegzugeben, ohne sie zu sammeln und als Buddha-Dharma zu bezeichnen – scheint der Weg vieler ZenFrauen zu sein: mit wenig Anerkennung für ein gesammeltes Werk. Bescheidenheit, eine bewundernswerte Eigenschaft authentischer buddhistischer Praxis, sollte den Wert frei gegebener Unterweisungen nicht schmälern. Rengetsus Lehren, die sie Männern und Frauen gab, zeigen uns, wie wir unser einzigartiges Potenzial in diesem Leben verwirklichen können – und wie wir diese Gabe bis zum Ende weiterentwickeln können.

Offensichtlich musste sich Rengetsu durch die Schicksalsschläge in ihrem Leben mit menschlichem Leiden arrangieren und die Frage nach dem Sinn dieser Existenz stellen. Sie hat nie explizit ihren Prozess des Erwachens beschrieben – mit welchen LehrerInnen sie praktizierte und welche Erfahrungen sie in ihrer Schulung machte. Diese Erfahrungen können wir jedoch durch ihre Lebensgeschichte und ihre Poesie, die sie auf Keramik und kalligraphischen Karten mitteilte, nachvollziehen.

Es gibt viele Geschichten über Rengetsus Persönlichkeit, über ihre Bescheidenheit und Einfachheit, selbst als sie berühmt geworden war. Nachdem ihre Arbeiten Anerkennung gefunden hatten, zog sie häufig um, um den Menschen zu entgehen, die ihr nah sein wollten. Trotz ihres unsteten Lebens war sie eine produktive Künstlerin. Als sie 1875 im Alter von 84 Jahren starb, war sie in Japan so etwas wie eine Schutzpatronin der Künste geworden. Menschen aus allen sozialen Schichten verehrten sie.

Bekanntermaßen gab sie den Armen Geld und arbeitete mit anderen Künstlerinnen und Künstlern zusammen, was der Verkäuflichkeit von deren Arbeiten zugutekam. In einer Geschichte über Rengetsu wird sogar berichtet, dass sie Künstlern, die ihre Werke nachahmten, zeigte, wie sie ihre Unterschrift fälschen konnten. Wohlstand und Ruhm waren ihr nicht wichtig; sie führte ein einfaches Leben, was die Popularität ihres Werks nur noch erhöhte. Eine andere Geschichte erzählt, wie eines Nachts ein Dieb in ihr Haus eindrang, Rengetsu daraufhin eine Lampe entzündete, damit er besser sehen konnte, was es zu stehlen gab, und ihm schließlich eine Tasse Tee anbot.

In Rengetsu zeigt sich, dass wir ganz wir selbst sein müssen, um authentisch zu leben und zu arbeiten. Sie versuchte nicht, das Ideal einer buddhistischen Nonne zu imitieren, sondern drückte den Nonnestand aus, indem sie ihr eigenes Leben vollständig lebte. Sobald wir fähig sind, unser Leiden anzunehmen und zu transformieren, nehmen wir unseren einzigartigen Platz in der Welt ein. Persönliche Begabungen und Begrenzungen, die ehrlich angenommen werden, verwandeln sich in unsere unverwechselbare und authentische Gabe an diese Welt. Wir können unsere persönlichen menschlichen Erfahrungen nicht verleugnen. Alle Fehler und Macken, die wir haben, müssen wir zuerst kennenlernen, bevor wir sie durch Akzeptanz transformieren, um sie schließlich als tiefsten Vorsatz in unsere Lebensarbeit einzubringen.

Durch Rengetsu und ihren buddhistischen Namen, Lotos-Mond, werden wir an unsere Aufgabe in dieser Welt erinnert. Ganz gleich, wie korrupt diese Welt sein mag, wir können in ihr mit dem tiefen Vorsatz leben, eine sinnvolle und fürsorgliche Existenz zu führen. Der wunderbare Lotos, im Buddhismus ein Symbol der Reinheit, kann nur in trübem Wasser blühen. Auch in der Welt der Arbeit können wir in dieser Weise sein und uns an eine Zeile aus einer traditionellen Zen-Rezitation erinnern: »Mögen wir mit der Reinheit eines Lotos existieren, der in trübem Wasser steht. So verneigen wir uns vor Buddha.«

Rengetsu, Eunyeong Sunim und Zhidong fanden Wege, ihrer Praxis zu folgen und zugleich ihren Lebensunterhalt zu sichern. Sie gaben sich ihrer Arbeit mit Kreativität und Leidenschaft rückhaltlos hin. Auch wenn der Buddhismus vielfach in stiller Meditation in abgelegenen Klöstern praktiziert wird, zeigen uns diese Beispiele, dass eine aufrichtige und kompromisslose Praxis auch in einem aktiven, produktiven Leben erblühen kann.

Teil III

Frauen und Zen in der Praxis des Westens

Kapitel 11
Asiatisches Zen in der Praxis des Westens

Buddhistische Praxis hängt nicht davon ab, ob wir als Männer oder Frauen verkörpert sind, sondern davon, ob wir die Wahrheit unserer menschlichen Existenz erkennen – die absolute Wirklichkeit der Unbeständigkeit, die Abwesenheit eines inhärenten oder abgetrennten Selbst sowie das Ungenügen, das wir erfahren, wenn wir nur materialistische Ziele verfolgen, und die uns innewohnende Freiheit, die das angeborene Recht aller Menschen ist. Alle buddhistischen Schulen gehen davon aus, dass dies unbestreitbare Tatsachen sind. Sie sind unabhängig davon, ob wir männlich oder weiblich sind, jung oder alt, schön oder körperlich entstellt, anziehend oder unscheinbar.

Diese grundlegende buddhistische Auffassung, die manchmal auch die »Vier Eigenschaften der bedingten Existenz« genannt wird, beschreibt die Realität, so wie sie ist. Sichtbare Zeichen formaler Praxis – Roben, Schweigen, Rituale, Glocken, Räucherstäbchen, Altäre und Buddha-Statuen – werden manchmal mit »Heiligkeit« oder, noch schlimmer, absoluter Wirklichkeit verwechselt. Im Zen nennen wir das, »den Finger, der auf den Mond zeigt, mit dem Mond selbst verwechseln«. Dzongar Khyentse Rinpoche, der aus der tibetischen Tradition stammt, vergleicht dieses Missverständnis damit, die Teetasse mit dem Tee zu verwechseln.[241] Über geschichtliche Epochen und Kulturen hinweg hat Zen seinen Praktizierenden Gutes erwiesen, indem es seine Methoden und Praxisorte immer wieder angepasst hat, ohne seine grundlegenden Lehren zu verändern – nämlich dass Menschen ihr Bewusstsein transformieren und dadurch ihr Leiden mindern können. Auf seiner Reise aus dem buddhistischen Indien in die zeitgenössische westliche Welt hat sich das Zen als ortsungebunden und wandlungsfähig erwiesen. Als moderne Menschen des Westens können wir nicht erwarten, dass unsere Welt zu den Werten Indiens zu Buddhas Lebzeiten, in das China Bodhidharmas oder Dogens Japan zurückkehrt. Vielmehr müssen wir das Zen darin unterstützen, sich zu verwandeln und uns dort zu begegnen, wo wir sind. Das Überdauern des Zen-Buddhismus unter ganz unterschiedlichen Bedingungen und in unterschiedlichen Kulturen zeigt uns, dass die Zen-Praxis tiefe menschliche Bedürfnisse anspricht. In Sprache und Lehrmethoden muss Zen auch weiterhin seine grundlegende Botschaft ausdrücken, sollte dabei aber Wege finden, die unserer Kultur entsprechen. Bei dieser Aufgabe haben sich unsere Zen-Vorfahrinnen ausgezeichnet. Ihre Praxis und ihre Weisheit zeigen uns, dass eine tiefe und wirkungsvolle Praxis entstehen kann, ganz gleich, wie die Umstände sind, eine Praxis, die diesem Moment entspricht, solange sie von einem aufrichtigen Vorsatz getragen wird.

Viel Wertvolles hat sich auch aus der Begegnung des Zen mit dem Westen ergeben, aber die Reise war nicht einfach. Vielfach hat das sexuelle Fehlverhalten eines Lehrers zu tiefen Verletzungen bei Schülerinnen, Schülern und ihren Gemeinschaften geführt. Katy Butler berichtet darüber, wie Zen-Lehrer, sowohl westliche als auch japanische, ihre Schülerinnen sexuell ausgenutzt und sich am Besitz der Gemeinschaft bereichert haben.[242]

Wir müssen verstehen lernen, was in der Übertragung des asiatischen Zen-Buddhismus in den Westen falsch läuft und wie uns kulturelle Unterschiede (so zum Beispiel hierarchisches Denken in den Organisationsstrukturen und seiner Literatur im Gegensatz zu den meditativen Praktiken) in den westlichen Zentren betreffen. Ein Beispiel: Die asiatische Tradition lehrt uns, unsere Zen-LehrerInnen und ihren Platz in der Übertragungslinie zu respektieren und zu ehren. Wir haben in unseren Organisationen aber keine Strukturen, um ihre Fehler zu thematisieren, selbst wenn diese offensichtlich Leiden verursachen. Weil unsere westliche Praxis fast ausschließlich auf den Lehren männlicher Lehrer basiert, fehlen uns einige wesentliche Bestandteile.

Wir sollten uns fragen, ob die traditionelle buddhistische Sicht, bei der Schülerinnen und Lehrerinnen männlichen Schülern und Lehrern gegenüber als unterlegen eingestuft werden, in Verbindung mit unserer immer noch männlich dominierten Kultur Frauen nicht nur zu Objekten für den Missbrauch durch ihre Lehrer macht, sondern ob männliche westliche Lehrer durch diese Strukturen nicht fortwährend hervorgehoben und bevorteilt werden. Rita Gross verweist auf das Missverhältnis zwischen weiblichen und männlichen Dharma-Lehrern in Nordamerika sowie auf die unverhältnismäßig hohe Zahl männlicher Lehrer, die in jüngerer Zeit in Publikationen vorgestellt worden sind.[243] In einer Zeitschrift tauchten 19 männliche Lehrer auf und keine einzige Lehrerin. Wiederholt sich die buddhistische Geschichte etwa? Finden heutige Dharma-Lehrerinnen keine Unterstützung, auch finanzieller Art, werden unterbewertet und sind dadurch nicht sichtbar? Falls westliche ZenFrauen, so wie es in Asien der Fall gewesen ist, marginalisiert werden, verlieren wir die weibliche Stimme des Zen und damit dessen flexible, kreative

Lösungsansätze für Probleme, die sich dem Zen im Westen stellen – Probleme der Sexualität, der Marginalisierung und fehlender finanzieller Mittel.

Wir müssen Lösungen für die Probleme finden, denen das Zen im Westen gegenübersteht. Wenn wir unsere Vorfahrinnen und ihre Lehren betrachten, lernen wir eine offenere Sicht auf die Praxis kennen. In ihnen begegnen wir der Fähigkeit zu generellen und spezifischen Anpassungen, die für Entwicklungen im Westen ein Vorbild sein können. Einige Beispiele für diese spezifischen Anpassungen sind: eine größere Vielfalt an Praxisorten und Organisationsstrukturen, offene Diskussionen über Sexualität und ihren Platz in der Praxis, Möglichkeiten einer einträglichen Beschäftigung in der Welt, während zugleich ernsthaft der Zen-Praxis nachgegangen wird, stärkere Anerkennung und Integration von Laienpraxis und Laiengemeinschaften sowie das Einbeziehen der Familie in die Praxis. Diese spezifischen Anpassungen sind berechtigt und notwendig; sie können richtungsweisend für die Entwicklung des Buddhismus im Westen sein.

Wenn Menschen über eine Praxis verfügen, die in ihrem tatsächlichen Leben verwurzelt ist, ergeben sich nicht nur mehr Praxismöglichkeiten (zum Beispiel mit Familienmitgliedern und ArbeitskollegInnen), sondern es wird dadurch auch eher verhindert, dass wir blindlings exotische Rituale nachahmen und so die Teetasse mit dem Tee verwechseln. Der Buddhismus ist, genauso wie andere spirituelle Traditionen, die immer wieder einen unhinterfragten Gehorsam gegenüber religiösen Autoritäten erwarten, anfällig für den Missbrauch von Praktizierenden, eine sektenähnliche Isolierung und Überbewertung von Rang und Hierarchie, anstatt den Buddha-Weg zu verbreiten.

Vielleicht ist Zen sogar besonders anfällig für diese Entwicklungen, wenn wir auch noch die Idee der »verrückten Weisheit« von Zen-Meistern bedenken. Wie andere religiöse Organisationen muss sich auch der Zen-Buddhismus mit der Kritik und den Anpassungen durch ganz unterschiedliche Praktizierende befassen. Die vielfältigen Wege unserer Zen-Vorfahrinnen in und außerhalb von Klöstern sowie ihre starke Verbindung zu den Gemeinschaften, denen sie dienten, können zeitgenössischen buddhistischen Organisationen flexiblere Formen der Praxis für ein breites Publikum liefern.

Natürlich ist in den im Entstehen begriffenen buddhistischen Praxiszentren des Westens mit Problemen zu rechnen. In den asiatisch-buddhistischen Traditionen gibt es nicht nur Klöster und Zentren, die der Schulung dienen, sondern darüber hinaus Dorftempel, theologische Seminare, Universitäten und eine ganze Reihe buddhistisch geprägter Institutionen wie Krankenhäuser und Suppenküchen. Wie können wir aus unseren gegenwärtigen Problemen lernen, um im Westen eine gesellschaftlich zugängliche und integrierte Praxis zu entwickeln? Nur durch eine Vielzahl relevanter Praxisangebote, die in eine größere Gemeinschaft integriert sind, kann die Gefahr, dass Institutionen ernsthafte Kritik ignorieren, gebannt und ein positives Verhältnis zur Gemeinschaft hergestellt werden. Neben der Fürsorge für die Gemeinschaft braucht es auch engagierte Zen-SchülerInnen, die außerhalb monastischer Gemeinschaften leben und dort ihrem Lebenserwerb nachgehen. Solche Praktizierende sind finanziell, sozial und psychisch weniger abhängig von Praxisinstitutionen.

Ein weiterer Punkt betrifft die Tatsache, dass Männer- und Frauenklöster traditionell von der Laiengemeinschaft abhängig waren, um finanzielle Unterstützung und Arbeitskräfte zu erhalten. Eine monastische Gemeinschaft, die das ihr zugehörige

Umfeld und ihre draußen in der Welt arbeitenden Mitglieder, egal ob sie ordiniert sind oder nicht, offen wertschätzt und unterstützt, wird eher die stark benötigte Unterstützung erhalten. Die Relevanz monastischer Praxis ist unbestreitbar; aber weder stellt sie den einzigen Weg dar, noch ist sie als solche eine tragfähige Grundlage, um den Fortbestand des Buddhismus im Westen zu sichern.

Unsere Vorfahrinnen führen uns die Wichtigkeit von Anpassungen vor Augen und geben uns Beispiele ganz unterschiedlicher Praxismöglichkeiten – von denen viele zum Erwachen führten.

Die folgenden Kapitel befassen sich mit Problemen, die in buddhistischen Praxiszentren des Westens auftauchen, aber auch damit, wie die Weisheit der Tradition von Frauen und wie weibliche Spiritualität im Allgemeinen zur Lösung dieser Schwierigkeiten beitragen kann. Damit der Zen-Buddhismus im Westen weiterbestehen kann, braucht es beide Seiten der Weisheit unserer Praxis – die männliche und die weibliche – sowie die Fähigkeit, Praxis und institutionelle Strukturen den Gegebenheiten unseres Lebens anzupassen.

Kapitel 12
Frauen und Sexualität in westlicher Praxis

Die wegweisende Kritik an dem Bestreben nach Einfluss durch den Einsatz von Attraktivität und Verführung, die von den ersten Nonnen geäußert wurde, könnte sich auch heute noch als äußerst hilfreich erweisen, um aus der Sicht von Frauen über Sexualität und Macht zu sprechen. Dies böte die Chance, dass sich männliche und weibliche Praktizierende in westlichen Zen-Zentren von der Anziehungskraft sexueller Dynamik befreien. Nur zu oft bleiben sexuelle Anhaftungen unbewusst oder sind ein Tabu in buddhistischen Betrachtungen und Diskussionen. Die Anziehungskraft des Begehrens, die in der monastischen Schulung, aber auch in der Laienpraxis auftaucht, führt immer wieder zu unheilvollen Entscheidungen und Konflikten innerhalb der Sangha. Eine offene Diskussion über das Streben nach Macht durch sexuelle Anziehung kann Praktizierenden auf ihrem Weg Klarheit geben, ganz gleich, ob diese Dynamiken innerhalb oder außerhalb von Praxiszentren auftauchen.[244]

Wir sollten uns bewusster darin üben, diese Dynamiken zu verstehen, keine sexuelle Beziehungen zwischen männlichen Lehrern und ihren Schülerinnen entstehen zu lassen – denn diese enden für beide meist schmerzhaft. Viele westliche Zen-Zentren hatten ihre »Sexskandale«, aber diese unheilvollen Entwicklungen sind selbstverständlich nicht auf buddhistische Institutionen begrenzt. Um den Schaden zu mindern, mussten die betreffenden Männer und Frauen ihre Sanghas oftmals verlassen – was meist ein großer Verlust für ihre Gemeinschaften war. Solange wir nicht wirklich verstehen, was passiert und wie es passiert, werden sich diese Entwicklungen wiederholen. Wir können jedoch Licht auf diese Probleme werfen, indem wir von den ersten Nonnen etwas über ihr sexuelles Begehren erfahren und wie sie durch die Praxis ihre Freiheit fanden.

Vimala, eine Nonne aus der Zeit des Buddha (s. Kapitel 6), sprach offen über ihren tiefen Wunsch, Männer zu bezwingen und sich Macht durch Verführung zu sichern. Haben Frauen auch heute noch diesen unheilsamen Wunsch, sodass sie sexuelle Beziehungen mit ihren Lehrern eingehen? Ist es das, was Frauen im Westen die Nähe zur Macht eines männlichen Lehrers suchen lässt, sie zu seiner »Favoritin« oder sogar sexuellen Partnerin werden lässt? Eine Zen-Schülerin setzt vielleicht ihre Verführungskünste ein, um ihr Ego zu stärken, indem sie den engen Kontakt zu einem Mann sucht, den sie als spirituelle Macht imaginiert. Wenn sie das aus einer persönlichen oder kulturellen Konditionierung heraus tut, verpasst sie die Gelegenheit, diese unheilsamen Muster durch Zen-Schulung zu transformieren.

Für Frauen ist es oft schwierig, solche Muster zu erkennen, insbesondere wenn ein Lehrer ihr verführerisches und schmeichlerisches Verhalten genießt. Zen-Lehrer, die sich von Frauen, die mit ihnen flirten, geschmeichelt fühlen, neigen dazu, diese Frauen zu belohnen. Frauen müssen ihren eigenen Hang zur Macht, der sich dadurch ausdrücken kann, dass sie Männer an sich binden wollen, erkennen, und Männer müssen verstehen, dass dieses Muster manchmal in Begegnungen mit Frauen auftaucht. Männer, die lehren, sollten auch verstehen, wie die Verführungsstrategien von Frauen ihre eigenen Bedürfnisse nach Anerkennung befriedigen. Wenn ihnen dies gelingt, sehen sie die Aufmerksamkeit einer Frau nicht mehr als etwas Persönliches. Falls nicht, können sie einer Schülerin nicht helfen, ihren beliebtesten Ego-Verstärker zu erkennen. Außerdem verwechseln sie dann ein neurotisches Muster mit wirklicher Nähe und verstricken sich in unheilvolle Beziehungen.

Die Beschreibungen der Nonnen über ihr inneres Festhalten an der Idee der Verführung entsprechen den Vorstellungen moderner Feministinnen und Psychologinnen darüber, wie Frauen durch Attraktivität und Gefallsucht ihre eigene Ego-Identität aufbauen – indem sie Schönheit und Schmeichelei zum Machterwerb einsetzen. Feministinnen, Schriftstellerinnen und Psychologinnen haben sich damit beschäftigt, wie das Verlangen nach Macht von Schönheit abhängt und davon, diejenigen, die an der Macht sind, zu verführen. Naomi Wolf, eine zeitgenössische Wissenschaftlerin und politische Aktivistin, beschreibt, wie Frauen ihr unbewusstes Verlangen nach Macht, Anerkennung und Zugehörigkeit durch ihre körperliche Attraktivität zu befriedigen versuchen.[245] Polly Young-Eisendrath, eine analytische Psychologin und buddhistisch Praktizierende, versteht das weibliche Begehren als das Verlangen, vom Anderen begehrt zu werden, und analysiert kulturelle Interpretationen, die das »Böse« mit der Macht weiblicher Schönheit gleichsetzen.[246]

Frauen und Männer sind von komplexen, unbewussten Ideen über die Schönheit von Frauen geprägt; die Verknüpfung von Schönheit mit destruktiven Kräften findet sich bei beiden Geschlechtern. In *Men of Rape* beschreibt Timothy Beneke, wie Männer sich von den übermächtigen Waffen einer Frau bedroht fühlen.[247] Beneke untersucht, wie Männer es vermeiden, Verantwortung für ihre persönlichen Gefühle der Einsamkeit und Verletzlichkeit zu übernehmen und ein Bild der Frau heraufbeschwören, das uralten Vorstellungen von ihr als einer bezwingenden Verführerin entspricht, wie es sich auch in der Sprache ausdrückt: »Die ist 'ne Bombe«, »Die Frau macht mich fertig«, »Eine richtige *femme-fatale*«, »Bei der zieht's dir den Boden unter den Füßen weg«, »Die sieht tod-schick aus«[248]. In all diesen Ausdrücken findet sich die Vorstellung einer bezwingenden Gewalt, die von der Schönheit einer Frau ausgeht und Männer überwältigt.

Vimala, die ihre Wandlung durch die buddhistische Praxis beschrieben hat, hat dabei auch ihre geheimen Gedanken aufgedeckt und Verantwortung übernommen für ihren Machthunger durch Verführung. Diese Beschreibung ihrer Denk- und Verhaltensmuster kann Frauen und Männer darin unterstützen, ihr Verhältnis zu ihrem Körper, zu ihrem Begehren und ihrem Verlangen nach Macht zu klären. Da wir meist in einem nicht zölibatären Umfeld praktizieren, sollten sich Männer und Frauen ihre unbewussten Ein- und Vorstellungen bewusst machen. Dazu kann es hilfreich sein, sich die Worte von Vimala und anderen Nonnen, die sich über ihre sexuellen Wünsche geäußert haben, zu vergegenwärtigen. Durch ein gegenseitiges Bewusstmachen unbewusster Wünsche und ein Gewahrsein dafür, welche möglichen Konsequenzen in deren Umsetzung liegen, können buddhistisch praktizierende Männer und Frauen miteinander Befreiung finden. Wir alle, Frauen und Männer, Lehrer und Lehrerinnen müssen uns mit unserem Verlangen nach Macht und Sicherheit in der Sexualität befassen, damit diese Impulse in Praxiszentren nicht länger (unbewusst) ausagiert werden.

Männliche Zen-Lehrer und Sexualität

Viel zu häufig beginnen Zen-Meister in einem Kloster oder einer Laiengemeinschaft sexuelle Affären oder eine pseudo-vertrauliche Beziehung (d. h. eine besonders vertraute Beziehung zu einer favorisierten Schülerin, dem »Spielzeug« des Lehrers). Zen-Lehrer unterhalten nicht nur sexuelle Beziehungen zu ihren Schülerinnen, sondern ermutigen oft junge Assistentinnen zu einer unheilsamen Idealisierung ihrer Person. In diesen unangemessenen Beziehungen drückt sich die Abwesenheit bzw. die mangelnde Integration emotionaler Erfüllung aus – unerfüllte und unbewusste Sehnsüchte werden im Namen einer strikten, monastischen Praxis unterdrückt. Diese Prozesse können als spirituelle Vermeidung bezeichnet werden, die in der Meditation dazu benutzt wird, Gefühle zu unterdrücken, anstatt sie zu klären.

Diese Beziehungen scheinen im Westen der unvermeidliche Preis zu sein, wenn beide Geschlechter gemeinsam praktizieren. Wir müssen lernen, auf dem Meditationskissen, aber auch jenseits davon auf unsere Gefühle zu achten und Verantwortung für Beziehungen zu übernehmen, die in der Sangha entstehen. Auch wenn uns Meditation unsere Gedanken und Gefühle bewusst macht, geschieht dieser Prozess nur schrittweise. Achtsam zu sein, uns selbst psychologisch zu schulen und Fragen zur Sexualität offen zu thematisieren kann uns darin unterstützen, uns verborgene Strategien und Machtansprüche bewusst zu machen. Gespräche über unangemessene Beziehungen in der Sangha können die männlichen und weiblichen Seiten einer Machtdynamik zwischen den Geschlechtern aufdecken.

Die verborgene Sehnsucht von Männern, mit ihrer eigenen Verletzlichkeit in Berührung zu kommen, ist die Schattenseite der öffentlichen Rolle eines heroischen, männlichen Zen-Meisters. Peter Rutter beschreibt diese sehr ausführlich in *Sex in the Forbidden Zone* als Bedürfnis nach Geborgenheit oder Streben nach Ganzheit. Ein Mann, der in der Öffentlichkeit eine idealisierte Position an der Spitze einer hierarchischen Ordnung einnehmen muss, verliert den Kontakt mit seiner eigenen Verletzlichkeit. Aus diesem Grund versucht er, seine weicheren Anteile dadurch auszudrücken und Erfüllung zu finden, dass er eine Verbindung mit einer verletzlichen Frau eingeht. In den Augen des machtvollen Mannes verkleidet sich das Bedürfnis nach Kontakt mit seiner eigenen Verletzlichkeit als Begehren der verletzlichen Frau, und sein Wunsch, diese eigene Seite in sich anzunehmen, erfährt er als die Anziehung zu einer ihn bewundernden und von ihm abhängigen Frau. Da diese Disposition oft tief verborgen ist, kann Meditation allein sie nicht unbedingt sichtbar machen. Wenn Zen-Lehrer jedoch über solche verdrängten Impulse Bescheid wissen, werden sie diese eher bei sich vermuten und erkennen, anstatt sie auszuleben.

Aufklärung der Gemeinschaft

Ich kann mich an kein einziges Mal erinnern, dass ich in einer Zen-Gemeinschaft einen Vortrag gehört hätte, in dem Sexualität das Thema gewesen wäre. Die weitreichenden Folgen sexuellen Fehlverhaltens in mehreren Praxiszentren zeigen jedoch zweifelsohne, dass dies ein wichtiges Thema ist, das im Zusammenhang mit buddhistischer Praxis betrachtet werden sollte. Wieso wird es also von den Lehrenden gemieden?

Erscheinen Zen-SchülerInnen durch die Praxis von Meditation und Entsagung so stark sensibilisiert, dass über Sexualität zu sprechen etwa so ist, als würde man ein brennendes Streichholz in eine Benzinlache werfen? Fällt es so schwer, bei diesem Thema niemanden vor den Kopf zu stoßen oder sich selbst nicht allzu sehr zu exponieren? Wenn Männer sprechen, könnten ihre persönlichen Ansichten kritisiert werden; wenn Frauen sprechen, könnte das als Verführung verstanden werden; wenn Heterosexuelle sprechen, könnte das Homosexuelle beleidigen; wenn Homosexuelle sprechen, könnten sie sich unwohl fühlen; und so weiter.

Im traditionellen Buddhismus wird nicht viel darüber gesagt, wie Sexualität und Praxis miteinander in Einklang gebracht werden können. Es gibt einige allgemeine Belehrungen des Buddha, die sich an seine LaienanhängerInnen richten, aber darin geht es nicht darum, wie praktizierte Achtsamkeit in sexuelle Beziehungen getragen werden kann. Viele Texte beschreiben Frauen als Verführerinnen und legen Mönchen nahe, vor ihnen auf der Hut zu sein. An anderen Stellen wird der Zerfall des Leichnams einer schönen, attraktiven Frau beschrieben, um sexuelle Empfindungen zu unterdrücken. Aus diesen und anderen Gründen ist es nicht leicht, Sexualität in das Dharma zu integrieren, und dennoch: Die Tatsache, dass unsere Vorfahrinnen das Thema in ihren Lehren zur Sprache gebracht haben, sollte uns ermutigen.

Anhand der Beispiele in diesem Buch können wir uns mit den Lehren unserer Vorfahrinnen zur Praxis und sexuellen Dynamik befassen. Wir können uns fragen, ob einige dieser Dynamiken in unseren eigenen Zentren wirksam sind. Wir können die Tendenz in vielen buddhistischen Texten hinterfragen, Sexualität auf Frauen und den weiblichen Körper zu projizieren und sie für das sexuelle Begehren von Männern verantwortlich zu machen.

Wir können die unterschwelligen Strukturen erforschen, in denen sich sexuelles Begehren in unseren eigenen Gemeinschaften ausdrückt. Wir können zu verstehen versuchen, wie sich solche Dynamiken entfalten, solange wir mit unseren geheimen Sehnsüchten nicht in Berührung sind. Wir können darüber sprechen, wenn wir in unserer Gemeinschaft Verführungsversuche wahrzunehmen glauben, und darüber, ob es in der Sangha eine Verantwortung bezüglich solcher Beziehungen gibt und nach welchen Richtlinien wir sie beurteilen. Wir können über den möglichen Schaden sprechen, den geheim gehaltene Beziehungen anrichten, und Lehrende und fortgeschrittene Praktizierende an ihre Verantwortlichkeit erinnern. Dabei sollten wir von dem Ziel geleitet sein, unsere Praxis wiederherzustellen und zu vertiefen, anstatt Menschen auszuschließen.

Kapitel 13
Mit Emotionen arbeiten

Zen und zwischenmenschliche Beziehungen

Obwohl der Buddha seine Mönche und Nonnen aufgefordert hat, das Zölibat einzuhalten, gilt das normalerweise nicht für ordinierte Praktizierende in der westlichen Zen-Praxis. Für uns gibt es heutzutage die Möglichkeit, Achtsamkeit innerhalb von Beziehungen zu praktizieren. Zen ist keine asketische Praxis; es ist eine Praxis, die alle menschlichen Erfahrungen einbezieht und damit offen für Familie und Beziehungen ist. Können wir uns dementsprechend eine westliche monastische Praxis vorstellen, in der Familien und feste Beziehungen einen Platz haben? In Beziehungen zu praktizieren setzt voraus, dass wir den Unterschied zwischen Abtrennung und Nicht-Anhaften kennen. Abtrennung bedeutet, dass wir uns in einer bestimmten Situation von unserer emotionalen Verbindung distanzieren. Nicht-Anhaften bedeutet, dass wir in einer Situation ohne Erwartung eines bestimmten Ergebnisses agieren. Abtrennung kann sich als emotionale Verdrängung manifestieren; Nicht-Anhaften hingegen ist das fundamentale Prinzip buddhistischer Praxis. Dieser Unterschied muss Zen-Praktizierenden ganz deutlich sein, damit sich ein positives Praxisumfeld entwickeln kann.

Die Schulung einer Priesterin oder eines Priesters erfordert viele Monate oder gar Jahre monastischer Zurückgezogenheit. Sind das jedoch optimale Bedingungen, um verheiratete PriesterInnen und ihre Familien zu unterstützen? Ist es notwendig, in der westlichen Zen-Schulung eine solche Trennung zu vollziehen? Wie werden sich solche Auflagen auf die Entwicklung des Zen im Westen auswirken? Gegenwärtig enden immer wieder Ehen und feste Partnerschaften genau wegen dieser Bedingungen. Da die Regeln eine vom Partner, der Partnerin getrennte Praxis vorschreiben, müssen wir die Gefühle, die auftauchen, wenn wir getrennt oder zusammen sind, betrachten, verstehen und transformieren. Nur dann werden sie Teil einer Schulung sein und zu einer größeren Bewusstheit bezüglich des Leidens und dessen Verwandlung führen. Zen-Gelübde sind schwierig, aber Ehegelübde sind es auch. Als mich ein amerikanischer Zen-Meister fragte, wie ich mich als Zen-Priesterin bezeichnen könne, da ich doch verheiratet sei, antwortete ich: »Ich befolge alle meine Gelübde.« Eher verlegen eröffnete er mir daraufhin, dass er sich habe scheiden lassen, um seine Rolle als Mönch einzunehmen. Ich glaube jedoch, dass es darum geht, alle unsere Gelübde in einer umfassenden buddhistischen Praxis einzuhalten, gegenüber geliebten Menschen und gegenüber uns selbst. Nur so kann eine ernsthafte und sinnvolle Schulung im Westen verankert werden.

Als verheiratete Priesterschülerin in einem abgelegenen Kloster machte ich meine eigenen Erfahrungen mit dem Brechen der Regeln, dem »Klettern über die Mauer«, um meinen Mann zu treffen. Was ich im Nachspiel nach den Wonnen der Liebe erfuhr, war das Wiedererwachen meines Verlangens. Dieses Intermezzo führte zu einer stärkeren Klarheit und Vertrautheit mit meinen eigenen Prozessen des Fantasierens und Verlangens. Nach sechs Wochen Einsamkeit und Trennung von meinem Mann wurde mir meine Sehnsucht in einem neuen Licht vor Augen geführt. Der tiefe Schmerz, den ich erfuhr, ließ mich noch wachsamer gegenüber dem Prozess des Loslassens sein. Ich tat das mit einer gewissen Klarheit über das, was ich getan hatte – wie meiner Sehnsucht nachzugeben das Verlangen neu entfacht hatte. Es wurde zu einem wichtigen Aspekt meiner Praxis, mich mit meiner Beziehung und meiner Sehnsucht zu befassen.

Ich erlebte im Kloster eine wunderbare Zeit der Praxis, entschied jedoch, dass die lange Trennung, drei Monate, nicht gut für meine Ehe war. Glücklicherweise wurde meine Ehe dadurch nicht allzu sehr in Mitleidenschaft gezogen. Anderen SchülerInnen blieb der Verlust ihrer Beziehung aufgrund dieser Regeln jedoch nicht erspart. Später fand ich andere Möglichkeiten der intensiven Praxis, die kürzer waren und den Bedürfnissen meiner Ehe eher entsprachen. Wäre es nicht weiser, vor allem da die meisten Lehrenden im Westen verheiratet sind, wenn wir uns überlegten, wie Ehen und feste Beziehungen auch in Zeiten einer monastischen Schulung unterstützt werden können? Beziehungen brauchen ein gutes Umfeld, um zu überleben, können uns aber auch Einsichten in den grundlegenden, vom Buddhismus gelehrten Kreislauf des Leidens verschaffen. Langfristige Beziehungen vermitteln uns Einsichten in unsere selbstbezogenen Neigungen; sie sind für viele westliche BuddhistInnen genau aus diesem Grund wunderbare Praxissituationen.

Hauslosigkeit und das Haus vermeiden

Für zen-buddhistisch Praktizierende hat Hauslosigkeit eine ganze Reihe von Bedeutungen: persönliche Annehmlichkeiten aufgeben und sich der Gemeinschaft widmen; ein zölibatäres oder eheloses Leben führen; buddhistische Gelübde zur zentralen Orientierung des eigenen Lebens machen; aber auch: die Verpflichtungen gegenüber der Familie ablegen, um dem Dharma zu folgen. Alle Zen-PriesterInnen bekräftigen den Auszug in die Hauslosigkeit in ihrer Ordinationszeremonie. Hauslosigkeit im Zusammenhang einer Ordinationszeremonie wird aber mittlerweile eher als das Loslassen aller gewohnheitsmäßigen Muster und Anhaftungen verstanden, aus denen sich das falsche Bild eines Selbst zusammensetzt. Es geht dabei darum, sich aus dem Panzer der Anhaftungen, in dem wir uns verstecken, zu befreien, um jedem Moment mit unverhüllter Bewusstheit zu begegnen.

In der größeren westlichen Zen-Gemeinschaft wird immer deutlicher, dass einige Praktizierende nach Jahren monastischer Praxis recht ahnungslos sind, was persönliche Beziehungen betrifft. Das persönliche Ich bleibt versteckt oder wird unterdrückt und ist nicht in die spirituelle Entwicklung integriert. Anders ausgedrückt: Jahrelange, schweigsame Schulung in einem Kloster bringt Erwachsene hervor, die nicht darauf vorbereitet oder unfähig sind, reife Beziehungen zu führen oder in der Gesellschaft zu arbeiten. Das ist sicherlich kein wünschenswertes Ergebnis; es lässt den Buddhismus unattraktiv erscheinen. Versäumt wird so aber auch, Emotionen als Quelle der Transformation zu verstehen und einzusetzen. Immerhin ist es doch ein zentrales Element buddhistischer Praxis, das Entstehen der Gefühle zu betrachten, aber auch das Umfeld, in dem sie auftauchen und transformiert werden.

Klösterlich Praktizierenden bietet ein Leben, das einem minutiösen Ablauf und vielen Regeln unterliegt, jeden Augenblick die Möglichkeit, Vorlieben loszulassen und das Nicht-Selbst zu manifestieren. Eine zu starke Gewichtung des Nicht-Selbst kann jedoch zu einer spirituellen Vermeidungshaltung führen, in der persönliche Gefühle und Impulse unterdrückt bleiben und nicht integriert werden. Das Loslassen selbstbezogener Gedanken und Vorlieben auf dem Meditationskissen wird dann zum Problem, wenn es so verstanden wird, als *dürfte man überhaupt keine Empfindungen haben*, wenn man anderen begegnet. Zu oft verwechseln Zen-SchülerInnen einen nicht festhaltenden Geist mit emotionaler Distanz und Verdrängung. In den Lebensgeschichten der ZenFrauen haben wir jedoch gesehen, dass die Verbundenheit mit geliebten Menschen ihr Erwachen nicht beeinträchtigte, sondern sie eher befähigte, Beziehungen zu führen, was ihren Sanghas zugute kam.

Der Zen-Zombie

Wenn die Idee der Hauslosigkeit mit der Betonung des Nicht-Ich verknüpft wird, verwechseln manche Zen-SchülerInnen Erleuchtung mit der Verdrängung von Gefühlen. Diese Abspaltung bewirkt bei einigen Praktizierenden zwar eine Verringerung ihrer Angst; es ist jedoch nicht der Pfad, auf dem Selbstlosigkeit persönlich integriert wird. Wenn Meditation und monastische Schulung dazu benutzt werden, Gefühle zu unterdrücken, ist das weder ein wirksames Mittel, um die Aufmerksamkeit zu schulen, noch der Weg, zwischenmenschliche Konflikte zu lösen.

Meditation und monastisches Leben können eine Strategie der Verdrängung sein, um sich der eigenen Lebensaufgabe nicht stellen zu müssen. Dieses Übel zeigt sich vor allem dann, wenn ein rigides Festhalten an Regeln und eine Gleichgültigkeit gegenüber persönlichem Engagement als Ausdruck von Zen ausgegeben werden. Ein Beispiel für dieses Verhalten wurde offenkundig, als eine junge Mutter, die zum ersten Mal ein Zen-Zentrum besuchte, mehrere schwarz gewandete Menschen darum bat, ihr beim Nachfüllen der Milchflasche für ihr Baby zu helfen. Nachdem sich mehrere Zentrumsbewohner geweigert hatten, ihr ein Glas Milch zu geben, kam sie zu mir und fragte: »Sind Zen-Leute allen gegenüber so barsch?« Leider musste ich antworten: »Ja, nur zu oft.«

Viele von uns finden zu einer spirituellen Praxis, um ein Trauma aufzulösen. Unglücklicherweise mag die Vorstellung des bindungslosen, erleuchteten und grimmigen Zen-Meisters, der alle Selbst-Anhaftungen hinter sich gelassen hat und glücklich sein Eremitendasein genießt, für Menschen des Westens nicht allzu hilfreich sein. Wir müssen das lebendige Gewahrsein der Meditation in unser Trauma integrieren, in unsere Wunden und Abwehrmechanismen. Zen-Praxis bedeutet, den Zen-Geist in Zeiten der Angst, der Wut und des Begehrens zu finden, anstatt Angst, Wut und Begehren aus unserem Bewusstsein zu verbannen. Wir müssen das, was wir lehren, auch in unseren vertrauten Beziehungen, die uns jeden Tag vor neue Aufgaben stellen, praktizieren. Diese Dimension der Praxis kommt in den Geschichten der alten Zen-Meister, die alle menschlichen Bedürfnisse vollständig überwunden zu haben scheinen, zu wenig zum Tragen, zeigt sich jedoch immer wieder im Leben und in den Lehren unserer Vorfahrinnen.

Kapitel 14
Buddha-Leben im Alltag des Westens

Die Lehren des Alltags

Die Welt der Frauen im Zen umfasst ganz unterschiedliche Arten des Erwachens, bei denen jede einzelne Frau ihren besonderen Lebensumständen gemäß ihren Weg findet. Genau das haben wir heute in westlichen Zen-Zentren und in unserer Laienpraxis zu lernen. Die unterschiedlichen Praxiserfahrungen von Frauen, die verschiedenen Ansätze ihrer Klöster sind Vorbilder für unsere eigenen Versuche, Schulungsorte zu gestalten, die westliche Praktizierende – egal ob männlich oder weiblich, ihre Familien und ihre Gemeinschaften – angemessen unterstützen. Wir brauchen Institutionen, die uns realistische Praxismöglichkeiten anbieten, mit Ansätzen, die unsere Akzeptanz des Lebens, das wir hier in unserer Kultur führen, vertiefen, anstatt dass wir irgendwo anders die Erleuchtung suchen. Die angebotene Schulung sollte uns dabei helfen, Frieden und Unterstützung in unsere bestehenden Gemeinschaften zu tragen.

Wir müssen Zen aus seinen asiatischen Institutionen herauslösen und in unsere eigenen Teeschalen gießen: in unser eigenes Leben, so wie es hier funktioniert, und mit Respekt gegenüber den menschlichen Bindungen, die wir haben.

Wir sollten westliche Zen-Institutionen entwickeln, die sich nicht an den überlieferten Bildern uralter Klöster in Asien orientieren, sondern die Integration der Praxis in unsere eigene Kultur vorantreiben.

Zen in der Arbeitswelt

Historisch gesehen verfügten Klöster in Asien meist über eine breite finanzielle Basis – die Tempel wurden von großen Laiengemeinschaften, Regierungen und Unternehmen unterstützt. Im Westen wurde anfangs versucht, Zen-Zentren zu gründen, die größtenteils durch private Finanziers und die Arbeit ihrer Mitglieder unterstützt wurden. Viele dieser Institutionen sehen sich mittlerweile allerdings mit finanziellen Schwierigkeiten konfrontiert und verfügen weder in ihrer Gemeinschaft noch in der Kultur, in der sie existieren, über genügend Rückhalt, um ihre Aufgabe zu erfüllen. Und so gilt Zen vielfach als für die westliche Kultur marginal oder unbedeutend – oder, schlimmer noch, als fremd und schädlich. Diese Wahrnehmung fördert natürlich nicht gerade die Spendenbereitschaft. Zen muss im Westen seine finanzielle Basis erweitern. Es wird nicht überleben, wenn es einzig und allein Schulungsklöster für die eigenen Praktizierenden aufbaut. Es muss stärker darum gehen, den Wert des Zen für die Gesellschaft zu verdeutlichen, damit Zen im Westen Fuß fassen kann.

Einige Vorschläge, wie buddhistische Wertvorstellungen stärker in unserer Kultur verankert und eine Talfahrt des Zen verhindert werden können, stammen von Clark Strand, der sie im *Wall Street Journal* veröffentlicht hat.[249] Zum einen muss es ihm zufolge darum gehen, Kinder und Familien zu integrieren. Dann könnten die buddhistischen Gemeinschaften vermehrt soziale Dienste anbieten, die von ihrem Praxisverständnis geprägt sind. Auch dabei könnten wir uns an den Vorfahrinnen orientieren, die Wege fanden, ihre Tempel durch soziale Dienstleistungen für die Gesellschaft zu finanzieren.

Zen-Meisterinnen entwickelten Praktiken und Fertigkeiten, um sich selbst finanziell unabhängig zu machen – auf Gebieten der Kunst, des Schreibens und Lehrens. Im Moment gehen chinesische buddhistische Mönche und Nonnen neue Wege, um monastisches Leben und Tätigsein in der Gesellschaft zu verbinden, durch die Gründung von Krankenhäusern und die Ausbildung von Mönchen und Nonnen in helfenden Berufen: als Lehrerinnen, Sozialarbeiter, Ärztinnen und Krankenpfleger. Westliche BuddhistInnen sollten die Warnungen des frühen Buddhismus gegen materiellen Besitz und Arbeit als Hinderungsgrund für die spirituelle Praxis durchaus zur Kenntnis nehmen und bedenken, aber zugleich sehen, dass es darum geht, den Realitäten zu begegnen und zu erkennen, was es braucht, um einen zeitgenössischen Buddhismus zu entwickeln und zu fördern. Die Praxis von Zen-Meisterinnen kann unser Vertrauen stärken, dass Finanzierungsmodelle entwickelt werden können, die nicht auf Kosten der Tiefe der Praxis gehen.

Die Tendenz, persönliche Entwicklung durch den Rückzug in ein Klosterleben zu vermeiden, führt zu einer ökonomischen Abhängigkeit von Zen-Praktizierenden. Wenn wir versuchen, dem Tätigsein in der Welt zu entgehen, und uns auf Institutionen verlassen, die noch in den Kinderschuhen stecken, ist das für die Institutionen, aber auch für einzelne Praktizierende schädlich. Wenn Zen-Zentren ihren SchülerInnen unreflektiert ermöglichen, ihr gesamtes Erwachsenenleben im Dienste einer klösterlichen Gemeinschaft zu verbringen, müssen sie darauf vorbereitet sein, diese Menschen im Alter in mannigfacher Weise zu unterstützen. Das scheint jedoch eine unrealistische und finanziell unmögliche Aufgabe zu sein. Außerdem verpassen Zen-Praktizierende, die ihre Begabungen nicht in der Arbeitswelt entfalten und dadurch reifen, eine wichtige Aufgabe in ihrer Entwicklung als Erwachsene. Die westliche Psychologie weist darauf hin, wie bedeutsam für Erwachsene die Selbstwerdung ist. Um dem Leben einen Sinn zu verleihen, ist es wichtig, vollständig die Person zu werden, die wir sind. Wenn wir uns in der Arbeit und in Freundschaften vervollkommnen, trägt das zu unserer geistigen Entwicklung bei und lässt uns unseren Platz in der Gesellschaft finden. Klösterliche Abgeschiedenheit und die besonderen Beziehungen in diesem Kontext sind für diesen Prozess vielleicht nicht sonderlich förderlich. Sich der Arbeit in der Gesellschaft zu entziehen kann eine weitere Form der spirituellen Vermeidung sein.

Zen-Zentren, die ihren Praktizierenden über lange Jahre Unterkunft im Austausch für Arbeit gewähren, riskieren, dass diese finanziell von ihnen abhängig werden; sie riskieren, dass in ihren Zentren Menschen arbeiten, die aus den falschen Gründen dort sind – weil sie die Fähigkeit verloren haben, in der Gesellschaft für sich selbst ökonomisch zu sorgen. Globale finanzielle Unsicherheiten und das Tempo technologischer Entwicklung machen es Zen-SchülerInnen, die lange in monastischen Zentren gelebt haben, noch schwerer, in den Arbeitsmarkt zurückzukehren. Sie fühlen sich dann abhängig und sind oftmals verbittert gegenüber einer Institution, in der sie sich gefangen fühlen.

Die Zen-Meisterinnen haben jedoch Möglichkeiten aufgezeigt, mit der Welt draußen verbunden zu bleiben und sich finanziell gut zu situieren, indem sie die Praxis in die Gesellschaft getragen haben. Zen-Zentren, die soziale Angebote machen, werden Menschen stärker anziehen. Wenn der klösterliche Tagesablauf es schwierig macht, einer Arbeit außerhalb nachzugehen, müssen die Praxiszeiten vielleicht so angeglichen werden, dass beides möglich ist. Die Vorfahrinnen gründeten kleinere, häusliche Gemeinschaften – das könnten ökonomisch tragfähige Modelle mit Meditationszeiten sein, die einem normalen Arbeitsalltag angepasst sind. Daran sollten wir uns heute stärker orientieren.

Indem wir unsere Talente entfalten und sie in die Welt tragen, können wir uns als Praktizierende tagtäglich im Nicht-Anhaften üben. Im Arbeitsalltag tauchen Konkurrenzdenken, Stolz, Neid und Missgunst auf. Dem Chaos der Welt mit einem ruhigen, mitfühlenden Geist zu begegnen ist eine wunderbare Aufgabe, mit der westliche Praktizierende sich noch bewusster befassen sollten.[250] Mehr darüber zu lernen, wie unsere Vorfahrinnen Zen und Arbeit miteinander verknüpften, wird uns darin unterstützen, diesen Aspekt der Tradition schätzen zu lernen, es wird aber auch unsere eigenen Versuche inspirieren, Zen in den Arbeitsalltag zu integrieren.

Altern im Zen

Einige Zen-Zentren im Westen stehen vor einem Problem und einer Verpflichtung: Über viele Jahre haben sie die Arbeitskraft ihrer Praktizierenden eingesetzt, aber diese Menschen altern und erreichen das Rentenalter. Dieses Problem hat zwei wichtige Aspekte: schwindende finanzielle Möglichkeiten und schwindende Gesundheit. Asiatische Zen-Institutionen konnten ihren finanziellen Rückhalt über Jahrhunderte aufbauen. Westliche

Zen-Zentren hingegen verfügen im Moment nicht über die Mittel, um den vielen Praktizierenden, die dort alt werden, Renten, Krankenversicherung und Unterkunft zur Verfügung stellen zu können.

Viele Praktizierende, die lange Zeit treu und brav die Härten von wenig Schlaf, einer proteinarmen Ernährung und wenig Erholung auf sich genommen haben, machen jetzt die Erfahrung, körperlich und geistig erschöpft zu sein und manchmal auch an Mangelerkrankungen zu leiden, die auf ihr Zen-Leben zurückzuführen sind. Zen-Zentren, die über viele Jahre vom Engagement dieser Menschen profitiert haben, sind jetzt damit konfrontiert, ihre Zentren unterhalten zu müssen und zugleich ihren Pflichten gegenüber einer immer größeren Zahl alternder Praktizierender nachkommen zu sollen. Einige ältere SchülerInnen wurden bereits aufgefordert, ihre Zentren zu verlassen. Andere, die medizinische und pflegerische Unterstützung brauchen, müssen erkennen, dass diese ihnen nicht gewährt werden kann.

Wenn westliche Zen-Praktizierende die gegenwärtigen asiatischen Modelle betrachten, werden sie feststellen, dass Menschen sich einer monastischen Schulung, die auf wenig Schlaf, sehr frühem Aufstehen und vielen Perioden Sitzmeditation beruht, nur wenige Jahre unterziehen. In Japan zum Beispiel dient die monastische Schulung einzig und allein jungen Mönchen; ältere Menschen praktizieren nicht in dieser Form. Zen-Mönche werden einige Jahre lang in einer strengen klösterlichen Umgebung geschult, kehren dann aber nach Hause zurück, um in einem Tempel auf dem Land oder in der Stadt zu leben und sich um die Familien der Laiengemeinschaft zu kümmern. Westliche Zen-Zentren ermuntern Praktizierende egal welchen Alters dazu, monastischen Schulungsrichtlinien zu folgen – was zu Gesundheitsproblemen führen und die Lebenszeit verkürzen kann. So wie wir Zen-MeisterInnen nicht idealisieren sollten, sollten wir auch eine monastische Schulung nicht als perfekte Lebensweise für alle Altersgruppen betrachten. Die medizinische Forschung weist darauf hin, wie wichtig genügend Schlaf und eine ausgewogene Ernährung sind, um die Gesundheit zu erhalten. Natürlich sollten wir nicht an Gesundheit und körperlicher Leistungsfähigkeit haften, aber wir sollten diesen Körper, der selbst eine wertvolle Quelle des Dharma ist, auch nicht vernachlässigen.

Wenn wir auf unsere weiblichen Vorfahren schauen, finden wir tragfähigere und gesündere Modelle. Uns begegnen ordinierte Nonnen, die zu Hause lebten, und Klöster, die älteren Praktizierenden einen angemessenen Platz in ihrer Gemeinschaft einräumten. Es scheint immer wieder die Domäne unserer Vorfahrinnen im Besonderen und weiblicher Spiritualität im Allgemeinen zu sein, sich um Fragen der Gesundheit zu kümmern. Um ihre SchülerInnen darin zu unterstützen, altersgemäß zu praktizieren, könnten westliche Zen-Zentren kleinere Wohngemeinschaften für Ältere gründen. Dies könnte sogar einen Beitrag zu ihrer finanziellen Unabhängigkeit leisten.

Kapitel 15
Weibliche Spiritualität

Die unterschiedlichen Praxisansätze unserer Zen-Vorfahrinnen können auch im größeren Zusammenhang weiblicher Spiritualität betrachtet werden. Gott, heutzutage fast nur männlich gedacht, wurde in der Vergangenheit auch in weiblicher Form verehrt. So zum Beispiel in diesem Text aus Theben, Ägypten, im 14. Jahrhundert vor unserer Zeit:

> Am Anfang gab es Isis: Älteste der Alten; sie war die Göttin, der alles Werdende entsprang. Sie war die Große Frau, Gebieterin über die beiden Länder Ägyptens, Gebieterin des Schutzes, Gebieterin des Himmels, Gebieterin des Hauses des Lebens und Gebieterin der Worte Gottes. Sie war die Einzigartige.[251]

Im alten Sumer gab es die Göttin Inanna; sie hatte viele Gesichter und repräsentierte Fruchtbarkeit und das Weibliche. Neben dem mütterlichen Prinzip war sie zugleich Himmel und Erde, Materie und Geist und repräsentierte auch Energien mysteriöser und gefährlicher Art. In einer Lobpreisung heißt es über sie: »Ihrem Schoß entspringen Korn und Hülsenfrüchte.«[252] Kulturen, die die Große Göttin verehrten, wurden auf Geheiß Jahwes vom frühen Judentum vernichtet – sie galten als Heiden.[253] Die weibliche Form Gottes war die Quelle des Lebens auf der Erde, sie konnte Materie verwandeln und repräsentierte das Unnennbare. Außerdem verkörperte sich in ihr eine kosmische Fruchtbarkeit, aus der das Leben in den Bereich des Sichtbaren trat. Sie schenkte Leben und Nahrung und war durch diese Fürsorge mit allem Lebendigen verbunden.

Das Erscheinen der Großen Mutter war nicht allein auf den antiken Vorderen Orient beschränkt. In der Hindu-Tradition existierte sie als Kali Ma und tauchte später in einer anderen Verwandlung im Daoismus auf. Die Zen-Tradition entwickelte sich in der Begegnung des Buddhismus mit dem Daoismus, und so nahm die Große Mutter, wie sie in Laozis *Dao De Jing* auftaucht, auch einen Einfluss auf das Zen. Ein Beispiel ist die folgende Passage:

> Das Dao wird Große Mutter genannt.
> Leer, aber unerschöpflich,
> bringt es unzählige Welten hervor.
> Es ist in jedem stets präsent
> und kann zu allen Zwecken eingesetzt werden.[254]
>
> Der Ursprung des Universums
> liegt in der Großen Mutter:
> Bevor das Universum geboren wurde,
> gab es etwas Formloses und Vollkommenes.
> Es ist still. Leer.
> Einzig. Ewig gegenwärtig.
> Es ist die Mutter des Universums.
> In Ermangelung eines besseren Namens,
> nenne ich es das Dao.
> Es fließt durch alle Dinge,

innen und außen, und kehrt zum
Ursprung aller Dinge zurück.[255]

Das Fließen der Form aus der Leerheit heraus (und, umgekehrt, aus der Form in die Leerheit) ist die Grundbewegung der Großen Mutter. Sie ist grenzenlos leer, grenzenlos schöpferisch; sie gibt und nimmt entgegen; alles Leben entspringt dieser Quelle und kehrt zu ihr zurück. Die daoistische Beschreibung dieser leeren Quelle als formlos, vertraut und unbegrenzt hat in Verbindung mit dem Bild der Großen Mutter auch das Zen hervorgebracht.

Die Große Mutter im Buddhismus: Prajnaparamita

Auch im Westen wird in den meisten, wenn nicht in allen Zen-Zentren ein zentraler Text rezitiert: das *Herz-Sutra* oder *Prajnaparamita-Herz-Sutra*. Darin findet sich das Herz der Zen-Lehren: Form ist Leerheit und Leerheit ist Form. Die verkürzte Form, die normalerweise rezitiert wird, stammt aus einem Werk mit dem Titel: *Das Sutra der Großen Mutter Prajnaparamita*.[256] Der frühe Mahayana-Buddhismus schreibt dieses Sutra dem Buddha selbst zu und behauptet, dass es mehrere Jahrhunderte lang verschwunden gewesen sei. Laut der buddhistischen Überlieferung wurde *Das Sutra der Großen Mutter Prajnaparamita* wiederentdeckt, als der buddhistische Lehrer Nagarjuna in das Meer hinabtauchte und von den dort lebenden *nagas* (Seeschlangen) einen großen Schatz mit Mahayana-Sutren erhielt, darunter die verschiedenen Fassungen des *Sutra der Großen Mutter Prajnaparamita*. Diese Reise in die Unterwelt ist ein Thema, das sich in vielen Kulturen findet und den Eintritt von der äußeren Welt in den Bereich der Großen Mutter beschreibt.

Buddhistischen Überlieferungen zufolge nahmen die Nagas Buddhas Unterweisungen über die Große Mutter mit auf den Grund des Meeres, um sie vor dem Vergessen zu retten. Als die Nagas in Nagarjuna einen Bewahrer des Dharma erkannten, zogen sie ihn zu sich in die Tiefe und übergaben ihm die versteckten Lehren. Nagarjunas Name ist eine Kombination aus Naga und *arjuna*, was Beschützer bedeutet. 50 Jahre lang studierte Nagarjuna *Das Sutra der Großen Mutter Prajnaparamita* und lehrte es in ganz Indien. Das Herz-Sutra, das in fast allen Zen-Zentren rezitiert wird, ist eine Zusammenfassung des *Sutra der Großen Mutter Prajnaparamita* in Versform. Der bekannte buddhistische Gelehrte Robert Thurman gibt einen kurzgefassten Überblick über die Wichtigkeit dieses Textes:

> Die ursprüngliche Prajnaparamita findet sich in dem Text *Große Mutter: Prajnaparamita in 100 000 Zeilen*. Darin wird mit großer Exaktheit und Detailfreude die vollständige Zuhörerschaft beschrieben, die auf dem Geiergipfel angeblich zugegen war, als Shakyamuni Buddha sprach ... Im Laufe der Jahrhunderte erschienen mehrere gekürzte Fassungen, darunter das äußerst kurze *Sutra des Einen Buchstabens* (der Buchstabe A), das kurze *Herz-Sutra*, das präzise *Sutra vom Diamantschneider*, die Sutren mit 8 000, 18 000 oder 20 000 sowie mit 25 000 Zeilen; insgesamt gibt es 18 Sutren, die alle den gleichen Inhalt haben, sich aber in Umfang und Detail unterscheiden.
>
> Diese Texte über die vollkommene Weisheit bilden die Grundlage eines Schulungsprogramms, das über viele Jahrhunderte an den mahayana-buddhistischen Universitäten, die zu den frühesten höheren Bildungseinrichtungen auf diesem Planeten gehören, entwickelt wurde ... Durch diese uralten Schulungspro-

> gramme weitete sich über ca. 1 000 Jahre der Geist Millionen Praktizierender in Indien. In Ostasien bildete Prajnaparamita ganz eindeutig die Grundlage der Ch'an- und Zen-Traditionen ... Hui Neng, der berühmte Sechste Patriarch des Ch'an in China, führte sein eigenes Erwachen zur vollkommenen Weisheit darauf zurück, ein einziges Mal die *Diamantschneider*-Version der Prajnaparamita-Lehren gehört zu haben.[257]

Für BuddhistInnen drückt sich in den Prajnaparamita-Sutren der Kern vollkommener Weisheit aus. Dabei wird die Gottheit Prajnaparamita, die archetypische Verkörperung vollkommener Weisheit und Quelle der höchsten Erleuchtung aller Buddhas, in weiblicher Form repräsentiert. Ihre Lehren besagen, dass Form und Leerheit untrennbar miteinander verknüpft sind. Man kann das auch als die Transformation und Manifestation der Essenz des Lebens bezeichnen. Aus ihrem Wesen entspringt unser Leben; und uns im Tod transformierend kehren wir zu ihr zurück. Die Große Mutter der Prajnaparamita-Sutren durchzieht und durchdringt Zeit, Raum und alle materiellen Dimensionen. Sowohl die Zen- als auch die tibetische Tradition gründen in den Lehren Prajnaparamitas. Für beide Traditionen ist Nagarjuna, dessen Lehren auf den Sutren der Großen Mutter beruhen, einer ihrer Gründungsvorfahren.

Das Sutra der Großen Mutter Prajnaparamita unterweist seine AnhängerInnen auf dem Bodhisattva-Weg des Mahayana in ausgesprochen weiblichen, fürsorglichen Begriffen:

> Ein/eine Bodhisattva hegt immerzu einen mütterlichen Geist, der sich dem ständigen Schutz, der Belehrung und Entwicklung fühlender Wesen verpflichtet und sie auf dem Pfad der allumfas-

> senden Liebe führt. Dieser Geist des Mahayana unterwirft sich weder Furcht noch Sorgen, noch Depressionen und wird auch nicht von den eigenartigen Abenteuern des Gewahrseins in den drei Bereichen des Relativen überwältigt – der grobstofflichen Form, der feinstofflichen Form und dem Bereich der Formlosigkeit.[258]

Buddhistische Praktizierende werden dazu angeregt, selbst zu einer Verkörperung von Vertrautheit und Fürsorge zu werden, um andere in ihrer Praxis zu unterstützen. Gestützt auf dieses Prinzip des Engagements für andere, folgt ein/eine Bodhisattva einem Pfad, der durch die mysteriösen Phänomene dieses Lebens führt. Diese Lehren der Großen Mutter waren lange Zeit auf dem Grund des Meeres verloren gegangen; aber auch jetzt noch müssen sie den Tiefen entrissen werden, in denen sie sich verbergen.

Shunryu Suzuki beschreibt die Wiederkehr der Mutter

Das Prinzip der Großen Mutter taucht auch in den Lehren Shunryu Suzukis auf. Er beschreibt Meditation als das Eintauchen in die Leerheit, als Erfahrung von Prajnaparamitas *shunyata* (Leerheit), als Kontakt mit der Mutter. In einem Vortrag über »Gemütsruhe« hat er von einer Rückkehr an die Brust unserer Mutter gesprochen und meinte damit, dass wir loslassen und Buddha für uns Sorge tragen lassen sollten:

> Weil wir die Brust unserer Mutter verloren haben, fühlen wir uns nicht mehr wie ihr Kind. Doch uns in die Leere aufzulösen kann sich anfühlen, als wären wir an der Brust unserer Mutter,

> und wir werden das Gefühl haben, dass sie für uns sorgt. Haltet also von Moment zu Moment diese Übung von *shikantaza* (Anm. der Autorin: einfach nur Sitzen, in vollkommener Präsenz) aufrecht.[259]

Unser ständiges Bemühen, etwas erreichen zu wollen, sagt Suzuki, führt zu dem Empfinden, dass wir unsere Mutter verloren haben – wir haben unsere grundlegende Verbundenheit mit der Matrix der Existenz vergessen. Zen-Meditation unterstützt uns darin, diese geistige Tendenz umzukehren. Wir begegnen dieser Form des Leidens mit unserer Meditation, indem wir mentale Konstruktionen loslassen und unser Bemühen, ein scheinbar abgetrenntes Selbst zu behaupten, ruhen lassen. Wenn wir in unserer Meditation wirklich präsent sind, erfahren wir eine Art »Auflösung«, ein Eingehen in unsere wahre Natur: unsere Beziehung zur Großen Mutter.

Suzuki verstand Zen-Meditation als die Verwirklichung unserer Verbindung mit der eigentlichen Quelle des Lebens. Diese Erfahrung einer vertrauten Beziehung des »Miteinanders« kann am besten als unbegrenzte, sinnliche und fließende Begegnung einer Mutter, die ihr Kind stillt, beschrieben werden. Diese grundlegende Vertrautheit, die unserem Bewusstsein innewohnt, ist durch unser instinktives Verlangen verloren gegangen. Unsere früheste und lebendigste Erfahrung einer Verbindung zur Mutter wurde durch Konzepte der Getrenntheit und Unabhängigkeit überlagert.

Suzuki beschreibt die verkörperte Erfahrung der Großen Mutter als eine Rückkehr an die nährende Brust unserer eigenen Mutter – eine vertraute, persönliche Beziehungserfahrung des Wohlergehens und der Verbundenheit. Diese Beschreibung ist meilenweit entfernt von der Härte, die wir normalerweise mit dem Zen der Samurai assoziieren – Schreie, Schläge und gefühllose, schweigende Unterwerfung unter strenge Regeln. Sie ist meilenweit entfernt von der harten, idealisierten und empfindungslosen Figur des großen Macho-Zen-Helden. In Suzukis Ansatz wird das Prinzip der Großen Mutter wieder in das Zen eingeführt; er würdigt so die herzerwärmende und um Beziehungen bemühte Praxis der Zen-Vorfahrinnen.

Die Zen-Tradition, die, wie wir gesehen haben, auf den Prajnaparamita-Sutren der Großen Mutter beruht, drückt sich in der Vertrautheit und Beziehungsorientierung der weiblichen Vorfahren des Zen vollständig aus. Diese sind auch ein wichtiges Modell für die Entwicklung des Zen im Westen. Die Tiefe einer Praxis, die wir im Zazen suchen, finden wir in unseren Familien- und Liebesbeziehungen, in der Arbeit und unserer Fürsorge für andere. Unser Eingehen in die Leerheit mit diesem Körper ist Ausdruck einer Bewegung, in der Form in Leerheit einfließt und Leerheit zu Form wird, und sie hat die Zen-Tradition seit ihren Anfängen geleitet. Das ist kein Modell, das wir irgendwo geborgt oder übernommen hätten, sondern es findet sich ganz deutlich in den Prajnaparamita-Sutren der Großen Mutter mit ihren Unterweisungen für die Schulung von Bodhisattvas, aber auch in der weiblichen Linie des Zen.

Der Buddhismus im Westen wird allmählich erwachsen – und wir mit ihm. Wir begreifen, dass wir nicht länger die Praxis junger asiatischer Mönche imitieren dürfen. Zen ist keine asiatische Praxis; es drückt ein allgemeines, menschliches Bedürfnis aus. Vor allem müssen wir die Praxis in unsere Lebensumstände hier im Westen integrieren, und da wir meist etwas später im Leben angefangen haben zu praktizieren, müssen wir unser eigenes Tempo finden. Wir sollten in der Lage sein, bis ins hohe Alter zu praktizieren. Indem wir an die Brust der Großen Mutter zurückkehren, nehmen wir ihre Weisheit an und kümmern uns um unsere Gesundheit, drücken uns aus, ohne andere zu imitieren, und lassen beständig unsere Ideen von der Wirklichkeit los, um das zu erhalten, was wirklich wichtig ist – die Wirklichkeit selbst. Wenn wir den Lehren der ZenFrauen im sich entwickelnden Buddhismus des Westens einen Platz einräumen, nährt und unterstützt das unsere eigene Praxis und unsere Gemeinschaften.

Möge es so sein.

Anhang 1

Index der vorgestellten Frauen

Frauen in Indien

Lebenszeit (soweit bekannt)	Name	Seite
500 v. u. Z.	Mahapajapati Gotami	89-99
	Vimala	166-169
	Nanduttara	162-163
	Ambapali	164-166
	Yasodhara	92
300 u. Z.	Prasannasila	264

Frauen in China

Lebenszeit (soweit bekannt)	Name	Seite
292-361	Jingjian	100-103
300-370	Zhixian	103-104
ca. 320	Huizhan	104-105
ca. 400	Jingchen	172-173
470	Zongchi	51-53
625-705	Kaiserin Wu	112-114

808	Lingzhao	266-270
866	Moshan Liaoran	42-46
880	Liu Tiemo (Eisenschleiferin Liu)	46-49
883	Miaoxin	53-56
900	Shiji	57-58
gest. 1124	Zhidong	332-335
1089-1163	Miaodao	203-211
1095-1170	Miaozong	292-306
ca. 1500	Jueqing	174-176
ca. 1600	Miaohui	176-177
1597-1654	Zhiyuan Xinggang	122-138
ca. 1722	Shenyi	270-272
1937	Zhengyan	329-330

Frauen in Korea

Lebenszeit (soweit bekannt)	Name	Seite
ca. 430	Sa-ssi	107
610-647	Königin Sondok	114-115
1200	Yoyeon	212-214
1219	Wangdoin	212-214
1440-1521	Königin Song	117-119
1896-1971	Kim Ilyop	306-312
1887-1975	Myori Beophui Sunim	138-139

1897-1975	Manseong Sunim	214-219
1910-1945	Eunyeong Sunim	335-341
1903-1994	Song'yong Sunim	179-182

Frauen in Japan

Lebenszeit (soweit bekannt)	Name	Seite
590	Zenshin	107-109
701-760	Kaiserin Komyo	116-117
1223-1298	Mugai Nyodai	140-146
ca. 1225	Myochi	148-149
ca. 1314	Ekan Daishi	149-151
1252-1305	Kakuzan Shido	186-192
1318-1396	Prinzessin Yodo	192-193
ca. 1325	Kinto Ekyu	151-152
ca. 1370	Eshun	229-230
ca. 1400	Yoshihime	312-314
1549-1624	Kita no Mandokoro	265
1588-1675	Soshin	314-321
1608-1645	Tenshu	193-196
1634-1727	Shozan Gen'yo	272-273
1646-1711	Ryonen Genso	219-335, 258-261
1660-1705	Tachibana no Someko	275-278
ca. 1700	Satsu	279-281
1791-1875	Otagaki Rengetsu	341-350

1798-1872	Teishin	281-285
1868-1927	Hori Mitsujo	183-184
1907-1982	Yoshida Eshun	237, 238, 239
1914-1984	Kasai Joshin-san	237-243

Anhang 2

Dokument einer weiblichen Übertragungslinie

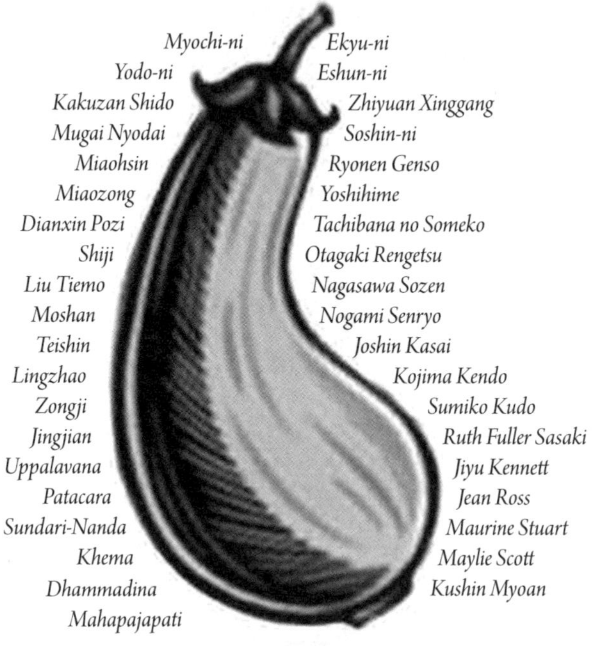

Anhang 3

Dokument einer weiblichen Übertragungslinie

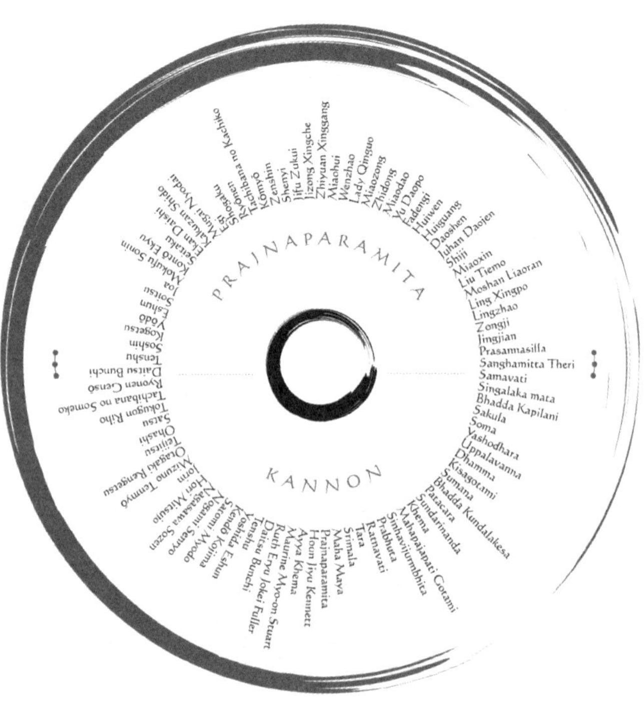

Abgedruckt mit Genehmigung von: Norman Fischer, Peter Levitt und Barbara Cooper

Anmerkungen

1 »Patriarchen-Zen« ist ein Begriff, in dem sich die Geschichte der Übertragung des Zen von Indien nach China und Japan ausdrückt. Diese Übertragungsgeschichte nennt nur männliche Zen-Meister. Männer, die Zen in den Westen brachten, brachten auch diese Version der Geschichte mit. Die Übertragungslinie der historischen Buddhas und Patriarchen findet sich in der Liturgie der meisten westlichen Zen-Zentren.

2 Levering, Miriam. »Miao-tao and her Teacher Dahui«. In: Gregory und Getz (Hrsg.), *Buddhism in the Sung*. Honolulu: Kuroda Institute, University of Hawaii Press, 1999, S. 188.

3 Murcott, Susan. *The First Buddhist Women: Translations and Commentary on the Therigatha*. Berkeley, CA: Parallax, 1991, S. 197.

4 Sponberg, Alan. »Attitudes toward Women«. Jose Ignacio Cabezon (Hrsg.). In *Buddhism, Sexuality, and Gender*. Albany: State University of New York Press, 1992, S. 3-36.

5 Levering, Miriam. »Lin-Chi Chan and Gender«. In: Cabezon (Hrsg.). *Buddhism, Sexuality and Gender*. Albany: State University of New York Press, 1992, S. 144.

6 Ferguson, Andrew. *Zen's Chinese Heritage: The Masters and Their Teachings*. Boston:Wisdom Publ., 2000.

7 Ebd., S. 178.

8 Kanter, Rosabeth Moss. *Men and Women of the Corporation*. New York: Basic Books, 1977.

9 Cleary, Thomas (Übers.). *Book of Serenity: One Hundred Zen Dialogues*. Hudson, NY: Lindisfarne, 1990, S. 253.

10 Cleary, J. C. und Thomas Cleary (Übers.). *The Blue Cliff Record*. Berkeley, CA: The Numata Center for Buddhist Translation and Research, 1990, S. 159.

11 Nishijima, Gudo und Chodo Cross (Übers.). *Master Dogen's Shobogenzo*. 4 Bde. London: Windbell, 1994-99, Bd. 1, S. 69.

12 In der Zeit, in der »Raihaitokuzui« geschrieben wurde, war es Frauen verboten, Koyasan, Todaiji und Hieizan zu betreten – die Haupttempel der Shingon-, Reine-Land- und Tendai-Schule des Buddhismus in Japan.

13 Yokoi, Yuho. *The Japanese English Zen Buddhist Dictionary*. Tokyo: Sankibo Busshorin, 1991, S. 506.

14 Unveröffentlichte Forschungen in Shasta Abbey legen nahe, dass Bodhidharmas Lehrer in Indien, Prajnatara, eine Frau war. Vielleicht lag es an Bodhidharmas Erfahrungen mit einer Frau als Lehrerin, dass der Zen-Weg Frauen in China bereits sehr früh offenstand.

15 Levering, Miriam. »Dogen's Raihaitokuzui«.

16 Gregory, Peter N. und Daniel A. Getz jun. (Hrsg.). *Buddhism in the Sung*. S. 246.

17 Nishiyama. *Shobogenzo.* »Raihaitokuzui«, S. 216-217

18 Cleary, Thomas (Übers.). *Blue Cliff Record*, S. 110.

19 Ebd., S. 30.

20 Shibayama, Zenkei. *Gateless Barrier: Zen Comments on the Mumonkan*. Boston: Shambhala, 2000, S. 247-248.

21 Stevens, John. *Lust for Enlightenment: Buddhism and Sex*. Boston: Shambhala, 1990, S. 125.

22 Seo, Audrey Yoshiko. *The Art of Twentieth-Century Zen: Paintings and Calligraphy by Japanese Masters*. Boston: Shambhala, 1998, S. 60.

23 Green, James. *The Recorded Sayings of Zen Master Joshu*. Boston: Shambhala, 1998, S. 31.

24 Ebd., S. 104.

25 »Buddhi« ist die weibliche Form des Sanskrit-Begriffs »Buddha«, also »den Erwachten«. Sie bezeichnet die erste Frau, die lehrte und den Nonnenorden begründete: Mahapajapati.

26 Die Fünf Hindernisse (jap.: *gosho*) bezeichnen die Vorstellung des frühen Buddhismus, derzufolge Frauen nicht als Brahma, Indra, Mara, als weltbeherrschender König oder als Buddha wiedergeboren werden können. Siehe: Ruch, *Engendering Faith*, S. 74.

27 Ruch, Barbara (Hrsg.). *Engendering Faith: Women and Buddhism in Premodern Japan*. Ann Arbor: Center for Japanese Studies, University of Michigan, 2002, S. 134.

28 Ebd., S. 166.

29 Stevens, John. *Lust for Enlightenment*. S. 104.

30 Stevens, John. *Three Zen Masters: Ikkyu, Hakuin, Ryokan*. Tokyo: Kodansha International, 1993, S. 84.

31 McRae, John R. *Seeing through Zen: Encounter, Transformation, and Genealogy in Chinese Chan Buddhism*. Berkeley: University of California Press, 2003.

32 Osumi, Kazuo. »Historical Notes on Women«. In Ruch (Hrsg.): *Engendering Faith*.

33 Chatsumaran, Kabilsingh. *Women in Buddhism*. S. 30 (E-Book).

34 Murcott, Susan. *The First Buddhist Women: Translations and Commentary on the Therigatha*. Berkeley, CA: Parallax, 1991, S. 18-19.

35 Jingjian war möglicherweise die Nonne Ahpan, über die wir nur wenige Informationen haben, vorausgegangen. Möglicherweise wurde Aphan unter Kaiser Ming (reg.: 58-75) ordiniert. Wir beginnen mit Jingjian, da mit ihr umfangreiche historische Aufzeichnungen ihren Anfang nehmen.

36 Murcott, Susan. *The First Buddhist Women*. S. 22.

37 Ebd., S. 27.

38 Osumi, Kazuo. »Historical Notes on Women«. In Ruch (Hrsg.): *Engendering Faith*, S. 30.

39 Ilyon. *Samguk Yusa: Legends and History of the Three Kingdoms of Ancient Korea*. Übers. v. Ha Tae-Hung und Grafton K. Mintz. Seoul: Yonsei University Press, 2004, S. 182. »Ado« ist möglicherweise die Bezeichnung für eine Person, deren Namen unbekannt ist.

40 Bays, Jan Chozen. »Zenshin's Example«. In: *Buddhadharma* (Winter 2007), S. 5.

41 Nonnen mussten vor ihrer Ordination zwei Jahre im Kloster verbringen, um sicherzustellen, dass sie nicht schwanger waren. Anscheinend waren übernatürlich lange Schwangerschaften bei Nonnen gefürchtet.

42 Mikoshiba, Daisuke. »Empress Komyo's Buddhist Faith«. In Ruch (Hrsg.): *Engendering Faith*, S. 26.

43 Paul, »Empress Wu and the Historians«. In: Falk und Gross. *Unspoken Worlds.* S. 152.

44 Konfuzianische Wertvorstellungen, die in China ihren Ursprung hatten, wurden in Korea und Japan eingeführt.

45 Kim, Yung-Chung. *Women of Korea.* Seoul: Enwah University Women's Press, 1976, S. 42.

46 Arai, Paula Kane Robinson. *Women Living Zen: Japanese Soto Buddhist Nuns.* New York: Oxford University Press, 1999, S. 35.

47 Ruch (Hrsg.). *Engendering Faith.* S. 194.

48 Samu Sunim. »Eunyeong Sunim and the Founding of Pomun-Jong«. In *Spring Wind* (1986), S. 129-162, hier S. 133.

49 Ein Koan (chin.: *kung-an*) ist eine Geschichte, ein Dialog, eine Frage oder eine Feststellung, die mit dem rationalen Denken nicht zu verstehen ist. Koans erfordern eine direkte Reaktion des Schülers/der Schülerin, um das Erwachen zu realisieren. Ein Beispiel: »Was ist der Klang einer klatschenden Hand?«

50 Die dreizehnte Tochter Zheng wird als eine junge Frau beschrieben (zwölf Jahre alt), »mit einer Zunge, die scharf wie ein Schwert war und deren Worte wie reißende Ströme flossen«. Sie begegnete einem erfahrenen Chan-Meister »mit vollkommener Furchtlosigkeit und Selbstvertrauen«. Ihre Dharma-Erklärungen wurden von ihrem Lehrer dreimal verworfen, was ihren Wunsch zu praktizieren jedoch nicht beeinträchtigte. (Grant, Beata. »Female Holder of the Lineage: Linji Chan Master Zhiyuan Xinggang (1597-1654)«. In: *Late Imperial China* 17, Nr. 2 (December 1996), S. 51-76, hier S. 56-57.

51 Ebd., S. 58.

52 Ebd., S. 59.

53 Grant, Beata. *Daughters of Emptiness: Poems of Chinese Buddhist Nuns.* Boston: Wisdom, 2003, S. 77.

54 Ebd., S. 60.

55 Ebd., S. 63.

56 Ebd.

57 Ebd., S. 69.

58 Ebd., S. 71.

59 Ebd., S. 74.

60 »Great Seon Masters of Korean History«. Homepage des Chogye-Ordens: www.koreanbuddhism.net.

61 Ruch (Hrsg.). *Engendering Faith.*

62 Engakuji war ein Tempel der Rinzai-Schule. Praktizierende folgten und ehrten dort die Lehren ihres Gründers Linji (jap.: Rinzai).

63 *Days of Discipline and Grace: Treasures from the Imperial Buddhist Convents of Kyoto.* New York: Institute for Medieval Japanese Studies, 1998.

64 Ebd., S. 27.

65 King, Sallie B. »Awakening Stories of Zen Buddhist Women.« In: Donald S. Lopez (Hrsg.). *Buddhism in Practice.* S. 513.

66 Bodiford, William M. *Soto Zen in Medieval Japan.* Honolulu: Kuroda Institute, University of Hawaii Press, 1993, S. 90.

67 Ebd., S. 27.

68 Ebd.

69 Das Great Tree Zen Center, von Teijo Munnich gegründet, ist das erste Retreat-Zentrum für Frauen in der Zen-Tradition.

70 Nushu ist eine geheime geschriebene und gesprochene Sprache, die in China nur Frauen benutzten.

71 Stevens, John. *Lust for Enlightenment.* S. 6.

72 Murcott, Susan. *First Buddhist Women.* S. 48.

73 In dieser Meditation über den Körper betrachtet man die physischen Bestandteile des Körpers, die in den frühen Schriften erwähnt werden: Kopfbehaarung, Körperbehaarung, Nägel, Zähne, Haut, Fleisch, Sehnen, Knochen, Mark, Nieren, Herz, Leber, Zwerchfell, Milz, Lungen, Magen, Gedärme, Gekröse und Exkremente.

74 Murcott, Susan. *First Buddhist Women.* S. 131-134.

75 Ebd., S.126-127.

76 Grant, Beata. »Through the Empty Gate: The Poetry of Buddhist Nuns in Late Imperial China.« In: Marsha Weidner (Hrsg.). *Cultural Intersections in Later Chinese Buddhism.* Honolulu: University of Hawaii Press, 2001, S. 87-113. Patricia Ebrey hat das traditionelle Leben von Frauen in der Sung-Dynastie und ihre untergeordnete Rolle im patrilinearen System Chinas detail-

reich in ihrem Buch *The Inner Quarters: Marriage and the Lives of Chinese Women in the Sung Period.* Berkeley: University of California Press, 1993, beschrieben.

77 Hsieh, Ding-hwa. »Buddhist Nuns in Sung China (960-1279)«. In: *Journal of Sung-Yuan Studies*, Nr. 30 (2000), S. 63-97, hier S. 78.

78 Tsai, Kathryn Ann (Übers.). *Lives of the Nuns: Biographies of Chinese Buddhist Nuns from the Fourth to Sixth Centuries.* Honolulu: University of Hawaii Press, 1994, S. 56.

79 Grant, Beata. *Daughters of Emptiness.* S. 53.

80 Ebd., S. 121.

81 2004 schulten sich etwa 300 Nonnen in diesem historischen Tempel, der um 557 gegründet wurde. Nonnen begannen 1958 mit dem Wiederaufbau.

82 Siehe Kapitel 7 zu Manseong Sunim und Man'gong Sunim.

83 Batchelor, Martine/Son'gyong Sunim. *Women in Korean Zen: Lives and Practices.* New York: Syracuse University Press, 2006, S. 112.

84 Mikoshiba, Daisuke. »Empress Komyo's Buddhist Faith«. In: Ruch (Hrsg.). *Engendering Faith.* S. 21-40.

85 Über die vier Tugenden eines Bodhissatva s. Kapitel. 10.

86 Arai, Paula Kane Robinson. *Women Living Zen.* S. 60.

87 Siehe Wright, Diana. »Mantokuji: More than a Divorce Temple«. In: Ruch (Hrsg.). *Engendering Faith.* S. 247-278.

88 Obwohl wir den zeitgenössischen Begriff »Frauenrechte« benutzen, muss gesagt werden, dass es diesen Begriff bis zum 20. Jahrhundert nicht gegeben hat.

89 Ruch (Hrsg.). *Engendering Faith.* S. 218.

90 Die Tokugawa- oder Edo-Zeit dauerte von 1603 bis 1867.

91 Morrell, Sachiko Kaneko/Morrell, Robert E. *Zen Sanctuary of the Purple Robes: Japan's Tokeiji Convent since 1285.* Albany: State University of New York Press, 2006, S. 52.

92 Ebd.

93 Ebd., S. 53.

94 Huineng hatte von dem Gedicht eines Mönchs gehört, der die Leitung der Gemeinschaft anstrebte: »Der Körper ist der Bodhi-

Baum/Der Geist ist wie ein klarer Spiegel/Haltet ihn immer rein/Lasst keinen Staub auf ihn fallen.« Huineng antwortete: »Es gibt keinen Bodhi-Baum/Auch kein Gestell, auf dem ein klarer Spiegel steht/Von Anbeginn existiert kein Ding/Worauf also sollte Staub fallen?«

95 Morrell und Morrell. *Zen Sanctuary*. S. 53.

96 Ebd., S. 117.

97 Ebd., S. 55.

98 Ebd., S. 53.

99 Frauen der militärischen Aristokratie wurden häufig mit Männern in verfeindeten Familien verheiratet, um den Frieden abzusichern. In dieser Rolle waren sie jedoch Geiseln. Aus diesem Grund waren Senhime und Tenshu Angehörige beider Klans, der Tokugawa und der Hideyoshi.

100 Hsieh. »Buddhist Nuns in Sung China«. S. 81.

101 Grant, Beata. » Lineage and Loyalty«. Bisher unveröffentlicht.

102 Levering, Miriam. »Miao-tao and Her Teacher Ta-hui«.In: Gregory/Getz, *Buddhism and the Sung*.

103 Ebd., S. 191.

104 Ebd., S. 190.

105 Ebd.

106 Weitere Aufzeichnungen sind: *Chiaidai* (*Universale Aufzeichnung über die Flamme*), *Chienchung Chingkuo* (*Ergänzende Aufzeichnungen über die Flamme*) und *Chingde* (*Aufzeichnungen über die Übertragung der Flamme*). Der Begriff Flamme (manchmal auch Lampe) ist ein Symbol für den erwachten Geist.

107 Kurz gefasst geht die Schule der Stufenweisen Erleuchtung davon aus, dass ein langsames, regelmäßiges Loslassen der Täuschungen den Charakter formt und Erwachen nach und nach hervortritt. Die Schule des Plötzlichen Erwachens betont ein totales, heldenhaftes Bemühen, um mit einem Mal alle Täuschungen zu durchbrechen und eine plötzliche Erleuchtungserfahrung zu machen.

108 Levering, Miriam. »Miao-tao and Her Teacher Ta-hui«. In *Buddhism and the Sung*. S. 196.

109 Dahui lehrte plötzliches Erwachen durch Koan-Praxis. Hongzhi lehrte die Verwirklichung eines nicht-dualistischen Bewusstseins

durch stille Meditation. Beide Ansätze werden oft als gegensätzlich beschrieben (schnell gegenüber langsam), aber Leighton (*Cultivating the Empty Field*) ist der Ansicht, dass Hongzhi und Dahui Kollegen und Freunde waren und sich ihre gegensätzlichen Stile und Praktiken letztendlich ergänzten. Das sind auch Fragestellungen für heutige Praktizierende.

110 Levering, Miriam. »Miao-tao and Her Teacher Ta-hui«. In *Buddhism and the Sung*. S. 196.

111 Ebd., S. 201.

112 Ebd., S. 204.

113 Ebd., S. 207.

114 Ebd., S. 208.

115 Kodera, Takashi James. *Dogen's Formative Years in China: An Historical Study and Annotated Translation of the Hokyo-ki*. Boulder: Prajna, 1980, S. 77.

116 Kim, Young Mi. »National Preceptor Chingak's Theory of Women's Enlightenment and the Life of Buddhist Nuns in the Koryeo Period.« In: *Korean Nuns within the Context of East Asian Buddhist Traditions*. 2004 International Conference. Seoul: Hanmaum Seoun, 2004, S. 49.

117 König Kangjong war ein Unterstützer und Schüler Hyesims.

118 »Zhaozhous Hund« stammt von dem Zen-Meister Zhaozhou und ist üblicherweise das erste Koan, das Schülern gegeben wird: Jemand fragt: »Hat ein Hund Buddhanatur?« Zhaozhou antwortet: »Mu« – was »Nicht«, »Nein«, »kein Ding« bedeutet.

119 Samu Sunim. »Manseong Sunim, a Woman Zen Master of Modern Korea«. In: *Spring Wind* (1986), S. 188-193, hier S. 190.

120 »Zazen-Erkrankung« wurde von verschiedenen LehrerInnen als energetisches Ungleichgewicht aufgrund übermäßiger Praxis beschrieben. (Sanggi sollte nicht mit der »Zen-Krankheit« verwechselt werden, wie sie zum Beispiel von Yunmen in seinen Koans beschrieben wird.)

121 Samu Sunim. »Manseong Sunim«. S. 192.

122 Ebd., S.193.

123 Ebd.

124 Stephen Addiss. »The Zen Nun Ryonen Genso«. In: *Spring Wind* (1986), S. 180-187.

125 Ruch, Barbara. »Burning Iron Against the Cheek«. In Dies. (Hrsg.). *Engendering Faith*, S. lxvii. Gomizuno'o war ein Anhänger Isshi Bunchus aus der Übertragungslinie von Daitokuji und Myoshinji (s. Stephen Addiss. *The Art of Zen*. S. 36). Er praktizierte ebenfalls mit Ryokei Shosen, einem Priester des Myoshinji, der zum Obaku-Zen konvertierte, und wurde dessen Nachfolger. Laut Dumoulin (*Geschichte des Zen-Buddhismus.* Band II: Japan) förderte Gomizuno'o auch den Rinzai-Zen-Meister Takuan Soho und den Patriarchen der Obaku-Schule, Ingen (Chin.: Yinyuan).

126 Diese historisch belegte »Affäre der purpurnen Robe« war Ausdruck des Machtkampfs zwischen der kaiserlichen- und der Shogunats-Regierung über das Recht, »Nationale Zen-Lehrer« zu ernennen und purpurne Roben zu verleihen. Als der Shogun dieses traditionelle Recht des Kaisers durch eine Verwaltungsmaßnahme außer Kraft setzte, dankte der Kaiser ab. Dumoulin berichtet, dass die Shogunats-Regierung für den Status der purpurnen Robe eine 30-jährige Erfahrung als Zen-Meister sowie der Meisterschaft von 1 700 Koans verlangte.

127 Fister, Patricia. *Art by Buddhist Nuns: Treasures from the Imperial Convents of Japan*. New York: Institute for Medieval Japanese Studies, 1988, S. 17.

128 Fister, Patricia. *Japanese Women Artists 1600-1900*. New York: Harper and Row, 1988, S. 28.

129 Addiss. *Art of Zen*. S. 95.

130 Ruch (Hrsg.). *Engendering Faith*. S. Ixxv.

131 Barbara Ruch stellt die Verbindung zwischen Ryonen Gensos Aufenthalt in einem kaiserlichen Kloster und der Überlieferung in diesem Kloster, das von Mugai Nyodai gegründet worden war, her. Mugai Nyodai hatte angeblich einige Jahrhunderte zuvor ihr Gesicht verbrannt, um Einlass in den Tofukuji zu erlangen. Ruch stellt diese Verbindung zwar her, sagt aber auch, es gebe keine historischen Quellen darüber, dass Ryonen Genso davon gewusst habe.

132 Dumoulin zufolge entwickelte sich die Obaku-Schule des Zen aus

der Emigration einiger chinesischer Mönche der Linji-Richtung im Jahr 1620. Obaku-Zen unterschied sich von der japanischen Rinzai-Schule, die im 13. Jahrhundert von japanischen Meistern gegründet worden war, die in China studiert hatten. Man sagt, diese Schule liege »zwischen« der Soto- und der Rinzai-Schule.

133 Addiss. *Art of Zen*. S. 95.

134 Hisamatsu, Shin'ichi. *Formless Self Society*. Bd. 3. Übers. v. Jeff Shore u. a. (Japanese text FAS #57, May 1965) Tokyo: Rososha, 1971; überarbeitete Ausgabe, Kyoto: Hozokan, 1994, S. 649-665.

135 Cleary, Thomas. *Immortal Sisters: Secret Teachings of Taoist Women*. Berkeley, CA: North Atlantic Books, 1996, S. 3; Wong, Eva. *Seven Taoist Masters: A Folk Novel of China*. Boston: Shambhala, 1990, S. 57.

136 Bodiford. *Soto Zen in Medieval Japan*. S. 205.

137 Addiss. *Art of Zen*. S. 95.

138 Ebd.

139 Ebd., S. 99.

140 Frauen wurden im Allgemeinen nicht in den chinesischen Zeichen (*kanji*) ausgebildet, sondern erlernten stattdessen die phonetische *hiragana*-Schrift. Ryonen beherrschte Kanji, entschied sich allerdings für die Bescheidenheit des Hiragana, der »Schrift der Frauen«.

141 Addiss. *Art of Zen*. S. 98.

142 Ebd.

143 Ebd.

144 Ebd.

145 Selkirk, Jean. *Buddha's Robe Is Sewn*. Berkeley, CA: Mountain Moon, 2005, S. 2.

146 Hashimoto Eko Roshi (1890-1965) ordinierte Yoshida Eshun Roshi, lehrte Katagiri Roshi und war, neben Sawaki Kodo Roshi, einer der führenden Zen-Meister.

147 Der Nyohoe-Stil des Nähens, der jetzt im Soto-Zen zum Tragen kommt, kann auf die Shingon-Schule zurückverfolgt werden. Das Diagramm zeigt die Übertragung des Nyohoe-Stils an Soto-Zen-LehrerInnen durch Joshin-san und Yoshida Roshi bzw. Hashimoto Eko Roshi und Sawaki Kodo Roshi.

148 Sano, Kenko. »The Story of Joshin-san«, übers. v. Yuko Okumura. In: *Totakuji Temple Newsletter*, Kiryu-shi, Japan, Januar (2007).

149 Der Besuch bei Geishas umfasste Trinkgelage in Gegenwart professioneller weiblicher Kurtisanen, aber nicht unbedingt Prostitution.

150 Harada Sogaku Roshi (1871-1961) war Abt des Hoshinji, wo viele Menschen aus dem Westen praktizierten. Er war der Lehrer Yasutani Roshis, eines frühen Begründers des Zen im Westen, der Philip Kapleau Roshi und Maurine Stuart Roshi in den USA lehrte.

151 Zazen (Zen-Meditation), das Nähen einer Okesa von Hand und Takuhatsu (formale Bettelgänge) sind Übungspraktiken in japanischen Zen-Institutionen.

152 Kaizenji war der Tempel der Äbtissin Yoshida Eshun Roshi, die ebenfalls eine Schülerin von Hashimoto Eko Roshi war.

153 Ryokan-san (1758-1831) war ein berühmter Dichter-Mönch, der in der gleichen Soto-Zen-Tradition praktizierte wie Joshinsan. Er wird wegen seines freien, kreativen Geistes gerühmt; er übernahm jedoch nie die Verantwortung für einen Tempel.

154 Hin und wieder adoptieren Japaner legal einen Erwachsenen, um diese Person in einer sozial akzeptablen Weise materiell abzusichern oder einen Familienbetrieb weiterzuführen.

155 Im Befolgen der Regeln des Buddha scheren sich japanische Zen-Nonnen und -Mönche den Kopf. In einigen Soto-Zen-Tempeln gibt es eine Zeremonie, in der die Priester sich gegenseitig den Kopf scheren. Es ist eine Lektion in Vertrauen und Vertrautheit. Sano Kenko Roshi rasierte sich vor ihrem Tod noch selbst den Kopf – als formale Praxis und rührende Abschiedsgeste.

156 Braverman, Arthur. *Living and Dying in Zazen: Five Zen Masters of Modern Japan*. New York: Weatherhill, 2003, S. 118.

157 Zumwinkel, Kay (Übers.). *Die Lehrreden des Buddha aus der Mittleren Sammlung*. Oy Mittelberg: Jhana Verlag, 2014[3], Lehrrede 27, Vers 12.

158 Diana Paul zitiert diese Passage in: *Women in Buddhism*. S. 52, Fußnote 14: Anguttara Nikaya, vi 5, III.

159 Walshe, Maurice (Übers.). *The Long Discourses of the Buddha: A*

Translation of the Digha Nikaya. Boston: Wisdom Publ., 1995, S. 264.

160 Grant. *Daughters of Emptiness*. S. 73.

161 Maezawa Katalog, Kyoto, Mampukuji-Schriftrolle; englische Übersetzung: Patricia Fister.

162 Unveröffentlichte englische Übersetzung: Miriam Levering.

163 Addiss. *Art of Zen*. S. 98.

164 Sasaki, Ruth Fuller, Yoshitaka Iriya und Dana R. Fraser (Übers.). *A Man of Zen: The Recorded Sayings of Layman P'ang*. New York: Weatherhill, 1971, S. 43.

165 Cook, Francis H. (Übers.). *The Record of Transmitting the Light: Zen Master Keizan's Denkoroku*. Los Angeles: Center, 1991, S. 175.

166 Martin, Dan. »The Woman Illusion?«. In: Gyatso, Janet und Hanna Havnevik (Hrsg.). *Women in Tibet: Past and Present*. New York: Columbia University Press, 2005, S. 72.

167 Vasubandhu und Asanga werden als wichtige Vorfahren in der tibetischen- und Zen-Tradition angesehen.

168 Kodaiji ist heute ein Zweigtempel von Kenninji, einem Tempels der Inzai-Schule in Kyoto.

169 Fister. *Art by Buddhist Nuns*. S. 17.

170 Sasaki u. a. *A Man of Zen*. S. 74.

171 Ebd., S. 75.

172 Ebd.

173 Grant. *Daughters of Emptiness*. S. 63.

174 Ebd., S. 53.

175 King, Sallie B. und Sueki Fumihiko (Übers.). *Tachibana no Someko: Wastepaper Record*. Tokyo: Ko-onji, 2001.

176 Bassui Tokusho (1327-1387) versuchte Zen von zwei Fehlern, wie er es sah, zu befreien: ausschweifenden Zeremonien und Dogma einerseits und einem übermäßigen Mangel an Disziplin andererseits. Er widmete sich insbesondere der Meditation und lehnte alle Symbole von Macht und Rang ab. Nach seiner Ordination legte er noch nicht einmal seine Roben an. Als Lehrer inspirierte er viele Menschen und hatte gegen Ende seines Lebens viele AnhängerInnen.

177 King und Sueki. *Wastepaper Record*. S. 56.

178 Sekida, Katsuki (Übers.). *Two Zen Classics: Momunkan and Hekiganroku*. New York: Weatherhill, 1996.

179 King und Sueki, *Wastepaper Record*. S. 68.

180 Ebd., S. 82.

181 Verdienst ist die mysteriöse und unfassbare positive Energie, die das Ergebnis aufrichtiger buddhistischer Praxis ist. Üblicherweise wird dieses Verdienst an andere weitergegeben und ihrem Wohlergehen gewidmet.

182 Hakuin Ekaku wird als einer der größten Zen-Meister in der Geschichte Japans betrachtet. Er ist berühmt für seine Schriften, in denen sich ein tiefes Verständnis ausdrückt, seine ungewöhnliche Kunst und seine einfühlsamen Beziehungen zu den BewohnerInnen des Dorfes, in dem er lebte. Ihm wird die Wiederbelebung des japanischen Rinzai-Zen im 18. Jahrhundert zugeschrieben, und alle zeitgenössischen Rinzai-Tempel gehen in ihrer Übertragungslinie auf Hakuin zurück.

183 Stevens, John. *Three Zen Masters*. S. 80.

184 Ebd., S. 81.

185 Ebd.

186 Ebd.

187 Kodama, Misao und Hikosaku Yanagishima. *The Zen Fool Ryokan*. Rutland, VT: Charles E. Tuttle, 1999, S. 104.

188 Ebd., S. 105.

189 Ebd., S. 108.

190 Ebd., S. 109.

191 Ebd.

192 Ebd., S. 110.

193 Stevens, John. *Three Zen Masters*. S. 158.

194 Ñanamoli, Bhikkhu und Bhikkhu Bodhi (Übers.). *The Middle Length Discourses of the Buddha: A New Translation of the Majjhima Nikaya*. Boston: Wisdom, 1995, S. 273.

195 Wilson, Liz. *Charming Cadavers: Horrific Figurations of the Feminine in Indian Buddhist Hagiographic Literature*. Chicago: University of Chicago Press, 1996. Zitiert nach *Vinaya Pitaka* 3,20.

196 Ñanamoli und Bodhi. *Middle Length Discourses*. S. 596-597.

197 Hsieh. »Buddhist Nuns in Song China«. S. 157.

198 Cleary, Thomas. *Kahawai Koans*. Herausgegeben von der Diamond Sangha, Hawaii.

199 Cleary, Thomas. »Transmission of the Light«. In: *Classics of Buddhism and Zen*. 4 Bde. Boston: Shambhala, 2001, S. 141.

200 Cleary. *Kahawai Koans*.

201 Kodera, *Dogen's Formative Years*.

202 Im zeitgenössischen Zen hätte Wanan die Position eines *shuso* inne.

203 Die Ausführungen hier beziehen sich auf Stevens *Lust for Enlightenment* sowie Jon Carter Covell und Sobin Yamada. *Unraveling Zen's Red Thread: Ikkyu's Controversial Way*. Elizabeth, NJ: Hollym International, 1980.

204 Covell und Yamada. *Unraveling Zen's Red Thread*. S. 218.

205 Stevens. *Lust for Enlightenment*. S. 90.

206 Levering, Miriam. »Stories of Enlightened Women in Ch'an«. In: King, Karen L. (Hrsg.). *Women and Goddess Traditions: In Antiquity and Today*. Minneapolis: Fortress, 1997, S. 152.

207 Aus dem Lehrgedicht »Gesang des Juwelenschatzspiegels«. In: *Berkeley Zen Center Chant Book*.

208 Green, James. *The Recorded Sayings of Zen Master Joshu*. Boston: Shambhala, 1998.

209 Grant. »Lineage and Loyalty«. Bisher unveröffentlicht.

210 Dumoulin, Heinrich. *Zen Buddhismus:* Bd. II. Japan. Frankfurt/M: Angkor Verlag, 2010.

211 Park, Jin Y. »Kim Iryop and Korean Buddhism's Encounter with Modernity.« Präsentiert 2004 auf der Internationalen Konferenz »Korean Nuns within the Context of East Asian Buddhist Traditions«, Seoul, Korea, S. 181.

212 Ebd., S. 185.

213 »Eintritt in den Berg« ist die koreanische Formel dafür, Mönch oder Nonne zu werden.

214 Oh, Bonnie. »Kim Ilyop's Conflicting Worlds« In: Young-Key Kim-Renaud (Hrsg.). *Creative Women of Korea: The Fifteenth through the Twentieth Centuries*. S. 178.

215 Ebd., S. 183.
216 Park. »Kim Iryop and Korean Buddhism's Encounter«, S. 185.
217 Ebd., S. 187.
218 Ebd., S. 189.
219 Oh, Bonnie. »Kim Ilyop's Conflicting Worlds«. S. 182.
220 Leggett, Trevor. *The Warrior Koans: Early Zen in Japan*. London: Arkana; Routledge & Kegan Paul, 1986, S. 52.
221 Levering, Miriam. »Zen for the Women's Quarters: The Teachings of Soshin-ni.« Aufsatz, präsentiert bei der American Academy of Religion Conference im November 2004 in San Antonio, S. 3.
222 Leighton, Taigen Daniel und Yi Wu (Übers.). *Cultivating the Empty Field: The Silent Illumination of Zen Master Hongzhi*. San Francisco: North Point, 1991, S. 41.
223 Levering. »Zen for the Women's Quarters«. S. 4.
224 Ebd.
225 King, Sallie. »Awakening Stories of Zen Buddhist Women«. In: Lopez, *Buddhism in Practice*, S. 513.
226 Die Soto-, Rinzai- und Obaku-Schulen in Japan sowie der Chogye-Orden in Korea sind Beispiele für Organisationen, die Tempel unterhalten und unter Umständen individuelle Einrichtungen unterstützen. Zurzeit werden Klöster in China vom Staat finanziert und es gibt Firmenförderungen für besonders wertvolle alte Klöster.
227 Arai. *Women Living Zen*. Mönche werden manchmal im Singen ausgebildet, um es bei bestimmten Gelegenheiten in ihrer Gemeinde einsetzen zu können. Außerdem lernen sie hin und wieder, ihre eigene Okesa (Priestergewand) zu nähen, es wird von ihnen jedoch nicht erwartet, diese Künste so zu beherrschen, dass sie sie weitergeben können.
228 Samu Sunim. »Eunyeong Sunim«, S. 156.
229 Jones, Charles Brewer. *Buddhism in Taiwan: Religion and the State, 1660-1990*. Honolulu: University of Hawaii Press, 1999, S. 200.
230 Hsieh, Ding-hwa. »Images of Women in Ch'an Buddhist Literature of the Sung Period.« In: Gregory und Getz (Hrsg.). *Buddhism in the Sung*. S. 148-187, hier S. 163.

231 Wir nehmen an, dass es in der Nähe kein Nonnenkloster gab, sonst hätte sie sicherlich dort gelebt. Sie siedelte ihr Badehaus in der Nähe des Klosters ihres Lehrers an, sodass sie mit ihm praktizieren konnte.

232 Samu Sunim. »Eunyeong Sunim«, S. 129-162.

233 Ebd., S. 147.

234 Ebd., S. 156.

235 Go ist ein äußerst komplexes strategisches Spiel, schwieriger noch als Schach.

236 Stevens, John. *Lotus Moon: The Poetry of Rengetsu*. Buffalo: White Pine Press, 2005. S. 90.

237 Ebd., S. 126.

238 Ebd., S. 90.

239 Ebd., S. 97.

240 Teekanne einer anonymen Sammlung; übers. v. Michiyo Katsura, Meher Macdonald und Grace Schireson.

241 Khyentse, Dzongsar. »Tea and the Teacup«. In: *Buddhadharma* (Winter 2007), S. 13.

242 Butler, Katy. »Encountering the Shadow in Buddhist America«. In *Common Boundary* (Mai/Juni 1990), S. 13-22, hier S. 13.

243 Gross, Rita. »Are We Yet Equal?«. In: *Buddhadharma* (Winter 2007), S. 33.

244 Siehe Rutter, Peter. *Sex in the Forbidden Zone: When Men in Power – Therapists, Doctors, Teachers, Clergy and Others – Betray Women's Trust*. Los Angeles: Jeremy P. Tarcher, 1989, für eine Diskussion über diese Dynamik in anderen Situationen, die hierarchisch strukturiert sind.

245 Wolf, Naomi. *The Beauty Myth: How Images of Beauty Are Used against Women*. New York: William Morrow, 1991.

246 Young-Eisendrath, Polly. *Gender and Desire: Uncursing Pandora*. College Station: Texas A&M University Press, 1997.

247 Beneke, Timothy. *Men on Rape: What They Have to Say about Sexual Violence*. New York: St. Martin's, 1982.

248 Ebd., S. 21.

249 Strand, Clark. »Buddhist Boomers: A Meditation on How to Stave off Decline«. In: *Wall Street Journal*, November 9, 2007.

250 Siehe Richmond, Lewis. *Work as a Spiritual Practice*. New York: Broadway Books, 1999.

251 Stone, Merlin. *When God Was a Woman*. New York: Harcourt, 1976, S. x.

252 Perera, Sylvia Brinton. *Descent to the Goddess*. Toronto: Inner City Books, 1981, S. 16.

253 Stone, *When God Was a Woman*. S. xvii.

254 Mitchell, Stephen (Übers.) *Tao Te Ching*. New York, HarperCollins, 1992, Vers 6.

255 Ebd., Vers 25.

256 Robert Thurman in seinem Vorwort zu Hixon, Les. *Mother of the Buddhas: Meditation on the Prajnaparamita Sutra*. Wheaton, IL: Quest Books, 1993, S. xi.

257 Ebd., S. xii-xv.

258 Hixon. *Mother of the Buddhas*. S. 4.

259 Suzuki, Shunryu. *Not Always So: Practicing the True Spirit of Zen*. Hrsg. von Edward Espe Brown. New York: HarperCollins, 2002, S. 7 (deutsch: *Seid wie reine Seide und scharfer Stahl.* München: Heyne Verlag, 2006).

Ausgewählte Literatur

Allione, Tsültrim. *Tibets weise Frauen: Zeugnisse weiblichen Erwachens*. München: Goldmann Verlag, 2010.

Arai, Paula Kane Robinson. *Women Living Zen: Japanese Soto Buddhist Nuns.* New York: Oxford University Press, 1999.

Batchelor, Martine und Son'gyong Sunim. *Women in Korean Zen: Lives and Practices.* New York: Syracuse University Press, 2006.

—. *Women on the Buddhist Path*. Great Britain: HarperCollins, 1996.

Beck, Charlotte: *Einfach Zen*. Berlin: edition steinrich, 2012.

Besserman, Perle und Manfred Steger. *Zen-Rebellen, Radikale und Reformer.* Bielefeld: Aurum Verlag, 2011.

Blackstone, Kathryn R. *Women in the Footsteps of the Buddha: Struggle for Liberation in the Therigatha.* Richmond, Surrey: Curzon, 1998.

Caplow, Florence Zenkei und Susan Reigetsu Moon. *Hidden Lamp: Stories from Twenty-Five Centuries Awakened Women.* Boston: Wisdom Publ., 2013 (dt. Ausgabe erscheint 2015 bei edition steinrich).

Chadwick, David. *Krumme Gurke: Leben und Lehre des Zen-Meisters Shunryu Suzuki.* Berlin: Manjughosha Edition, 2012.

Dogen, Eihei Zenji. *Shobogenzo: Die Schatzkammer des wahren Dharma-Auges.* 3 Bde. (G. W. Nishijima (Hrsg. u. Übers./dt.

Übersetzung: Gabriele Linnebach). Heidelberg: Kristkeitz Verlag 2012/13.

Dresser, Marianne (Hrsg.). *Buddhist Women on the Edge: Contemporary Perspectives from the Western Frontier.* Berkeley, CA: North Atlantic Books, 1996.

Falk, Nancy Auer und Rita Gross. *Unspoken Worlds: Women's Religious Lives.* Belmont: Wadsworth, 2000².

Ferguson, Andrew. *Zen's Chinese Heritage: The Masters and Their Teachings.* Boston: Wisdom, 2000.

Findley, Ellison Banks (Hrsg.). *Women's Buddhism, Buddhism's Women: Tradition, Revision, Renewal.* Boston: Wisdom, 2000.

Flinders, Carol. *Enduring Grace: Living Portraits of Seven Female Mystics.* New York: Harper One, 1993.

Friedman, Lenore und Susan Moon (Hrsg.). *Being Bodies: Buddhist Women on the Paradox of Embodiment.* Boston: Shambhala, 1997.

Grant, Beata. *Daughters of Emptiness: Poems of Chinese Buddhist Nuns.* Boston: Wisdom, 2003.

Haas, Michaela. *Dakini-Power: Zwölf außergewöhnliche Frauen, die den heutigen Buddhismus prägen.* München: O.W. Barth, 2013.

Kim-Renaud, Young-Key. *Creative Women of Korea: The Fifteenth through the Twentieth Centuries.* Armonk, NY: M. E. Sharpe, 2003.

Lopez, Donald S. (Hrsg.). *Buddhism in Practice.* Princeton, NJ: Princeton University Press, 1995.

Murcott, Susan. *The First Buddhist Women: Translations and Commentary on the Therigatha.* Berkeley, CA: Parallax, 1991.

Murcott, Susan und Deborah Hopkinson (Hrsg.). *Kahawai Journal of Women and Zen* 3, Nr. 3 (1981) (Newsletter der Diamond Sangha).

Paul, Diana Y. *Women in Buddhism: Images of the Feminine in the Mahayana Tradition.* Berkeley: University of California Press, 1985.

Rhys Davids, C. A. F. und K. R. Norman. *Poems of Early Buddhist Nuns (Therigatha).* Oxford: Pali Text Society, 1997.

Ruch, Barbara (Hrsg.). *Engendering Faith: Women and Buddhism in Premodern Japan.* Ann Arbor: Center for Japanese Studies, University of Michigan, 2002.

Shundo, Aoyama. *Pflaumenblüten im Schnee: Gedanken einer japanischen Zen-Meisterin.* Berlin: Theseus Verlag, 2002.

Stevens, John. *Lust und Erleuchtung.* München: O.W. Barth, 1993.

Tanahashi, Kazuaki und Friederike Juen Boissevain. *Hoher Himmel, Großer Wind, Leben: Gedichte und Kalligraphie des Zen-Meisters Ryokan.* Berlin: edition steinrich, 2012.

Tisdale, Sallie. *Women of the Way: Discovering 2,500 Years of Buddhist Wisdom.* New York: Harper San Francisco, 2005.

Tsai, Kathryn Ann (Übers.). *Lives of the Nuns: Biographies of Chinese Buddhist Nuns from the Fourth to Sixth Centuries.* Honolulu: University of Hawaii Press, 1994.

Tsedroen, Jampa und Thea Mohr (Hrsg.). *Mit Würde und Beharrlichkeit: Die Erneuerung buddhistischer Nonnenorden.* Berlin: edition steinrich, 2011.

Tsomo, Karma Lekshe (Hrsg.). *Buddhism through American Women's Eyes.* Ithaca, NY: Snow Lion, 1995.

—. *Innovative Buddhist Women Swimming against the Stream.* Richmond, Surrey: Curzon, 2000.

—. *Sakyadhita: Daughters of the Buddha.* Ithaca, NY: Snow Lion, 1988.

—. *Buddhist Women Swimming against the Stream.* Richmond, Surrey, England: Curzon, 2000.

Wetzel, Sylvia. *Das Herz des Lotos: Frauen und Buddhismus.* Berlin: edition steinrich, 2010.

Websites:

www.zenwomen.org

www. sweepingzen.com

www.buddhistwomen.eu – Netzwerk buddhistischer Frauen in Europa

www.sakyadhita.org

http://awakeningbuddhistwomen.blogspot.fr

Über die Autorin

Myoan Grace Schireson, 1946 in Los Angeles geboren, ist ordinierte Zen-Priesterin in der Shunryu-Suzuki-Linie. Dharma-Übertragung erhielt sie von Sojun Mel Weitsman, dem Abt des Berkeley Zen Center. Keido Fukushima Roshi, Abt des Tofukuji in Kyoto, autorisierte sie, Koans zu lehren. Als klinische Psychologin arbeitete sie mit Kindern, Familien und Frauengruppen. Seit 1995 lebt sie in North Fork in Kalifornien, wo sie verschiedene Zen-Gruppen initiierte und leitete. Sie ist Äbtissin des Zen-Retreat-Zentrums Empty Nest Zendo und Mitbegründerin des Shogaku Priests Ongoing Training Institute. Myoan Grace Schireson ist verheiratet und hat zwei erwachsene Söhne und vier Enkelkinder.